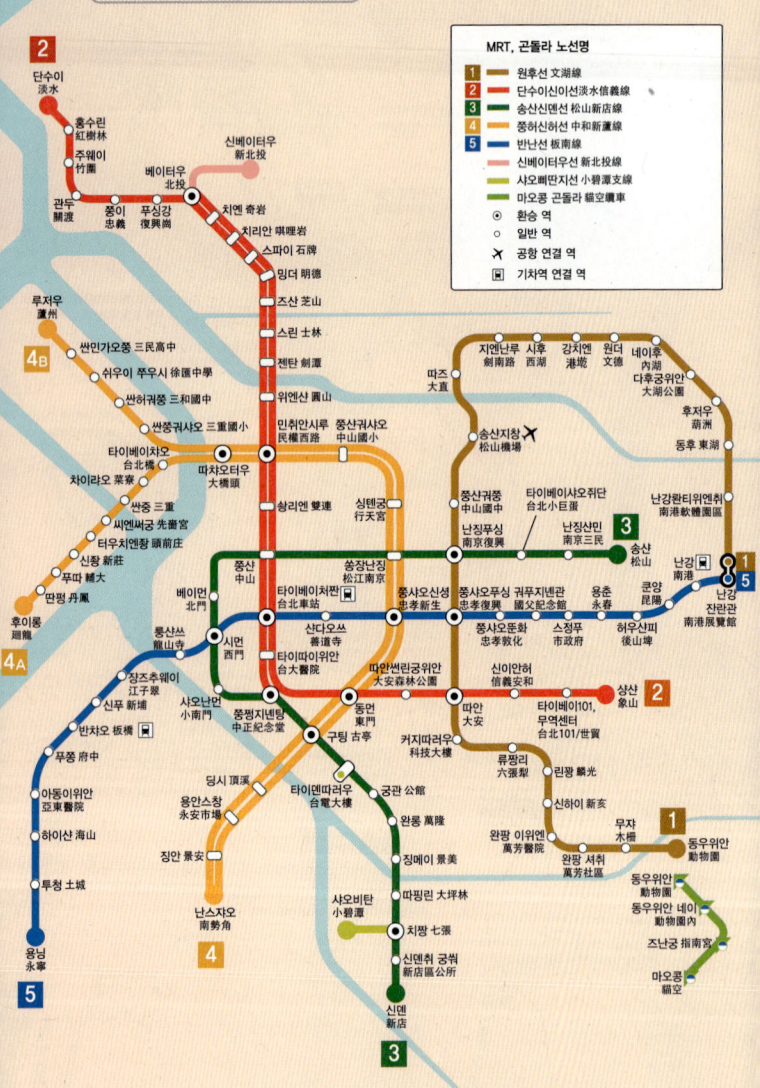

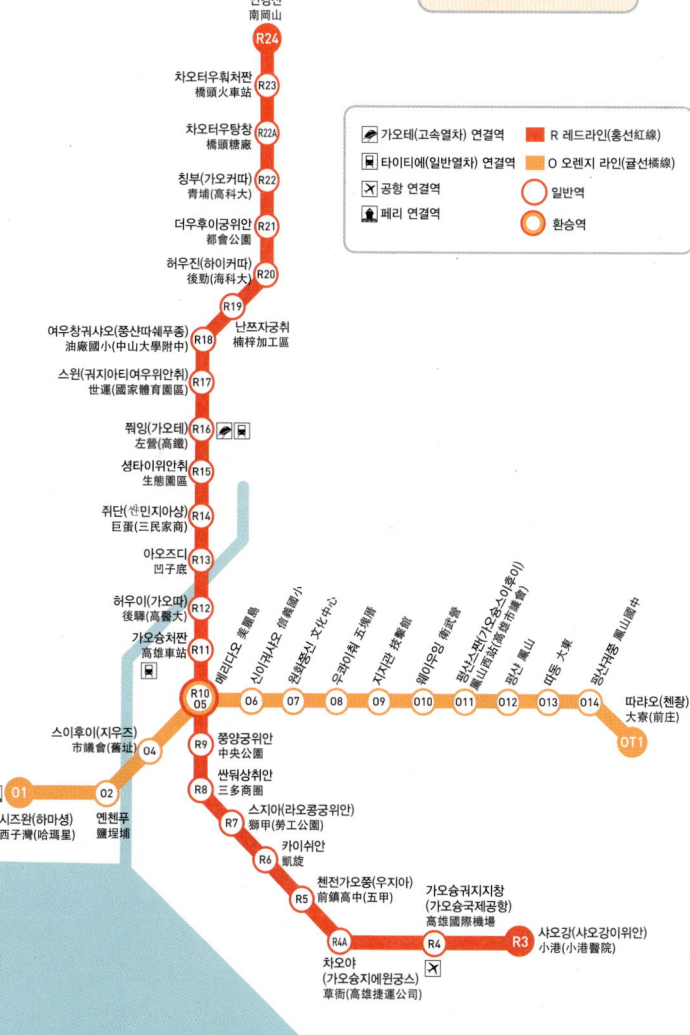

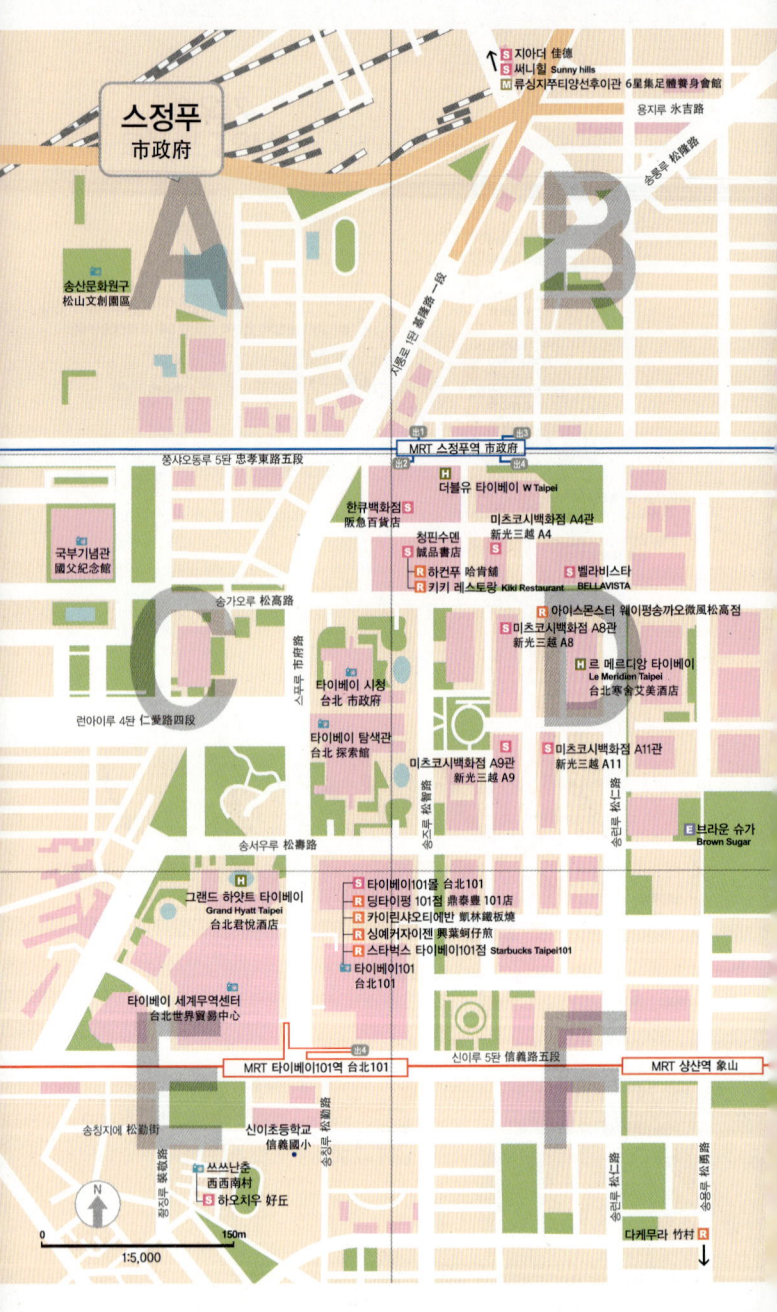

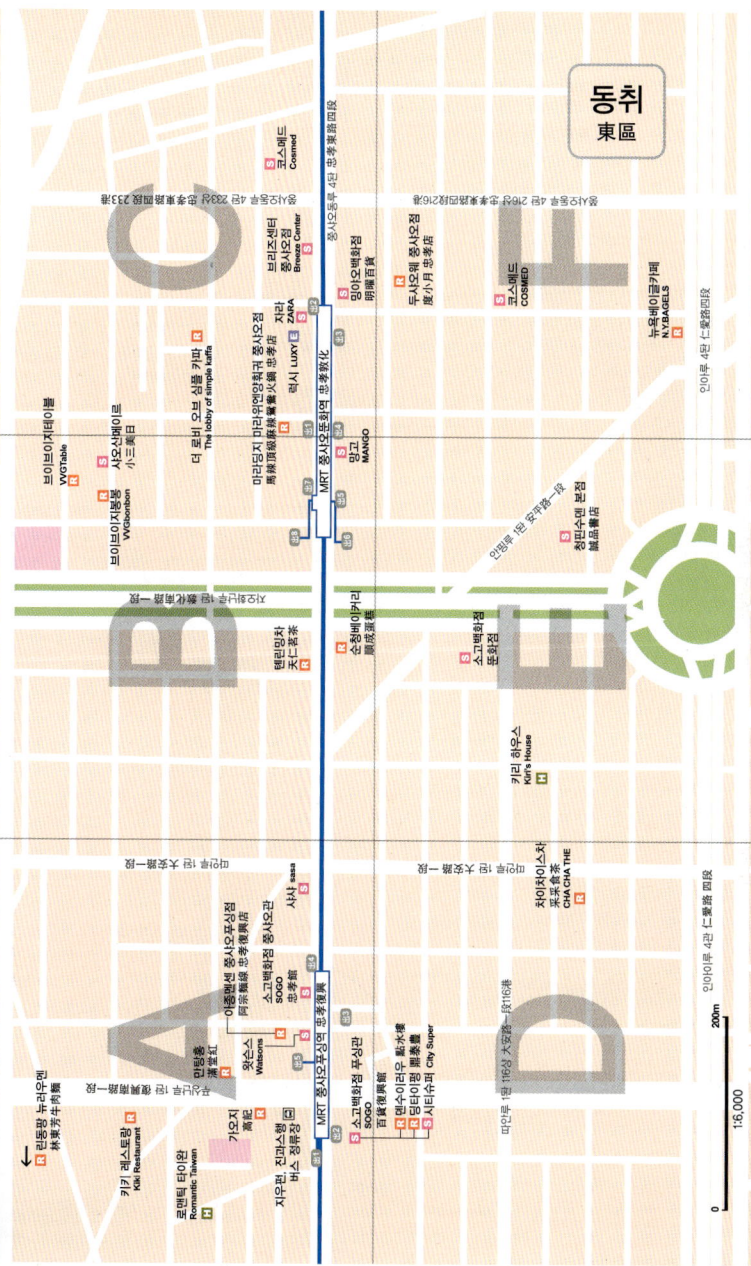

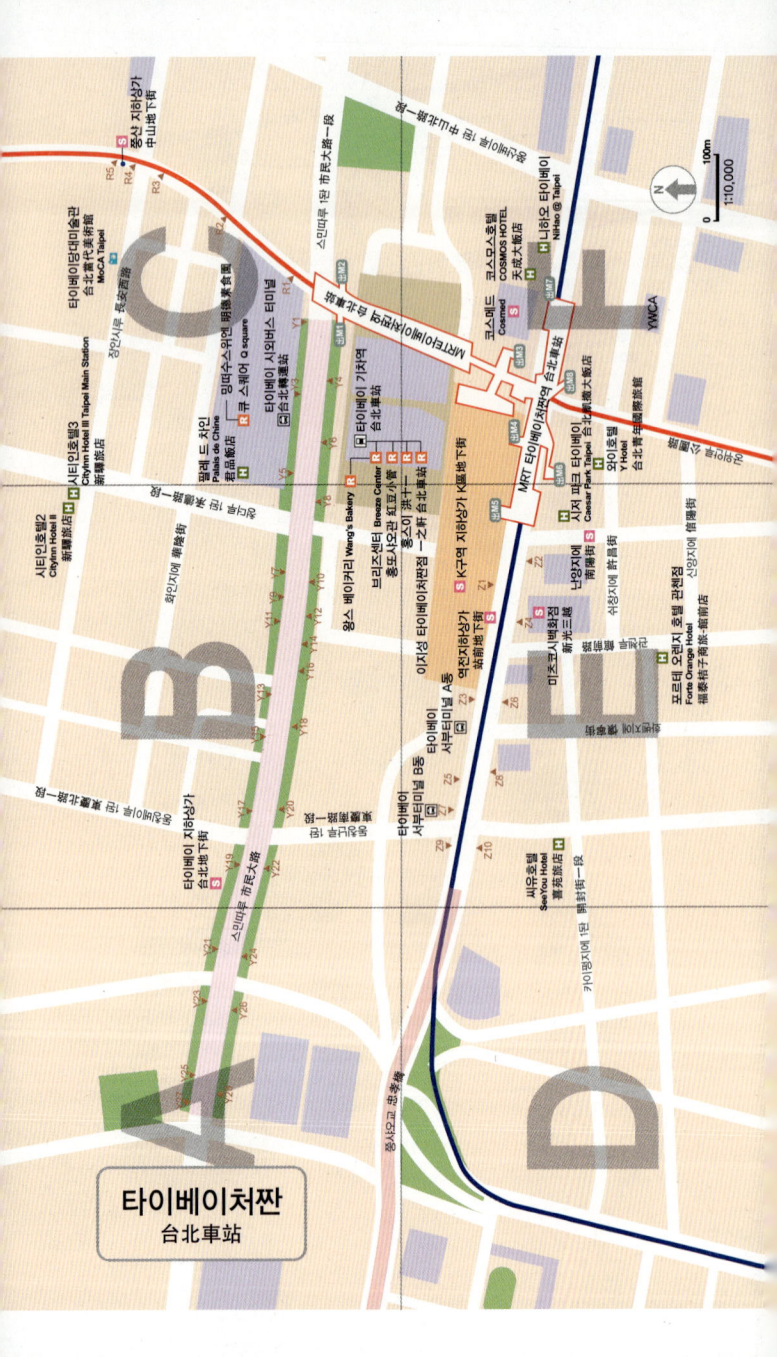

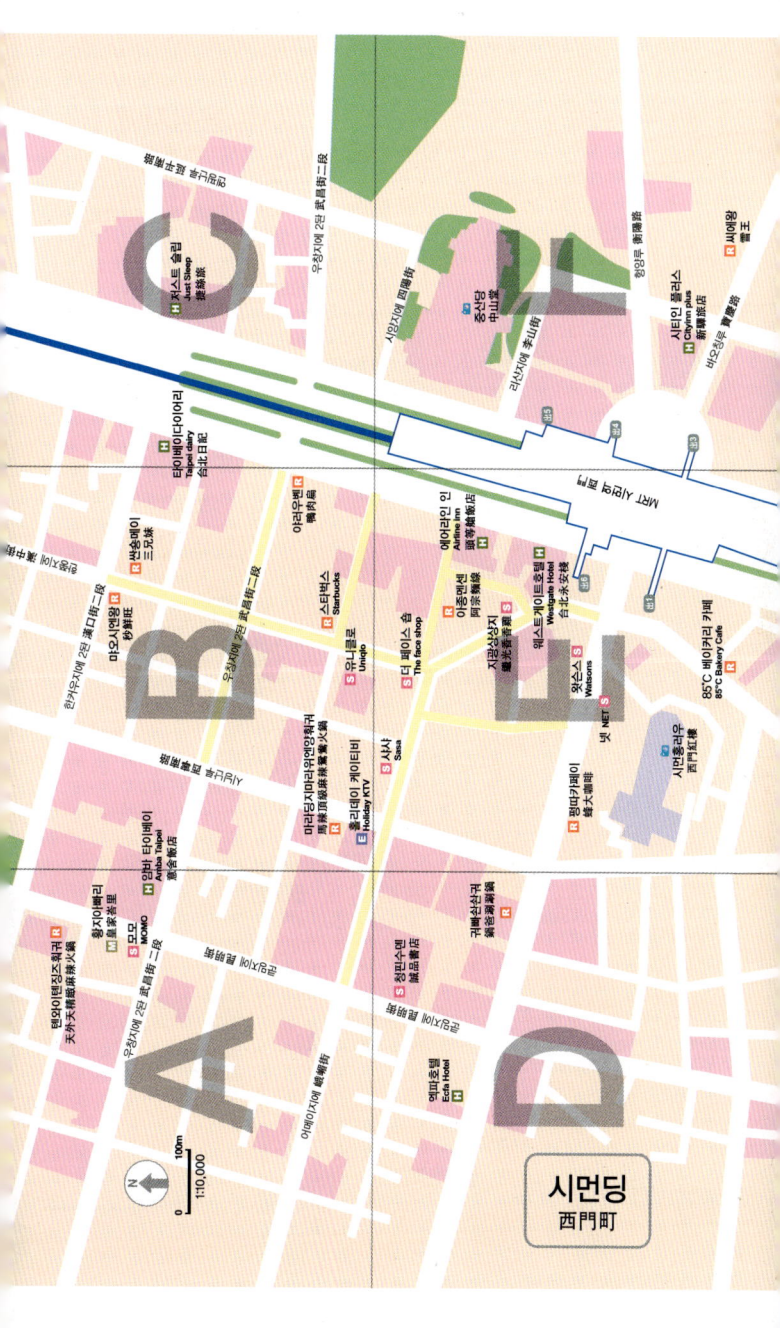

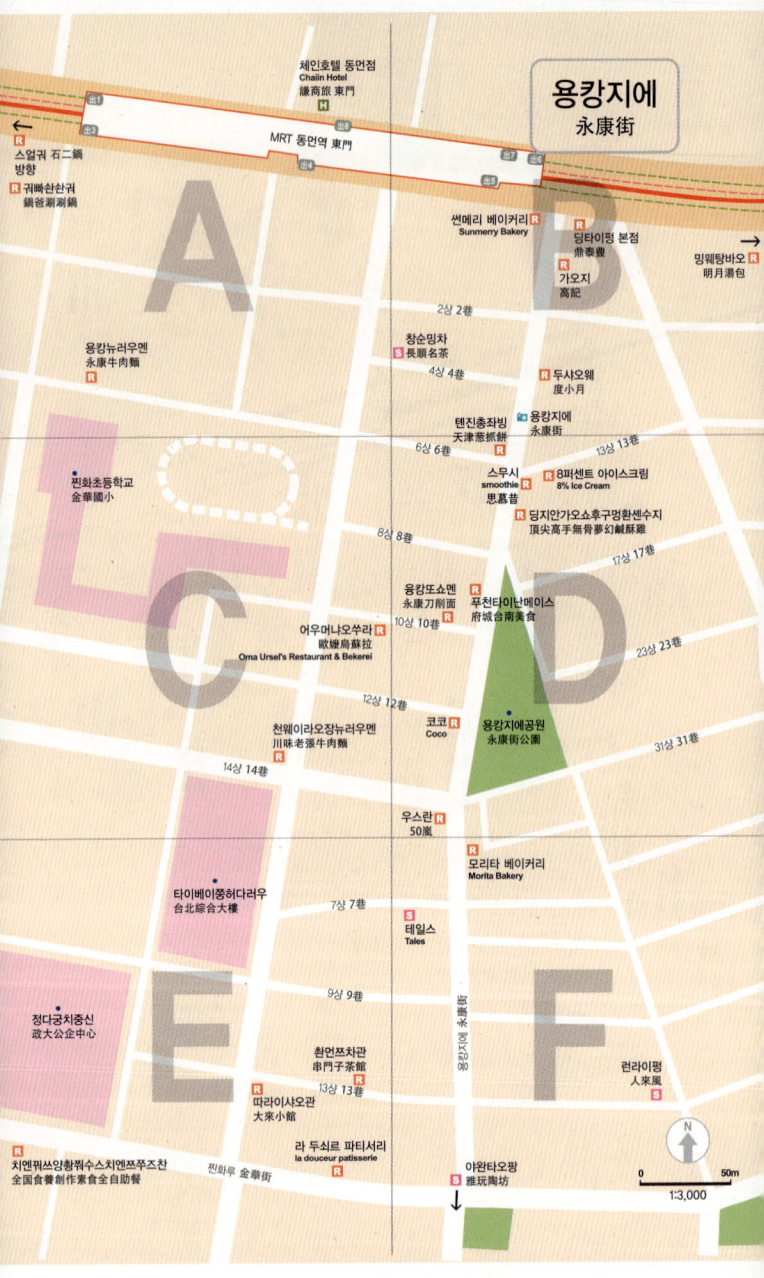

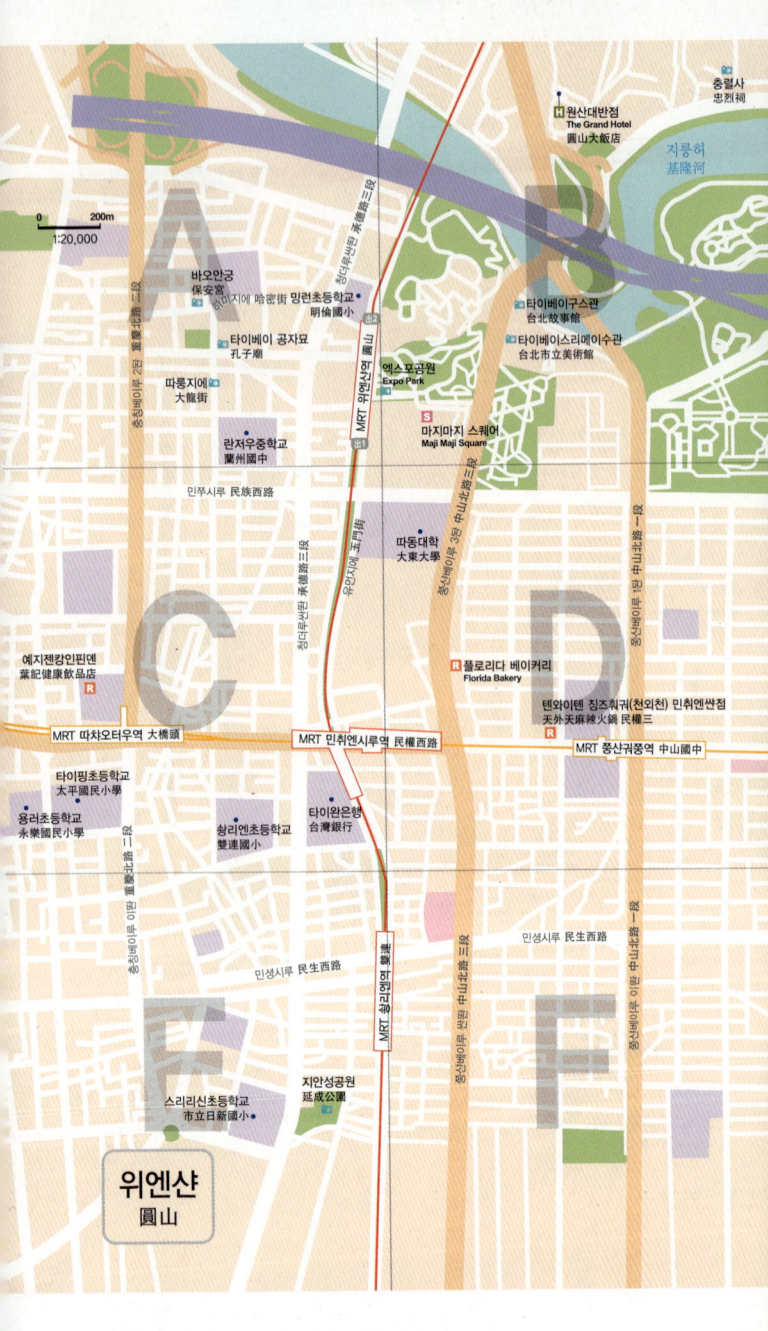

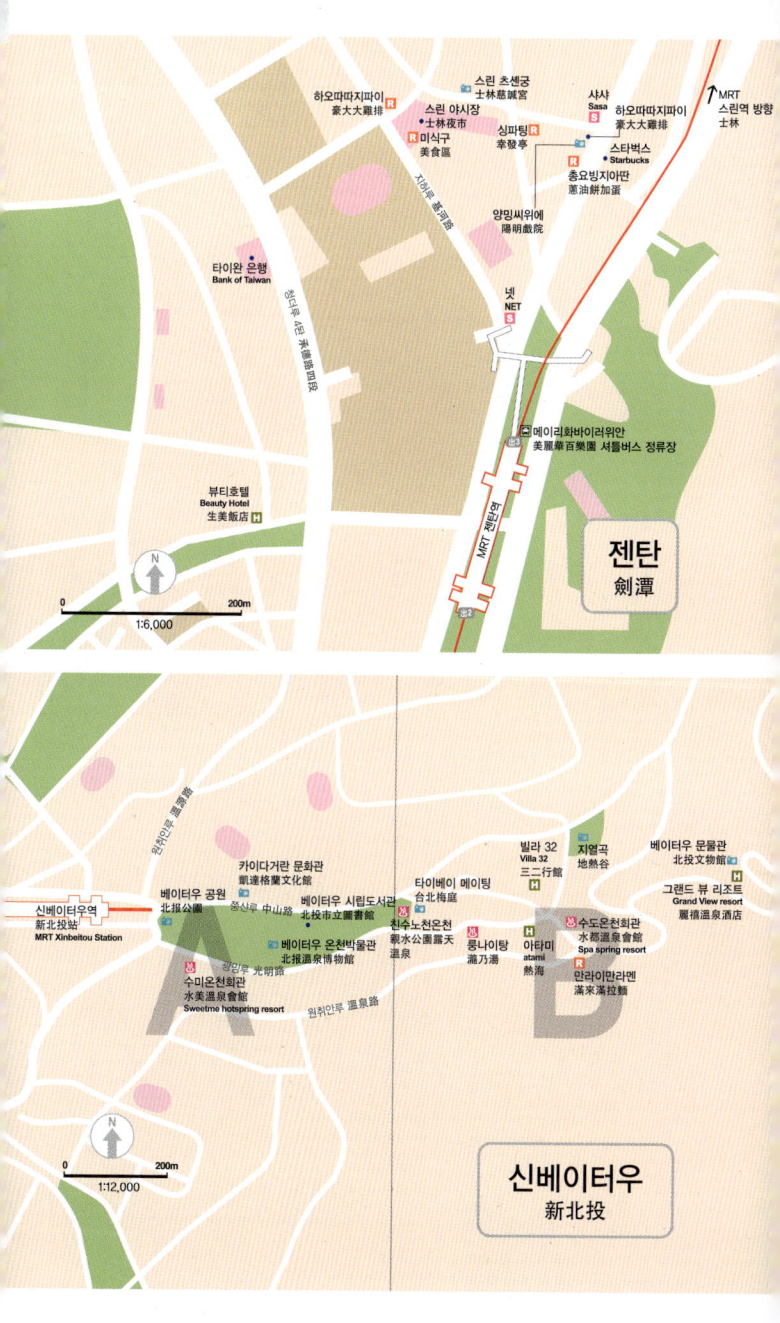

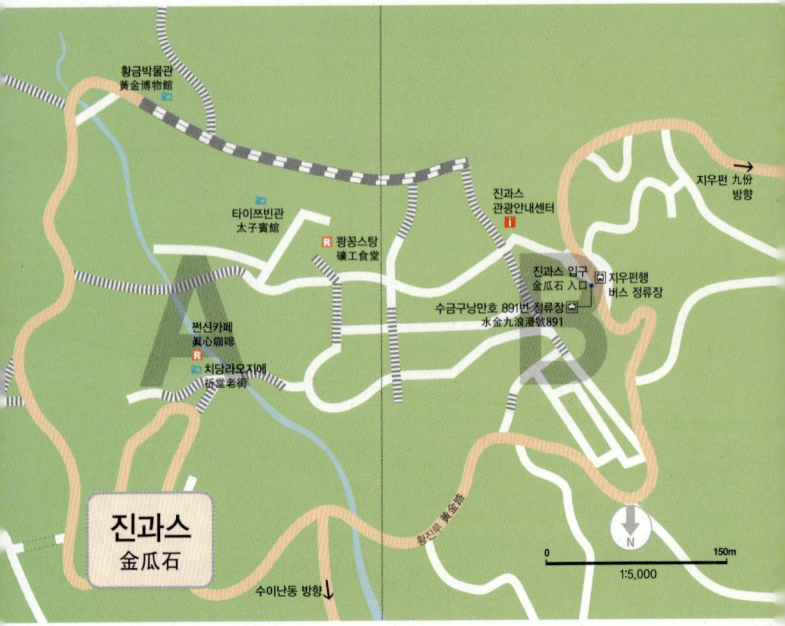

진과스 金瓜石

- 황금박물관 黃金博物館
- 타이쯔빈관 太子賓館
- 쾅꽁스탕 礦工食堂
- 편신카페 偏心咖啡
- 치탕라오지에 飯堂老街
- 진과스 관광안내센터
- 진과스 입구 金瓜石 入口
- 수금구낭만호 891번 정류장 水金九浪漫號891
- 지우편행 버스 정류장
- 지우편 九份 방향 →
- 황금루 黃金路
- 수이난동 방향 ↓

1:5,000 0 — 150m

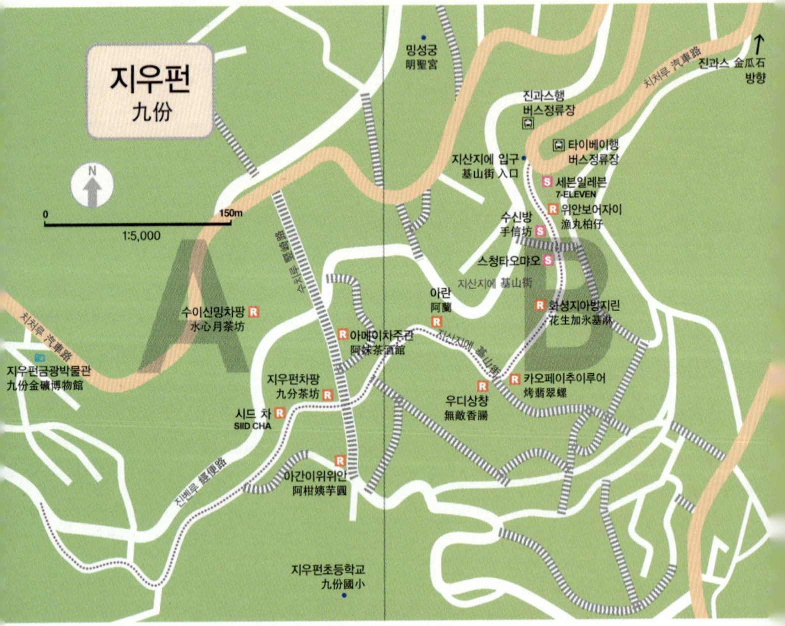

지우편 九份

- 밍성궁 明聖宮
- 진과스행 버스정류장
- 타이베이행 버스정류장
- 지산지에 입구 基山街 入口
- 세븐일레븐 7-ELEVEN
- 수신방 手信坊
- 위안보어자이 魚丸柏仔
- 스청타오마오
- 지산지에 基山街
- 아란 阿蘭
- 헛성지아빙지린 花生加氷淇淋
- 수이신망차팡 水心月茶坊
- 아메이차주관 阿妹茶酒館
- 카오페이추이루어 烤翡翠螺
- 지우펀금광박물관 九份金礦博物館
- 지우펀차팡 九份茶坊
- 시드 차 SIID CHA
- 우디상창 無敵香腸
- 아간이위위안 阿柑姨芋圓
- 지우펀초등학교 九份國小
- 치처루 汽車路
- 진과스 金瓜石 방향 →
- 경편루 輕便路

1:5,000 0 — 150m

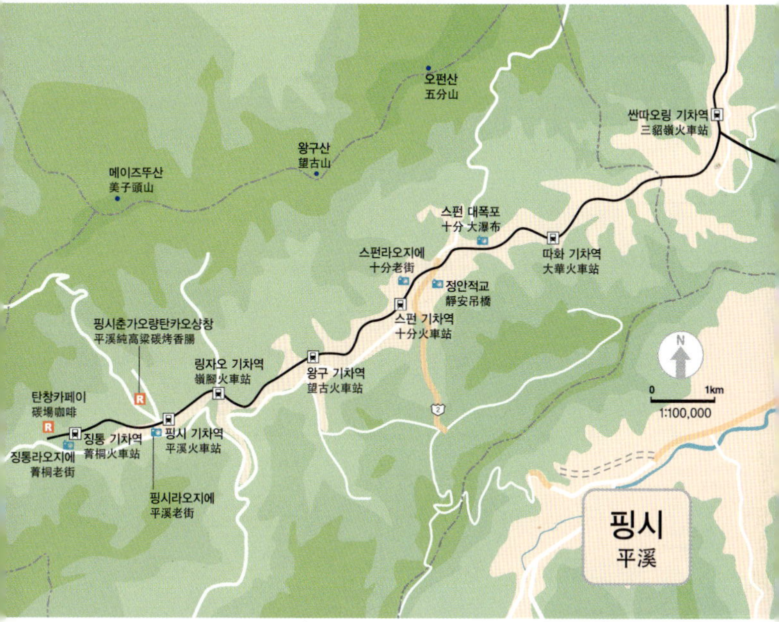

핑시 平溪

- 오편산 五分山
- 싼따오링 기차역 三貂嶺火車站
- 왕구산 望古山
- 메이즈뚜산 美子頭山
- 스펀 대폭포 十分大瀑布
- 스펀라오지에 十分老街
- 따화 기차역 大華火車站
- 정안적교 靜安吊橋
- 핑시춘가오량탄카오샹창 平溪純高梁碳烤香腸
- 스펀 기차역 十分火車站
- 링자오 기차역 嶺腳火車站
- 왕구 기차역 望古火車站
- 탄창카페이 碳場咖啡
- 징통 기차역 菁桐火車站
- 핑시 기차역 平溪火車站
- 징통라오지에 菁桐老街
- 핑시라오지에 平溪老街

축척 1:100,000 / 1km

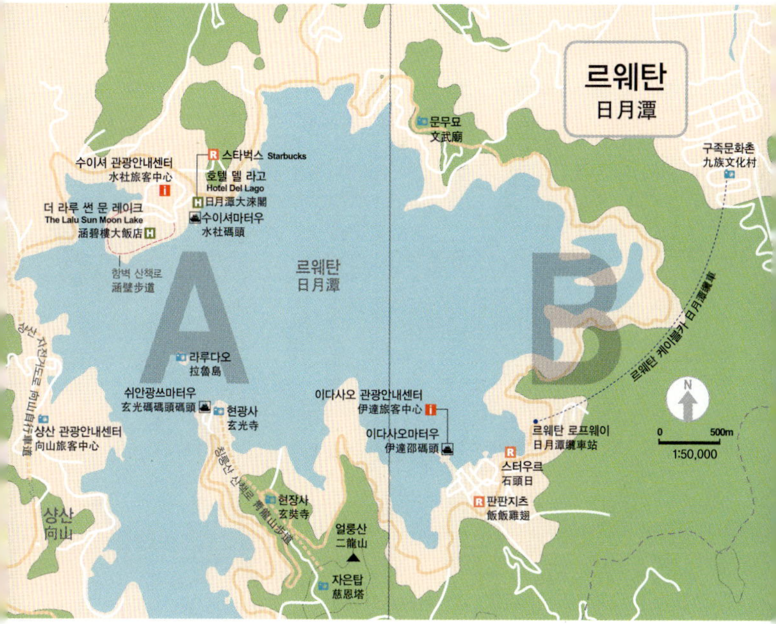

르웨탄 日月潭

- 문무묘 文武廟
- 구족문화촌 九族文化村
- 수이셔 관광안내센터 水社旅客中心
- 스타벅스 Starbucks
- 호텔 델 라고 Hotel Del Lago
- 더 라루 썬 문 레이크 The Lalu Sun Moon Lake 涵碧樓大飯店
- 일월담 유람선 日月潭遊艇
- 수이셔마터우 水社碼頭
- 르웨탄 日月潭
- 르웨탄 케이블카 日月潭纜車
- 항벽 산책로 涵壁步道
- 라루다오 拉魯島
- 쉬안광쓰마터우 玄光碼頭碼頭
- 현광사 玄光寺
- 이다사오 관광안내센터 伊達旅客中心
- 이다사오마터우 伊達邵碼頭
- 르웨탄 로프웨이 日月潭纜車站
- 스타우르 石膳日
- 판판지츠 飯飯雞翅
- 샹산 관광안내센터 向山旅客中心
- 현장사 玄奘寺
- 얼룽산 二龍山
- 자은탑 慈恩塔
- 샹산 向山

축척 1:50,000 / 500m

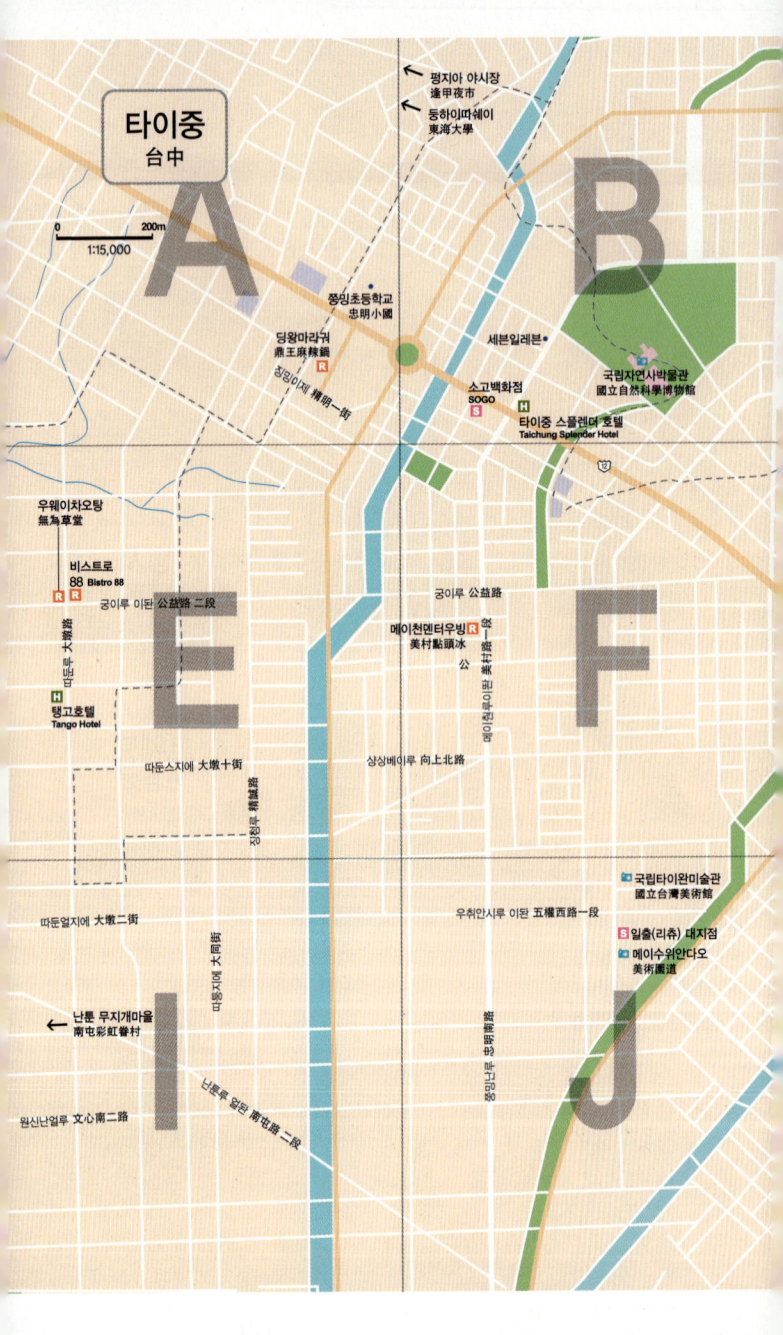

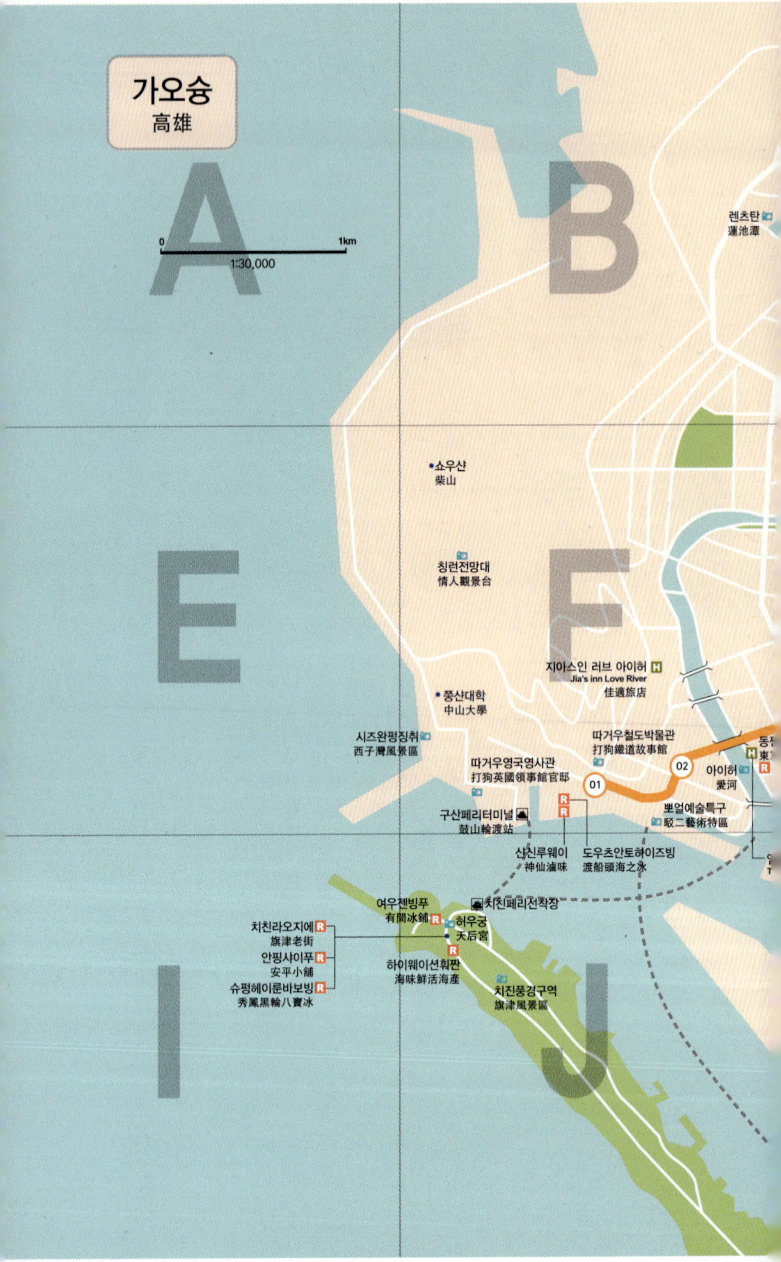

가오슝
高雄

0　　　　　1km
1:30,000

렌츠탄
蓮池潭

쇼우산
柴山

칭련전망대
情人觀景台

지아스인 러브 아이허
Jia's inn Love River
佳適旅店

풍산대학
中山大學

시즈완펑징취
西子灣風景區

따거우영국영사관
打狗英國領事館官邸

따거우철도박물관
打狗鐵道故事館

01

02 아이허
愛河

구산페리터미널
鼓山輪渡站

뽀얼예술특구
駁二藝術特區

신시루웨이
神仙滷味

도우츠안토하이즈빙
渡船頭海之氷

치친라오지에
旗津老街

여우젠빙푸
有間冰舖

치친페리전착장

허우궁
天后宮

안핑샤오푸
安平小舖

하이웨이션휘판
海味鮮活海產

슈펑헤이룬바보빙
秀鳳黑輪八寶冰

치진풍경구역
旗津風景區

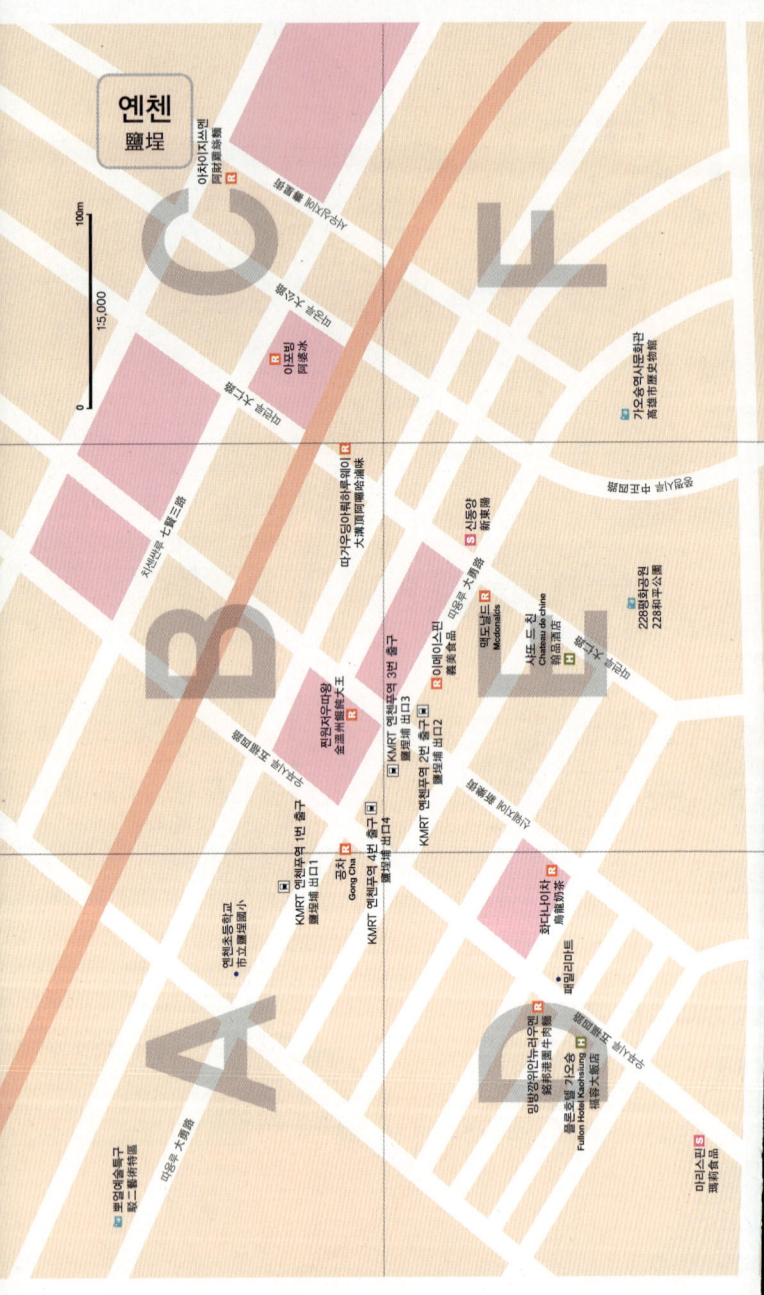

가깝게! 가볍게! 편하게!
즐거움 속으로
지금 떠나세요!

타이완

Time for Taiwan

온천, 미식, 골프 등 다양한 행사와
분기별 선물의 우대혜택이
여러분을 기다립니다.
(타이완 관광청 판매 협력 여행사에 문의)

 or  or  or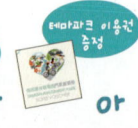

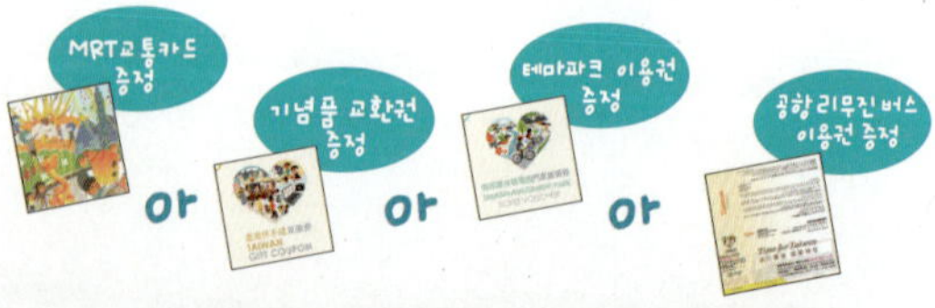

Taiwan THE HEART OF ASIA   www.tourtaiwan.or.kr   02-732-2357~8

타이완 홀리데이

타이완 홀리데이

2014년 6월 25일 초판 1쇄 펴냄
2017년 11월 17일 개정 1판 3쇄 펴냄

지은이	우지경, 이주화
발행인	김산환
책임편집	정보영
디자인	렐리시, 윤지영
지도	글터
영업 마케팅	정용범
펴낸곳	꿈의지도
인쇄	두성 P&L
종이	월드페이퍼

주소	경기도 파주시 광인사길 217, 3층
전화	070-7535-9416
팩스	031-955-1530
홈페이지	www.dreammap.co.kr
출판등록	2009년 10월 12일 제82호

979-11-86581-95-7 14980
979-11-86581-33-9 14980(세트)

지은이와 꿈의지도 허락 없이는 어떠한 형태로도 이 책의 전부, 또는 일부를 이용할 수 없습니다.
※ 잘못된 책은 바꾸어 드립니다.

TAIWAN
타이완 홀리데이

우지경, 이주화 지음

꿈의지도

프롤로그

어느 날 갑자기 '타이완'이 떴다. 타이베이 거리를 누비는 한국 여행자들이 눈에 띄게 늘었다. 아는 사람만 가던 나라가 '국민 해외여행지'라 불러도 어색하지 않을 정도다. 처음엔 이제야 타이완을 알아보는구나 하고 기뻤다. 무명배우였던 오랜 친구가 하루아침에 대스타가 된 것 마냥 어깨가 으쓱했다.

그런데 하나같이 같은 코스, 같은 맛집만 찾는 한국인들의 여행 패턴이 못내 아쉬웠다. 꽃할배들이 배낭을 메고 누비던 타이베이와 근교는 타이완 여행의 시작에 불과하다. 타이중, 타이난, 가오슝 등 타이베이와는 또 다른 매력을 뽐내는 도시들과 타이완 자연은 기대 이상으로 근사하다. 아날로그 감성이 폴폴 묻어나는 기차 여행에서 마주하는 작은 마을들, 도시의 불빛보다 여운이 오래 남는 고산 호수와 울울창창한 원시림, 몸을 푹 담가봐야 제대로 느낄 수 있는 유황 온천 등 가까이 다가갈수록, 여유롭게 머무를수록 은근한 매력을 마구 발견하게 된다. 말이 통하지 않아도 낯선 공간이 금세 친근한 장소가 되는 데는 타이완 사람들의 친절함도 한몫을 한다. 사람냄새 나는 골목과 먹어도 또 맛볼 메뉴들이 가득한 야시장은 타이완의 여행의 빼놓을 수 없는 묘미다.

무엇 하나 놓칠 게 없는 타이완의 면면을 살뜰히 알려주고 싶어 구석구석 바지런히 취재했다. 중국어를 못하는 여행자의 입장에서 먹고, 마시고, 돌아다녔다. 낯선 공간이 친근한 장소가 되고 그리운 추억이 되는 경험을 나누고 싶은 마음을 담아 원고를 썼다. 연필로 꼭꼭 눌러 쓴 편지처럼 경험과 정보를 세심하게 담았다. 타이완을 처음 가는 초보 여행자들을 위한 꼭 가봐야 하는 필수 코스는 물론, 우리만 간직하고 싶었던 장소와 맛집도 아낌없이 소개한다. 타이완 좀 다녀본 여행 고수들도 만족할만한 새로운 타이완을 보여주겠다는 일념으로 발품 팔아 발견한 곳들이다. 어린 시절 주머니 속에 숨겨둔 알사탕처럼, 우리만의 보물 같은 타이완이 당신에게도 기억에 오래 남을 여행지가 되기를 바라며.

건조해진 마음을 촉촉하게 적셔줄 감성이 필요하다면, 소소한 일상의 소중함을 깨닫게 해줄 사소한 행복을 맛보고 싶다면 타이완으로 떠나 보시길!

Special Thanks to

가열차게 시작하고 세심하게 마무리 할 수 있는 원동력이 되어 주신 정보영 편집자님, 센스만발 렐리시 디자이너님, 섬나라 방방곡곡 샅샅이 취재할 수 있도록 지원과 사진 제공을 아낌없이 해주신 타이완 관광청 천페이천 소장님과 최시은 대리님, 서툰 후배를 힘차게 이끌어주신 동국대학교 여행작가 아카데미 유연태 교수님, 트래블플러스 한은희 대표님, 문화일보 박경일 부장님, 한국경제 최병일 부장님, 스포츠서울 이우석 차장님, 스포츠월드 전경우 차장님, 스포츠한국 김성환 기자님, 격한 격려를 아끼지 않는 여행작가그룹 꼰띠고 멤버들, 그중에서도 타이완 사진을 공유해준 오원호 작가, 박은하 작가, 타이완런의 친절함을 온몸으로 느끼게 해 준 현지 친구들 진아함, 황관진, 페이원화, 홍콩과 서울에서 날아와 타이완 여행을 함께 한 친구들 수진, 은비, 세진, 늘 아내의 꿈을 응원하는 우지경의 멋진 남편 찬과 든든한 가족들, 언제나 믿고 지지해주는 이주화의 가족들에게 감사의 인사를 전합니다.

우지경, 이주화

〈타이완 홀리데이〉 100배 활용법

타이완 여행 가이드로 〈타이완 홀리데이〉를 선택하셨군요. '굿 초이스'입니다. 타이완에서 뭘 보고, 뭘 먹고, 뭘 하고, 어디서 자야 할지 더 이상 고민하지 마세요. 친절하고 꼼꼼한 베테랑 〈타이완 홀리데이〉와 함께라면 당신의 타이완 여행이 완벽해집니다.

1) 타이완을 꿈꾸다
❶ STEP 01 » PREVIEW를 먼저 펼쳐보세요. 여행을 위한 워밍업. 타이완에서 놓치면 안 될 재미와 매력을 소개합니다. 당신이 타이완에 왔다면 꼭 봐야할 것, 해야 할 것, 먹어야 할 것을 알려줍니다. 놓쳐서는 안 될 핵심요소들을 사진으로 정리했어요.

2) 여행 스타일 정하기
❷ STEP 02 » PLANNING을 보면서 나의 여행 스타일을 정해 보세요. 타이베이와 근교를 두루 섭렵하는 코스, 요새 뜨고 있다는 타이중과 타이베이 코스, 타이베이 여행이 이제 시시하다면 가오슝과 타이베이 근교 일정까지 고루고루 안내합니다. 누구와 함께 갈 건지, 얼마나 있을 건지, 가서 무엇을 가장 해보고 싶은지에 따라 여행 계획이 달라집니다.

3) 할 것, 먹을 것, 살 것 고르기
여행의 밑그림을 다 그렸다면, 구체적으로 여행을 알차게 채워갈 단계입니다. ❸ STEP 03 » ENJOYING에서 ❹ STEP 05 » SHOPPING까지 펜과 포스트잇을 들고 꼼꼼히 체크해 두세요. 과거와 현재가 공존하는 문화유산 탐방, 낭만기차여행, 꼭 먹어보고 싶은 음식, 꼭 사야할 쇼핑아이템 등을 찜해 놓으면 됩니다.

4) 숙소 정하기
어디서 자느냐가 여행의 절반을 좌우합니다. 숙소가 어디냐에 따라 여행 일정이 달라집니다. ⑤ STEP 06 » SLEEPING 을 보면서 내가 묵고 싶은 타이베이 숙소들을 찜해 놓으세요. 시끌벅적한 게스트하우스와 한인 민박뿐만 아니라 가격 대비 독특하고 깔끔한 디자인 호텔, 이름만 들어도 고개가 끄덕여 지는 타이완 대표 럭셔리 호텔까지 교통비와 이동 시간, 안전까지 고려해 숙소를 제시합니다.

5) 지역별 일정 짜기
여행의 콘셉트와 목적지를 정했다면 이제 도시별로 묶어 동선을 짜봅니다. 타이완 여행의 중심 ⑥ TAIPEI BY AREA 에서 놓칠 수 없는 근교 여행지 ⑦ TAIPEI SUBURBS BY AREA, 항공사 취항으로 좀 더 가까워진 ⑧ SPECIAL IN TAIWAN 까지 타이완 구석구석을 모아놓은 구역별 관광지와 쇼핑할 곳, 레스토랑을 보면 이동경로를 짜는 것이 수월해집니다.

6) D-day 미션 클리어
여행 일정까지 완성했다면 책 마지막의 ⑨ 여행준비 컨설팅 을 보면서 혹시 빠뜨린 것은 없는지 챙겨보세요. 여행 50일 전부터 출발 당일까지 날짜 별로 챙겨야 할 것들이 리스트 업이 되어 있습니다.

7) 홀리데이와 최고의 여행 즐기기
이제 모든 여행 준비가 끝났으니 〈타이완 홀리데이〉가 필요 없어진 걸까요? 여행에서 돌아올 때까지 내려놓아서는 안돼요. 여행 일정이 틀어지거나, 계획하지 않은 모험을 즐기고 싶다면 언제라도 〈타이완 홀리데이〉를 펼쳐야 하니까요. 〈타이완 홀리데이〉는 당신의 여행을 끝까지 책임집니다.

Have a nice Holiday!

CONTENTS

	008	프롤로그
	010	활용법
	012	타이완 전도, 타이베이, 타이베이 근교 지도
	015	타이완 MRT 노선도

STEP 01
PREVIEW
타이완을 꿈꾸다
020

- 022   01 타이완 MUST SEE
- 026   02 타이완 MUST DO
- 030   03 타이완 MUST EAT

- 034   01 타이베이&근교 3박 4일 코스
- 038   02 커플을 위한 +1 Day
- 039   03 아이와 함께 하는 +1 Day
- 040   04 타이중&타이베이 3박 4일 코스

STEP 02
PLANNING
타이완을 그리다
032

- 044   05 기차여행 마니아를 위한 +1 Day
- 046   06 가오슝&근교 3박 4일 코스
- 049   07 산이 좋은 사람들을 위한 +1 Day
- 050   08 7박 8일 타이완 남부 일주 코스
- 054   09 타이완 여행 만들기
- 056   10 타이베이 대중교통 완전정복
- 062   11 가오슝 대중교통 완전정복
- 064   12 타이완 방방곡곡, 지방 교통 완전정복

STEP 03
ENJOYING
타이완을 즐기다
066

- **068** 01 일본 기차여행보다 재밌다! 타이완 낭만기차여행
- **074** 02 세상 어디에도 없는 원시의 자연
- **078** 03 놓치면 서운해! 대륙보다 찬란한 문화유산 탐방
- **084** 04 안가면 후회하는 타이베이 근교 여행지, 수이진지우
- **088** 05 걸음도 느려지는 옛 거리, 라오지에 거닐기
- **094** 06 타이완의 재발견! 도심 속 문화예술 오아시스 BEST 3
- **098** 07 타이베이101 감상 포인트 BEST 4
- **102** 08 깊은 산 속 온천, 어디 가서 할까? 타이베이 근교 온천 BEST 3
- **106** 09 짧고 굵은 릴랙스 타임, 발마사지
- **110** 10 은밀하고 그윽하게 마시는 타이완 차

STEP 04
EATING
타이완을 먹다
116

- **118** 01 밥보다 빙수, 줄서서 먹는 망고빙수 TOP 4
- **122** 02 빵빵하게 입소문 난 로컬 빵집
- **126** 03 이건 정말 QQ해, 쩐주나이차
- **130** 04 진한 국물 맛에 반했다! 뉴러우멘
- **134** 05 입 안 가득 터지는 육즙, 샤오롱바오 BEST 6
- **140** 06 멈출 수 없는 샤오츠의 유혹
- **144** 07 중국별미 탐험! 중국각지 별별 요리 맛보기
- **148** 08 푸드코트에서 맛보는 타이완식 밥도둑
- **150** 09 다함께 츠츠츠, 훠궈
- **156** 10 아삭아삭 건강한 맛, 채식
- **158** 11 출출한 밤, 술 고픈 밤 맥주 한 잔, 야식 한입
- **164** 12 알고 먹으면 더 맛있는 타이완 음식 대백과
- **166** 13 놓치면 아쉬운 타이완 7대 야시장
- **174** 14 모든 칼로리가 사라지는 마법, 타이완 커피

STEP 05
SHOPPING
타이완을 사다
176

- **178** 01 최고의 선물 펑리수
- **182** 02 드럭스토어에서 사는 잇 아이템
- **184** 03 아기자기함에 반하다, 남다른 기념품

STEP 06
SLEEPING
타이베이에서 자다
186

- **188** 01 취향대로 골라 자는 시끌벅적 게스트하우스와 민박
- **192** 02 실속파를 위한 디자인 호텔
- **196** 03 이유 있는 호사 럭셔리 호텔

TAIPEI BY AREA

01
동부 타이베이
신이&동취&쫑샤오신성
202

- 204 PREVIEW
- 205 One Fine Day in EAST TAIPEI
- 206 MAP
- 208 SEE
- 213 EAT
- 221 BUY

02
센트럴 타이베이
완화(룽산쓰)&시먼딩&
타이베이처짠&쫑쩡지녠탕
224

- 226 PREVIEW
- 227 Half Day in CENTRAL TAIPEI
- 228 MAP
- 232 SEE
- 236 EAT

03
남부 타이베이
동먼&타이엔따러우&궁관
244

- 246 PREVIEW
- 237 One Fine Day in SOUTH TAIPEI
- 248 MAP
- 250 SEE
- 254 EAT
- 266 BUY

04
북부 타이베이
쫑산&솽리엔&위엔샨&
민취안시루&젠탄&스린
268

- 270 PREVIEW
- 271 One Fine Day in NORTH TAIPEI
- 272 MAP
- 275 SEE
- 280 MAP
- 282 EAT
- 292 BUY

TAIPEI SUBURBS BY AREA | 타이베이 근교 여행

01
신베이터우&단수이
296

- 298 PREVIEW
- 299 One Fine Day in XINBEITOU&TAMSUI
- 300 MAP
- 301 SEE
- 312 EAT

02
예류&수이진지우
316

- 318 PREVIEW
- 320 One Fine Day in YEHLIU&SHUIJINJIU
- 321 MAP
- 323 SEE
- 328 EAT

03 핑시 334

- **336** PREVIEW
- **338** One Fine Day in PINGXI
- **338** MAP
- **340** SEE
- **345** EAT

SPECIAL IN TAIWAN | 타이완 도시 여행

01 타이중&르웨탄 350

- **352** PREVIEW
- **354** Two Fine Days in TAICHUNG&SUN MOON LAKE
- **355** MAP
- **358** SEE
- **368** EAT
- **375** BUY
- **376** SLEEP

02 이란, 화롄&타이루거, 타이동 378

- **380** PREVIEW
- **382** Two Fine Days in YILAN, HUALIAN& TAROKO, TAITUNG
- **383** MAP
- **385** SEE
- **394** EAT
- **395** BUY
- **398** SLEEP

03 가오슝 400

- **402** PREVIEW
- **404** One Fine Day in KAOHSIUNG
- **405** MAP
- **409** SEE
- **415** EAT
- **423** BUY
- **424** SLEEP

04 타이난 430

- **432** PREVIEW
- **434** One Fine Day in KAOHSIUNG
- **435** MAP
- **438** SEE
- **447** BUY
- **448** EAT

- **456** 여행준비 컨설팅
- **466** 인덱스

Step 01
PREVIEW

타이완을 꿈꾸다

01 타이완 MUST SEE
02 타이완 MUST DO
03 타이완 MUST EAT

STEP 01
PREVIEW

시시각각 다른 물빛의 향연, 해와 달이 머무는 호수 르웨탄.

PREVIEW 01
타이완 MUST SEE

태평양의 서쪽, 작은 섬나라 타이완. 시간이 켜켜이 쌓인 거리부터 대자연의 넉넉한 품까지 크고 작은 매력이 넘치는 장소들을 만나게 된다. 여유가 묻어나는 풍경 앞에서 발걸음은 자연스레 느려지고 콧노래가 흘러나온다.

그곳에선 마음도 붉게 물든다. 홍등이 물결치는 지우펀.

3 자연이 빚은 조각품, 예류의 여왕머리바위.

4 눈길 닿는 곳 마다 절경의 연속, 타이루거 협곡.

5 장인의 정교한 손길이 느껴진다. 고궁박물원에서 만나는 진귀한 보물들.

6 세월이 쌓이고 소원이 담긴 사원, 룽샨쓰.

STEP 01
PREVIEW

7 타이완의 상징 타이베이101.
어디서 보아도 위풍당당한 자태가 매력적이다.

8 토마스와 친구들이 여기에? 타이완 유일무이의 장화선형차고.

9 호랑이 입으로 나오면 행운이 뒤따른다는 타이완 민담을 토대로 만든 7층탑, 룽허타.

10 용을 타고 바다 위를 노니는 듯, 하늘과 바다 사이에 싼셴타이.

11 한 폭의 산수화 같은 산과 운해 위로 떠오르는 해, 장엄한 아리산 일출.

STEP 01
PREVIEW

PREVIEW 02
타이완
MUST DO

바쁜 일상을 벗어난 여행.
타이완 사람들처럼 낭만이
깃든 열차를 타고, 오래된
거리를 거닐고, 가는 곳 마다
스탬프를 찍다 보면 소소한
행복이란 무엇인지 알게
된다. 그렇게 행복한 순간이
모여 행복한 여행이 된다.

1 여행의 흔적을 수첩에 콕콕, 스탬프 놀이!

3 영화 주인공처럼 감성 돋는 빈티지 열차여행.

2 과거로 타임슬립을 한 듯 옛 거리, 라오지에 거닐기.

4 너와 나의 소원을 담아 하늘 높이 천등 날리기.

5 깊은 산 속 노천 온천에서 몸과 마음의 힐링을.

STEP 01
PREVIEW

6 세상에서 가장 큰 금괴 만지고 부자 돼볼까.

8 감성 돋는 도심 속 문화예술공원 산책.

9 도심에서, 숲에서, 해안도로에서 바람을 가르며 타는 자전거.

7 천년이 넘은 울울창창한 숲, 아리산 트레킹하며 자연과 하나 되기.

10 섬에서 섬으로 작은 여행. 가오슝에서 페리타고 치친 다녀오기.

STEP 01
PREVIEW

우주최강 달콤함이
1일 1빙을 부른다
망고빙수

세계에서
인정받는 맛
타이완의 빵

야들한 만두피와
육즙의 만남
샤오롱바오

타이완 MUST EAT

그 어떤 나라보다 '먹방'이 빠질 수 없는 곳이 바로 타이완.
다채로운 길거리 음식부터 전통음식까지 모르고 지나치기엔 아쉽다.
꼼꼼히 선택한 먹방 리스트를 눈으로 먼저 맛보자.

갖가지 재료를 골라먹는
중독성 강한 샤오츠
루웨이

100년 넘은 전통국수
단짜이멘

깊은 소고기 국물
맛이 끝내주는
뉴러우멘

시끌벅적 같이 먹는
타이완식 샤브샤브
훠궈

입 안 가득 탱글탱글
차원이 다른 소시지
샹창

커다란 크기에
압도되는 치킨
지파이

서서 먹어도 좋다!
돌아서서 또 생각나는
곱창국수
따창멘셴

시원하게 말아
고소하게 즐긴다
땅콩 아이스크림

이름처럼 맛도
크기도 대왕
대왕오징어튀김

역사 깊은
서양식 샤오츠
관차이반

고약한 냄새를 극복하면
천상의 맛이 기다린다
초또푸

토실토실
영양만점 새우밥 한 그릇
샤런판

Step 02
PLANNING

타이완을 그리다

01 타이베이&근교 3박 4일 코스
02 커플을 위한 +1 Day
03 아이와 함께 하는 +1 Day
04 타이중&타이베이 3박 4일 코스
05 기차여행 마니아를 위한 +1 Day
06 가오슝&근교 3박 4일 코스
07 산이 좋은 사람들을 위한 +1 Day
08 7박 8일 타이완 남부 일주 코스
09 타이완 여행 만들기
10 타이베이 대중교통 완전정복
11 가오슝 대중교통 완전정복
12 타이완 방방곡곡, 지방 교통 완전정복

STEP 02
PLANNING

PLANNING **01**

타이베이&근교 3박 4일 코스

타이베이와 근교 여행지 그리고 대표 맛집을 두루 섭렵하는 꽉 찬 코스를 촘촘히 준비했다. 여행도 연애처럼 타이밍이 중요하다. 이왕이면 그 장소의 매력지수가 상승하는 시간대에 찾아보자. 타이베이와 사랑에 빠지는 건 시간문제.

송산문화원구

1st day

타이베이101

아이스 몬스터

1st DAY 용캉지에(p.250) → 송산문화원구(p.212) → 아이스 몬스터(p.118) → 타이베이101(p.208) → 라오허지에 야시장(p.167)

2nd DAY 예류(p.077) → 진과스(p.085) → 수이난동(p.086) → 지우펀(p.087) → 키키 레스토랑(p.145) → 지아더(p.179) → 류싱지쭈티양선후이관(p.107)

3rd DAY 고궁박물원(p.082) → 신베이터우(p.103) → 단수이(p.308) → 스린 야시장(p.168) → 시먼훙러우(p.233) → 시먼딩(p.232)

4th DAY 중정기념당(p.079) → 공항으로

라오허지에 야시장

13:00 타이베이의 가로수길, 용캉지에에서 식도락 여행 시작! 딘타이펑 본점에서 샤오롱바오부터? 아니면 얼큰한 용캉뉴러멘부터? 행복한 고민 시작. » MRT 15분

15:00 요즘 뜨는 동네, 송산문화원구. 야자수 아래 초록 정원, 미술관, 트렌디한 쇼핑몰 청핀수뎬 스펙트럼까지 감성 돋는 산책을 즐겨보자. 청핀수뎬 지하 1층 우바오춘 베이커리도 놓치면 아쉽다. » 도보 5분

16:30 그래 이 맛이야! 망고빙수의 진수를 보여주는 아이스 몬스터. 꽃할배도 반한 프레쉬 망고 센세이션 한 그릇 뚝딱! » MRT 5분+도보 15분(또는 셔틀버스 5분)

18:00 타이베이101 전망대에서 노을부터 야경까지 360° 파노라마로 타이베이 내려다보기. 동서남북 어디에 뭐가 있는지 파악해 두면 여행이 한결 쉬워진다. 날씨가 좋은 날엔 야외 전망대로 Go! » 택시 10분

20:00 밤을 잊은 라오허지에 야시장! 뽀독뽀독 씹는 맛이 일품인 소시지 상창, 타이완 어묵 톈뿌러, 화덕에 구워먹는 만두 후자오빙으로 먹방의 화룡점정 찍기.

광부도시락

10:00 예류에서 볼수록 신비로운 기암과석 구경하기! 외계에서 온 듯 아이스크림, 촛대, 용머리, 여왕머리 등 별별 모양의 바위들이 여행자들을 맞이한다. » 버스 90분

12:30 진과스도 식후경! 뜨끈뜨끈한 광부도시락 까먹기. 먹고 난 후엔 도시락 통은 물론 보자기, 젓가락도 고스란히 잘 챙겨오자. » 도보 10분

13:30 황금박물관. 세계 최대의 금괴를 손으로 쓰담쓰담 한 후 주머니에 손을 넣으면 부자가 된다고. 시간 부자가 된 맘으로 느긋하게 진과스 산책도 즐겨보자. » 도보 10분

14:30 수이진지우 낭만버스 투어(약 50분). 황금폭포, 음양해, 13층 유적지 등 금광 마을의 아련한 흔적이 마음을 툭 두드린다. » 버스 10분

16:00 작은 상점들이 끝없이 이어지는 지우펀 골목 탐방. 어묵탕, 땅콩전병아이스크림, 구운 소라 등 먹방은 계속된다. » 도보 10분

17:00 홍등이 물결치는 지우펀의 수치루에서 노을 맞이하기. 바다 위를 황금빛으로 물들이는 석양 바라보며 향긋한 차 한 잔. » 버스 90분

19:30 매운 맛 좀 볼까? 한국인 입맛에 잘 맞는 키키 레스토랑에서 사천요리로 저녁식사. 일명 두부달걀이라 불리는 두부튀김 라오피넌로우는 꼭 곁들일 것. » 택시 10분

21:00 줄서서 먹는 마성의 펑리수, 지아더로 출동! 한 입 맛보고 나면 애매한 위치도, 긴 줄도 다 용서된다. 파이애플맛, 크랜베리맛 입맛대로 골라 담자. » 도보 1분

21:30 지아더 옆 류싱지쭈티양선후이관에서 발마사지로 하루의 피로를 싹! 베테랑 마사지사의 파워풀한 손길이 그만이다. 만성피로라면 발+어깨마사지를 추천!

광공식당
예류
수치루
2nd day
지우펀
키키 레스토랑

STEP 02
PLANNING

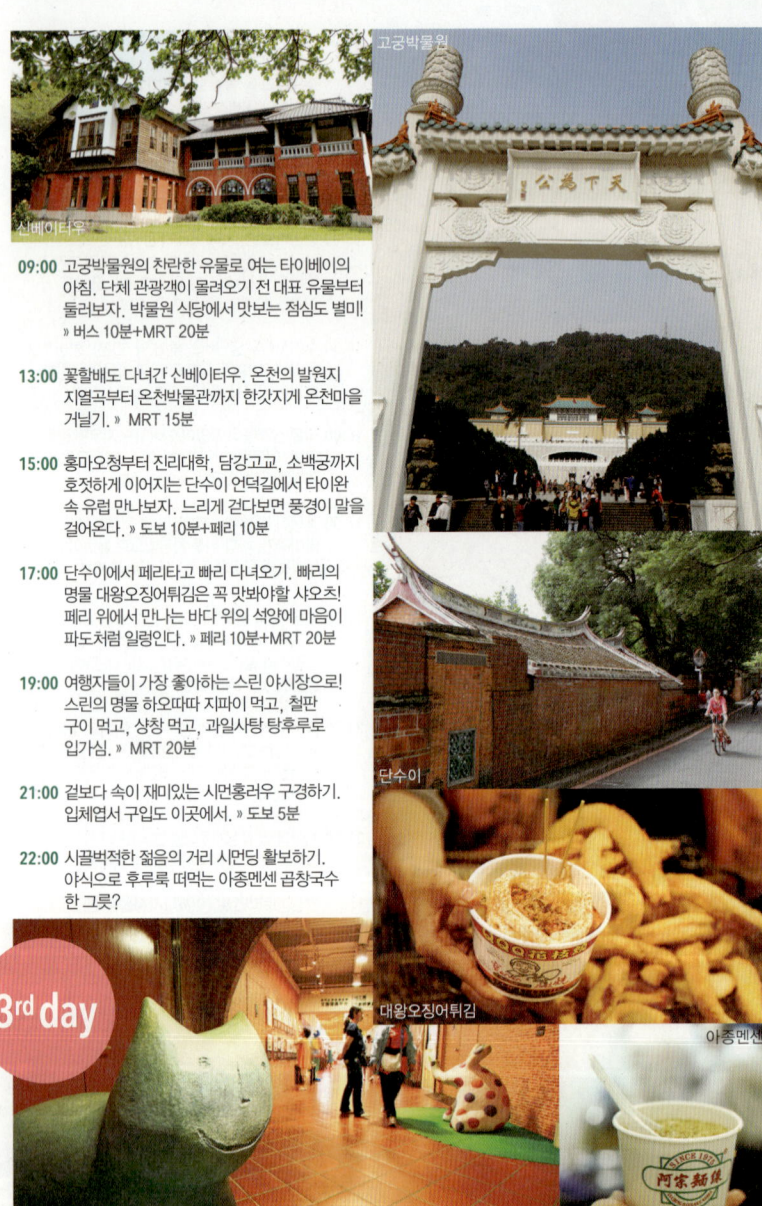

신베이터우

고궁박물원

09:00 고궁박물원의 찬란한 유물로 여는 타이베이의 아침. 단체 관광객이 몰려오기 전 대표 유물부터 둘러보자. 박물원 식당에서 맛보는 점심도 별미! » 버스 10분+MRT 20분

13:00 꽃할배도 다녀간 신베이터우. 온천의 발원지 지열곡부터 온천박물관까지 한갓지게 온천마을 거닐기. » MRT 15분

15:00 홍마오청부터 진리대학, 담강고교, 소백궁까지 호젓하게 이어지는 단수이 언덕길에서 타이완 속 유럽 만나보자. 느리게 걷다보면 풍경이 말을 걸어온다. » 도보 10분+페리 10분

17:00 단수이에서 페리타고 빠리 다녀오기. 빠리의 명물 대왕오징어튀김은 꼭 맛봐야 할 샤오츠! 페리 위에서 만나는 바다 위의 석양에 마음이 파도처럼 일렁인다. » 페리 10분+MRT 20분

19:00 여행자들이 가장 좋아하는 스린 야시장으로! 스린의 명물 하오따따 지파이 먹고, 철판 구이 먹고, 샹창 먹고, 과일사탕 탕후루로 입가심. » MRT 20분

21:00 겉보다 속이 재미있는 시먼훙러우 구경하기. 입체엽서 구입도 이곳에서. » 도보 5분

22:00 시끌벅적한 젊음의 거리 시먼딩 활보하기. 야식으로 후루룩 떠먹는 아종멘셴 곱창국수 한 그릇?

단수이

대왕오징어튀김

아종멘셴

3rd day

시먼훙러우

10:00 웅장한 중정기념당 구경. 장제스 동상 앞에서 열리는 근위병 교대식도 놓치지 말자. 꽃할배도 다녀간 춘수이탕에서 쩐주나이차로 달콤하게 타이완 여행 마무리.

11:30 공항으로 출발!

4th day

PLANNING 02
커플을 위한 +1Day

시간이 갈수록 여물어가는 로맨스를 만들고 싶다면 영화 주인공처럼 다정하게 근교 여행을 떠나보자. 핑시선 기차타고 천등도 날리고, 마오콩에서 타이베이 야경까지 보는 달콤한 데이트코스를 추천한다.

스펀

핑시라오지에 스펀

09:00 타이베이 기차역에서 화롄행 열차를 타고 루이팡역으로 출발. 나란히 앉아 창밖 풍경 바라보며 모닝커피를. » 기차 60분

10:30 루이팡역. 핑시선(p.070)으로 갈아타고 본격적인 기차 여행 시작! 징통으로 가는 길엔 맨 뒷 칸에 앉으면 뻥 뚫린 풍경이 보인다. » 기차 50분

11:30 징통역(p.340)에서 영화 〈그 시절 우리가 사랑했던 소녀〉 주인공처럼 두 손 꼭 잡고 철길 거닐기, 대나무에 소원 써서 걸기 등 둘만의 추억 만들기! » 기차 5분

13:00 핑시. 사이좋게 소시지 하나씩 입에 물고 핑시라오지에(p.341) 산책. » 기차 15분

14:00 스펀(p.342). 철로를 사이에 두고 오밀조밀 가게들이 마주보고 있다. 늦은 점심으로 스펀의 명물 닭날개볶음밥을, 디저트로는 저우완전빙뎬(p.347)의 전병을. » 도보 5분

14:30 스펀에서 천등 날리기. 서로에게 러브레터를 쓰듯 천등에 소원을 적어 볼까. 둘의 마음이 담긴 천등, 그리고 천등이 하늘로 둥실 날아오르는 순간은 사진으로 길이길이 남길지어다. » 버스 40분+MRT 5분

16:30 곤돌라 타고 마오콩 가기. 올라가는 길엔 왼편으로 타이베이101이 보인다. 평일엔 곤돌라 하나를 통째 빌린 듯 단둘이 타게 되는 행운이 찾아올 수도! » 곤돌라 30분+도보 5분

17:00 타이베이101이 잘 보이는 마오콩시엔 노천카페에서 노을을 기다리며 향이 좋은 커피 한 잔! » 곤돌라 30분+MRT 20분

19:30 저녁식사도 분위기 있게, 쭝샤오푸싱 소고백화점 11층 덴수이러우(p.138). 야경과 함께 즐기는 샤오롱바오는 왠지 더 맛있다. » MRT 5분+도보 10분

21:00 화산1914문화창의산업원구(p.096) 안 노천바, 샤오주(p.220)에서 시원한 생맥주 한 잔하며 하루 마무리하기. 화창한 날엔 야외 테라스가 분위기 있고, 비 오는 날엔 창가 자리가 운치 있다.

PLANNING 03

아이와 함께 하는 +1Day

아이와 함께 청량한 자연 속에서 꼬마열차와 케이블카 2가지 다 즐길 수 있는 우라이로 떠나보자. 놀이동산으로 소풍 간 듯 들뜬 기분에 아이의 웃음소리가 한 옥타브 높아진다. 돌아오는 길엔 국립타이완대학에 들러 캠퍼스의 낭만을 함께 맛보자. 저녁은 푸짐하게 먹어도 부담 없는 대학가 사대 야시장에서 가족 먹방!

10:30 산 좋고 물 좋은 우라이의 숲길을 가르는 관광열차, 우라이타이처(p.069) 타고 우라이 폭포 가기. 3칸짜리 꼬마열차가 커브를 돌 때마다 놀이기구 탄 듯 신난다! 유후~
» 우라이타이처 5분

11:30 아이 손 꼭 잡고 아찔한 케이블카 타기. 케이블카에서 내리면 우라이 폭포의 발원지이자 유원지 운산서원이 짠하고 나타난다. 소풍 온 기분으로 연못가도 거닐고 삼림욕을 즐겨보자. 운산서원 입구에 놓인 스탬프로 광광 추억 남기기도 잊지 말 것. » 케이블카 10분

13:00 주말이면 축제가 열린 듯 활기찬 우라이 라오지에의 명물, 죽통밥과 숯불 소시지 주러우상창으로 점심식사. 줄이 길수록 기다린 보람이 있는 맛집일 확률이 높다. » 도보 5분

14:00 온가족이 에메랄드빛 탄산수, 우라이 노천온천에 퐁당퐁당 발 담그기.
» MRT + 버스 약 80분

16:00 타이완의 서울대학교, 국립타이완대학(p.252) 캠퍼스 탐방을 나서보자. 야자수길 사이 바로크풍 건물이 이국적이다. 산책의 마무리는 농업 전시 센터 눙찬핀잔스쭝신 아이스크림샌드위치로 달콤 바삭하게!
» MRT 5분

18:00 꽃할배도 다녀간 사대 야시장(p.251)에서 따끈한 호호미빵과 우마왕 스테이크로 행복한 가족 먹방 시작. 레디? 액션!

+1Day

우라이타이처
우라이 죽통밥
우라이 란성차오
국립타이완대학

STEP 02
PLANNING

신과스 타이쯔민관

PLANNING 04
타이중 & 타이베이
3박 4일 코스

티웨이항공이 인천-타이중 취항하며 타이중과 타이베이를 여행하는 새로운 여행 코스가 생겼다. 타이중에 도착하자마자 고속철 타고 타이베이로 가 대표 볼거리만 쏙쏙 둘러본 후 타이중으로 돌아와 르웨탄까지 다녀오는 알짜코스. 2개의 도시와 아름다운 호수에 눈이 즐겁고, 도시마다 다른 맛집에 입이 즐거운 오감만족 여행되시겠다.

1st DAY 타이중에서 고속철차 타고 타이베이로 → 중정기념당(p.079) → 타이베이101 전망대(p.101) → 용캉지에(p.250)

2nd DAY 예류(p.077) → 진과스(p.085) → 수이난동(p.086) → 지우펀(p.087) → 타이베이 메인역에서 타이중으로 → 펑지아 야시장(p.172)

3rd DAY 르웨탄(p.076) → 수이셔마터우(p.362) → 현장사(p.363) → 현광사(p.363) → 르웨탄 케이블카(p.364) → 이다샤오(p.364) → 타이중 궁원안과&일출(p.368&375) → 딩왕마라궈(p.373)

4th DAY 춘수이탕 본점(p.369) → 공항으로

15:00 타이중 고속철도역에서 고속열차 가오톄 타고 타이베이로. 현지인들처럼 열차 안에서 도시락 맛보는 즐거움도 빼먹지 말자. » 기차 50분

16:30 타이완 최초의 총통 장제스를 기념하는 중정기념당 둘러보기. 웅장함에 한 번, 제대로 각 잡는 근위병 교대식에 또 한 번 감탄 하게 된다. » MRT 15분

18:00 타이베이101 전망대에서 360° 파노라마로 타이베이 내려다보기. 해 저문 하늘이 푸른 빛으로 물들어 갈 때의 야경이 가장 아름답다. 화창한 날엔 야외 전망대로 Go! » 엘리베이터 37초

20:00 꽃할배도 다녀간 딩타이펑 타이베이101 지점에서 저녁식사. » MRT 10분

21:00 밤공기도 상쾌한 용캉지에 산책. 출출할 땐 후루룩 두샤오몐에서 단짜이몐 한 그릇! 갈증 날 땐 스무시에서 달콤 시원한 망고빙수!

타이중 고속열차

중정기념당

1st day

딩타이펑

10:00 예류에서 볼수록 신비로운 기암괴석 구경하기! 외계에서 온 듯 아이스크림, 촛대, 용머리, 여왕머리 등 별별 모양의 바위들이 여행자들을 맞이한다. » 버스 90분

12:30 진과스도 식후경! 뜨끈뜨끈한 광부도시락 까먹기. 먹고 난 후엔 도시락 통은 물론 보자기, 젓가락도 고스란히 잘 챙겨오자. » 도보 10분

13:30 황금박물관. 세계 최대의 금괴를 손으로 쓰담쓰담 한 후 주머니에 손을 넣으면 부자가 된다고. 시간 부자가 된 맘으로 느긋하게 진과스 산책도 즐겨보자. » 도보 10분

14:30 수이진지우 낭만버스 투어(약 50분). 황금폭포, 음양해, 13층 유적지 등 금광 마을의 아련한 흔적이 마음을 툭 두드린다. » 버스 10분

16:00 작은 상점들이 끝없이 이어지는 지우펀 골목 탐방. 어묵탕, 땅콩전병 아이스크림, 구운 소라 등 먹방은 계속된다. » 도보 10분

17:00 홍등이 물결치는 지우펀의 수치루에서 노을 맞이하기. 바다 위를 황금빛으로 물들이는 석양 바라보며 향긋한 차 한 잔. » 버스 90분

20:00 타이베이 기차역에서 타이중역으로 » 기차 50분

22:00 아무리 피곤해도 타이중 펑지아 야시장으로 Go! 초또푸에 대한 편견을 한방에 날려주는 펑지아 초또푸 한 입? 곱창 애호가라면 원조 '따창상창(대창소시지)'에 주목!

2nd day

STEP 02
PLANNING

궁원안과

딩왕마라궈

08:30 르웨탄으로 출발! 타이중 난터우커윈 사무실에서 타이중-르웨탄 버스 왕복 요금이 포함된 르웨탄 패스(680달러)를 구입하자.
» 버스 90분

10:00 르웨탄의 관문 수이서 도착. 수이셔마터우에서 유람선 타며 르웨탄 패스 개시! » 유람선 20분

11:00 첫 선착장 현장사 상륙. 인기 만점 간장달걀 차예딴 사서 현장사 오르기. 현장사 앞 벤치는 너도 나도 달걀 먹는 공공의 테이블. » 도보 30분

12:00 현장사에서 현광사까지 순례자의 길 걷기. 머리는 비워지고 마음을 채워지는 청량한 숲길이다. 게다가 현광사 벤치 전망은 특등석!
» 르웨탄 순환버스 10분

13:30 르웨탄 케이블카 타임. 산 하나를 넘어 가며 호수를 입체적으로 내려다보는 기분이 짜릿! 케이블카에서 내리면 아홉 부족의 민속촌과 놀이동산이 있는 지우쭈원화춘. 입구 기념품숍은 르웨탄 홍차 등을 구입하기 좋다.
» 케이블카 20분

14:45 이다사오 산책로. 르웨탄 로프웨이에서 이다사오까지 이어지는 나무 데크길. 어깨 옆으로 찰랑이는 초록빛 호수 풍경을 음미하며 걸어보자. » 도보 15분

3rd day

르웨탄

15:00 옛 사오족이 살던 마을, 이다사오. 곳곳에서 맛있는 냄새도 솔솔. 닭날개밥 판판지츠, 상창에 먹방 본능이 되살아난다. » 유람선 30분

16:30 이제는 우리가 돌아가야 할 시간, 수이셔에서 타이중으로 돌아오기 » 타이완 하오싱 버스 90분

18:30 궁원안과&일출. 타이중에서 제일 잘나가는 아이스크림 가게와 펑리수 가게가 나란히 있다. 한국으로 돌아가기 전 펑리수 쇼핑은 일출에서. 17번 파인애플 펑리수는 베스트 오브 베스트 선물 아이템. » 택시 10분

19:30 타이중에서 시작된 훠궈, 딩왕마라궈. 뷔페처럼 번잡하지 않아 좋다. 느긋하게 오붓하게 맛있는 저녁을!

4th day

10:00 타이중을 떠나며 춘수이탕 본점에서 쩐주나이차 한 잔. 여행의 끝맛까지 달콤 쫄깃하게!

11:00 공항으로 출발!

STEP 02
PLANNING

장화선형차고

지지역

처청 목통도시락

PLANNING 05

기차여행
마니아를 위한
+1 Day

핑시선을 꼭 닮은 지지선은 타이중에서
즐길 수 있는 이색 기차여행. 얼수이에서
처청을 오가던 목재운반철도가
알록달록한 관광열차로 변신했다.
본격적인 지지선은 얼수이에서
처청이지만 타이중에서부터 운행해
장화, 처청, 지지를 둘러보기 좋은
코스다.

처청

09:30 타이중 기차역에서 장화역으로 출발
» 기차 15분+도보 10분

10:00 타이완 유일의 장화선형차고(p.366).
'토마스와 친구들'처럼 12칸 차고에 열차가
나란히 늘어서 있다. 타이완에 남은 유일한
곳이라 멀리서 찾아오는 사람들이 많다.
» 도보 10분

11:00 장화역에서 지지선(p.071) 타고 처청으로.
열대우림 분지 위를 달리는 기차의 창밖 풍경이
싱그럽다. » 기차 80분

12:30 지지선의 종착역 처청역(p.367). 나무를
보관하던 초록 호숫가 옆 린차팡의
'목통도시락'은 처청의 명물! 진과스
광부도시락처럼 먹고 난 도시락 통은 챙겨 올
것. » 도보 10분

14:00 산과 강으로 둘러싸인 처청(p.367) 마을
구경에 나서보자. 목업전시관에는 체험
프로그램도 마련돼 있다. 아기자기한 소품
구경도 즐겁다. » 기차 15분

15:30 지지역(p.367). 편백나무로 지은 빈티지한
기차역을 나서면 소박한 마을 풍경이 정겹다.
자전거 하나 빌려 나무 사이를 달려보자. 동네
한 바퀴 후엔 지지의 명물 바나나로 만든 간식을
맛볼 차례. 바나나 아이스크림, 에그롤, 튀김.
골라먹는 재미가 있다. » 도보 15분

17:00 지지선 타고 지지역에서 타이중역으로
» 기차 65분+택시 10분

18:30 우웨이차오탕(p.374). 한가운데 잉어가
노니는 찻집 연못가에 앉아 간단한 식사와 차를
즐겨보자. 무릉도원이 따로 없다. 불빛을 밝힌
고택은 낮보다 운치 있다.

지지역에 정차한 지지선

지지역

타이중역

STEP 02
PLANNING

PLANNING 06
가오슝&근교
3박 4일 코스

따사로운 남부 항구도시의 멋은 항구와 바다를 따라 흐른다. 페리타고 다녀오는 치친섬부터 아이허, 렌츠탄, 시즈완을 가장 아름다운 시간에 만나는 코스로 구성했다. 신선한 해산물, 생망고빙수 등 명소 옆 맛집도 빠짐없이 들러보자. 3박 4일 중 하루는 타이완에서 가장 오래된 도시, 타이난을 당일치기로 다녀오면 더욱 다채로운 일정이 된다.

1st DAY 치친섬 치후등대(p.412) → 여우젠빙푸(p.415) → 치친해산물거리(p.415) → 아이허(p.400)

2nd DAY 렌츠탄(p.414) → 딩타이펑(p.420) → 따거우영국영사관(p.411) → 칭런전망대(p.410) → 메리다오역(p.413) → 류허 야시장(p.421)

3rd DAY 가오슝에서 타이난으로 출발 → 타이완 하오싱 버스 타고 안핑수우(p.438) → 안핑구바오(p.439) → 안핑라오지에(p.448) → 공자묘(p.081) → 츠칸루(p.441) → 홍워터우단짜이몐(p.451) → 하이안루(p.442) → 선농지에(p.443) → 타이난에서 가오슝으로

4th DAY 뿌얼예술특구(p.097) → 공항

치친

1st day

14:00 구산페리선착장 앞 산신루웨이에서 라볶이처럼 먹는 타이완 국민간식 루웨이 한 접시. » 도보 5분+페리 10분

15:00 페리 타고 가는 작은 섬, 치친. 치친섬 구경은 치후등대부터. 등대 앞에 서면 시즈완부터 85빌딩까지 가오슝의 전망이 열두 폭 병풍처럼 펼쳐진다. » 도보 20분

16:00 치친 여우젠빙푸에서 크기와 달콤함이 남다른 생망고빙수 타임! » 도보 15분

18:00 치친해수욕장. 치친 해산물거리에서 조금만 걸어가면 나오는 해수욕장. 바다 위를 붉게 물들이는 노을과 눈을 맞춰보자. 뜨겁게. » 도보 10분

19:00 치친 해산물거리에서 바다 내음 가득한 저녁식사. 새우, 조개, 오징어, 생선 등 싱싱한 해산물을 그 자리에서 고르면 입맛대로 요리해준다. » 페리 10분+택시 10분

21:00 아이허 야경 즐기기. 강가에는 고층빌딩들이 붉은 빛하고 강 위엔 사랑의 유람선 아이즈촨이 유유히 떠다닌다.

치친해산물거리 산신루웨이

2nd day

용호탑

따거우영국영사관
러브전망대
뉴러우반멘
메리다오역

10:00 용호탑부터 춘추각까지 렌츠탄 한 바퀴! 용의 입으로 들어가 호랑이 입으로 나오면 행운이 따른다는 용호탑에선 용 입 앞에서 한 번, 호랑이 입 앞에서 또 한 번 인증샷을 남겨보자. » 버스&MRT 30분

12:00 두말 하면 잔소리. 딩타이펑 가오슝점에서 타이완에서 꼭 맛봐야할 음식, 샤오룽바오로 맛있는 점심을! 한국보다 싸니까, 맛있으니까, 한 판 더? » MRT 20분

14:00 시즈완 언덕 위 빨간 벽돌건물이 고풍스러운 따거우영국영사관. 노천카페에서 파는 망고 아이스크림과 함께 파노라마처럼 펼쳐지는 항구도시의 풍경을 음미해보자. » 택시 10분

16:00 아는 사람들만 아는 가오슝의 이색 전망대, 칭런전망대. LOVE 조각 작품을 배경으로 근사한 여행 사진 한 장 찰칵! » 택시 15분

18:00 쓱쓱 비벼 먹는 뉴러우반멘 먹을까, 큼직해서 든든한 훈툰탕 먹을까, 구석구석 맛있는 옌쳰푸역 주변 맛집 골목 탐방. » MRT 5분

19:30 류허 야시장 가는 길, 메리다오역 '빛의 돔' 감상하기 » MRT 5분

20:00 가오슝 먹방의 하이라이트 류허 야시장으로 출동! 총통도 마시고 갔다는 파파야우유부터 각종 해산물까지 밤늦도록 입이 즐겁다.

STEP 02
PLANNING

09:30 가오슝 기차역에서 타이난으로 출발
» 기차 30분+타이완 하오싱 버스 40분

11:00 안핑수우&더지양항. 티켓 하나로 오래된 건물을 반얀나무가 휘감은 안핑수우의 기묘한 풍경과 더지양항에 전시된 옛 네덜란드 생활상 구경하기. » 도보 10분

12:00 안핑라오지에. 새우말이, 굴튀김, 새우과자 우유푸딩 등 샤오츠 맛보기. » 도보 5분

13:00 안핑구바오. 17세기 중엽 네덜란드인들이 지은 타이완 최고령 요새. 전망대로 변신한 옛 감시탑에 올라 안핑을 조망해보자.
» 타이완 하오싱 버스 40분

14:30 공자묘&공자묘 앞 푸쭝지에 산책. 타이완 최초 공자 사원이자 학교인 타이난 공자묘는 학구적인 분위기가 물씬. 길 건너 푸쭝지에에는 아기자기한 가게들이 오밀조밀. 구경만 해도 맘이 든든다. » 도보 15분

16:30 츠칸루 둘러보며 타이완 역사 헤아려 보기. 해신묘와 원창거 두 건물 사이를 오르내리는 재미가 있다. » 도보 5분

17:30 단짜이멘의 대명사, 두샤오웨보다 맛있는 홍위터우 단짜이멘. 단짜이멘을 개발한 홍위터우의 첫째 아들이 운영하는 집이다. 단짜이깐멘에 새우말이 하나 곁들이면 금상첨화. » 도보 15분

18:30 하이안루&션농지에. 예술가의 감성이 충만한 하이안루의 볼거리는 곳곳에 설치된 벽화. 하이안루에서 옆길로 새면 영화 세트장처럼 빈티지한 길, 션농지에. 하이안루에선 이핀탕 망고빙수나 타이청수이거우뎬의 멜론빙수를 맛보는 즐거움도 놓치지 말 것. » 택시 10분

20:00 아쉬움을 뒤로 한 채 타이난에서 가오슝으로.
» 기차 30분

3rd day

공자묘

츠칸루

푸쭝지에

뽀얼예술특구

4th day

타이청수이거우뎬

홍위터우 단짜이멘

09:30 뽀얼예술특구 아침 산책

11:30 공항으로 출발!

PLANNING 07
산이 좋은 사람들을 위한 +1 Day

세계 3대 산악열차, 동화의 숲 트레킹.
말만 들어도 호기심 몽글몽글
발동하는 아리산. 가오슝에서 아침
일찍 출발해 당일치기로 다녀오자.
시간 계산 철저히 한 당일여행
코스대로 따라가 보자.

+1Day

07:30 가오슝 기차역에서 자이역으로. 이른 아침 플랫폼의 공기가 신선하다. » 기차 60분

09:10 자이역 앞에서 타이완 하오싱 버스타고 아리산으로 출발! 차창 밖으로 차밭이 보인다. 여기가 바로 아리산 고산 우롱차의 산지. 어린 찻잎처럼 싱그러운 풍경에 마음이 두근두근. » 버스 2시간 30분

11:40 버스가 주차장 공터에 도착한다. 주차장 맞은편이 아리산역. 우선, 편의점에서 돌아가는 버스 티켓과 산에서 먹을 음료수나 간식부터 사두자. 주차장 주변 식당가에서 점심도 든든히 먹어 둘 것! » 도보 5분

12:40 아리산역에서 자오핑역으로 가는 13시 출발 산림열차 타기! 나무로 지은 기차역 플랫폼으로 빈티지한 빨간 열차가 들어오는 풍경은 마치 영화의 한 장면 같다. » 기차 7분

13:07 자오핑역에서 선무역까지 아리산 트레킹 시작! 울울창창한 숲길을 걸어 시스터 연못가를 지나면 네 자매 나무, 삼형제 나무, 하트 나무 등 신비로운 풍경을 지나 천년이 넘은 거목들 속으로. 자오핑역에서 지도를 챙겨 가면 유용하다. » 도보 2시간

15:30 선무역. 트레킹을 마치고 다시 아리산역으로 돌아가는 기차 타기. » 기차 7분

16:10 아리산에서 자이역으로 타이완 하오싱 버스 타고 돌아오기. » 버스 2시간 30분

20:00 자이역에서 가오슝 기차역으로. » 기차 60분

PLANNING 08
7박 8일 타이완 남부 일주 코스

고속철도 타이완 하오싱 버스를 이용하면 대표 도시와 호수와 산까지 타이완의 속살을 찾아 떠나는 여행을 경험할 수 있다. 베이스캠프는 타이완의 수도 타이베이, 가장 오래된 도시 타이난, 항구도시 가오슝으로 하고 중간에 타이중을 경유해 르웨탄, 아리산을 다녀오자.

1st DAY 타이베이 융캉지에(p.250) → 고궁박물원(p.082) → 타이베이101(p.208)

2nd DAY 타이베이 근교 스펀(p.342) → 진과스(p.085) → 수이난동(p.086) → 지우펀(p.087) → 시먼딩(p.232)

3rd DAY 르웨탄 타이베이 기차역 → 타이중 고속철도역 → 수이셔마터우(p.362) → 현장사&현광사(p.363) → 르웨탄 케이블카(p.364) → 이다사오(p.364) → 아리산(p.072)

4th DAY 아리산(p.072) 르웨탄에서 아리산역 → 주산역 → 아리산역 → 자오핑역 → 아리산 트레킹 → 선무역 → 아리산역 → 자이역 → 타이난

5th DAY 타이난 안핑수우(p.438) → 안핑구바오(p.439) → 안핑라오지에(p.448) → 공자묘&푸쫑지에(p.081) → 츠칸루(p.441) → 홍위터우단짜이몐(p.451) → 하이안루(p.442) → 션농지에(p.443) → 화위안 야시장(p.453)

6th DAY 가오슝 타이난에서 가오슝으로 → 치친섬 치후등대(p.412) → 치친해산물거리(p.415) → 여우젠빙푸(p.415) → 치친해수욕장(p.412) → 따거우영국영사관(p.411) → 아이허(p.409) → 메리다오역(p.412) → 류허 야시장(p.421)

7th DAY 타이베이 가오슝에서 타이베이로 → 신베이터우(p.103) → 단수이(p.308) → 지아더(p.179) → 류싱지쭈티양선후이관(p.107)

8th DAY 타이베이 중정기념당(p.079) → 공항

고궁박물원

르웨탄

타이베이101

수치루

[1일 타이베이]

13:00 타이베이의 가로수길, 용캉지에! 딩타이펑 본점에서 샤오룽바오부터. 디저트는 스무시 망고빙수로 시원하게. » MRT 20분+버스 10분

16:00 고궁박물원 중국 황실의 보물과 미술품 감상하기. » 버스 10분+도보 8분

18:00 고궁박물원에서 가까운 스린 야시장으로! 스린의 명물 하오따따 지파이 먹고, 철판구이 먹고, 샹창 먹고 과일사탕 탕후루로 입가심. » MRT 30분

20:00 타이베이101 전망대에서 360° 파노라마로 타이베이 야경 내려다보기.

[2일 타이베이]

09:00 타이베이 기차역에서 화롄행 열차를 타고 루이팡역으로 출발. » 기차 60분

10:30 루이팡역. 핑시선으로 갈아타고 스펀으로! » 기차 30분

11:00 스펀. 하늘 높이 소원을 적은 천등 날리기. » 기차 30분+버스 30분

13:00 진과스도 식후경! 뜨끈뜨끈한 광부도시락 까먹기. » 도보 10분

14:00 황금박물관 둘러보기. 세계 최대의 금괴를 만진 후 주머니에 손을 넣으면 부자가 된다고. » 도보 10분

15:00 수이진지우 낭만버스 투어(약 50분). 황금폭포, 음양해, 13층 유적지 등 금광 마을의 아련한 흔적이 마음을 툭 두드린다. » 버스 10분

16:30 지우펀 골목 탐방. 어묵탕, 땅콩전병 아이스크림, 구운 소라 등 먹방은 계속된다. » 도보 10분

18:00 홍등이 물결치는 지우펀의 수치루에서 노을 맞이하기. » 버스 90분

21:00 젊음의 거리 시먼딩 활보하기. 야식으로 후루룩 떠먹는 아종멘센 곱창국수 한 그릇?

[3일 르웨탄]

08:30 타이베이 기차역에서 타이중 고속철도역으로. » 기차 50분

09:50 타이중 고속철도역에서 르웨탄행 타이완 하오싱 버스 탑승. » 버스 100분

11:40 르웨탄의 관문 수이셔 도착, 간단한 점심식사 후 수이셔마터우에서 유람선 타고 현장사로! » 유람선 20분

12:30 첫 선착장 현장사 상륙. 인기 만점 간장달걀 차예딴 사서 현장사 오르기. » 도보 30분

13:00 현장사에서 순례자의 길 걸어 현광사까지. 현광사 벤치는 전망 특등석! » 르웨탄 순환버스 10분

14:00 르웨탄 케이블카 타임. 호수를 내려다보는 기분이 짜릿하다. » 케이블카 7분

15:00 이다사오 산책로. 어깨 옆으로 찰랑이는 초록빛 호수 풍경을 음미하며 걸어보자. » 도보 15분

15:30 옛 사오족이 살던 마을, 이다사오 구경 후 다시 수이셔로. » 유람선 30분

16:00 향산자전거도로. 시원한 바람을 가르며 자전거 타기. » 자전거 60분

18:00 호수 위를 붉게 물들이는 노을 바라보며 저녁식사.

아리산 산림열차
안핑수우
츠칸루
션농지에
하이안루

[4일 아리산]

- 08:00 르웨탄에서 버스타고 아리산으로 출발! » 버스 4시간
- 12:00 아리산 버스가 주차장 공터 도착. 주차장 맞은편이 아리산역. 주차장 주변 식당가에서 점심을 든든히 먹어 둘 것! » 도보 5분
- 12:40 아리산역. 자오핑역으로 가는 13시 출발 산림열차 타기! 나무로 지은 기차역 플랫폼으로 빈티지한 빨간 열차가 들어오는 풍경은 마치 영화의 한 장면 같다. » 기차 7분
- 13:07 자오핑역에서 선무역까지 아리산 트레킹 시작! 울울창창한 숲길을 걸어 시스터 연못가를 지나면 네 자매 나무, 삼형제 나무, 하트 나무 등 신비로운 풍경을 지나 천년이 넘은 거목들 속으로. 자오핑역에서 지도를 챙겨 가면 유용하다. » 도보 2시간
- 15:30 선무역. 트레킹을 마치고 다시 아리산역으로 돌아가는 열차 타기. » 기차 7분
- 16:10 아리산에서 타이완 하오싱 버스 타고 자이역. » 버스 2시간 30분
- 20:00 자이역에서 타이난으로. » 기차 30분

[5일 타이난]

- 10:00 티켓 하나로 안핑수우&더지양항 돌아보기. 반얀나무가 오래된 건물을 휘감은 기묘한 풍경이 압권! » 도보 10분
- 11:00 안핑구바오. 17세기 중엽 네델란드인들이 지은 타이완 최고령 요새 구경하기. » 도보 5분
- 12:00 안핑라오지에. 새우말이, 굴튀김, 새우과자 우유푸딩 등 맛보기. » 타이완 하오싱 버스 40분
- 14:00 타이완 최초의 공자사원이자 학교 공자묘 둘러보기. 공자묘 앞 아기자기한 거리 푸쭝지에 산책도 빠뜨리면 아쉽다. » 도보 15분
- 15:30 츠칸루 둘러보며 타이완 역사 헤아려 보기. 해신묘와 원창거 두 건물 사이를 오르내리는 재미가 있다. » 도보 5분
- 16:30 두샤오웨보다 맛있는 홍위터우 단짜이멘 맛보기! » 도보 15분
- 18:00 감성 돋는 벽화거리 하이안루와 빈티지한 골목 션농지에 산책. 이핀탕 망고빙수나 타이청수이거우몐의 멜론빙수를 맛보는 즐거움도 빼먹지 말자. » 택시 10분
- 20:00 화위안 야시장. 지파이, 샹창부터 타이난의 맛을 느껴보자. » 기차 30분

[6일 가오슝]

- **11:00** 페리 타고 가는 작은 섬, 치친. 치친섬 구경은 치후 등대부터. 등대 앞에 서면 시즈완부터 85빌딩까지 가오슝의 전망이 열두 폭 병풍처럼 펼쳐진다. » 도보 20분
- **12:30** 치친 해산물거리에서 바다 내음 가득한 저녁식사. 새우, 조개, 오징어, 생선 등 싱싱한 해산물을 그 자리에서 고르면 입맛대로 요리해준다. » 도보 5분
- **14:00** 치친 여우젠빙푸에서 크기와 달콤함이 남다른 생망고빙수 타임! » 페리 10분+도보 10분
- **15:00** 시즈완 언덕 위 빨간 벽돌건물이 고풍스러운 따거우영국영사관. 파노라마처럼 펼쳐지는 항구도시의 풍경을 음미해보자. » 도보 10분+MRT 5분
- **17:00** 시원한 바닷바람이 불어오는 뽀얼예술특구 산책하기. » MRT 8분
- **18:30** 메리다오역. '빛의 돔' 감상하기. » 도보 1분
- **19:00** 가오슝 먹방의 하이라이트 류허 야시장으로 출동! 총통도 마시고 갔다는 파파야우유부터 각종 해산물까지 밤늦도록 입이 즐겁다. » 택시 10분
- **21:00** 아이허 야경 즐기기. 강가에는 고층빌딩들이 붉은 빛히고 강 위엔 사랑의 유람선 아이즈촨이 유유히 떠다닌다.

[7일 타이베이]

- **10:00** 가오슝에서 타이베이로. 타이베이 기차역 브리즈센터에서 입맛대로 골라먹는 점심식사. » MRT 20분
- **13:00** 지열곡에서 온천 박물관까지 꽃할배도 다녀간 신베이터우 산책. » 도보 10분
- **14:00** 전망 좋은 수도 노천 온천에서 여행의 피로 풀기. » MRT 20분+페리 10분
- **17:00** 단수이에서 페리타고 빠리 다녀오기. 빠리의 명물 대왕오징어튀김은 꼭 맛봐야할 샤오츠! 페리 위에서 만나는 바다 위의 석양에 마음에 파도처럼 일렁인다. » 페리 10분+도보 10분
- **19:00** 만탕홍 단수이점. 깊은 맛의 훠궈를 2시간 동안 무제한으로 즐겨보자. » MRT 30분+택시 10분
- **21:00** 줄서서 먹는 마성의 펑리수, 지아더! 선물은 이곳에서 장만하자. » 도보 1분
- **21:30** 지아더 옆 류싱지쭈티양선후이관에서 발마사지로 하루의 피로를 싹 베테랑 마사지사의 파워풀한 손길이 그만이다. 만성피로라면 발+어깨 마사지 추천!

[8일 타이베이]

- **10:00** 웅장한 중정기념당 구경. 장제스 동상 앞에서 열리는 근위병 교대식도 놓치지 말자. 꽃할배도 다녀간 춘수이탕에서 쩐주나이차로 달콤하게 타이완 여행 마무리.
- **11:30** 공항으로 출발!

치친

단수이

수도온천

아이허

PLANNING 09
타이완 여행 만들기

약 2시간 30분, 서울에서 KTX로 부산가는 시간이면 도착하는 나라 타이완. 언제든 훌쩍 떠날 수 있을 정도로 많은 비행기가 오간다. 막상 닥쳐서 비행기를 예약하려면 표가 없는 경우가 많다. 미리미리 예산에 맞춰 항공, 숙박부터 환전까지 꼼꼼히 준비해보자.

여행 형태와 여행 기간을 정하자

중국어를 몰라도 자유여행을 하기 좋은 나라 타이완. 어느 지역을 여행하느냐에 따라 일정이 달라진다. 타이베이와 근교를 함께 둘러보고 싶다면 3박 4일이 적당하다. 여기에 화롄, 아리산 등 타이베이에서 먼 지방여행을 추가하려면 1~2일은 더해야 여유 있는 일정이 된다. 타이베이가 있는 북부지역보다 타이난, 컨딩 등 남부지역을 둘러보고 싶다면 가오슝을 기점으로 3박 4일 이상 여행하는 것이 좋다. 르웨탄이나 아리산 등 중부지역 여행지는 가장 최근 개통된 인천-타이중 노선을 이용하면 시간이 절약된다.

더욱 가까워진 타이완, 항공권 선택은?

인천, 김포, 김해 공항에서 타이완의 수도 타이베이까지 약 2시간 10분~30분이면 도착한다. 서울에서 타이베이로 가는 가장 가까운 방법은 김포-송산공항 노선을 타는 것. 티웨이항공이 주 4회(월, 수, 금, 일), 이스타항공이 주 3회(화, 목, 토) 운항하며 2시간 10분이 걸린다. 공항에 도착하면 바로 MRT로 연결돼 숙소까지 이동 시간도 절약된다. 2013년 4월부터 두 항공사가 코드쉐어(공동운항)를 해 한층 더 편리해 졌다. 인천공항에서 타이베이 타오위안공항으로 갈 경우 공항에서 도심까지 이동 시간이 좀 더 걸리는 대신 김포-송산공항보다 노선이 다양하다. 대한항공, 아시아나항공, 제주항공, 진에어, 에바항공, 중화항공을 비롯해 타이항공, 스쿠트항공, 케세이퍼시픽 등이 매일 운항한다. 인천공항에서 타이완 제2의 도시 가오슝까지는 에어마카오, 에바항공, 중화항공 등이 있다. 부산에서 타이완으로 여행을 떠나기도 한결 편해졌다. 김해공항에서 에어부산이 타이베이까지 매일 2회 운항한다. 또, 타이완의 저가항공 브이에어가 부산-타이베이 노선을 주 2회(월, 금)로 오픈했다. 김해공항에서 타이베이는 2시간 20분, 가오슝까지는 2시간이 걸린다. 에바항공이 주 2회(목, 일) 운항하는 인천-타이중 노선도 타이중을 기점으로 타이베이나 르웨탄을 여행하기에 활용도가 높다. 비행시간은 약 2시간 50분.

여행 시기, 언제가 좋을까?

연평균 기온 23℃로 사계절을 느낄 수 있는 타이완은 연중 여행하기 좋은 나라다. 한국보다 이른 벚꽃여행을 떠난다면 2월말에서 3월, 온천여행을 함께 하고 싶다면 10월~2월, 제철 망고로 만든 망고빙수도 먹고 밤늦도록 야시장 탐험을 하고 싶다면 해가 길어지는 6~8월이 좋다. 단, 겨울에는 타이베이 등 북부지역에 비가 많이 내리고 여름에는 태풍이 잦다. 그 시기에 여행한다면 일기예보에 귀 기울여야 한다. 가오슝처럼 겨울이 2달 밖에 없는 남부의 경우 10월에도 우리나라 여름 같은 날씨가 이어진다.

타이완 화폐와 여행 예산

화폐

뉴 타이완 달러(NT$)를 사용하며 위안(元)이라고도 부른다. 편의상 이 책에서는 뉴 타이완 달러를 '달러'라고 표기한다. 지폐 종류는 100, 200, 500, 1,000, 2,000달러 5가지, 동전은 50, 20, 5, 1달러 4가지를 쓴다. 환율은 평균 1달러=38원. 달러를 한화로 환산할 때는 평균 38을 곱하면 된다. 우리나라보다 식비와 교통비가 조금 싼 편이다. 가장 많이 이용하는 대중교통 MRT는 16달러(한화 약 610원)가 기본요금.

> **Tip** 원화를 뉴 타이완 달러(NT$)로 환전할 수 있는 곳은 외환은행, 공항철도 서울역 지하 2층 우리은행 환전소.

신용카드

신용카드는 비자Visa, 마스터Master 등 신용카드를 사용할 수 있다. 야시장이나 소규모 식당에서는 신용카드 사용이 힘들다. 일부 규모가 있는 레스토랑 등 의외의 곳에서 신용카드를 받지 않는 경우가 종종 있다. 이럴 땐 신용카드보다 체크카드가 유용하다. 시티은행 체크카드나 BC카드가 중국 카드사 인리엔銀聯과 함께 선보인 'China UnionPay' 체크카드를 만들어 가면 ATM기에서 바로 현금 인출을 할 수 있어 편리하다.

항공권 가격은 얼마 정도?

저가항공이냐 아니냐에 따라 달라진다. 티웨이, 이스타, 스쿠트, 부산에어 등 저가항공을 발 빠르게 예매하면 왕복항공권을 30만원 대(유류할증료 포함)에 구할 수 있다. 대한항공이나 아시아나 같은 국적기는 비수기에 50만원 안팎. 단, 저가항공도 성수기에는 2배 이상 가격이 올라간다. 성수기에 떠나려면 2~4개월 전에는 미리 예약하자.

숙박비는 얼마 정도?

일본, 홍콩 등에 비해 숙박비가 저렴한 편이다. 타이베이의 경우 4인 이상 도미토리를 사용하는 게스트하우스는 한화로 2~3만 원선. 스타호스텔 등 가격 대비 시설이 깔끔한 호스텔은 예약 경쟁이 치열하다. 저스트 슬립, 암바, 댄디 등 부티크호텔은 한화로 10~15만 원 정도. 가오슝, 타이중 같은 지방 도시의 경우 한화 13~15만 원 정도면 타이베이보다 한 등급 높은 호텔에 묵을 수 있다.

1일 여행 비용은 얼마 정도?

교통과 식비가 저렴한 편이라 숙박을 제외한 하루 경비를 한화로 5만 원 정도 잡는다. 훠궈나 사천요리 레스토랑에 가거나, 발마사지를 받으려면 하루 9~10만 원은 잡아야 여유가 있다. 또, 타이베이 근교 여행이나 고속철도를 타고 지방 도시를 여행할 경우 그만큼 교통비가 추가된다.

비자VISA는?

90일 이내는 무비자로 머물 수 있다. 여권 유효기간이 6개월 이상 남아 있는지 확인할 것.

신청하면 유용한 카드나 서비스는?

유스 트래블 카드 Youth Travel Card
만 15세 이상부터 30세 미만 여행자를 위한 할인 카드. 고궁박물관 50%, 타이베이101 전망대 10% 등 타이완 전역의 관광지와 제휴 식당 등에서 할인혜택을 받을 수 있다. 공항, MRT, 관광지 등 타이완 전역 비지터 인포메이션센터에서 여권만 제시하면 바로 발급해준다.

프리 와이파이 신청하기
타이완 모든 여행자를 위한 프리 와이파이 서비스. 공항 비지터 인포메이션센터에서 신청하면 아이디는 여권번호, 비밀번호는 생년월일로 공항과 기차역 MRT 등에서 무료로 쓸 수 있는 와이파이를 제공한다. 데이터로밍을 쓰지 않을 경우 유용.

PLANNING 10
타이베이 대중교통 완전정복

낯선 도시에서 가장 먼저 적응해야 할 것 중 하나가 바로 교통이다. 타이베이는 처음 방문하더라도 금방 적응할 수 있을 정도로 각각의 교통수단이 잘 갖춰져 있다. 타이베이의 지하철 MRT, 버스, 택시, 자전거까지 두루 섭렵해보자.

교통수단

1. MRT 捷運 |첩운|지에윈|
Metro Rapid Transit System(MRT)

우리나라 지하철에 비유할 수 있는 MRT. 타이베이에서는 MRT만 제대로 타도 여행이 한결 쉬워진다. 대부분의 여행 명소가 MRT역과 가깝기 때문. MRT 노선도 또한 복잡하지 않아 동선을 체크하거나 위치 파악하기가 수월하다. 특히, 각 노선이 색깔별로 구분되어 있어 목적지 역명과 노선의 색깔만 정확히 알면 편리하게 이용 가능하다. 역마다 차이는 있지만 운행 시간은 약 06:00~24:00.
Web www.trtc.com.tw

> **Tip** MRT 내에서는 음료 및 음식 섭취가 절대 불가하다. 껌을 씹어서도 안 될 정도로 엄격하게 법으로 규제한다. 이를 어길 시 벌금을 내야하니 주의할 것. 그래서인지 MRT 내부는 항상 깨끗하고 쾌적하다.

2. 택시 計程車 | 지청처 | 찌이청처

승차거부를 하거나 빙빙 돌아가지 않아 일단 안심이다. 게다가 중국어를 못해도 택시를 타는데 별 어려움이 없다. 대신 목적지의 한자 주소를 반드시 챙겨야 한다. 너무 작은 글씨로 쓴 주소나 영어 주소는 읽지 못할 수도 있다. 라오허지에 야시장이나 미라마 엔터테인먼트 파크같은 유명한 관광지는 사진만 보여줘도 주소 없이 찾아갈 확률이 높다. 요금은 우리나라보다 저렴한 편으로 기본요금은 70달러부터 시작한다. 이후 250m당 5달러씩 요금이 올라간다. 밤 11시부터 다음 날 6시까지는 미터기에 표시된 금액에 야간 할증료 20달러를 추가로 내야하니 당황하지 말 것. 이지카드Easy Card로 결제할 수 있는 택시가 있긴 하나 아직은 드문 편이다. 설 연휴에는 따로 추가 요금이 붙는다.

> **Tip** MRT와 마찬가지로 택시 안에서도 음식물을 먹을 수 없다. 안전벨트는 뒷좌석에 앉더라도 반드시 착용해야 한다. 미착용 시 벌금을 내야하니 주의하자.

> **Tip** **타이베이 근교에서 택시를 탈 때**
> 타이베이 여행 시 타이베이 근교 여행도 빠질 수 없다. 타이베이에서 1~2시간 정도의 거리지만 지방 도시 정부가 택시 요금을 결정하기 때문에 각 도시마다 택시 요금이 다르다. 게다가 여행객들이 많이 방문하는 일부지역은 택시 요금이 정해져 있기도 하다. 일행이 3~4명이거나 가족 여행객들이라면 고려해볼만하다.
>
> **1. 단수이淡水**
> 택시 기본요금은 70달러이며 최종 미터기 요금에 30달러를 추가로 내면 된다. 야간 할증료는 50달러로 밤 11시부터 다음 날 6시까지 적용된다.
>
> **2. 루이팡瑞芳**
> 핑시선 열차를 타기 위해 꼭 거쳐 가는 루이팡 기차역에서는 지우펀, 진과스 같은 유명 관광지까지 가는 택시를 탈 수 있다. 요금은 정찰제. 루이팡 기차역 앞에서 출발한다. 핑시선 열차가 운행하지 않거나 아이들이 있을 경우 편리하다. 루이팡역에서 지우펀 180달러, 진과스 240달러, 스펀 480달러.
>
> **3. 우라이烏來**
> 신뎬역에서 택시를 타고 온천으로 유명한 우라이까지 가는 요금도 정해져있다. MRT 신뎬선의 종점인 신뎬역에서 우라이 타이처역까지는 600달러, 타이처에서 케이블카 정류장까지는 240달러.

3. 버스 公車 | 공차 | 꽁처

버스는 이용방법이 좀 다르다. 중국어를 모른다면 적당한 눈치작전이 버스 이용의 관건! 첫째, 버스에 따라 앞문 혹은 뒷문으로 승차한다. 둘째, 요금은 버스 안 전광판의 안내표시에 따라 내는 방법이 달라진다. 탈 때 요금을 내면 샹처셔우페이上車收費, 내릴 때 내면 샤처셔우페이下車收費라고 불이 들어온다. 현금과 이지카드 둘 다 이용할 수 있으나 현금 승차 시 거스름돈을 따로 챙겨 주지 않는다. 요금은 기본 15달러로 거리에 따라 요금이 추가된다. 셋째, 정류장 안내 방송이 없는 경우도 있다. 목적지의 한자명을 반드시 기억하고 있어야 정류장을 놓치는 일이 없다. 타이베이 버스 홈페이지에서 노선을 미리 검색해볼 수 있지만 중국어로만 되어 있는 점이 아쉽다.

타이베이 버스 홈페이지
www.taipeibus.taipei.gov.tw

> **Tip** 이지카드를 사용하면 MRT와 버스를 환승할 수 있으며 요금 할인을 받을 수 있다. 성인은 8달러, 학생은 6달러, 경로, 장애, 아동의 경우 4달러가 할인된다. 또 키 115cm미만의 만 5세 아이는 무료로 버스를 이용할 수 있으니 참고하자.

STEP 02
PLANNING

> **Tip 타이베이 근교에서 버스 탈 때**
> 예류野柳, 지우펀九份, 진과스金瓜石, 싼샤三峽, 잉거鶯歌 등 타이베이 근교를 여행할 때도 시내 곳곳의 정류장에서 시외로 가는 버스를 탈 수 있다. 단, 이지카드를 사용할 수 없는 버스도 있으니 잔돈을 미리 준비하면 좋다. 근교로 가는 버스는 주로 탈 때 요금을 내는 편이다.

3. 유 바이크 You Bike

타이베이 시내를 걷노라면 한번쯤 마주치는 주황색 자전거가 바로 유 바이크. 대여소가 많고 가격이 저렴해 이용률이 높은 편이다. 같은 길이라도 자전거를 타고 달리는 기분은 새로운 법! 자전거 여행의 로망까지 충족시켜 준다.

이용 정보

❶ 자전거 대여소
시내 곳곳에 유 바이크 자전거 대여소가 있다. 주로 MRT역 주변에 많다. 유 바이크 홈페이지에서 대여소 위치를 확인할 수 있으며 시내 관광지와 가까운 대여소는 다음과 같다.
• MRT 동먼東門역 4번 출구, 궁관公館역 2번 출구, 위엔산圓山역 2번 출구, 궈푸지녠관國父記念館역 3번 출구, 스정푸市政府역 3번 출구, 쭝샤오신성忠孝新生역 3번 출구 등
• 유바이크 홈페이지 : www.youbike.com.tw

❷ 회원가입
회원가입이 필수다. 유 바이크 홈페이지와 자전거 대여소의 무인 가입 단말기Kiosk에서 가능하다. 언어는 중국어와 영어 중 선택 할 수 있으며 휴대폰 번호와 이지카드가 있어야 한다. 홈페이지에서 미리 회원 가입을 해두면 편리하다.

❸ 대여 및 반환
이지카드로 회원 등록을 끝냈다면 대여와 반환은 식은 죽 먹기. 자전거를 고정해 둔 자전거 거치대에 이지카드를 찍으면 된다. 초록불이 들어오면 자전거 대여 완료. 반환도 쉽다. 비어있는 대여기에 자전거를 고정하면 파란불이 들어오고 이때 이지카드를 찍으면 요금이 계산되며 반환 완료. 반환 장소는 유 바이크 대여소 어디든지 가능하다.

❹ 요금
최초 이용 시간부터 30분까지 5달러. 이후 30분마다 10달러씩 요금이 추가된다.

교통패스 종류

교통패스는 여러 가지가 있다. 그중에서 이지카드로 불리는 충전식 교통카드가 제일 대중적으로 널리 쓰이는 편. 기간, 동선, 교통 수단 등을 고려해 여행 타입에 맞는 교통패스를 구입하는 것이 현명하다.

1. 이지카드

悠遊卡[요요카] | 유유잡 | Easy Card

MRT, 버스, 페리, 일부 구간의 기차 등에서 사용할 수 있는 충전식 교통카드로 여행자들의 필수품으로 꼽힌다. 이지카드로 탑승 시 20% 요금 할인, 1시간 내에 다른 교통수단으로 환승 시에도 할인 혜택을 받을 수 있다. 타이베이 근교인 지우펀, 진과스, 핑시선 기차를 탈 때는 물론 타이중, 하오싱버스에서도 사용할 수 있어 편리하다. 교통카드 기능 뿐 아니라 지정된 곳에서는 물건을 구매하거나 입장료 지불도 가능하다. 유 바이크라 불리는 자전거 대여 시에도 요긴하다.

> **Tip** 세븐일레븐, 패밀리마트, Hi-Life 같은 편의점을 비롯해 신동양, 스타벅스, 85도씨 카페, 타이베이101 등 50여 곳이 넘는 상점에서 결제 가능. 마오콩 곤돌라, 타이베이 동물원 등에서도 이지카드로 입장료 결제가 가능하다.

❶ 구입 방법
MRT 역사 내 서비스 카운터, 이지카드 판매기 혹은 이지카드 로고가 있는 편의점에서 구입 가능하다. 타오위안桃園공항에서 공항철도를 타고 시내로 들어올 경우, 타오위안 에어포트 MRTTaoyuan airport MRT역에서 카드를 구매하면 편리하다. 송산松山공항에서는 이지카드 판매기와 MRT 송산공항역松山機場 서비스 카운터에서 구입 가능하다. 이지카드 구매 금액은 1개 100달러. 이지카드로 MRT 이용 시 20% 요금 할인을 받을 수 있다.

❷ 충전 및 잔액 반환 방법

충전
이지카드 충전기, MRT역 내 서비스 카운터에서 100달러 단위로 충전 가능하다. 충전기는 우리나라 지하철 티머니 충전 방식과 동일하며, 한국어 서비스가 지원된다.

잔액 반환
이지카드 운영 방식이 바뀌었다. 보증금 없이 카드를 구매(1개 100달러)해야 하며, 카드 내 충전된 금액 중 잔액만 환불 가능하다. 단, 잔액을 환불받은 이지카드는 더 이상 사용할 수 없다. MRT역 내 서비스 카운터, 공항 내 이지카드 판매기(환불 기능이 포함된 기기에서만 가능)에서 잔액 환불을 하면 된다.

> **Tip** 카드는 1인 1개씩 구입해 사용해야 한다. 우리나라처럼 다인승 승차는 안 된다.

2. 교통패스

❶ MRT 일회용 토큰 Single Journey Ticket
MRT역 내 기기에서 구매할 수 있는 토큰Token. 원하는 MRT역까지 한번만 사용할 수 있는 일회용 티켓이다. 기기 상단에 노선도처럼 요금표가 붙어 있는데 각 역 이름 아래 숫자가 요금을 의미한다. 요금은 거리에 따라 20~40달러.

❷ MRT 1일 무제한 티켓 One Day Pass
하루 동안 MRT만 무제한으로 탈 수 있는 1일 MRT 교통 카드. 가격은 150달러.

❸ MRT 24시간 무제한 티켓 24hr Taipei Metro Pass
처음 카드를 사용한 시간을 기준으로 24시간 동안 무제한으로 MRT를 탈 수 있다. 가격은 250달러.

유 바이크

STEP 02
PLANNING

공항에서 시내 가기

타이베이에는 총 2개의 공항이 있다. 타오위안桃園공항은 인천국제공항처럼 타이베이 시내와 약 40km떨어진 곳에 위치한다. 고속버스, 공항철도, 택시 등 타이베이 시내로 들어오는 다양한 방법이 있다. 김포공항으로 비유되는 송산松山공항은 타이베이 도심에 있어 MRT, 택시 등으로 이동 가능하다.

1. 타오위안공항 → 타이베이 시내

교통수단에 따라 다르지만 공항에서 타이베이 시내까지 보통 40분~1시간 정도 소요된다. 공항철도가 개통되면서 공항철도, 고속버스 등 시내로 들어오는 교통수단이 다양해졌다. 새벽에 도착하는 경우는 택시를 타야 한다.

고속버스 Express Bus

고속버스 터미널이 타오위안桃園공항에서 바로 연결된다. 1청사는 지하 1층 버스 정류장, 2청사는 입국장 밖 오른쪽 버스 정류장을 이용하자. 숙소 이름과 가까운 MRT역명을 반드시 알아야 한다. 티켓을 구매하거나 버스에서 내릴 경우 꼭 필요하다.

❶ 요금
90~145달러(목적지와 노선마다 가격차이가 있음)

❷ 티켓구입
버스 정류장 앞에 있는 매표소에서 티켓을 구매하면 된다. 노선별로 매표소 창구가 다르니 목적지로 가는 버스 노선을 먼저 확인해야 한다. 보통 1819번 버스를 타고 타이베이 기차역으로 가는 편. 1청사에서는 7번 매표소에서, 2청사에서는 2번 매표소에서 '타이베이처짠台北車站'을 외치면 티켓을 구매할 수 있다. 편도 요금은 125달러, 왕복으로 미리 구매하면 20달러를 할인 받을 수 있다.

❸ 이용 방법
버스 번호가 적혀 있는 정류장에서 출발 시간에 맞춰 기다리면 된다. 자유좌석으로 원하는 자리에 앉을 수 있다. 버스를 타기 전 번호표를 나눠주는데 트렁크를 찾을 때 필요하므로 분실하지 않도록 잘 챙기자. 운행 시간은 05:40~24:30.

타오위안 공항철도
2017년 3월부터 정식 운행을 시작했다. 주요역만 정차하는 '직행' 열차와 모든 역에 정차하는 '일반' 열차로 운행된다. 직행 열차를 탈 경우 타오위안 공항철도역에서 타이베이 메인역까지 37분이 소요된다. 이지카드로 탑승 가능하며, 편도 요금은 160달러. 입국장을 나와서 지창지에윈桃園捷運(Taoyuan Airport MRT) 표지판을 따라가면 공항철도 탑승구를 쉽게 찾을 수 있다.

택시
타오위안桃園공항에서 시내를 오가는 가격은 대략 900~1200달러 정도이다. 시간은 약 40분 정도 소요된다. 대부분 미터제로 운행하지만 거리가 먼만큼 미터기 요금에 특별 요금이 추가되거나 아예 요금을 먼저 흥정하고 출발하는 경우도 있다. 트렁크에 짐을 싣는다면 10달러의 서비스 요금을 내는 것이 원칙이나 잘 지켜지는 편은 아니다.

타이베이 시내 → 타오위안공항 가기
공항철도와 택시를 타는 경우는 공항에서 시내로 들어오는 방법과 순서를 바꾸면 된다. 고속버스를 이용하려면 타이베이台北車站역 동3문東3門 앞에서 탑승하면 된다. 공항 청사에 따라 트렁크 보관과 내리는 순서가 다르다. 1청사인지 2청사인지 미리 확인해둘 것. 요금 125달러, 배차 간격 15~20분, 운행시간 04:30~23:20.

2. 송산공항 → 타이베이 시내

지하철 MRT
송산松山공항은 타이베이 시내에 있어 MRT를 타고 목적지로 갈 수 있다. 송산공항 밖으로 나오면 바로 MRT 송산공항松山機場역이 있다. MRT 이용법이나 이지카드 등 교통패스 구입은 p.055를 참고할 것.

택시
타이베이 시내에서 택시를 타기 때문에 타오위안桃園공항처럼 택시비가 부담스럽지 않다. 짐이 많다면 택시를 이용하는 것도 요령.

Tip 공항에서 단기 무제한 데이터 요금제 가입하기

여행 기간 동안 데이터 로밍이 필요하다면 타이완 현지에서 가입하는 편이 낫다. 한국에서 데이터 로밍을 신청한 가격보다 약 1/3 정도 저렴하다. 인터넷 검색, 지도 찾기, 구글 번역 앱 사용 등 적재적소에 활용할 수 있다.

1. 요금제 가입
타이베이의 타오위안공항과 송산공항, 가오슝국제공항 입국장에 있는 쭝화덴신中華電信, 타이완따꺼따台湾大哥大 통신사 데스크에서 신청 가능하다. 무제한 데이터 요금제에 가입하는 여행자들이 많아 복잡한 절차 없이 쉽게 가입할 수 있다.

가입 방법
필요한 요금제를 이야기한 후 금액을 지불하면 현장에서 바로 유심칩을 직원이 직접 교체해준다. 현지 시내의 통신사에서도 가입할 수 있지만 단기간 요금제에 대해 모르거나 같은 요금제라도 더 비싼 편. 여권, 주민등록증 같은 신분증도 추가로 요구된다.

2. 요금제 종류
단기 여행자들은 후불형 요금제 대신 유심칩을 사는 것으로 요금제를 대신한다. 송산공항의 통신사 중화덴신의 경우 1일(100달러), 3일(250달러), 5일(300달러), 7일(450달러), 10일(500달러), 30일용(900달러)까지 무제한 데이터 유심칩을 판매한다. 무제한 데이터에 옵션으로 통화가 가능한 요금제도 있다. 3일 기준으로 무제한 데이터 요금 300달러에 통화 옵션료 100달러가 추가된다.

3. 준비물
공항 외 통신사에서 가입 시 여권, 주민등록증, 운전면허증
휴대폰 공기계 : 일부 휴대폰 모델은 유심칩을 꽂는 슬롯이 없는 경우가 있으므로 무제한 데이터 요금제를 이용하려면 미리 챙겨가자.
컨트리 락 해제 확인 : 아이폰 4 등 일부 휴대폰 모델은 컨트리 록 해제를 하지 않으면 데이터를 사용할 수 없다. 미리 확인한 후 해제할 것.

주의사항
추후 같은 이름으로 유심칩을 재신청하면 재발급 수수료를 받는다. 잘 챙겨두면 다음 타이완 여행 시 유용하게 사용할 수 있다.

PLANNING 11
가오슝 대중교통 완전정복

타이베이와 마찬가지로 주요 교통수단은 지하철인 KMRT, 버스, 택시 등 이다. 특히 KMRT 노선이 단순해 여행 초보자도 부담 없이 이용하기 좋다.

교통수단

1. KMRT
高雄捷運 [가오슝지에윈] | 고웅첩운 |
Kaohsiung Mass Rapid Transit (KMRT)

가오슝에도 지하철로 비유할 수 있는 가오슝지에 원이 있다. 편의상 KMRT라 불린다. 노선은 레드라인이라 불리는 홍선紅線과 오렌지라인이라 불리는 귤선橘線으로 총 2라인. 복잡하지 않게 시내의 동서남북을 편리하게 이동할 수 있다. 단, 타이베이에 비해 운행 간격이 넓은 편. 출근 시간 같은 피크타임에는 4~6분, 그 외 시간에는 8분, 저녁 11시 이후에는 20분 간격으로 운행한다. 운행시간은 약 06:00~23:00. Web www.krtco.com.tw

> **Tip** KMRT 노선도를 들여다보면 각 역마다 알파벳과 숫자가 그려진 것을 알 수 있다. R은 레드라인 홍선의 약자이고, O는 오렌지라인의 귤선을 뜻한다. 각각의 노선 약자와 숫자를 기억하면 어려운 중국어 역명을 외우지 않아도 된다.

2. 택시 計程車 [찌이정처] | 지정처

KMRT나 버스 같은 대중교통의 배차 간격을 고려해 시간 효율을 따진다면 택시를 타는 편이 나은 경우도 있다. 기본요금 85달러 트렁크에 짐을 실을 경우 서비스 요금 10달러가 추가된다.

3. 버스 公車 [꽁처] | 공차

주요 관광지는 KMRT에서 가까운 편이라 시내버스를 탈일은 드문 편이다. 게다가 배차 간격이 10~20분으로 다른 교통수단에 비해 이동 소요 시간도 길다. 버스 기본요금은 12달러로 거리에 따라 요금이 증가한다.

교통패스

이카퉁一卡通이라 불리는 충전식 교통카드만 구매하면 KMRT, 버스, 페리 요금까지 모두 지불할 수 있다.

1. 아이패스
一卡通 [이카퉁] | 일잡퉁 | iPASS

가오슝과 타이베이에서 모두 사용할 수 있는 충전식 교통카드. KMRT 역사 내 안내 카운터나 패밀리마트, Hi-Life 같은 편의점에서 구매 및 충전 할 수 있다. 가오슝 내에서는 KMRT(지하철), 버스, 페리 등을 이용할 때 사용하면 된다. 카드 가격은 100달러. 남은 충전 잔액은 환불 가능하다. 가까운 KMRT 안내 카운터를 찾자.

2. KMRT 일회용 토큰
Single Journey Ticket

KMRT를 편도로 한번만 탈 수 있는 일회용 토큰. 거리에 따라 요금이 책정된다. 20~40달러 내외.

Tip 공항에서 시내 가기
가오슝국제공항은 레드라인 홍선紅線 KMRT역과 바로 연결된다. KMRT만 타면 가오슝 시내로 쉽게 이동할 수 있다. 출국장 밖으로 나와 왼쪽에 보이는 인포메이션센터를 지나 KMRT 안내표지판을 따라가면 KMRT 6번 출구와 연결된다. 택시를 이용할 경우에는 출국장 밖으로 나온 후 오른쪽 방향이다. 기본요금 85달러로 시작하며 최종 금액에 공항 픽업 서비스비 50달러가 추가된다. 또한 트렁크 등 짐을 실었을 경우 서비스 비 10달러도 내야한다.

PLANNING

PLANNING 12

타이완 방방곡곡, 지방 교통 완전정복

기차와 버스만 제대로 탄다면 타이완 일주도 문제없다. 타이완 구석구석을 돌아볼 수 있는 고속열차와 일반 열차의 특징과 차이점, 예매 방법 등을 꼼꼼히 살펴보자. 알고 보면 편리한 타이완 하오싱 버스도 빼놓지 않았다.

1. 고속열차 가오톄 台灣高鐵
대만고철 | Taiwan High Speed Rail(THSR)

우리나라 KTX 같은 고속철도. 타이완의 서쪽 지형을 따라 운행하며 타이베이台北에서 타이완 남부인 가오슝高雄까지 90분 만에 갈 수 있어 타이완 남북의 반나절 여행이 가능하다. 그 밖에도 타이중台中, 자이嘉義, 타이난台南 등 타이완 지방도시를 빠르게 갈 수 있다. 단, 타이베이를 제외하면 고속철도역과 시내가 가깝지 않아 셔틀버스 등을 이용해야 한다. 또 가오슝은 가오슝역高雄站이 아니라 쭤잉역左營站이라는 점을 기억하자.

운행노선
타이베이역台北站 – 반챠오역板橋站 – 타오위안역桃園站 – 신주역新竹站 – 타이중역台中站 – 자이역嘉義站 – 타이난역台南站 – 쭤잉역左營站

Tip 가오톄는 일반 열차와 직통 열차로 나뉜다. 일반 열차의 경우이며 타이베이 기차역台北站에서 출발한 후 모든 역에 정차하며 쭤잉역左營站까지 120분 정도 소요된다. 직통 열차는 타이베이 기차역에서 타이중역台中站만 정차한 후 쭤잉역까지 쉬지 않고 달린다. 약 90분 만에 도착. 요금 차이는 없다.

요금
일반석과 비즈니스석, 주중과 주말, 지정좌석과 비지정좌석에 따라 요금이 달라진다. 보통 일반석 평일 지정좌석으로 타이베이역↔타오위안역 175달러, 타이베이역↔타이중역 765달러, 타이베이역↔자이역 1180달러, 타이베이역↔쭤잉역(가오슝) 1630달러.

Tip 비지정좌석은 우리나라 KTX의 자유석이라고 생각하면 된다. 열차의 10~12호 칸이 자유석이며 빈자리에 자유롭게 앉으면 된다. 지정좌석 티켓에 비해 3%가 저렴하지만 빈자리가 없을 경우 서서 가야 한다.

티켓 구입
고속철도역 매표소와 무인 발매기에서 가능하다. 출발지 및 목적지역, 날짜, 시간 등을 미리 챙기면 매표소에서도 어렵지 않게 구입할 수 있지만 언어 소통 등에 두려움이 있다면 무인 발매기를 이용해보자. 중국어 외 영어 안내를 따라 버튼만 누르면 결제까지 한 번에 가능하다.

열차 이용 날짜 28일 전부터 홈페이지에서 온라인 예약 및 결제가 가능하다. 미리 예약하면 최대 35%까지 할인을 받을 수 있는 얼리버드 티켓을 구입할 수 있다. 온라인으로 예약과 결제를 마쳤더라도 발권은 가오톄역 매표소나 무인 발매기 등에서 따로 해야 한다.
Tip
Web www5.thsrc.com.tw Tel 02-4066-3000

2. 일반열차 타이티에
台鐵 | 태철 | Taiwan Railways Administration(TRA)

일반열차는 지정좌석열차對號列車와 비지정좌석열차非對號列車로 나뉜다. 열차의 종류에 따라 열차 등급, 노선, 요금 등이 달라진다. 티켓 구입은 TRA역 매표소, 무인 발매기에서 가능하며 인터넷 홈페이지에서도 예약 가능하다.

홈페이지 예약 www.railway.gov.tw
전화 문의 0800-765-888

❶ **지정좌석열차 두이하오리에처 對號列車 대호열차**
열차의 좌석이 정해져있어 서서 가는 부담이 없다. 등급에 따라 쯔챵하오自強號, 쥐광하오莒光號, 푸싱하오復興號로 나뉘며 각각 우리나라 새마을호, 무궁화호, 통일호라고 생각하면 된다. 등급이 높을수록 운행시간은 짧아지고, 가격은 높아진다. 열차 내부 역시 등급에 따라 차이가 난다. 단, 표가 매진되었을 경우 입석 탑승이 가능하다. 발매창구, 자동 발매기에서 입석표를 구입할 수 있다.

노선
서부간선西部幹線
지룽基隆 – 타이베이台北 – 가오슝高雄
동부간선東部幹線
타이베이台北 – 화롄花蓮 – 타이동臺東
난후이선南迴線
가오슝高雄 – 핑동屛東 – 타이동臺東

❷ **비지정좌석열차 페이두이하오리에처 非對號列車 비대호열차**
좌석을 지정할 수 없어 이용객이 많을 경우 서서 가야 한다. 통근 열차인 취지엔처區間車, 주요 역만 정차하는 통근 열차 취지엔콰이처區間快車 등이 있다. 서부간선西部幹線, 동부간선東部幹線과 지선열차인 핑시선平溪線, 지지선集集線, 네이완선內灣線 등을 포함한다.

3. 타이완 하오싱 버스
台灣好行 | 대만호행 | Taiwan Tourist Shuttle Bus

기차역과 고속철도역에서 지역 유명 관광지로 연결해주는 관광셔틀버스. 버스 배차 간격이 1시간에 1대꼴이지만(휴일에는 30분 간격) 대중교통으로 가기 힘든 지역까지 운행하고 있어 타이완을 구석구석 돌아보는데 편리하다. 타이베이 근교인 베이터우北投, 양밍산陽明山, 단수이淡水, 지우펀九份부터 타이완의 지방인 아리산阿里山, 르웨탄日月潭, 이란宜蘭, 타이동臺東, 컨딩墾丁, 타이난台南, 가오슝高雄 등 타이완의 동, 서, 남, 북을 따라 약 20개의 노선이 운행 중이다. 노선, 요금, 시간표, 버스 타는 장소 등은 타이완 하오싱 버스 홈페이지에서 확인하면 된다. 한국어 홈페이지 운영.
Web www.taiwantrip.com.tw

Step 03
ENJOYING
타이완을 즐기다

01 일본 기차여행보다 재밌다! 타이완 낭만기차여행
02 세상 어디에도 없는 원시의 자연
03 놓치면 서운해! 대륙보다 찬란한 문화유산 탐방
04 안가면 후회하는 타이베이 근교 여행지, 수이진지우
05 걸음도 느려지는 옛 거리, 라오지에 거닐기
06 타이완의 재발견! 도심 속 문화예술 오아시스 BEST 3
07 타이베이101 감상 포인트 BEST 4
08 깊은 산 속 온천, 어디 가서 할까? 타이베이 근교 온천 BEST 3
09 짧고 굵은 릴렉스 타임, 발마사지
10 은밀하고 그윽하게 마시는 타이완 차

STEP 03
ENJOYING

ENJOYING 01
일본 기차여행보다 재밌다!
타이완 낭만기차여행

타이완에서는 기차여행이라 쓰고 낭만여행이라 읽는다. 100년이 넘는 철도 역사를 이어가는 증기기관차부터 숲 속을 달리는 산림열차, 탄광마을을 지나는 관광열차가 타이완을 빙 두른 철로 위를 달린다. 오래된 기차에 몸을 실으면 잊고 있었던 옛 추억이 새록새록. 간이역을 나서면 때로는 영화처럼 때로는 동화처럼 서정적인 풍경을 마주하게 된다.

잠시만요~ 꼬마열차 타고 가실게요!
우라이타이처 烏來台車 | 오래객차 | Wulai trail train

에메랄드빛 탄산 온천수, 초록 숲길, 하얀 폭포, 온천마을 우라이의 청량한 자연은 그 자체로 힐링이다. 산 좋고 물 좋은 우라이 여행의 백미는 온천보다 대자연을 가르는 관광열차, 우라이타이처! 일제강점기에 목재를 나르던 산업용 기차가 3칸짜리 꼬마 열차로 변신했다. 작지만 날쌔다. 라오지에老街 끝 언덕 위 간이역에서 우라이폭포까지 1.6km를 5분 만에 올라간다. 커브를 돌땐 놀이기구를 타는 기분! 어른 아이 할 것 없이 좋아한다. 뻥 뚫린 창으로 풀 향기를 머금은 맑은 공기가 몰려온다. 열차에서 내려 가파른 계단을 오르면 천길 아래로 떨어지는 폭포가 짠하고 나타난다. 옆으로 폭포의 발원지이자 유원지 겸 리조트 운산선원雲山仙苑으로 가는 케이블카가 아슬아슬 오간다. 여기서 돌아서면 우라이의 1/3은 놓치는 셈. 폭포 옆으로 난 계단 위에서 케이블카를 타면 우라이가 한눈에 보인다. 온 몸이 찌릿한 스릴은 덤. 케이블카에서 내리면 운산서원. 산 중에 이런 곳이 다 있나 싶다. 흔들다리 건너 삼림욕을 해도 뱃놀이를 해도 신선놀음이 따로 없다. '역시, 오길 잘했어~' 하는 회심의 미소를 짓게 된다. 내려오는 길엔 우라이폭포에서 라오지에까지 걸으며 녹음을 만끽해도 좋다. 그리고 라오지에 끝 란성차오覽勝橋 아래 흐르는 노천온천에서 족욕을 즐긴 뒤 라오지에의 명물소시지, 죽통밥 등으로 여행을 맛있게 마무리 해보자.

Data Access MRT 신뎬新店선 종점 신뎬역 1번 출구로 나와 오른쪽 버스정류장에서 849번 버스 타고 종점 우라이 정류장 하차(약 40분 소요). 우라이라오지에를 지나 란성차오攬勝橋 다리를 건너면 계단 위 우라이타이처역
Add 新北市 烏來區
Tel 02-2661-6355
Open 우라이타이처 08:00~17:00(7~8월 09:00~18:00) 수시 운행, 케이블카 08:30~22:00
Cost 우라이타이처 편도 50달러, 케이블카 왕복 220달러

> **Tip** 알차게 즐기는 우라이 반나절 코스
> 화창한 주말에는 오가는 버스가 만원일 정도로 사람이 몰리는 우라이. 아침 일찍 출발해 점심나절 까지 느긋한 반나절 여행을 즐겨보자.

우라이타이처 타기 → 우라이폭포 앞에서 기념촬영 → 케이블카 타고 아찔한 우라이 절경 감상 → 운산선원에서 망중한 → 케이블카 타고 우라이폭포로 내려오기 → 녹음 속 산책 → 우라이 노천온천에 발 담그기 → 우라이 라오지에에서 식도락

하늘 높이 소원을 날려봐
핑시센 平溪線 | 핑시선 | Pingxi Line

핑시선은 루이팡瑞芳에서 징통菁桐까지 옛 탄광마을을 오가는 관광 열차다. 핑시선이 사랑받는 이유는 1년 365일 언제든 날릴 수 있는 '천등' 때문. 철로 위에서 알사탕처럼 알록달록한 색의 등에 소원을 적어 하늘로 날리는 일은 그야말로 이색적이다. 핑시선 1일권만 있으면 자유롭게 내렸다 탈 수 있어 여러 마을을 하루에 둘러보기도 좋다. 타이베이 기차역에서 화롄행 열차를 타고 루이팡역으로 가 핑시선을 타면 된다. 화롄행 열차는 속도에 따라 쯔창하오自強號, 쥐광하오莒光號, 취지엔처區間車 3가지. 각각 약 45분, 55분, 1시간이 걸린다. 핑시선 1일권은 루이팡역에서도 구매할 수 있지만 타이베이역에서 미리 구입해 가면 시간 절약이 된다. 루이팡에서 징통까지는 50분, 총 9개 역에 선다. 그중 가볼만한 곳은 고양이 마을 허우통候硐, 선로를 따라 천등가게가 오밀조밀 모여 있는 스펀十分, 철길보다는 골목이 정겨운 핑시平溪, 옛 탄광마을의 흔적이 가장 많이 남아있는 징통菁桐 4개의 마을. 천등을 날릴 수 있는 곳은 스펀, 핑시, 징통 3곳. 그중 꽃할배도 천등을 날리고 간 스펀이 제일 인기다. 반면 핑시나 징통에서는 스펀보다 한갓지게 천등을 날릴 수 있다. 열차 안에서 보는 창 밖 시골 풍경도 핑시 여행의 즐거움. 징통으로 갈 땐 오른쪽, 루이팡으로 돌아올 땐 왼쪽 풍경이 더 예쁘다. 역 간 배차 시간을 잘 확인하고 이동하자.

Data Map 338
Access 타이베이 기차역에서 화롄행 기차를 타고 루이팡역으로 이동 후 핑시선 열차 탑승
Cost 핑시선 1일 왕복권 80달러 (타이베이역 12번 창구, 루이팡역 내 창구에서 판매)
Web www.railway.gov.tw

Tip 핑시선 +a 여행 만들기
핑시선과 수이진지우水金九(수이난동, 진과스, 지우펀) 한 번에 보는 일타이피 여행도 가능하다! 스펀만 둘러본 후 루이팡역으로 돌아와 버스(788, 856, 825, 1062번, 약 20~30분 소요)를 타고 지우펀, 진과스로 가면 된다. 연인이라면 천등도 날리고 마오콩에서 타이베이 야경까지 보는 달콤한 데이트코스를 추천한다. 징통이나 스펀에서 795번 버스를 타고 무짜역으로 가 마오콩 곤돌라를 타면 된다. 단, 운행 간격이 1시간이니 미리 버스 시간을 확인하고 이동할 것.

트립 투 노스탤지아
지지선 集集線 | 집집선 | Jiji Line

Data Access 타이중台中, 장화彰化, 또는 얼수이二水 기차역에서 지지선 탑승
Tel 049-276-2546
Cost 지지선 1일권 90달러

핑시선을 쏙 빼닮은 지지선은 수이리 강을 따라 임업으로 번성했던 산촌을 오가는 열차다. 지지선은 얼수이역에서 처청역 총 29.7km 구간이지만, 타이중 기차역에서도 지지선을 탈 수 있어 타이중 근교 여행지로 인기다. 1922년 르웨탄日月潭 수력발전소 건설에 필요한 목재 운송을 위해 개통된 지지선 위로 증기기관차가 달렸다. 지금은 알록달록한 완행열차 취지엔처區間車가 얼수이에서 처청까지 목가적인 평화로움이 깃든 작은 마을 사이를 달린다. 지지선이 지나는 마을 중 가장 많이 찾는 곳은 지지와 처청. 나무로 지은 예쁜 기차역도 보고 녹음이 푸른 마을에서 한가로운 시간을 보내기 더할 나위 없다. 다른 곳에선 맛보기 힘든 명물 먹거리도 여행의 맛을 배가한다. 바나나 산지로 유명한 지지에서는 천연 바나나 아이스크림, 임업마을 처청에서는 목통밥을 먹어보자. 진과스의 광부도시락에 비견할 만한 목통밥은 먹고 난 뒤 동그란 나무 도시락 통을 가져갈 수 있다. 얼수이부터 처청까지 쭉 둘러보려면 '지지선 1일권'이, 지지만 다녀오려면 구간권을 사는 편이 효율적이다.

천년의 신비, 동화의 숲으로 가는 산악열차!
아리산썬린티에다오 阿里山森林鐵道
아리산 산림열차 | Alishan forest railway

천년이 넘는 울울창창한 고목들 사이로 백년이 넘은 아리산 산림열차가 달린다. 일제강점기에 산림 운반용으로 만들어졌지만 지금은 인도의 다즐링 히말라야 철도, 페루의 안데스 철도와 어깨를 견주는 세계 3대 산악열차다. 타이베이에서 아리산은 큰맘 먹고 가야할 거리라는 게 넘어야 할 산. 타이중이나 가오슝에서는 한결 수월하다. 어디서 출발하든 아리산의 관문 자이역까지 이동한 후 버스로 2시간 30분쯤 달려야 아리산에 도착한다. 아리산이 산림열차여행의 출발점. 기차는 숲속을 달리는 선무神木행과 일출을 보러가는 주산祝山행 2가지. 선무행은 아리산역에서 자오핑沼平역, 선무역에서 아리산역을 오전 10시부터 오후 4시까지 하루 10회, 주산행은 그때그때 일출시간에 맞춰 하루 한번 운행한다. 자오핑역에서 부터 시작되는 아리산 트레킹은 산에 오른다기보다 숲에 스며드는 느낌! 노송나무와 삼나무가 빽빽한 숲길은 영화 〈반지의 제왕〉의 배경을 닮았다. 숲 사이로 떨어지는 한 가닥 빛줄기마저 그윽하다. 웅장한 나무 사이 아담한 연못가는 쉬어가기 좋다. 코끼리코나무象鼻木, 2그루의 사이프러스가 만든 하트나무永結同心 등 요리조리 눈길 줄 곳도 많다. 일출을 보기위해 주산행 열차를 타려면 하루 전 아리산역 근처 숙소에 묵고 새벽열차에 오르는 수고로움은 감수해야 한다. 단언컨대, 부지런하고 날씨운 좋은 여행자만이 운해 사이로 떠오르는 주산의 장엄한 일출을 보는 행운을 차지할 것이다.

Data **Access** MRT 자이嘉義 기차역 및 고속철도역 앞에서 타이완 하오싱 버스로 아리산역까지 이동(약 2시간 30분 소요) 후 열차 탑승
Add 台灣嘉義縣阿里山鄉
Tel 아리산역 05-267-9200, 267-9833
Open 선무행 10:00~16:45(30분 간격) 운행, 주산행 일출 1시간 전 출발
Cost 산림열차 50달러(편도) 자이~아리산 하오싱 버스 250달러, 아리산 입장료 주말 200달러, 주중 150달러
Web www.railway.gov.tw/tw/Alishan/page4.html

💬 Talk
가오슝-아리산 당일 여행

가오슝에서 출발한다면 아리산 당일치기도 너끈하다. 단, 버스와 열차 시간이 착착 들어맞을 때 가능한 일. 시간 확인은 필수다! 아리산역에서 자오핑역을 잇는 선무행 열차는 12시부터 13시 브레이크타임이 있다는 점도 기억하자. 하필 그 시간에 도착했다면 자오핑역까지는 도보로 이동한 후 내려오는 길에 선무역에서 아리산역까지 열차를 타면 된다.

1. 자이 기차역 ↔ 아리산 버스 시간표

자이 → 아리산
06:10, 06:40, 07:10, 08:10, 08:40, 09:10, 10:10, 11:10, 12:10, 14:10

아리산 → 자이
09:10, 11:40, 12:40, 13:40, 14:10, 14:40, 15:10, 15:40, 16:10, 17:10

2. 아리산 열차 시간표

아리산-자오핑

아리산역	자오핑역	자오핑역	아리산역
10:00	10:06	10:15	10:21
10:30	10:36	10:45	10:51
11:00	11:06	11:15	11:21
11:30	11:36	11:45	11:51
13:00	13:06	13:15	13:21
14:00	14:06	14:15	14:21
14:30	14:36	14:45	14:51
15:00	15:06	15:15	15:21
15:30	15:36	15:45	15:51

아리산-선무

아리산역	선무역	선무역	아리산역
10:15	10:22	10:30	10:37
10:45	10:52	11:00	11:07
11:15	11:22	11:30	11:37
11:45	11:52	12:00	12:07
13:15	13:22	13:30	13:37
13:45	14:22	14:30	14:37
14:15	14:22	14:30	14:37
14:45	14:52	15:00	15:07
15:15	15:22	15:30	15:37
15:45	15:52	16:00	16:07

ENJOYING 02
세상 어디에도 없는
원시의 자연

섬나라 타이완의 자연은 낯설다.
기암괴석의 숲, 대리석 협곡, 고산 호수의
'다른 풍경'은 신비로움, 경이로움,
고즈넉함 같은 이미지로 여행자를 들뜨게
한다. 도시의 화려함보다 오래도록 잊히지
않을 장면으로 마음에 담긴다. 자연이
빚어낸 아름다움은 타이완 여행이 주는
선물이다.

꽃할배도 감탄한 대리석 협곡
타이루거 太魯閣 | 태로각 | Taroko

타이야족의 전설적인 추장 '타로코'의 이름에서 따온 타이루거는 웅장한 절벽이 19km나 이어지는 대리석 협곡. 세계에서 보기 드문 비경을 입장료 없이 즐길 수 있는 국립공원으로 화롄에서 차로 40분 거리에 있다. 타이베이에서 화롄까지 기차로 이동 후 타이루거 택시투어 후 타이베이로 돌아가는 당일 여행을 하거나, 화롄-타이루거 1박 2일 여행지로 많이 찾는다. 수직으로 솟아오른 타이루거 절벽 사이로는 대리석 터널과 중부고속도로가 끊어질 듯 아슬아슬하게 이어진다. 1958년 장제스가 타이완 동부고속도로 건설을 위해 매일 5천명 이상을 동원해 뚫은 터널과 길이다. 여행자들은 이 도로를 따라 옌즈커우燕子口, 지우취똥九曲洞, 츠무차오慈母橋, 톈샹天祥, 창춘츠長春祠를 둘러보게 된다. 타이루거의 하이라이트는 아홉구비의 낭떠러지 길 지우취똥과 백색 대리석 협곡 위의 붉은 다리 츠무차오. 수직으로 솟아 오른 절벽 아래로는 강물이 세차게 흐른다. 자연의 경이로움과 인간의 도전이 빚은 절경에 감탄이 절로 나온다. 꽃할배가 다녀간 후 한국인 여행자들이 부쩍 늘었다. 타이베이-화롄 구간 기차티켓은 미리 왕복으로 예약하는 편이 안전하다. 화롄-타이루거 택시투어는 현지에서 구하기 쉽다. p.378 참조(스페셜 인 타이완 지역 02 이란&화롄&타이동).

Data Map 387
Access 타이베이 기차역에서 화롄행 쯔창하오自强號 타고 화롄 기차역에 내려 택시 투어 또는 타이완 하오싱 버스로 타이루거 이동
Add 花蓮縣秀林鄉富世村富世291號
Tel 03-862-1100
Open 08:30~16:45
Cost 무료
Web www.taroko.gov.tw

해와 달이 머무는 호수
르웨탄 日月潭 | 일월담 | Sun Moon Lake

르웨탄은 난터우현의 깊은 산중, 해발 870m에 자리한 타이완 최대의 담수호다. 호수 한가운데의 라루拉魯섬을 경계로 동쪽은 해, 서쪽은 초승달 모양을 닮아 일월담이라 불린다. 푸른 새벽의 운무, 오후 햇살에 반짝이는 물결, 노을빛으로 물드는 호수 등 시시각각 다른 색으로 빛는 풍광이 환상적이다. 호숫가 둘레에는 현장사, 문무묘 같은 유적지도 많아 경치와 유적을 더불어 감상하는 맛이 빼어나다. 르웨탄을 발견한 샤오족의 전설도 신비롭다. 사냥을 하던 사오족 선조가 흰 노루 한 마리를 쫓아 왔는데 숲 속에서 호수가 나타나더니 노루가 갑자기 그 안으로 뛰어 들었다. 물이 풍부하고 아름다운 호숫가를 하늘이 내린 터전이라 여겨 정착하게 되었다고. 그래서 지금도 이다사오, 지우쭈원화춘 등 르웨탄 곳곳에 샤오족의 숨결이 배어있다. 이토록 다양한 매력을 지닌 르웨탄의 아름다움을 제대로 느끼려면 유람선, 케이블카, 순환버스, 자전거 등을 이용할 수 있는 '르웨탄패스'는 필수다. 자그마치 둘레 35km, 270여 만 평의 호수 여행의 시작은 유람선으로 시작해 케이블카, 산책 순을 추천한다. 시간이 허락한다면 호숫가 자전거도로를 맘껏 달려도 좋겠다. p.350 참조(스페셜 인 타이완 지역 01 타이중&르웨탄).

Data Map 355
Access 타이중 고속철도역 또는 난터우커원南投客運 앞에서 타이완 하오싱 버스를 타고 수이서 관광안내센터 정류장 하차 **Add** 南投縣魚池鄉中山路163號 **Tel** 수이서 관광안내센터 0800-855595, 이다사오 관광안내센터 049-28500289 **Open** 유람선 09:00~16:30, 케이블카 평일 10:30~16:00, 주말 10:00~16:30(매월 둘째주 수요일 휴무), 순환 버스 08:00~18:00, 자전거 대여 5~10월 06:00~19:00, 11~4월 07:00~18:00 **Cost** 르웨탄패스 360, 680, 990달러(680~990패스에는 타이중-르웨탄 왕복 버스요금 포함) **Web** www.sunmoonlake.gov.tw

우주로 여행 온 듯, 달 위를 거니는 듯!
예류 野柳 | 야류 | Yehliu Geopark

수 만 겹의 세월을 품고 있는 바위들의 숲 예류는 타이베이 북동쪽 작은 어촌마을 끝에 있다. SF영화처럼 신비로운 풍경을 보기 위해 늘 많은 사람들이 이 외딴곳을 찾는다. 우리나라에서는 드라마 〈온에어〉의 배경으로 알려졌다. 귀여운 캐릭터들이 반겨주는 지질공원 입구에서 해안까지는 새소리가 나는 숲길을 지나 다리를 건너는데 이때 경이로운 풍광이 펼쳐진다. 해변을 따라 거대한 버섯바위가 늘어서 있고, 사람들은 달나라에 발을 내딛은 것 마냥 달뜬 표정으로 바위 언덕을 오르내린다. 자연이 빚은 조각, 버섯바위는 예류에서 가장 흔한 풍경. 이 밖에도 아이스크림바위, 촛대바위, 용머리바위, 여왕바위, 선녀신발바위 등 독특한 모양의 바위들이 1,700m의 지질공원 도처에 흩어져있다. 오래 전 지각운동으로 예류 해안의 사암층이 솟아오른 후 파도와 바람의 침식 풍화가 반복되며 이토록 독특한 기암괴석들이 생겨났다. 그중에서도 '스타바위'는 여왕머리. 고대 이집트의 여왕 '네페르티티'를 닮아 붙여진 이름이다. 관광객이 몰릴 땐 망고빙수 가게만큼이나 바위 앞으로 줄이 길다. 예류의 초현실적 풍경은 황홀하지만 맑은 날엔 그늘이 없어 볕이 따갑다. 선글라스, 모자, 양산은 필수. 비가 많이 오는 날엔 파도가 몰아친다. 태풍 등 자연재해가 있을 때는 휴장하거나 개방시간을 단축하니 미리 확인할 것! 전체를 둘러보는 데는 2시간이면 충분하다.

Data Access 타이베이 기차역 Z3출구 앞 타이베이서부터미널 台北西站 터미널A에서 진산金山행 1815번 버스(버스 요금 96달러) 탑승. 약 90분. 버스정류장에서 공원 입구는 길을 따라 직진, 도보 10분 **Add** 新北市 萬里區 野柳里 港東路 167-1號
Tel 02-2492-2016
Open 07:30~17:00
Cost 어른 80달러, 어린이 40달러
Web www.ylgeopark.org.tw

STEP 03
ENJOYING

ENJOYING 03
놓치면 서운해!
대륙보다 찬란한 문화유산 탐방

피할 수 없는 운명처럼 마주하게 되는 유명 관광지. 유명한 곳은 '뻔'하다는 편견은 버리자. 아는 만큼 보이는 법. 타이완에는 1만년의 역사를 가진 대륙보다 많은 유물이 남아있다. 정교하거나 웅장하거나 감탄 그 이상의 감동을 주는 그곳으로 직진!

웅장함의 끝
쭝쩡지녠탕 國立中正紀念堂 | 국립중정기념관 |
National Chiang Kai-shek Memorial Hall

타이완 초대 총통 장제스蔣介石(1887~1975)를 기념하기 위해 건립한 중정기념당은 타이베이 필수 관광 코스. 갈까 말까 망설였던 사람도 일단 와보면 그 웅장함에 압도되고 만다. 입구에서부터 25㎢의 드넓은 광장을 지나면 명나라 황실 건축 양식으로 지은 중정기념당이 위풍당당한 모습을 드러낸다. 국민당 휘장색인 쪽빛과 흰색을 베이스로 해 중후한 절제미도 느껴진다. 호텔 원산대반점을 디자인한 양탁성 선생 작품. 중정기념당 옆으로 국가희극원과 국가음악청도 양 날개처럼 곁을 지키고 있다. 89개의 중정기념당 계단을 오르면 탁 트인 전망이 시원스럽다. 안에는 25톤 규모의 장제스 동상과 유물이 전시돼있다. 동상 앞에서 열리는 근위병교대식도 인기다. 영화제 레드카펫을 방불케 할 만큼 관람객들이 몰려와 카메라 셔터를 터트릴 정도. 이때 새하얀 제복을 입은 근위병 4명의 표정은 제대로 각 잡힌 모습을 보여준다. 간단한 식사나 차 한 잔 하고 싶을 땐 국가음악청 안의 춘수이탕(p.235)에 들러보자. 쩐주나이차(버블티)의 원조 춘수이탕은 타이베이에 여럿 있지만 꽃할배들이 이곳을 다녀간 후 찾는 이가 부쩍 늘었다.

Data Map 229H
Access MRT 단수이淡水선과 신뎬新店선이 교차하는 쭝쩡지녠탕中正紀念堂역 하차, 5번 출구에서 바로 연결
Add 台北市 中正區 中山南路 21號 **Tel** 02-2343-1100
Open 실내 09:00~18:00, 야외 08:00~22:00
Cost 무료
Web www.cksmh.gov.tw

> **★쭝쩡 장제스는 누구인가?**
> 공산당에 패한 후 1949년 대륙에서 건너와 타이완을 세운 장제스는 훌륭한 지도자와 독재자라는 평가를 동시에 받고 있다. 1975년 서거 후 각지에 흩어진 화교들이 기금을 모으고, 정부에 기념당 건립을 건의할 정도로 타이완을 대표하는 인물이기도 하다. 1980년 그의 호 '쭝쩡中正'을 딴 '쭝쩡지녠탕中正紀念堂'이 비로소 완공됐다. 2007년 천수이볜 정부가 탈 중국화를 선언하며 '국립타이완민주기념관'으로 이름이 바뀌기도 했지만 2008년 국민당으로 정권이 바뀌며 옛 이름을 되찾았다.

STEP 03
ENJOYING

7개의 향을 태우며 비는 소원
룽샨쓰 龍山寺 | 용산사 | Lungshan Temple

늘 향 태우는 연기 반, 사람 반인 룽샨쓰는 타이베이에서 제일 나이 많은 사찰이다. 1738년에 세웠지만 여러 번 소실돼, 지금의 고색창연한 모습으로 재건립 된 것은 1924년. 그 덕에 나이에 비해 외관은 젊고 아름답다. 중국 남방 양식과 타이완 전통식 건축의 믹스&매치로 화려함을 더했다. 불교와 도교가 공존하는 사원이라는 점도 독특하다. 본전에는 관세음보살, 본전 뒤에는 마주, 관우 등 도교와 민간신앙의 신들을 모셔 놓았다. 관세음보살이 영험하기로 유명해 현지인들도 많이 찾는다. 제단에는 늘 꽃과 음식이 그득하고, 그 앞에는 불경을 읽거나 기도하는 사람들로 빽빽하다. 여기에 단체 관광객까지 합세하면 '고즈넉'과는 거리가 먼 풍경이 된다. 로마에서는 로마법을 따르듯, 룽샨쓰에서는 룽샨쓰 스타일로 소원을 빌어보자. 입구에서 7개의 향을 사서 각 전마다 하나씩 향로에 던지며 기원하면 된다. 예전엔 향을 무료로 나눠줬지만 지나친 향은 공해라는 환경단체의 반대로 10달러에 판다. 따닥따닥! 빨간 반달 모양 나무 조각 쨔오 두 개를 바닥에 던져 점쳐 보는 것도 재밌다. 볼록한 면과 납작한 면이 다르게 나오면 곧 바람이 이루어진단다. 신의 응답도 바로바로 들을 수 있는 쌍방향 기도다.

Data Map 228E
Access MRT 반난板南선 타고 룽샨쓰龍山寺역 하차, 1번 출구에서 도보 3분
Add 台北市 廣州街 211號
Tel 02-2302-5162
Open 07:00~22:00
Cost 입장 무료, 향 10달러
Web www.lungshan.org.tw

> **Tip 풍문으로 들었소! 룽샨쓰 관세음보살**
> 룽샨쓰의 인기 비결은 관세음보살. 태평양전쟁 당시 룽샨쓰 경내는 대피소로 쓰였다. 하루는 모기떼가 극성을 부려 대피소에 있던 사람들이 모두 집으로 돌아갔는데, 그날 밤 미국 폭격기가 룽샨쓰에 폭탄을 떨어뜨렸다. 기둥은 파괴되었는데도 관세음보살상과 대피한 사람들은 무사했다. 그러자 그날 이후 사람들은 룽샨쓰의 관세음보살을 더욱 성스럽게 여기게 되었다.

논어를 읽고 싶어지는 그 곳
타이베이 쿵쯔먀오 孔子廟 | 공자묘 | Cofucius-temple Taipei

타이완에는 도시마다 공자묘가 있다. 9월 28일 '공자 탄신일'이 스승의 날일 만큼 타이완 사람들은 공자를 최초의 스승으로 여긴다. '가르침에는 차별이 없어야 한다.'는 공자의 가르침이 있었기에 귀족 서민 할 것 없이 모두가 학문 앞에 평등해졌기 때문이다. 타이중, 가오슝 등 여러 공자묘보다 타이베이의 공자묘는 색감이 강렬하고 조각이 화려해 볼거리가 많다. 원래 1879년 세워진 사당이었는데, 일제강점기에 일본군이 일어학교를 세운다는 명목으로 흔적도 없이 사라졌었다. 1925년부터 10년간 지역 유지들이 기금을 모아 공자묘를 다시 세웠다. 정성껏 재건한 사당인 만큼 처마, 기둥 위의 채색, 정교한 조각들은 하나하나 저마다의 의미를 품고 있다. 창문과 기둥에서도 대련이나 제자가 없다는 것은 감히 공자 앞에서 문장을 자랑할 수 없다는 뜻. 공자의 위패를 모신 대성전은 웅대하고 짜임새에 빈틈이 없다. 각 전마다 공자님 말씀을 듣고 읽고 느낄 수 있도록 체험 코너도 마련해 놨다. 다소 번역이 어색하지만 한글 안내도 있다. 공자묘를 나설 때쯤엔 나도 논어 한번 읽어 볼까 하는 마음을 먹게 될지도. 아침형 여행자라면 고궁박물관 가기 전 모닝 산책 코스로도 좋다.

Data Map 274A
Access MRT 단수이淡水선 타고 위엔산圓山역 하차, 2번 출구에서 도보 7분 **Add** 台北市 大同區 大龍街 275號
Tel 02-2592-3934
Open 화~토 08:30~21:00, 일 08:30~17:00 **Cost** 무료
Web www.ct.taipei.gov.tw

Tip 아는 만큼 보인다! '묘'의 의미
사당이라는 의미의 '묘'는 문묘와 무묘로 나뉜다. 공자 사당이 문묘, 관우 사당이 무묘의 대표적인 예. '묘'는 성인에게만 붙이는 칭호로, 중국의 역사적 인물 중 사당 중 묘를 쓸 수 있는 인물은 공자와 관우 뿐. 그만큼 공자는 중국인들에게 존경받는 성현이자 성인이다.

STEP 03
ENJOYING

정교함의 결정판!
구궁보우위안
故宮博物院 | 고궁박물원 | National Palace Museum

고궁박물원은 대영박물관, 루브르박물관과 함께 세계 3대 박물관으로 손꼽힌다. 그도 그럴 것이 장제스가 대륙에서 옮겨온 중국 황실의 보물과 미술품 62만점이 여기 다 모여 있다. 취옥백채翠玉白菜를 비롯해 그 정교함에 눈을 뗄 수 없는 작품들이 그득하다. 장인의 손길에 입이 딱 벌어진다. 보물의 진가를 느끼려면 1층 안내데스크에서 한국어 오디오가이드를 빌려 관람해보자. 대여료는 100달러. 오전 10시, 오후 3시 하루 2번 영어 전시 설명도 진행한다. 1층 안내데스크에서 출발한다. 일정이 빠듯하다면 3층의 대표 유물부터 둘러보는 편이 낫다. 워낙 소장품이 많아 2만건씩 3~6개월 단위로 순환 전시한다. 어차피 한 번에 다 볼 수는 없는 일. 그래서일까 당일 티켓으로 재입장이 가능하다. 한산한 오전에 관람을 시작해 점심식사 후 마저 보는 것도 방법이다. 가벼운 식사를 하기엔 박물관 4층 싼시탕三希堂이, 격조 있는 식사를 원한다면 구궁징화故宮晶華이 제격이다. 특히 구궁징화의 윤기가 좔좔 흐르는 오리고기 밍루카오야明爐烤鴨는 겉은 쫄깃하고 속살은 입안에서 살살 녹는 맛이 일품. 박물관에서 정문을 바라보고 왼쪽에 있는 중국식 정원 즈산위안至善園은 덤이다. 고궁박물원 입장권이 없으면 따로 돈을 내고 가야하니 나오는 길에 머리도 식힐 겸 둘러보자.

Data Map 013
Access MRT 단수이淡水선 타고 스린士林역 하차. 1번 출구로 나가 직진 후 큰길에서 우회전 하면 보이는 버스정류장에서 紅30, 255, 304, 815, 小18, 小19 버스로 약 10분 소요
Add 台北市 士林區 至善路 二段 221號 **Tel** 02-2881-2021
Open 08:30~18:30, 야간 개방 금~토 08:30~21:00
Cost 어른 250달러, 학생 150달러, 즈산위안 별도 입장 시 20달러 (1월 1일, 정월대보름, 5월 18일, 9월 27일, 10월 10일 무료)
Web www.npm.gov.tw

Talk
고궁박물원 3대 대표 유물

정교함에 감탄 또 감탄 하게 되는 유물들은 저마다의 이야기를 품고 있다. 알수록 감동이 커지는 3대 대표 유물 스토리.

추이위바이차이 翠玉白菜 | 취옥백채

최고의 인기를 누리고 있는 대표 소장품. 배추의 모양과 색을 사실적으로 표현한 옥 조각이다. 자세히 보면 푸른 잎 위에 메뚜기가 앉아 있다. 청나라 말기 과어황제의 왕비인 서비가 가지고 온 혼수품이라 전해온다. 투명한 줄기에 푸른 잎의 배추는 청렴한 집안과 신부의 순결을, 배추 잎 위 메뚜기는 번식력이 빠른 곤충으로 자식을 많이 낳아 번성하라는 의미다.

류싱스 肉形石 | 육형석

송나라 대표 시인 소동파가 즐겨먹었다는 중국 요리 동파육처럼 생긴 천연석이다. 자연에서 발견된 돌이라는 게 볼수록 신기한 청나라 시대 유물. 한국 관광객들에게는 '삼겹살'로 통한다. 껍질, 지방, 고기의 3중 구조가 절묘해 만져보고 싶은 욕구를 불러일으킨다. 좀 더 실감나게 보이도록 약간의 염색과 가공을 했다.

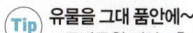

허샤오저우 核小舟 | 핵소주

높이 1.6cm, 길이 3.4cm 엄지 손가락만한 크기의 작은 목조 배 조각. 배 안에 타고 있는 사람의 얼굴까지 세밀하게 조각한 정교함에 입이 딱 벌어진다. 청나라에 이름을 날리던 진조장이라는 세공 장인이 만든 작품이다. 워낙 작아 옆에 비치된 돋보기로 들여다보아 한다. 눈을 쉽사리 뗄 수 없을 만큼 섬세하다.

> **Tip** 유물을 그대 품안에~
> 고궁박물원 지하 1층 기념품숍에 가면 '취옥백채', '육형석' 모양 마그네틱, 북클립 등 유물을 테마로 만든 기념품들이 가득하다. 유물의 그림을 활용한 마우스패드, 노트 등도 세련되고 우아한 디자인이 많다. 한마디로 다른 기념품숍과는 격이 다른 고품격 기념품들. 고궁박물원의 감동을 간직하고픈 나를 위한 선물용으로도, 회사동료나 가족들을 위한 선물로도 그만이다. 여행지에서 엽서 한 장 쓰는 낭만파라면 기념품숍 안에 있는 우체국을 활용해 보자. 그 자리에서 엽서를 사서 쓴 후 바로 부칠 수 있다.

©국립고궁박물원

STEP 03
ENJOYING

ENJOYING 04

안 가면 후회하는 타이베이 근교 여행지, **수이진지우**

수이진지우는 1920~1930년대에 광산으로 영화를 누렸던 '수이난동', '진과스', '지우펀'의 첫 글자를 딴 이름이다. 쇄락한 탄광과 자연이 빚은 낯선 풍경이 숨어있는 수이난동부터 진과스의 황금박물관, 홍등을 켠 수치루가 환상적인 지우펀까지 3색 매력을 느끼려면 천천히 풍경 속으로 걸어 들어가야 한다.
그 어디서도 보기 드문 풍경 속으로.

황금도시의 흔적을 찾아서
진과스
金瓜石博物園區 | 금과석박물원우 | Gold ecological park

일제강점기에 금광이 발견되며 번성했던 진과스는 황금박물관, 갱도, 광부식당 등 옛 탄광촌 생활을 체험할 수 있는 여행지다. 한때 잘 나갔던 금광마을 진과스에서 지금 제일 잘나가는 건 광부도시락. 진과스도 식후경, 식당으로 직격하는 사람들이 많다. 광부들의 '소울푸드'가 여행자들의 '낭만푸드'가 되었다. 보자기에 곱게 싸인 도시락은 뜨끈뜨끈. 뚜껑을 열면 손바닥 만 한 돼지갈비에서 훈연 향이 솔솔, 도시락 까먹는 재미가 쏠쏠. 먹고 난 후 도시락을 통째 가져갈 수 있어 더 인기다. 그렇다고 설거지는 안 해준다. 찬란했던 황금도시의 흔적은 식당 뒤로 난 길을 따라 올라가면 하나둘 나타난다. 곳곳 있는 일본식 목조건물 중 제일 아름다운 곳은 '타이즈삔관'. 〈타짜〉의 촬영지 군산 신흥동 가옥을 닮았다. 옛 궤도를 따라 더 올라가야 황금박물관이 등장한다. 박물관의 하이라이트는 세계 최대 금괴를 직접 만져보는 것! 무게 220Kg, 순도 99.9%의 번쩍이는 금괴를 보면 동공이 절로 확장된다. 금괴를 쓰담쓰담 한 후엔 꼭 주머니에 손을 넣어야 부자가 된다. 50달러를 내면 탄광의 갱도체험도 할 수 있다. 아이들에겐 그야말로 체험학습의 현장이다. 그 옛날의 번화가 치당라오지에新堂老街도 놓치지 말자. 빈티지한 골목 안에 숨어있는 쩐신眞心 카페(Map 314A)도 감성을 두드린다.

Data Map 321, 322
Access MRT 반난板南선 타고 쫑샤오푸싱忠孝復興역 하차, 1번 출구 앞에서 진과스행 1062번 버스 (요금 102달러) 탑승, 약 1시간 소요. 평일 07:40~21:10, 20~30분 간격, 휴일 07:20~21:50, 15분 간격 운행
Add 新北市 瑞芳區 金瓜石 金光路
Tel 02-2496-2800
Open 평일 09:30~17:00, 주말 09:30~18:00 매월 첫째주 월요일 휴관 **Cost** 황금박물관 80달러, 광부도시락 290달러, 갱도 체험 50달러, 오디오가이드 여권 맡기면 무료, 여권 없을 시 100달러(반환 시 돌려줌)
Web www.ntpcsjj.tw/SJJ

Tip 진과스의 진면목 살살이 둘러보기
관광안내소에서 지도 챙기기(여권 맡기고 오디오가이드 빌리기)
→ 광부도시락 먹기 → 타이즈 삔관 둘러보기 → 옛 궤도 산책
→ 황금박물관 관람하기 →
치당라오지에 산책

STEP 03
ENJOYING

891번 버스타고 낭만가도 한바퀴
수이난동 水湳洞 | 수남동

Data Map 321, 322
Access 진과스金瓜石 황금박물관 앞에서 891번 버스(요금 15달러) 탑승. 10:00~18:00까지 주중에는 1시간, 주말에는 30분 간격으로 891번 운행. 약 50분 소요
Add 新北市 瑞芳區 洞頂路 155之 8號(수이난동 관광안내센터)
Open 10:00~18:00
Web www.ntpcsjj.tw/SJJ

진과스 옆 수이난동은 아직은 한국여행자들에게 낯선 이름이다. 이곳 역시 한때 번성했던 탄광마을로 신비로운 황금폭포, 오묘한 빛깔의 바다 음양해陰陽海, 폼페이 유적을 닮은 수이난동제련소 등 드라마틱한 비경이 숨어있다. 그럼에도 불구하고 진과스 언저리로 외면 받아온 이유는 진과스에서 걷기엔 멀고, 택시 타기는 애매한 거리 때문이다. 수이난동을 둘러볼 땐 이름도 낭만적인 '수금구낭만호891水金九浪漫號891' 오렌지색 투어버스가 답이다. 891번, 숫자만 기억하자! 진과스 황금박물관 입구에서 출발해 약 50분간 강원도만큼 꼬불꼬불한 길을 한 바퀴 돈다. 하얀 물살이 황금색 바위 위로 떨어지는 황금폭포에 감탄하고 나면, 큰 바위 얼굴과 버려진 공중도시로 남아있는 13층유적지가 차례로 등장한다. 투어버스의 엔딩을 시원스럽게 장식해주는 음양해陰陽海는 그냥 푸른 바다가 아니다. 광물이 흘러가 바다 위에 노란 선으로 그림을 그린 듯하다. 대부분의 버스기사들이 가이드처럼 뷰포인트 마다 중국어로 설명도 해주고 차를 세워 준다. 혹시 사진 한 장 남기고픈 여행자의 마음도 몰라주고 쌩쌩 달리기만 하는 기사를 만난다면 당당하게 세워달라고 하자. 중국어로 '여기 세워주세요'는 "칭 짜이 쩌리 팅이시請在這裡停一下". 중국어가 어렵다면 큰소리로 STOP을 외칠 것!

홍등이 켜진 타이완의 옛 정취에 흠뻑
지우펀 九份 | 구빈 | Jioufen

골목의 낭만을 찾아 여행자들이 끊임없이 몰려오는 옛 탄광마을 지우펀은 영화 〈비정성시〉, 드라마 〈온에어〉의 촬영지로 유명하다. 왁자지껄한 먹거리 골목 지산지에基山街와 저녁이면 고풍스러운 전통 가옥 처마 끝에 달린 홍등의 물결이 이는 수치루豎崎路가 대표 볼거리다. 그래서 지우펀을 만날 땐 타이밍이 중요하다. 이왕이면 해지기 전, 배는 약간 출출한 상태가 좋다. 지우펀 탐색의 시작은 음식 냄새 가득한 지산지에부터니까. 좋든 싫든 그 골목을 지나야 수치루가 나온다. 메인요리 전 에피타이저 즐기듯 구운 소라, 소시지, 땅콩아이스크림 등 샤오츠小吃를 맛보자. 홍등이 켜지기 전 최강 전망 스폿은 애니메이션 〈센과 치히로의 행방불명〉의 모델이 된 아메이 차관. 야외 테라스에선 구름 위에서 바다를 보며 차를 마시는 기분이 환상적이다. 한 주전자에 300~500달러하는 찻값에 손이 떨린다면 수치루보다 높은 곳에 있는 야간이위위안으로 가보자. 단돈 100달러에 근사한 전망과 지우펀의 명물 토란경단 '위위안芋圓'을 즐길 수 있다. 메인코스의 시작은 노을이 무르 익어갈 무렵, 홍등이 하나둘 켜질 때다. 이땐 아무리 복잡해도 수치루의 가파른 계단 위로 가야 멋진 사진 한 장 남길 수 있다. 디저트처럼 달콤한 마무리는 지우펀의 가장 높은 언덕으로 갈 일이다. 그곳에 서면 홍등의 불빛에 답하듯 불이 켜진 마을과 먼 바다가 한눈에 들어온다. 사람들의 입에서 약속이라도 한 듯 '예쁘다', '아름답다'라는 말이 흘러나온다.

Data Map 321, 322
Access MRT 반난板南선 타고 쫑샤오푸싱忠孝復 하차, 1번 출구에서 앞에서 1062번 버스 탑승. 약 1시간 소요. 평일 07:40~21:10, 20~30분 간격, 휴일 07:20~21:50, 15분 간격 운행(버스 편도 요금 102달러, 이지카드 사용 가능)
Add 新北市 瑞芳區 基山街
Web www.ntpcsjj.tw/SJJ

Tip 루이팡역에서 지우펀, 진과스 가기

덜컹이는 시외버스를 1시간 이상 타기가 힘들다면 타이베이 기차역에서 루이팡역까지 가자. 루이팡역에서 지우펀까지 버스로 약 20분. 루이팡역 앞에서 788, 856, 825, 1062번 버스로 지우펀이나 진과스로 가면된다. 지우펀에서 타이베이로 돌아오는 길, 버스정류장에서 기나긴 줄을 서기 싫을 때도 활용할만한 방법이다.

ENJOYING 05
걸음도 느려지는 옛 거리, 라오지에 거닐기

타이완의 유명 관광지에는 '옛 거리'라는 뜻의 '라오지에老街'가 하나쯤 있다. 이름만 라오지에, 알고 보면 먹자골목인 곳이 아닌 그림처럼 예쁜 라오지에 3곳을 엄선했다. 건물의 벽돌 한 장도 이야기를 품고 있는 그곳에선 느리게 걷자. 천천히 시간을 음미하며 룰루랄라.

타이베이 도심 속 옛 라오지에 탐방
보피랴오리스지에
剝皮寮歷史街區 | 박피료역사가구 | Bopilao Old Street

타이베이 근교까지 다녀오기에 시간이 부족하지만 옛 거리를 걸어보고 싶다면 도심 한가운데 자리한 보피랴오리스지에가 답이다. '나무껍질 깎는 집'이라는 뜻의 보피랴오剝皮寮는 청나라 말기 이곳에 목재를 수입해 껍질을 깎는 집들이 많아서 유래된 이름. 보피랴오가 있는 완화萬華지역은 타이베이가 시작된 곳이기도 하다. 그래서 완화에는 오래된 사찰 룽산쓰, 야시장 화시지에 등 세월의 흔적을 느낄 수 있는 장소들이 남아있다. 룽산쓰 바로 옆이라 함께 둘러보기도 좋다. 보피랴오리스지에는 여행사, 병원, 정미소 등 100년 전 거리와 상점들의 옛 모습 고스란히 복원해 언뜻 보면 영화세트장을 닮았다. 어느 곳을 배경으로 사진을 찍어도 빈티지한 분위기가 물씬 풍긴다. 그중에서도 컬러풀한 벽화를 그려놓은 빨간 벽 앞이 여행자들에게 인기다. 실제로 타이완판 <친구>라 불리는 영화 <맹갑艋舺>의 촬영지로 유명하게 됐다. 맹갑 촬영장의 일부는 그대도 보존돼 있다. 건물 안쪽에 자리한 박물관도 볼만하다. 단수이를 건너던 작은 배, 거리를 활보하던 릭샤, 옛 교실 등 전시를 둘러보고 나면 타이완 역사를 한 뼘 더 이해하게 된다.

Data Map 228E **Access** MRT 반난板南선 타고 룽산쓰龍山寺역 하차, 1번 출구에서 룽산쓰 정문 바라보고 오른쪽으로 도보 3분 **Add** 台北市 康定路 173巷 **Tel** 02-2711-2948 **Open** 09:00~17:00, 매주 월요일 거리와 박물관 모두 휴관

타이완의 이천 도자기마을, 잉거 옛 거리
잉거라오지에 鶯歌老街 | 앵가노가 | Yingge Old Street

타이완의 도자기는 잉거라오지에에 다 모여 있다. 도자기 역사를 잇는 마을의 옛 거리답게 1km안에 늘어선 100여 개의 도자기 가게와 도자기박물관이 볼거리다. 도자기엔 도통 관심 없는 사람도 이곳을 걷다보면 청나라 양식의 건물, 돌길, 야자수 나무의 3중주가 빚어내는 이국적인 매력에 빠져들곤 한다. 차 애호가들에겐 중국식 찻주전자 자사호나 개완 등 다구를 장만할 절호의 찬스다. 가판에 내놓은 저렴이부터 쇼윈도에 진열된 고급 도자기까지 종류도 가격도 천차만별. 득템을 하려면 두 눈을 크게 뜨고 발품을 팔 것. 잉거를 도자기마을로 만든 일등공신은 양질의 점토다. 한 줌의 흙이 어떻게 멋진 도자기로 탄생하는지 알고 싶다면 라오지에에 가기 전 잉거도자기박물관부터 둘러보자. 타이완 도자기의 발전상을 보여주는 상설전부터 현대 도예작품을 선보이는 기획전도 수준급. 한국어 오디오가이드가 없다는 게 옥의 티. 잉거의 흙을 손으로 느껴보고 싶다면 가마가 있는 가게에서 도예체험을 추천한다. 여기저기 구경 후 출출할 땐 잉거역과 가까운 '잉춘스광穎村食光'에 들러보자. 젊은 잉거 도예가들의 아지트이자, 아는 사람들만 아는 숨은 레스토랑. 간단한 샌드위치부터 장작가마에서 구운 피자 등 맛있는 이탈리안 요리를 집처럼 아늑한 공간에서 즐길 수 있다.

잉춘스광

> **Tip** 잉거도자기박물관 둘러보기
> 잉거의 역사와 미래를 헤아려 볼 수 있는 잉거도자기박물관 鶯歌陶瓷博物館은 관람료가 무료라 부담 없이 찾기 좋다. 월~금요일은 오전 9시 30분부터 저녁 5시까지, 토~일요일은 저녁 6시까지 오픈한다(매월 첫째주 월요일, 음력 12월 31일, 1월 1일, 설 연휴 휴무). **Tel** 02-8677-2727 **Web** www.ceramics.ntpc.gov.tw

Data **Map** 091 **Access** 타이베이 기차역에서 추지엔처區間車로 30분 소요, 05:30~23:30, 15분 간격 운행(기차 요금 31달러). 잉거역에서 원화루 방향 출구로 나와 우회전 후 원화로를 따라 가면 좌측길이 잉거도자기박물관(도보 10분), 우측길이 잉거라오지에(도보 15분) **Add** 新北市 鶯歌 文化路

황금누각빵 맛보며 달콤한 시간여행
싼샤라오지에 | 三峽老街 | 삼협노가 | Sansia old Street

3개의 골짜기라는 뜻의 싼샤는 한때 헝시, 싼샤, 따난 3개의 강으로 물자를 운송하던 타이완 최대의 상업도시였다. 여행자들의 발길을 모으는 싼샤라오지에는 청대에 번창했던 옛 모습을 고스란히 복원한 길에 고풍스러운 빨간 벽돌 건물들이 늘어선 풍경이 마음을 두드린다. 유럽의 오래된 도시에서나 볼법한 멋스러운 간판도 눈길을 끈다. 과거 속으로 시간여행을 떠난 듯 걷다보면 진한 버터향이 코끝을 간질인다. 그 주인공은 싼샤의 명물, 진뉴자오金牛角. 크라상을 닮은 소뿔모양 황금누각빵이다. 원조 가게는 푸메이슈안福美軒이지만 곳곳에 비슷한 가게들이 포진해 있다. 오리지널, 초코, 파인애플 등 가지각색. 어떤 맛을 골라도 겉은 바삭 속은 보들보들하다. 진뉴자오 아이스크림도 인기. 반으로 자른 빵 위에 소프트 아이스크림을 올려준다. 천연비누가게 차산팡茶山房과 염색공방 등 아기자기한 가게를 구경하는 재미도 쏠쏠하다. 라오지에 입구 왼편에 있는 오래된 사당, 칭수이쭈시먀오清水祖師廟도 함께 둘러볼만 하다.

Data **Access** MRT 푸다福大선 타고 장안景安역 C출구에서 908번 버스 탑승. 또는 MRT 반난板南선 타고 용닝永寧역 1번 출구에서 910번 탑승, 싼샤오샤오三峽國小 정류장 하차 후 도보 10분 **Add** 新北市 三峽區 民權老 **Open** 실내 09:00~18:00, 야외 08:00~22:00 **Tel** 02-2711-2948 **Web** www.sanchiaoyung.com.tw

> **Tip** **싼샤라오지에 옆, 칭수이쭈시먀오**
> 싼샤라오지에 입구 왼편의 칭수이쭈시먀오清水祖師廟는 영웅 진소웅을 모시는 사당. 156개의 기둥 하나하나 초절정 정교한 목조 조각의 진수를 보여준다. 200년의 역사를 자랑하는 사원답게 세월의 향기가 감돈다. 늘 관광객들로 붐비는 타이베이 대표 사찰, 룽샨쓰보다 한결 한적해 차분한 마음으로 소원을 빌게 된다.
> Add 新北市 三峽區 長福街 1號 Tel 02-2671-1031 Open 실내 04:00~22:00 Cost 무료

ENJOYING 06

타이완의 재발견!
도심 속 문화예술 오아시스 BEST 3

'쉼표'와 '느낌표'가 공존하는
여행을 원한다면 도심 속
문화예술공원으로 스며들 일이다.
그곳엔 미처 발견하지 못한
타이베이의 매력이 가득하다.
전시도 보고 공원 속 노천카페나
레스토랑에서의 여유도 맘껏
누려보자. 나무 그림자도 바람의
리듬에 맞춰 춤을 추는 봄가을엔
그저 산책만 해도 기분이
싱그러워진다.

'Hot'한 전시와 'Fresh'한 공원 속 예술 산책
송산웬창위안취
松山文創園區 | 송산문화원구 | Songshan Cultural Park

오리가 노니는 연못, 야자수가 우거진 정원, 기품 있는 건물만 봐서는 송산문화원구의 과거를 짐작하기 어렵다. 70여 년간 담배공장이었다는 게 반전! 담배연기는 거짓말처럼 사라지고 다양한 전시와 정원을 만끽할 수 있는 문화예술공원으로 변신했다. 하루 평균 5~6개의 전시가 열려 골라보는 재미가 있다. 국부기념관은 엎어지면 코 닿을 곳, 타이베이101도 가깝다. 타이베이의 야경을 보러가기 전에 들러 감성충전을 하기에 절묘한 위치다. 연못가나 바로크 정원만 거닐어도 마음이 말랑해진다. 정원의 분수 앞 여신상은 예전 담배공장 여공이 모델이라고. 외국에 온 필Feel 팍팍 받으며 은밀한 시간을 보내고 싶다면 갤러리 옆 이탈리안 레스토랑 샤오산탕小山堂이나 카페 솔cafe sole을 추천한다. 공원 안에 타이베이 최대 규모의 서점&복합쇼핑몰 '청핀수뎬誠品書店 스펙트럼'은 이름처럼 볼거리의 스펙트럼이 넓다. 특히, 책과 차茶를 좋아하는 사람이라면 3층 Book&Tea 코너에 반하지 않고는 못 배긴다. 맛집 찾아 멀리 갈 것 없이 지하 1층 가오지에서 샤오롱바오 한판 먹고 소화 시킬 겸 구경에 나서는 것도 괜찮은 코스다.

Data Map 211B
Access MRT 반난板南선 타고 궈푸지녠관國父紀念館역 하차. 5번 출구에서 도보 8분
Add 台北市 信義區 光復南路 133號
Tel 02-2765-1388
Open 실내 09:00~18:00, 실외 08:00~22:00
Cost 전시에 따라 요금 다름, 타이완디자인뮤지엄 & 레드닷디자인뮤지엄 일반 50달러, 학생 30달러(초, 중, 고, 대학생, 학생증 제시)
Web www.songshan culturalpark.org

STEP.03
ENJOYING

언제나 설레는 타이베이 속 헤이리
화산1914원창위안취 華山1914文化創意產業園區
화산1914문화창의산업원구 | Huashan 1914 Creative Park

기대 없이 찾았다가 첫눈에 반해버린 화산1914문화창의산업원구. 1914년에 지은 양조장 건물 안에 갤러리와 레스토랑이 둥지를 틀어 과거와 현재의 정취가 동시에 묻어난다. 라이브공연장, 예술영화전용관, 전시장 등 볼거리가 다양해 청춘들의 주말 나들이 장소로 인기 상승세. 독특한 아이템이 가득한 1994커넥션 1914Connection, 아요이Ayoi, CD로 음악을 맘껏 들을 수 있는 윈드 뮤직Wind Music 등 감성을 자극하는 숍을 구경하는 재미도 쏠쏠. 빈티지한 프렌치 레스토랑 겸 카페 브이브이지 썸띵VVGSomething, 이탈리안 레스토랑 알 시세토AI CICCETTO, 주걸륜이 운영하는 데자뷰Dejavu, 대만요리 전문뷔페 칭예신러위안 靑葉新樂園 등 '여기가 타이베이 맞아?'라는 말이 절로 나오는 멋진 카페, 레스토랑도 곳곳에 있다. 건물 사이 오랜 세월을 견뎌낸 나무들은 넉넉한 그늘을 내준다. 단, 건물 배치가 복잡한 편이다. 헤매기 싫다면 인포메이션센터에서 지도부터 챙길 것. 나홀로 여행자들에겐 주중엔 웨딩 촬영하는 커플, 주말엔 데이트하는 커플이 많다는 것이 단점이라면 단점. 매년 10월엔 화산예술생활제를 열어 한 달 간 전시와 공연이 끊임없이 이어진다.

Data Map 013
Access MRT 반난板南선 타고 쭝샤오신성忠孝新生역 하차, 1번 출구에서 도보 5분
Add 台北市 八德路 1段 1號
Tel 02-2707-1336
Open 인포메이션센터 10:00~22:00, 레스토랑은 대부분 12:00~
Cost 전시에 따라 다름
Web www.huashan1914.com

바닷바람 불어오는 항구 옆
뽀얼이에쓔터취

駁二藝術特區 | 박이예술특구 | The Pier-2 Art Center

항구도시 가오슝의 뽀얼예술특구는 부둣가 창고였다. 버려진 창고가 다양한 전시, 공연이 열리는 문화예술 공간으로 환골 탈퇴한 후 주말이면 놀이동산만큼이나 사람들이 몰린다. 주말마다 공원 안에서 열리는 벼룩시장 구경도 흥미롭다. 넓은 부지에 덩치 큰 건물들이 포진해 있어 여느 문화공원보다 규모가 크다. 건물 벽과 건물 사이 빈 자리는 컬러풀하고 유머러스한 벽화와 조형물이 생기를 불어넣는다. 가오슝 남녀 노동자를 상징하는 조각에 그려 넣은 그림 하나하나 다른 의미와 색감을 뽐낸다. 그래서 어디를 배경으로 사진을 찍더라도 사진이 예술! 특히 영화 <트랜스포머>에 나온 대형 '범블비'가 대세다. 부두 창고에 물건을 운송하던 오래된 철길 옆으로는 자전거도로가 시원스레 뻗어 있다. 이 도로 끝에는 85빌딩도 보인다. 그래서 바닷바람을 맞으며 자전거를 타는 사람들이 유독 많다. 자전거는 MRT 옌첸푸역 1번 출구 앞에서 빌릴 수 있다. 뽀얼예술특구를 걷다 보면 따거우철도박물관에 다다르게 된다. 옛 철로 뒤에 잔디를 덮고 야외박물관 겸 조각 공원을 조성해 놨다. 이왕이면 함께 둘러보자. 별책부록처럼 가볍게.

Data Map 406F
Access 가오슝 MRT O2 타고 옌첸푸鹽埕埔역 하차, 1번 출구에서 우회전. 따용루大勇路 끝까지 도보 5분
Add 高雄市 鹽埕區 大勇路1號
Tel 07-521-4899
Open 월~목 10:00~18:00, 금~일 10:00~20:00
Cost 전시마다 다름
Web pier-2.khcc.gov.tw

STEP 03
ENJOYING

 ENJOYING 07

타이베이101
감상 포인트
BEST 4

명실상부한 타이완의 상징 타이베이101은 하늘을 향해 뻗어가는 대죽 모양 101층 빌딩. 본래 타이베이 금융기관이 모인 건물이지만 전망대와 푸드코트, 쇼핑센터가 있어 여행자들이 밤낮으로 많이 찾는다. 관광객들은 타이베이를 내려다보기 위해 타이베이101 전망대로 가고, 타이완 사람들은 타이베이101이 잘 보이는 곳에서 타이베이의 전망을 즐긴다. 아는 사람들만 아는 히든 스폿 4곳을 소개한다.

국가대표급 야경
샹산부다오 象山步道 | 상산보도

타이베이101을 감상할 수 있는 히든 스폿 샹산보도로는 아찔하다. 국가대표 체력 단련 코스가 아닐까 싶을 정도로 경사진 계단을 올라야 한다. 중간 중간 마주치는 벤치는 쉬어가라고 자리를 내준다. 호흡이 가프고 등은 땀범벅이 될 쯤 샹산전망대가 나타난다. 여기서 멈추면 손해. 전망대에서 보이는 타이베이101에 잠시 눈길 한번 주고 다시 산을 오르자. 조금만 더 올라가면 더 멋진 풍광이 기다리고 있으니. 계단 끝자락에 샹산 비석과 큼직한 바위가 보이면 여기가 명당자리다. 이제는 아찔한 야경과 눈을 맞출 시간. 타이베이101을 배경으로 멋진 사진 한 장 남기기에 이보다 좋을 수 없다. 세계 각국에서 온 여행자들이 삼각대와 셀카봉을 들고 자리 쟁탈전을 벌일 정도. 그중에서도 바위 위가 명당자리다. DON'T MISS 이왕이면 노을과 야경을 함께 즐겨보자. 석양 전에 운동화 끈 단단히 묶고, 1인당 시원한 음료수 하나씩 챙겨서 오르길 추천한다. 황혼부터 야경까지 명장면이 당신을 기다릴테니!

Data Map 013
Access MRT 신아信義선 타고 샹산象山 역 2번 출구로 나와 왼편 오르막길로 가면 샹산부다오 계단이 나옴. 입구에서 정상까지 약 도보 30분 **Add** 台北市 信義區 象山步道 **Open** 24시간 **Cost** 무료

STEP 03
ENJOYING

타이베이101이 한눈에 쏙
궈리궈푸지녠관 國立國父紀念館
국립국부기념관 | National Dr. Sun Yat Memorial Hall

단언컨대, 국부기념관은 타이베이에서 101빌딩을 배경으로 기념사진을 찍기 가장 완벽한 장소다. 정문 앞 공원이나 연못가에서 카메라를 들이대면 101빌딩이 프레임 안에 쏙 담긴다. 사실 이곳은 중국 본토에 중화민국을 수립한 초대 임시총통을 쑨원孫文(1866~1925년)을 기리는 기념관이지만, 연못과 분수, 산책로가 잘 조성돼 있어 현지인들도 운동이나 산책 장소로 즐겨 찾는다. 관광객들에겐 중정기념당과 비슷한 근위병 교대식이 인기다. 저녁 무렵에 들러 5시에 열리는 근위병 교대식도 보고 101빌딩을 배경으로 인증샷을 남겨보자. 이런 게 일석이조의 알찬 일정.

Data Map 211B
Access MRT 반난板南선 타고 궈푸지녠관國父紀念館역 하차, 4번 출구에서 직진 도보 3분
Add 台北市 信義區 光復南路 133號
Tel 02-2758-8008
Open 09:00~19:00
(전시관은 17:00까지),
음력설 휴무
Cost 무료
Web www.yatsen.gov.tw

언덕 위에 누워 바라보는 타이베이101
쓰쓰난춘 四四南村(信義公民會館) | 사사남촌(신의공민회관)

주말 오후 관광객들이 타이베이101 전망대로 향할 때, 타이베이의 청춘들은 맞은편 쓰쓰난춘으로 간다. 지붕, 빨간 대문, 파란 창틀 등 빈티지하면서도 컬러풀한 색감의 집들이 오밀조밀하게 모여 있는 쓰쓰난춘은 원래 옛 군인 숙소였다. 허물지 않고 문화 전시공간으로 탈바꿈 시켜 안에는 카페와 숍, 갤러리가 둥지를 틀었다. 여기에서 타이베이101을 보면 하늘을 향해 쭉 뻗은 최첨단 빌딩과 오래된 건물 대비가 이색적이다. 특히 쓰쓰난춘에는 뾰족한 지붕모양 초록 언덕이 여러 개 있는데, 그 위에 자유롭게 앉거나 누워 타이베이101을 바라볼 때 밀려오는 해방감과 나른함을 느껴보시길!

Data Map 206E
Access MRT 신애信義선 타고 타이베이101台北101역 하차, 2번 출구로 나와 아디다스 농구장을 끼고 좌회전 하면 입구 보임
Add 台北市 信義區 松勤街 50號
Tel 02-2723-7937
Open 화~금 11:00~21:30, 토, 일 10:00~18:00
Cost 무료

Theme
명불허전, 타이베이101 전망 즐기기

타이베이101 89층에는 타이베이 최고의 야경을 360°로 만끽할 수 있는 전망대가 있다. 단, 500달러의 입장료와 줄 서서 기다리기는 필수 조건. 입장료가 부담스럽다면 전망대보다는 못해도 커피 한 잔 값에 야경까지 즐길 수 있는 오피스동 35층 스타벅스도 꽤 괜찮은 대안이다.

89 382m

360° 파노라마 뷰와 야외전망대의 감동
타이베이101관징타이
台北101觀景台 |
대북101전망대 | Taipei 101 Observatory

타이베이의 야경을 보기 위해 수많은 관광객들이 찾는 타이베이101전망대는 360° 타이베이를 내려다 볼 수 있는 유일한 곳. 5층 매표소에서 89층 전망대까지 37초 만에 돌파하는 엘리베이터와 야외전망대로도 유명하다. 날씨가 좋은 날엔 91층 야외전망대로 올라가 전망을 만끽할 일이다. 야외전망대는 날씨가 좋을 때만 개방한다. 유리창이 없어 반사 없이 야경을 찍을 수 있다. 91층은 공기도 다르다. 이왕이면 해가 지기 전 전망대에 올라 노을부터 야경까지 한 번에 즐기길 추천한다.

Data **Map** 206E **Access** MRT 신이信義선 타고 타이베이101台北101역 하차, 4번 출구에서 바로 연결. 또는 반난선 스징푸市政府역 2번 출구에서 타이베이101 무료 셔틀버스 이용 **Add** 台北市 信義區 市府路 45號 **Tel** 02-8101-8898 **Open** 09:00~22:00(매표 마감 21:15) **Cost** 일반 500달러, 어린이 400달러 **Web** www.taipei-101.com.tw

커피 한 잔에 특급 뷰를 누려~
스타벅스타이베이101점
Starbucks Taipei 101

타이베이에서 가장 높은 스타벅스. 커피와 전망을 함께 즐길 수 있는 곳으로 인기가 높다. 전망은 타이베이의 서쪽으로 쓰쓰난춘, 국부기념관부터 중정기념당까지 보인다. 단, 35층에 입성하려면 '하루 전 전화 예약, 스타벅스 직원 동행' 기억하자! 관광객이 너무 몰리면서, 최소 하루 전에 전화 예약한 사람만 방문할 수 있게 됐다. 방문 당일 1층에서 스타벅스 직원이 동행해야 올라갈 수 있고, 내려갈 때도 1층까지 직원이 동행한다. 1인당 이용 최소 주문금액이 있으며, 이용 시간도 90분으로 제한. 스타벅스 외 다른 층으로의 이동도 금한다. 매장이 넓지는 않다. 그중 창가 좌석은 바Bar형과 4인 테이블을 포함해 총 17개.

Data **Map** 206E **Access** MRT 신이信義선 타고 타이베이101台北101역 4번 출구 타이베이101 오피스빌딩 1층 **Add** 台北市 信義區 市府路 45號 **Tel** 02-8101-0701(한국에서 걸 경우 001-886-2-8101-0701) **Open** 월~목 07:30~18:30, 토~일 09:00~18:00 **Cost** 1인당 주문금액 200달러 이상

STEP 03
ENJOYING

ENJOYING **08**

깊은 산 속 온천,
어디 가서 할까?
타이베이 근교 온천 BEST 3

찬바람 불면 생각나는 온천. 가을, 겨울 타이완을 여행할 때
온천은 빼놓을 수 없는 호사다. 호사라고 다 비쌀쏘냐. 단돈
40달러 노천탕부터 3,000달러가 넘는 개인탕까지 종류도 가격도
천차만별! 물 좋기로 유명한 타이완 온천, 취향 따라 즐겨보자.

꽃할배도 반한 온천
신베이터우 新北投 | 신북투 | Xinbeitou Hot Spring

타이베이에서 MRT로 단번에 가는 신베이터우는 내력 있는 온천이다. 우선, 몸에 좋은 방사능 물질 라듐을 함유하고 있는 베이터우석으로 이름을 떨쳤다. 청황천, 백황천, 철황천 유황 온천의 종류만 3가지. 천연 용천수는 수온 50~75°, PH 1~2의 청황천으로 반투명한 황색을 띈다. 온천을 즐기는 법도 각양각색. 단돈 40달러에 자연 속에서 즐기는 친수노천온천觀水公園露天溫泉, 타이완 최초온천 여관 룽나이탕瀧乃湯는 신베이터우의 대표 저렴이 온천. 꽃할배도 다녀간 친수노천온천은 늘 만원사례다. 보다 호젓하게 노천온천을 즐기고 싶다면 전망 좋은 수도水都온천이 낫다. 그 밖의 온천호텔들도 대부분 개인탕 구비. 온천을 나설 땐 피부는 물론 마음까지 보들보들해진 기분이 드는 이유는 신베이터우의 싱그러운 자연도 한 몫을 한다. 중산로에는 볼거리도 많다. 고풍스런 옛 온천탕을 리모델링한 온천박물관, 순도 100% 목조 도서관이 초입에서부터 눈길을 끈다. 온천의 진원지, 지열곡은 조금 더 은밀한 곳에 있다. 푸른 숲 사이로 피어오르는 자욱한 수증기 속을 걷기만 해도 스팀 마사지를 받은 듯하다. p.288 참조(타이베이 근교지역 단수이&신베이터우).

Data Map 301
Access MRT 단수이淡水선 타고 베이터우北投역 하차, 신베이터우新北投행 환승 후 신베이터우역 하차
Add 台北市 北投區 中山路~光明路 일대
Open 친수노천온천 05:30~22:00, 룽나이탕 06:30~21:00, 수도온천 24시간
Cost 친수노천온천 40달러, 룽나이탕 150달러, 수도온천 360달러(보증금 100달러)

Tip 신베이터우 계곡 물에 발 담그기 있기? 없기?
지열곡에서 흘러나온 온천수가 졸졸졸 흐르는 계곡물 앞 파란 안내판에 주목하자. 주변 온천에서 쓰고 난 온천수를 흘려보내며 발을 담그지 말라는 당부다. 중국어를 몰라 간혹 미소 띤 얼굴로 족욕을 즐기는 한국인들이 있는데 알고 나면 족욕 할 마음이 싹 가실 터.

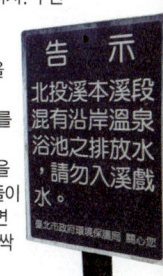

STEP 03
ENJOYING

진한 유황온천, 피부가 누리는 호사
양밍산원취안 陽明山溫泉 | 양명산온천 |
Yangmingshan Hot Spring

양밍산온천은 시내와 가까운 대신 양명산국립공원과는 의외로 멀어 오직 온천에 집중 할 수 있는 환경. 그래서인지 관광객보다 현지인들이 많다. 멀리서 보면 유황 냄새 진동하는 숲 속 일본풍 온천마을. 가까이 가보면 다소 낡은 겉모습에 실망할 수도 있다. 신베이터우처럼 남녀노소 함께 즐기는 노천탕은 없다. 대부분 가족탕이거나 남탕 따로 여탕 따로 대중탕. 하지만 알몸으로 노천온천을 즐기다 보면 자연으로 돌아간 기분을 만끽하게 된다. 물은 또 얼마나 진한 1급수인지! 몸을 담그면 피부과 보들보들, 느낌이 바로 온다. 신베이터우 온천보다 PH 농도도 높다. 헤어캡을 쓰고 탕에 들어가야 온천 하다 탈모 생겼다는 참사를 막을 수 있다. 한국인들이 많이 가는 3대 온천은 수질로 입소문난 황츠탕皇池, 교토 스타일의 찬탕川湯, 아담한 탕라이湯瀨. 셋 다 200~250달러의 대중탕으로 가격대비 훌륭한 편이다. 게다가 1인당 400달러 이상 식사를 하면 온천은 무료다. 대신 수건도 사물함 사용도 다 돈을 내야 쓸 수 있다. 수건은 호텔에서 챙겨가자. 나홀로 여행자라면 안전상의 이유로 개인탕 이용이 강력하게 제한되니, 현지인들과 함께 대중탕을 즐기는 수밖에 없다. 대중탕에서는 온탕과 냉탕을 오가며 온몸이 알싸해 지는 기분도 느껴 볼 것. 뭉친 어깨를 다소 과격하게 풀어주는 냉수마찰도 기대이상으로 시원하다. 오후보다는 오전이 한산하다. 이른 아침에 가면 넓은 대중탕을 독차지하는 호사를 누릴 수도 있다.

Data Map 013
Access MRT 단수이淡水선 타고 스파이石牌역 하차. 1번 출구에서 508, 535, 536번 버스 타고 싱이루行義路三 정류장 하차, 도보 10분
Add 台北市 北投區 行義路
Cost 대중탕 200~250달러, 개인탕 400~500달러 선, 수건 小 100달러, 大 200 달러, 사물함 사용료 20달러

자연 그대로, 탄산노천온천
우라이원취안 烏來溫泉 | 오래온천 | Wulai hot spring

타이야족의 말로 온천을 의미하는 우라이는 무색, 무향의 탄산온천이다. 우라이온천은 무료라 더 인기인데, 막상 가보면 '노천온천은 어디지?' 하고 당황하기 십상이다. 우라이라오지에烏來老街 끝 란성차오攬勝橋 아래 흐르는 물이 바로 우라이 노천온천! 계단을 따라 내려가면 열기가 모락모락, 자연 그대로의 온천이 흐른다. 놀랍게도 80°C 온천수의 온도를 낮춰 35~40°C로 유지한다. 현지인들은 내 집 욕실 마냥 몸을 푹 담그지만 여행자들은 발만 살짝 담그는 족욕을 선호하는 편이다.

Data **Access** MRT 신뎬新店선 타고 신뎬新店역 하차. 출구 오른쪽 버스정류장에서 849번 버스 탑승 후 종점, 우라이烏來 정류장 하차. 우라이라오지에 끝 란성차오 다리 건너 갈림길에서 우회전 후 계단 아래
Add 新北市 烏來區 烏來溫泉
Open 24시간
Cost 무료

타이완 온천 여행

온천 가기 전에 몰라서 망설여지는 고민 타파!
온천 가서 없으면 아쉬운 준비물 총 정리!

대중탕 갈까? 개인탕 갈까?
호젓하게 즐기는 개인탕은 타이완 온천의 묘미. 개인탕도 노천이냐 실내냐에 따라 분위기가 확 다르다. 시설 좋은 대중 노천탕은 개인탕이 부럽지 않다. 나홀로 여행자들은 돈이 있어도 개인탕을 누리기 쉽지 않다. 안전상의 문제로 2인 이상 일 때만 개인탕 입장을 허용하는 곳이 대부분.

챙겨 가면 좋은 것
1. 생수 또는 차 온천을 하면 부족해지기 쉬운 수분 보충을 위해 생수나 차는 필수.
2. 수건 야속하게도 대부분의 온천은 수건을 100~200달러에 별도로 판매 한다. 얄팍한 수건 한 장에 돈 쓰기 싫다면 호텔에서 미리 챙겨갈 것.
3. 바디로션 장시간 온천을 하면 지방이 빠져나와 피부가 거칠고 건조해지기 마련. 샴푸, 린스는 비치돼 있어도 바디로션은 잘 없다. 알아서 챙겨가자.
4. 동전 대중탕은 사물함도 돈을 내야 한다. 동전이 없을 땐 온천 티켓을 구입 시 필요한 만큼 동전을 바꿔놓을 것.

안전하고 위생적인 온천 이용법
1. 개인탕 이용 시 통풍 상태와 물 온도를 체크한 후 입탕할 것.
2. 대중탕 이용 시 샤워 후 머리에 헤어캡을 쓰고 탕에 들어갈 것.
3. 입탕 시간은 10분을 넘지 않게, 물 높이는 심장을 넘지 않도록 한다.

ENJOYING 09
짧고 굵은 릴랙스 타임, 발마사지

걷고 또 걷는 여행의 피로 풀어줄 강력한 한방, 발마사지만한 게 또 있을까. 그런데 타이완 발마사지는 좀 애매하다. 태국처럼 싼 맛에 받기엔 그다지 싸지 않아 망설여진다. 발마사지 40분 기준 한화로 20,000~25,000원 선. 그래도 중국에 비해 위생적이고 서비스의 질이 높은 편이다. 받고 나면 개운해서 돈 생각은 싹 사라지는 4곳을 엄선했다. 마사지 좀 받아 본 언니의 선택, 지금부터 공개한다.

베테랑 마사지사의 정확하고 시원한 손길
류싱지쭈티양선후이관
6星集足體養身會館 | 6성집주체양건회관

현지인, 일본인들에게 두루 인기 있는 대세 마사지 전문점! 타이베이에 여러 곳이 있지만 난징동루南京東路점을 추천한다. 100여명이 넘는 베테랑 마사지사의 파워풀한 손길에 친환경 인테리어, 깔끔한 탈의실까지 흠잡을 데가 없다. 제대로 누리려면 '발+어깨마사지'를 받자. 보송보송 일회용 실내화와 반바지로 갈아입은 후 족욕 코너에서 종려나무 가루 푼 물에 발을 담그면 어깨마사지가 시작된다. 뜨거운 수건으로 근육을 이완 시킨 후 목, 어깨, 팔순으로 잘근잘근 눌러주면 타이마사지가 부럽지 않다. '어깨마사지 25분' 타이머로 시간 재는 모습을 보여주니 더욱 믿음직하다. 발마사지는 대부분 1층과 2층에서 받는데, 2층이 의자 간격이 넓고 칸막이도 있어 프라이빗한 분위기. 발가락 하나하나 풀어주는 것은 기본, 다리를 밀대 밀듯 밀어준다. 게다가 이곳은 '지아더' 바로 옆이다. 펑리수도 사고 마사지도 받으면 만족감이 배로 상승할 듯.

Data Map 206B **Access** MRT 푸다輔大선 타고 난징동루南京東路역 하차, 택시 5분. 또는 쭝산中山역 1번 출구에서 306번 버스 타고 난징싼민루南京三民路 정류장 하차 **Add** 台北市 中山區 南京東路 5段 76號 **Tel** 02-2762-2166 **Open** 24시간 **Cost** 발마사지 45분 700달러, 발+어깨마사지 70분 1,200달러 **Web** www.footmassage.com.tw/massage

셔틀버스 타고 받는 고품격 마사지
첸리싱 千里行 | 천리행

중산 일대의 호텔에서 추천하는 발마사지 전문점. 류싱지만큼 매장 규모가 크고 인테리어가 고급스럽다. 송장난징역 주변이라는 애매한 위치는 전용 셔틀버스 서비스가 커버해준다. 전화로 예약하면 타이베이 시내 어디든 데리러 오고 데려다 준다. 단, 오전 10시에서 밤 10시 사이에만 가능. 1, 2층에서 다 발마사지를 받을 수 있는데 2층이 좀 더 차분한 분위기. 달콤한 차 한 잔 받아 들고 멀티플렉스처럼 편안한 가죽 소파에서 족욕부터 발마사지를 한 번에 받는다. 젊은 남자 마사지사도 많은 편이다. 야무지게 놀러주는 손맛이 일품. 단, 주말 저녁에는 사람이 많아 평일보다 시끌시끌할 수 있다.

Data Map 273L Access MRT 푸다輔大선 타고 송장난징松江南京역 하차, 2번 출구에서 도보 5분. 또는 쭝산中山역에서 도보 15분 Add 台北市 中山區 南京東路 二段 62號 Tel 02-2531-5880 Open 24시간(셔틀버스 10:00~22:00) Cost 발마사지 40분 660달러, 60분 990달러 Web www.1000m.com.tw

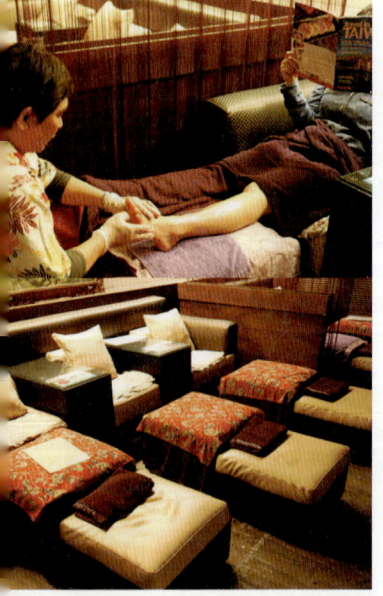

한국인들이 좋아하는 발마사지숍
황지아빠리 皇家岜里 | 황가산리 | Royal Bali Taipei

타이베이에 3개 지점이 있는데, 시먼점이 한국여행자들 사이에서 인기다. 시먼딩 한 가운데 자리하고 있어 훠궈뷔페에 가기 전이나 아종멘센 한 그릇 한 후 짧고 굵게 발마사지 받기 안성맞춤. 시먼 지역 호텔에 묵을 경우 걸어서 갈 수 있다는 것도 장점. 현금으로 결제하면 할인도 해준다. 한국어 메뉴판도 따로 있다. 안으로 들어가면 발리풍 인테리어에 발리 스타일 유니폼을 입은 마사지사들이 친절하게 맞이한다. 앞쪽에서 족욕을 하며 어깨마사지를 받은 후 안쪽 의자로 이동해 발마사지를 받는다. 어깨마사지보다는 발마사지가 시원하다. 다른 곳과 달리 의자에 TV가 없다. 중국어 방송을 보기 힘든 한국여행자들에겐 오히려 음악소리에 귀 기울이는 휴식시간이 돼 준다. 탈의실은 있는데 개인 사물함이 없어 짐을 들고 다녀야 한다는 게 단점.

Data Map 228B Access MRT 반난板南선 타고 시먼西門역 하차, 6번 출구에서 대로를 따라 왓슨스가 있는 사거리까지 직진 후 좌회전, 청핀수뎬 사거리에서 다시 좌회전. 도보 10분 Add 台北市 萬華區 昆明街 82號 Tel 02-6630-8080 Open 10:00~03:00 Cost 발마사지 45분 660달러, 발+어깨마사지 65분 1,000달러 Web www.royalbali.com.tw

가오슝 인기 마사지숍
쩌우자오여우자오 左腳右腳 | 좌각우각

현지인들이 더 많이 찾는 마사지숍. 관광객들 찾아가기엔 3개 분점 중 가오슝 중앙공원 옆 신텐스창관新田時尚館점이 찾아가기 편하다. 침대보다 폭신한 소파가 멀티플렉스처럼 한 줄로 놓인 대규모 홀과 족욕 코너는 제법 고급스러운 분위기. 딱 봐도 손힘이 셀 것 같아 보이는 마사지사들이 대부분이다. 강력한 마사지를 원한다면 '스트롱Strong'을 외칠 것. 발바닥을 눌러주는 힘과 손가락 뒤로 잔 근육을 깨알같이 풀어주는 손길은 기본, 발이 아들아들해질 만큼 손바닥으로 문질러주는 힘이 예술이다. 발가락 하나하나 세게 풀어 준 다음 스팀 타월로 뜨끈하게 마무리 하고 나면 여행의 피로가 스르르 풀린다. 저녁에는 붐비지만 오전에는 한산하다.

Data **Map** 407G **Access** MRT R9 타고 쭝앙궁위안中央公園역 2번 출구, 도보 8분 **Add** 高雄市 新興區 新田路 145號 **Tel** 07-282-1377 **Open** 24시간 **Cost** 발마사지 800달러, 바다마사지 800달러 **Web** www.feet.com.tw

Talk
타이완 발마사지 어떻게 받을까??
마사지를 제대로 받는 요령 4가지를 기억하자.

1. 마사지 메뉴 고르기
메뉴부터 확인하자. 대부분 발마사지는 40분 또는 60분 코스가 많다. 여기에 어깨마사지 10~15분이 포함돼 있는 편. 발 마사지 시간에 따라 어깨 마사지 시간도 늘어난다. 뭉친 어깨 근육을 확 풀고 싶을 땐 아예 '발마사지+어깨마사지'를 선택해도 좋다.

2. 옷 갈아입기
긴 바지나 치마를 입고 가면 무조건 반바지로 갈아입어야 한다. 여름에 이미 반바지를 입은 상태라면 옷을 갈아입지 않고 받을 수도 있다. 옷을 갈아입을 때 소지품을 분실하지 않도록 잘 챙기자.

3. 족욕 받기
발마사지는 족욕부터 시작한다. 물이 뜨겁다면 참지 말고 적정하게 조절해달라고 하면 된다. 중국어로 '물이 뜨거워요=타이탕료太燙了'. 중국어가 영 어색하다면 영어로 'HOT'. 바디랭귀지를 활용할 것.

4. 마사지 받기
발을 자극하는 것만으로도 인체의 오장육부의 각 기관을 만져주는 효과가 있는 발마사지. 타이완 마사지의 미덕은 동남아보다 정확하고 힘이 있다는 점. 마사지를 받는 동안 마사지사가 마사지의 강도가 괜찮은지 'OK?'라고 묻는다. 무조건 OK라고 하지 말고 약하면 세게, 세면 약하게 조절해서 받자. 이때 간단한 회화를 익혀두면 유용하다.

<u>좀 더 세게 해 주세요</u> = 칭 쭝 이디엔請重一點
<u>좀 살살 해주세요</u> = 칭 칭 이디엔請輕一點

ENJOYING 10
은밀하고
그윽하게 마시는
타이완 차

돌돌 말린 찻잎을 찻주전자에 담아 뜨거운 물을 붓는다. 찻잎이 주전자 속에서 춤을 추는 동안 가만히 기다린다. 도로르 찻잔을 채우는 물소리에 은은한 차향이 감돈다. 작은 찻잔에 입술을 가져다 댄다. 한입 두입 잔이 비어갈수록 마음이 따스해져 온다. 타이완 차, 그 시작은 향기이고 마지막은 온기다. 차의 매력을 온전히 느낄 수 있는 티 하우스 4곳을 소개한다.

차관에 가면, 어떤 차를 마실까?

차는 발효 정도와 제다법에 따라 녹차綠茶, 백차白茶, 황차黃茶, 청차靑茶, 홍차紅茶, 흑차黑茶 6가지로 나뉜다. 차 재배에 천혜의 환경을 갖춘 타이완은 세계적으로 유명한 청차 산지다. 타이완 사람들이 즐겨 마시는 우롱차는 발효 정도가 20~80% 사이로 청차에 속한다. 대표 생산지는 타이베이 근교의 마오콩, 난터우의 동딩산, 자이현의 아리산 등이다. 국토의 2/3가 구릉지와 산이고 연평균 기온이 20℃가 넘어 12~2월을 제외하고는 언제든 찻잎을 수확할 수 있다. 그 덕에 타이완에서는 언제든 맛있는 차를 마실 수 있다.

타이완 대표 우롱차
동딩우롱 凍頂烏龍 | 동정오롱 |
Dong Ding Oolong

타이완을 대표하는 우롱차로 난터우南投현의 동딩凍頂산이 고향이다. 우롱차 중에서도 발효도가 25% 정도로 낮아 상큼하고 가벼운 치자나무 꽃과 같이 달콤한 '청향'이 난다. 입 안 가득 맴도는 단맛은 여러 번 우려내도 변함이 없다.

엘리자베스 여왕이 사랑한
동팡메이런 東方美人 | 동방미인 |
Oriental Beauty

고혹적인 동양의 미인이 떠오르는 동방미인은 차 맛에 반한 영국의 엘리자베스 여왕이 하사한 이름. 타이완에서만 생산되는 차로 동방미인이라 불리기 전의 이름은 바이하오우롱白毫烏龍이였다. 발효도가 약 70%로 홍차에 가까운 풍미가 난다. 잘 익은 과일 같은 꿀 향과 감칠맛이 나 샴페인 우롱차로도 불린다.

조금 묵직하게
티에관인 鐵觀音 | 철관음 |

철 같은 묵직함과 관세음보살 같은 부드러움을 가진 차. 말리기와 비비기 작업을 반복해 차향을 더욱 진하게 만들었다. 타이베이 근교 무짜木柵 다원에서 생산된 차의 품질이 좋기로 유명하다. 황갈색을 띠며 중후한 단맛과 신맛을 동시에 느낄 수 있다.

하늘에 가까운 차
가오샨차 高山茶 | 고산차 |

부드러운 단맛이 그윽한 고산차는 해발 1,000m 이상의 차밭에서 자란 우롱차를 말한다. 아리산, 원린, 난터우 등이 주 재배지. 고산지대에서는 아침, 저녁으로 구름과 안개가 지나간 후 햇살이 강해져 쓰고 떫은맛을 내는 카테킨Catechins 함량이 줄고, 테아닌L-Theanine 및 PDI 성분이 높아져 단맛이 강해진다.

향이 좋은 타이완 홍차
르웨탄 日月潭 | 일월담 |

홍차 마니아라면 꼭 한번 맛봐야할 메이드인 타이완 홍차. 타이완 중부 르웨탄 위츠지역에서 생산된다. 인도에서 물 건너온 아쌈 품종이 해와 달이 만난다는 르웨탄 호수 근처에서 자라 향기로운 홍차가 되었다.

| 타이베이 |

빈티지한 공간에 반하다
민이청 民藝聖 | 민예성

타이베이의 경동시장. 온갖 약재와 옷감을 파는 디화지에迪化街 골목 안에 둥지를 튼 찻집. 100년이 넘은 건물을 1층은 도자기숍, 2층은 티룸으로 재탄생시켰다. 천장까지 닿은 찻장에 시선을 뺏기는 것도 잠시, 안으로 들어갈수록 빈티지한 공간이 드라마틱하게 펼쳐진다. 중국 전통의상 치파오旗袍를 입은 여인이 차를 마시고 있을 듯한 분위기. 창가에는 고풍스러운 4인용 테이블이, 안쪽 자리는 몸을 폭 파묻고 싶어지는 소파가 놓여있다. 자리를 잡고 앉으면 한쪽에는 동양, 다른 한쪽에는 서양 차茶가 담긴 긴 시향 박스를 내민다. 이름만 보고 선뜻 고르기 힘든 차의 향을 맡아보고 선택할 수 있어 좋다. 차를 주문하면 1인용 다구에 다식 2~3가지도 함께 내온다. 먼저 말하기도 전에 잔이 비면 따뜻한 물로 다시 차를 우려 주는 서비스도 다정다감하다. 잔잔한 호수의 물이 바람에 일 듯 민이성의 시간은 천천히 흘러간다. 가만히 찻잔을 들여다보듯 내 마음을 들여다보기에도 좋은 공간.

Data Map 273E
Access MRT 단수이淡水선 타고 숑리엔雙連역 하차, 도보 15분
Add 台北市 迪化街 1段 67號
Tel 02-2552-1367
Open 09:00~19:00
Cost 가오산우롱차, 원산바오종차 280달러

고품격 티살롱
쯔텅루 紫藤廬 | 자등려 | Wistaria tea house

정원에 자색 등나무紫藤 3그루가 있어 '자등려'라는 이름을 갖게 됐다. 일제강점기 총독부 관사였던 고택을 1981년 티살롱으로 개조해 고즈넉한 분위기가 자연스레 우러난다. 이안 감독의 영화 〈음식남녀〉의 촬영지로도 유명하다. 호텔처럼 리셉션이 있는 입구부터 남다르다. 메인 티룸인 응접실과 3개의 다다미방이 각기 다른 분위기로 손님을 맞이한다. 차 메뉴도 다른 곳보다 한 끗 높다. 쉽게 접하기 힘든 가오산우롱차, 푸얼차가 37여 종. 차를 주문하면 물 끓이는 차호, 원샹베이 등을 풀셋팅 해준다. 녹두떡, 펑리수 등 다식은 별도 주문해야하지만 찻물 인심은 넉넉하다. 천천히 여러 번 차를 우려 음미하다 보면 조금씩 타이완의 차 문화에 물들어 가는 듯하다.

Data Map 249B
Access MRT 신뎬新店선 타고 타이띠엔따루台電大樓역 하차, 2번 출구에서 도보 13분
Add 台北市 新生南路 三段 16巷 1號 **Tel** 02-2363-7375
Open 10:00~23:00
Cost 동딩우롱 320달러, 그 외 우롱차 350~380달러 선
Web www.wistariateahouse.com

향으로 고르는 나만의 차
스미스 앤 슈 Smith&hsu

겉은 모던한 카페 같지만 속은 어느 차관보다 알차다. 서양의 흔한 성 스미스Smith와 타이완의 성 슈許를 딴 이름처럼 '동서양의 차를 한 자리에서 향유하자'는 콘셉트의 티 전문점. 우롱차부터 아쌈, 다즐링 등 무려 98가지 차를 선보인다. 샤넬 No.5 향수처럼 모든 차에 고유 번호(No.)가 있어 선택하기도 쉽다. 시향 박스까지 제공하니, 그저 향을 맡아보고 끌리는 차를 고르기만 하면 된다. 차에 스콘을 곁들여 먹는 '크림티 세트'도 인기. 겉은 바삭 속은 보드라운 모범답안 같은 스콘이 따끈하게 서브된다. 함께 나오는 클로티드크림이나 레몬커드도 제대로. 타이페이에 6곳, 타이중에 1곳, 총 7곳의 분점이 있는데 난징동루점이 매장도 넓고 교통도 편하다.

Data 난징동루南京東路 지점
Map 273K
Access MRT 단수이淡水선 타고 쭝산中山역 하차, 4번 출구에서 린센린森공원 방향으로 도보 5분 **Add** 台北市 南京東路 1段 21號 Smith&hsu
Tel 02-2562-5565
Open 10:00~22:30
Cost 크림티 세트 295달러 (1인용), 차 1주전자 200달러 선
Web www.smithandhsu.com

타이중

여기가 천국일거야
우웨이차오탕 無爲草堂 | 무위초당

문 안으로 들어선 순간 다른 세계가 열린다. 노자의 자연주의를 따라 초가지붕, 대나무 숲, 흐르는 물과 연못을 건물 한가운데로 옮겨왔다. 연못을 빙 둘러싼 다실은 꼭 영화 속 한 장면 같다. 풍류를 제대로 누릴 수 있는 자리는 단연 연못가. 색색의 잉어가 노니는 물가에서 차를 마시노라면 자연 속에서 오롯이 한 잔의 차를 마주하는 기분. 바람결에 대나무 소리가 들릴 때 마다 옛 선비들의 삶이 이랬을까 싶다. 저녁에는 연못가 정자에서 음악연주도 열린다. 다른 전통 차관처럼 넉넉히 차 한 봉지를 주문할 수도 있고, 1~2인용 티 세트를 즐길 수도 있다. 무얼 마시든 정갈하게 차린 다구로 우롱차 우리는 법을 찬찬히 알려준다. 한 잔의 차를 위한 의식을 치르듯 동작을 따라 하다 보면 머리가 맑아지는 기분. 마주 앉은 이와 차를 주거니 받거니 하다 보면 말하지 않아도 온기가 감돈다. 그 순간을 오래도록 기억하게 될 것 같은 예감이 틀리지 않았다. 원고를 쓰는 지금 이 순간도 마음은 이미 우웨이차오탕을 들어서고 있다.

Data Map 356E
Access 타이중 기차역 앞 버스 정류장에서 27번 버스 타고 궁위따둔루커우公益大墩路口 정류장 하차 후 도보 2분
Add 台中市 南屯區 公益路 二段 106號 **Tel** 04-2329-6707
Open 10:30~22:30
Cost 아리산우롱차(37.5g) 380달러, 1인용 우롱차(10g) 세트 220달러, 2인용(20g) 420달러
Web www.wuwei.com.tw

알쏭달쏭 타이완 다구 총정리

| Theme |

이름 모를 다구란 없다. 내가 그의 이름을 불러 주었을 때 나에게로 와 아름다운 다구가 되어줄 뿐. 차를 우리고 마시는 데도 순서가 있다. 알수록 스스로 차 우리는 재미도 배가 된다. 찬찬히 읽고 기억해두자.

다구의 종류

차호 茶壺
찻주전자. 찻잎 넣고 뜨거운 물을 부어 차를 우린다. 도자기나 유리로 만든 작고 귀여운 주전자를 많이 쓴다. 보통 불 위에 올려 끓이는 큼직한 주전자는 따로 내준다.

차디 茶池
차호 받침대. 접시에 찻주전자를 담아 내놓는 경우가 많다. 그래야 차호에서 물이 흘러도 안심.

차허 茶荷
한번 우릴 만큼의 찻잎을 담아 놓는 작은 그릇. 찻잎 감상용으로도 OK.

차쩌 茶則
차허에 담긴 찻잎을 차호에 덜어 넣을 때 쓰는 도구. 차허가 없을 땐 차허 대용.

차자 茶夾
찻주전자에서 우려낸 찻잎을 꺼내거나 뜨거운 물로 씻은 컵을 들어 옮길 때 쓰는 집게.

차러우 茶漏
차호의 차를 차하이나 잔에 따를 때 따라 나올 수 있는 찻잎을 걸러주는 망.

차하이 茶海
찻물의 농도를 맞추기 위해 잔에 따르기 전 여기에 먼저 따른다. 유리나 도자기로 된 차하이를 쓴다. 차의 색 감상엔 유리 차하이가 유리한 편.

원샹베이 聞香杯
오로지 향을 맡기 위해 차를 따르는 찻잔. 길쭉한 잔은 웬샹베이라고 기억할 것.

차베이 茶杯
차를 마시는 찻잔. 핀밍베이品茗杯라고도 부른다.

차판 茶盤
다구 풀세트를 받치는 판. 퇴수 기능이 있는 대나무판을 많이 쓴다.

타이완식 차 우리는 법

1. 뜨거운 물을 부어 차호(찻주전자)와 찻잔을 데운다.
2. 데운 물을 비우고 차호 안에 찻잎을 담는다.
3. 뜨거운 물을 차호에 부은 후 곧바로 물을 비운다.
4. 다시 뜨거운 물을 차호에 붓고 뚜껑을 덮어둔 후 차가 우러나길 기다린다.
5. 우러난 차를 차하이에 마지막 한 방울까지 조심스럽게 따른다.
6. 차하이의 차를 웬샹베이에 먼저 따른 후 찻잔에 옮겨 담는다.
7. 빈 웬샹베이에 남은 은은한 차향을 음미한다.
8. 찻잔의 차를 마신다. 입 안 가득 차를 머금고 향과 맛을 느껴보자.

01 밥보다 빙수, 줄서서 먹는 망고빙수 TOP 4
02 빵빵하게 입소문 난 로컬 빵집
03 이건 정말 QQ해, 쩐주나이차
04 진한 국물 맛에 반했다! 뉴러우멘
05 입 안 가득 터지는 육즙, 샤오롱바오 BEST 6
06 멈출 수 없는 샤오츠의 유혹
07 중국별미 탐험! 중국각지 별별 요리 맛보기
08 푸드코트에서 맛보는 타이완식 밥도둑
09 다함께 츠츠츠, 훠궈
10 아삭아삭 건강한 맛, 채식
11 출출한 밤, 술 고픈 밤 맥주 한 잔, 야식 합 입
12 알고 먹으면 더 맛있는 타이완 음식 대백과
13 놓치면 아쉬운 타이완 7대 야시장
14 모든 칼로리가 사라지는 마법, 타이완 커피

STEP 03
EATING

EATING 01

밥보다 빙수,
줄서서 먹는 망고빙수 TOP 4

타이베이의 별미는 딤섬도 우육탕도 아니다. 둘이 먹다 하나 죽어도 모른다는 망고빙수다. 아삭한 얼음 아래 쫘악 깔린 노란 망고 과육. 신선하고 달콤한 그 맛에 빠지면 밥 대신 빙수부터 생각하게 된다. 타이베이 최고의 망고빙수집 4곳을 소개한다.

부동의 망고빙수 1위
아이스 몬스터 ICE MONSTER

꽃할배들도, 현지인들도, CNN에서도 주저 없이 추천하는 빙수 전문점이다. 1인당 최소 주문 금액 120달러, 제한 시간 60분. 게다가 줄까지 서야하는데 인기는 식을 줄 모른다. 입구에서 주문과 계산을 끝내면 인원수에 맞춰 자리를 배정받는다. 테이블에는 미리 숟가락이 세팅되어 있다. 서비스는 패밀리 레스토랑 같고 분위기는 카페처럼 아늑하다. 가장 잘 나가는 메뉴는 단연코 망고빙수, 이름하야 프레쉬 망고 센세이션Fresh Mango Sensation. 비주얼도 맛도 처음엔 높은 점수를 못 받는다. 하지만 빙수 아래 수북하게 깔려있는 또 다른 망고가 드러날 때쯤이면 게임 끝! 여기가 1등 맞다. 토핑 된 망고의 퀄리티가 다르다. 부드럽고 향긋하고 달콤하다. 눈처럼 촉촉한 망고 맛 얼음과 망고 과육이 씹히는 아이스크림도 온전한 망고 맛을 느낄 수 있도록 거든다. 망고 퓌레와 시럽은 진하고 풍성한 맛의 정점을 찍는다. 입 안 가득 고이는 깊은 맛에 숟가락을 멈출 수 없다. 달콤한 맛은 이곳저곳 비슷해도 깊은 맛은 따라오지 못한다. 게다가 사계절 내내 생망고 빙수를 먹을 수 있으니 이보다 더 좋을 수 있을까. 가게 입구에 테이크아웃 부스가 따로 있다. 상대적으로 줄도 짧고 10% 할인도 받을 수 있으니 참고할 것.

Data 중샤오忠孝점
Map 211A
Access MRT 반난板南선 타고 궈푸지녠관國父紀念館역 하차, 1번 출구. 또는 중샤오둔화忠孝敦化역 2번 출구에서 도보 5분
Add 台北市 忠孝東路 四段 297號 **Tel** 02-8771-3263
Open 10:30~23:30
Cost 프레쉬 망고 센세이션 220달러(여름), 250달러(겨울), 버블밀크티 센세이션 180달러
Web www.ice-monster.com
웨이펑송까오微風松高점
Map 206D
Access 반난板南선 타고 스정푸市政府역 하차, 2번 출구에서 도보 5분 내외. 브리즈(Breeze)센터 송까오松高 1층
Add 台北市 信義區 松高路 16號 1F **Tel** 02-2722-9776
Open 11:00~21:30
Cost 프레쉬망고센세이션 220달러(여름), 250달러(겨울)

Tip 겨울에는 비교적 한가한 분위기. 빡빡하던 주문 기준이나 제한 시간도 너그러워진다. 여름에는 망고, 겨울에는 딸기가 제철이라 계절 따라 가격이 각각 달라진다. 겨울에도 생망고 빙수를 맛볼 수는 있지만 맛은 좀 떨어지는 편. 매장 스탭이 추천하는 딸기빙수를 포함해 밀크티빙수, 라임자스민티빙수 등 종류가 다양하니 입맛 따라 골라먹자.

용캉지에 동네스타
스무시 | 思慕昔 | 사모석 | smoothie

한 때 이름 날리던 스무시의 전신 '빙관 15'가 있던 자리에 '스무시'라는 이름으로 돌아왔다. 손맛은 달라졌지만 인기는 그대로다. 동네스타답게 하루에도 몇 번씩 사인회장을 방불케 하는 인파가 몰아친다. 한 여름이 특히 절정! 체면 불구하고 길에 서서 먹는 것은 예사다. '인기체감석'인 1층은 푸드코트처럼 셀프서비스다. 빙수와 숟가락까지 직접 챙겨야 한다. 2층은 좀 한가한데 1인 최소 주문 금액이 100달러 이상이다. 1인 1빙수를 할 작정이라면 처음부터 2층으로 가는 것이 현명하다. 스무시는 위치도 좋다. 맛집이 몰려있는 용캉지에 중심에 있어 고민할 필요 없이 후식으로 당첨! 만두파라면 딩타이펑이나 가오지에 들렸다가, 국물파라면 용캉 뉴러우멘을 먹은 후 방문하자. 특히, 이곳 망고빙수는 상큼한 맛이 강해 식후 디저트로 그만이다. 망고맛 눈꽃빙수에 생망고가 올려진 망고빙수는 10번과 11번으로 2종류. 차이점이라면 망고맛 아이스크림이 올라가느냐 파나코타가 올라가느냐 인데 현지인들에게 인기가 좋은 것은 후자로 11번이다. 겨울에는 냉동망고와 생망고가 반반씩 올라간 망고빙수만 먹을 수 있다.

> **Tip** 파나코타란 생크림과 우유로 만든 일종의 우유푸딩. 하얗고 부드러운 질감 때문에 순두부 아니냐는 오해를 사기도 한다.

Data Map 248D
Access MRT 신아이신義선과 루저우蘆州선이 교차하는 동먼東門역 하차, 5번 출구에서 우회전 후 용캉지에 공원 방향. 도보 3분 **Add** 台北市 大安區 永康街15號
Tel 02-2341-8555
Open 10:00~23:00
Cost 10번, 11번 망고빙수 210달러 **Web** www.smoothiehouse.com

시장표 빙수의 저력
싱파팅 幸發亭 | 행발정

시장표 빙수라고 얕보지 말자. 좁은 골목 안에 있어 위치가 애매한데도 불구하고 마감 직전까지도 물밀듯 손님이 들어온다. 각 테이블마다 메뉴판이 붙어 있는데, 중국어라고 당황할 필요가 없다. 빙수 사진이 포함된 영어 메뉴판이 준비되어 있으니 따로 요청하자. 이곳도 삼형제처럼 우유얼음을 쓴다. 눈처럼 쌓인 빙수 위에 망고 시럽이 듬뿍 뿌려진 것이 특징. 텁텁하거나 지나치게 달지 않아 좋다. 100달러라는 저렴한 가격도 매력적이다. 토핑된 망고 크기가 다른 가게에 비해 작은 것이 아쉽다면 아쉬운 점. 땅콩빙수 쉐산투이벤(화성)雪山蜕變(花生)도 또 다른 '간판스타'다. 대패로 밀어낸 듯 얇은 두께의 얼음이 층층이 쌓여 있어 눈이 먼저 놀란다. 빙수의 신세계가 열린 듯 고소하고 시원한 맛이 특색 있다. 스린 야시장 내에 있어 샤오츠 먹방 후 마지막 코스로 들리면 완벽하다.

Data **Map** 280 **Access** MRT 단수이淡水선 타고 젠탄劍潭역 하차, 1번 출구로 나와 직진 후 사사Sasa 건물 바로 앞 횡단보도를 건너 샛길로 진입 후 좌측. 도보 5분 **Add** 台北市 士林區 安平街 1號 **Tel** 02-2882-0206 **Open** 15:00~12:00 **Cost** 망고빙수 120달러, 땅콩빙수 80달러

빙수계의 패스트푸드
싼숑메이 三兄妹 | 삼형매

타이베이로 여행 온 한국인들을 이곳에서 다 만날 수 있지 않을까 싶을 정도로 유독 한국인 손님이 붐빈다. 덕분에 빙수 주문하기가 한결 수월하다. 한눈에 척 알아보고 우리말로 "안녕하세요? 3번 망고빙수"라는 고정 멘트를 던지기 때문. 미리 얼음을 갈아 놓고 주문이 들어오면 토핑만 재빠르게 올려 내기 때문에 패스트푸드점 햄버거보다 빨리 먹을 수 있다. 가게 분위기는 학교 앞 분식점 같다. 좁은 1층에 비해 지하는 넓은 편으로 벽면에 빼곡히 들어찬 낙서가 정겨움을 더한다. 이곳 빙수 맛은 호불호가 갈린다. 유명세에 비해 별로라는 평도 제법 눈에 띈다. 다른 곳과 달리 '우유 얼음'에 망고 과육이 올라간 빙수로 분유 맛과 연유 맛이 특히 강한 편이다. 우유빙수로는 훌륭하나 망고빙수로 보자면 실망할 수도 있다. 물론 최고의 망고빙수를 먹겠다는 생각이 아니라면 나쁘지 않은 선택이다. '타이베이의 명동'으로 불리는 시먼에 있어 위치가 좋은 것은 큰 장점. 시먼 명물 곱창국수를 먹고 빙수로 입가심하면 딱. 냉동망고이긴 하지만 겨울에도 망고빙수를 먹을 수 있으니 별점 하나 추가!

Data **Map** 228B **Access** MRT 반난板南선 타고 시먼西門역 하차, 6번 출구에서 도보 10분 **Add** 台北市 萬華區 漢口街 23號 **Tel** 02-2381-2650 **Open** 10:30~23:30 **Cost** 3번 망고빙수 150달러

EATING 02
빵빵하게 입소문 난
로컬 빵집

파인애플 케이크인 펑리수만 맛있는 게 아니다. 빵맛은 또 얼마나 끝내주는지 반하는 건 시간 문제. 유럽, 일본 등 본토 맛을 살리는 건 기본이다. 관광지 대신 가도 아깝지 않을 곳만 소개한다. 솜씨 좋은 제빵사의 손맛에 빠져볼까?

달인이라 불러다오
불랑제리 노가미
野上麵包店 | 야상면포점 | Boulangerie Nogami

세계 1등 파티쉐 우바오춘을 키운 스승의 베이커리. 일단 믿음이 간다. 혹자는 빵의 달인이라고도 부른다. 정통 프랑스식 빵을 제대로 만들어 바게트처럼 딱딱한 빵을 좋아하지 않는 타이완 사람들의 입맛까지 바꿨다. 약속이나 한 듯 꼬리에 꼬리를 물고 손님들이 들어오는데 입이 딱 벌어진다. 문자 그대로 1초에 하나씩 빵이 팔린다. 드라마 같은 이야기는 여기서 끝이 아니다. 지진 난리통에도 천연 효모를 구하기 위해 가게로 뛰어 들었다고. 매일 빵의 일부분을 불우이웃과 나눠 먹는 미덕까지 갖췄다. 모든 재료의 원산지를 밝히고 빵 만드는 모습도 공개한다. 최고의 테크닉에 최상의 재료가 더해진 완벽한 빵맛에 열정까지 이글이글, 이곳을 어찌 그냥 지나치리오!

Data Map 013
Access MRT 단수이淡水선 타고 즈산芝山역 하차, 1번 출구에서 도보 5분
Add 台北市 士林區 福國路 5號
Tel 02-2832-6308
Open 09:00~21:00
Cost 크로와상 45달러, 바게트 80~100달러, 슈크림빵 25달러
Web nogami.com.tw

> **Tip** 타이완은 지금 건강빵이 대세
> 간식으로 먹던 빵을 식사대용으로 먹기 시작하면서 달달한 디저트 빵보단 바게트 같은 유럽식 하드롤이 인기. 딱딱하고 거친 껍질에 감춰진 부드럽고 촉촉한 속살은 씹을수록 매력 있다. 밋밋하지만 담백하고 구수한 유럽 정통 빵맛이 일본과 타이완의 베이킹 테크닉과 만나 나날이 발전 중이다.

세계 1등 제빵왕
우바오춘 베이커리 吳寶春麥方店
오보춘면방점 | Wu Pao Chun Bakery

오, 놀라워라! 베이커리 월드컵에서 세계 1등을 거머쥔 국민 제빵사 우바오춘이 드디어 타이베이에 개인 베이커리를 열었다. 우바오춘이 거쳐 간 곳은 뜬다는 공식을 만들 정도로 그가 일했던 가게까지 유명세를 누리는 그야말로 우바오춘 열풍! 영화까지 만들어진 스타 중의 스타다. 매장 안 손님들은 성지순례 하듯 빵을 집어 들고 1등한 로즈 앤 리치빵 앞에서 감탄한다. 겉은 딱딱하고 속은 끝장나게 촉촉한데다 크기마저 1등답다. 디저트로만 먹던 과일인 리치를 빵의 재료로 쓴 점을 높이 평가받았다는 후문. 다른 빵맛은 어떠냐고? 깊은 풍미가 남다른데 인위적이고 과장된 향과 맛이 나지 않는다. 많고 많은 빵 중에 바게트는 꼭 먹어볼 것. 바삭한 껍질과 크림색 속살은 씹을수록 고소해 먹는 동안은 파리지앵이 된 듯한 착각에 빠진다. 펑리수도 판매 중. 세계 1등 제빵왕표 펑리수라고 생색내기 좋아 선물용으로 그만이다.

> **Tip** 베이커리 월드컵이란?
> 1992년부터 시작해 4년에 한 번씩 프랑스 파리에서 열리는 제빵대회. 프랑스, 스웨덴, 대한민국, 일본 등 세계 각국에서 온 참가자들과 각 부문별로 치열한 경쟁을 펼친다. 8시간 동안 맛과 모양, 종류가 다른 250여 가지의 빵을 만들어야 한다. 우바오춘은 2010년 대회에서 우승했다.

Data 타이베이台北점
Map 211B
Access MRT 반난板南선 타고 궈푸지녠관國父記念館역 하차, 5번 출구에서 도보 8분. 송산문화원구 안 청핀수뎬 스펙트럼 지하 2층
Add 台北市 信義區 菸廠路 88號 (誠品松菸店B2)
Tel 02-6636-5888, 내선번호 #1902 **Open** 11:00~22:00
Cost 로즈 앤 리치빵 350달러, 빵류 20~100달러 내외 (현금결제만 가능) **Web** www.wupaochun.com

가오슝高雄점
Map 407H
Access MRT R8 타고 싼뚜오상췐三多商圈역 하차, 5번 출구로 나와 시청 방면으로 도보 15분
Add 高雄市 苓雅區 四維三路 19號
Tel 07-335-9593
Open 10:00~21:30
Cost 로즈 앤 리치빵 350달러, 망고베이글 45달러

STEP 03
EATING

Data 청핀수뎬誠品書店점
Map 206D Access MRT 반난板南선 타고 스정푸市政府역 하차, 2번 출구에서 연결되는 한큐백화점 지하 푸드코트 지나 청핀수뎬 지하 2층 Add 台北市 信義區 松高路 11號 B2
Tel 02-2912-4444
Open 07:30~22:00(금, 토는 23:00까지) Cost 오징어 먹물빵 65달러 Web www.hoganbakery.com.tw

실시간 구워내는 따끈한 빵의 천국
하컨푸 哈肯舖 | 합개포 | Hogan Bakery

매일 아침 7시부터 저녁 6시까지 실시간 빵이 구워진다. 시식용 빵도 아낌없다. 자신 있게 추천하는 오징어 먹물빵인 모어위파꿔墨魚法國는 꼭 먹어봐야 한다. 오징어짬뽕라면의 빵 버전이랄까. 빼곡히 박힌 오징어와 짭조름한 빵맛이 폭풍흡입을 부른다. 4개의 지점 중 MRT 스정푸역 청핀수뎬誠品書店 지하에 있는 매장이 찾아가기 쉽고 따끈한 빵을 먹을 수 있어 강력추천! 타오위안공항 출국장 지하 푸드코트에도 매장이 있으니 마지막까지 야무진 먹부림이 가능하다.

3대째 내려오는 타이완 전통빵집
플로리다 베이커리 福利麵包 | 복리면포 | Florida Bakery

100년 전통이 코앞이다. 유명 호텔과 항공사 기내용 빵을 요청받아 공급했다. 대세는 버터 프렌치 갈릭빵Butter French Galic Bread이지만 타이완 전통 빵도 잘 만든다. 촉촉한 빵의 질감이 특히 돋보인다. 빵맛이 남다른 이유는 벽돌 오븐에서 굽기 때문. 알록달록한 뉴욕식 쿠키도 눈길을 사로잡는 핫 아이템이다. 버터 프렌치 갈릭빵만 맛보려면 타이베이역 브리즈 센터Breeze center 1층 분점과 맞은 편 신광싼웨新光三越 백화점 지하 분점으로 가면 편리하다. 단, 시간을 잘 챙기자. 하루에 3번 12시, 15시, 17시 정각이 지나면 빵을 못살 확률이 높아진다.

Data 본점
Map 274D
Access MRT 단수이淡水선 타고 민취안시루民權西路역 하차, 9번 출구에서 임페리얼호텔 방면으로 도보 10분
Add 台北市 中山區 中山北路 三段 23之 5號
Tel 02-2594-6923
Open 06:30~23:00
Cost 버터 프렌치 갈릭빵 108달러, 쿠키 100g 당 130달러, 빵 30~110달러 내외
Web www.bread.com.tw

선물용 베이커리류가 많은
이지성 一之軒 | 일지헌 | Ijysheng

타이베이 곳곳에서 만날 수 있는 프랜차이즈 베이커리. 버터의 풍미가 좋은 빵류가 주 종목이다. 대만식 찹쌀떡 빵이라 부를 수 있는 진큐빙金Q餠은 이곳만의 시그니처 아이템으로 겹겹이 층을 이룬 패스트리 속에 찰떡과 육포 가루인 루송肉鬆이 들어 있다. 겉은 파삭하고 속은 쫀득하면서 짭짤해 마니아들이 열광한다. 부드러운 식감에 달걀향이 솔솔 나는 에그 롤과 누가 샌드 역시 빼놓기 아쉽다. 진큐빙, 펑리수, 누가Nougat 등이 반반씩 든 선물 상자는 고르기 나름. 선물하기 좋도록 세트 구성이 훌륭하다. 타이베이처짠의 브리즈 센터 2층에 있는 지점이 접근하기 가장 좋다.

Data 타이베이처짠台北車站점
Map 230C
Access MRT 단수이淡水선, 반난板南선 환승역 타이베이처짠台北車站역 하차, 타이베이 기차 역 2층 브리즈 센터 내
Add 台北市 北平西路 3號 台北火車站 2F
Tel 02-2311-5268
Open 10:00~22:00
Cost 진큐빙+펑리수 세트 350달러, 펑리수 1개 20달러, 펑리수 세트 180달러, 진큐빙 1개 50달러, 누가 샌드 1개 12달러
Web www.ijysheng.com.tw

Data 시먼西門점
Map 228E
Access MRT 반난板南선 타고 시먼西門역 하차, 1번 출구에서 도보 1분
Add 台北市 萬華區 漢中街 151號
Tel 02-2389-6622
Open 07:00~24:00
Cost 하이옌카페 45달러, 케이크 40달러 내외
Web www.85cafe.com

달콤한 케이크과 커피의 유혹
85°C 베이커리 카페 85°C Bakery Cafe

맛과 모양이 다른 갖가지 케이크는 눈으로 먼저 먹어도 황홀하다. 5성급 호텔 케이크 전문가들이 만들어 맛까지 보장한다. 케이크가 일회용 종이 접시에 플라스틱 포크와 나오지만 커피까지 곁들여도 착한 가격이니 눈감아 주자. 커피가 가장 맛있는 온도가 85°C라며 카페 이름으로 앞세웠으니 알만하다. 소금 커피 하이옌카페海鹽咖啡가 압도적으로 잘 나간다. 열대 과일의 단맛을 더하기 위해 소금을 뿌려 먹는데서 착안해 커피의 풍미가 더욱 깊다. 스타벅스보다 지점이 많아 타이완 전역에서 자주 만날 수 있다.

EATING 03

이건 정말 QQ해,
쩐주나이차

이름풀이가 먼저. 쩐주는
동그란 타피오카펄을 뜻하고
나이차는 밀크티를 의미한다.
우리에겐 버블티란 이름으로
익숙하다. QQ는 쫄깃쫄깃한
식감을 표현하는 중국 의성어.
마시는 음료지만 쩐주가 씹혀
쫀득한 맛을 즐길 수 있다.
이제부터 감탄은 이렇게 하는
걸로. 이건 정말 QQ해!

쩐주나이차의 원조
춘수이탕 春水堂 | 춘수당 | Chun Shui Tang

너도 나도 원조라고 입을 모으는데 탄생비화는 잘 모른다. 따뜻한 차를 마시는 것이 당연하던 시절, 전통차에 얼음을 넣기 시작한 것이 그 시초다. 이후 제품 개발 매니저가 쩐주를 아이스 아쌈티에 빠뜨린 장난이 오늘 날의 쩐주나이차珍珠奶茶가 있게 된 배경. 그때가 1988년으로 춘수이탕을 오픈하고 5년이 지나 메뉴에 오른 이유다. 원조는 다르다. 주문과 동시에 찻잎을 우려내고 말캉한 쩐주도 직접 만든다. 20~24°의 온도에서 한 달 정도 말린 쩐주는 쫄깃한 식감이 배가 된다. 3시간 이상 졸여지면 미련 없이 버린단다. 향긋하고 진한 차향과 쩐주의 식감이 돋보일 수밖에 없다. 칵테일 만들 듯 흔들어 섞는 것도 최상의 맛을 내는 또 다른 비법. 와인과 궁합 맞는 음식이 있듯 차와 어울리는 간식과 식사도 준비되어 있다. 타이완 국민간식 짜오파이 루웨이또우깐미쉐招牌滷味豆干米血나 양념고기에 비벼먹는 쿵파오 누들 등을 곁들이면 배가 든든하다. 지점마다 차이는 있으나 특유의 고상한 실내 분위기도 즐거움을 배가 시킨다. 동선을 고려하면 쭝쩡지녠탕中正紀念堂 지하 지점으로 가는 것이 편리하다. 타이중에 들렸다면 춘수이탕 본점(p.369)에 들려보자. 시간이 없다면 테이크아웃도 답이다. 모든 음료의 중中사이즈는 평일과 테이크아웃 시 15% 할인까지 되니 참고할 것.

Data 쭝쩡지녠탕中正紀念堂점
Map 229H
Access MRT 단수이淡水선과 신뎬新店선이 교차하는 쭝쩡지녠탕中正紀念堂역 하차, 5번 출구로 나와 직진 후 왼편에 보이는 음악당 1층(계단 아래 입구 보임)
Add 台北市 中正區 中山南路 21-1號 **Tel** 02-3393-9529
Open 11:30~20:50
Cost 쩐주나이차 85달러, 짜오파이루웨이또우깐미쉐 115달러
Web chunshuitang.com.tw

> **Tip** 춘수이탕 주문법
> 각 테이블에 있는 주문표에 주문할 음료와 음식 등을 체크한다. 계산대에서 주문표를 보여주고 계산을 마친 후 번호표를 테이블에 올려두면 끝!

STEP 03
EATING

아포가토처럼 마시는 음료
천싼딩 陳三鼎 | 진삼정

국립타이완대학이 있는 궁관公館역 근처에 있어 일명 궁관역 쩐주나이차로 통한다. 타이완대 학생들뿐 아니라 현지인들도 소문 듣고 찾아온다. 유명세가 얼마나 대단한지, 가게 이름을 따라하는 짝퉁이 늘어 가게명을 바꿨을 정도. 지금은 주인 이름과 얼굴을 간판에 내걸었다. 흑설탕시럽이 들어간 칭와주앙나이青蛙撞奶는 이곳에서만 맛볼 수 있어 특별하다. 빨대로 쏙 빨아올린 첫 맛도 놀랍다. 쩐주의 쫄깃함, 흑설탕시럽의 달콤함, 우유의 고소한 맛을 동시에 느낄 수 있기 때문. 특히 겉은 부드럽고 속은 쫄깃한 쩐주를 먹노라면 'QQ하다'는 말을 몸소 실감하게 된다. 음료를 흔들지 말고 마실 것을 추천한다.

Data Map 249F
Access MRT 신뎬新店선 타고 궁관公館역 하차, 3번 출구로 나와 횡단보도를 건넌 후 스타벅스가 보이는 골목으로 직진, 도보 10분
Add 台北市 中正區 羅斯福路 三段 316巷 8弄 **Tel** 02-2367-7781
Open 11:00~21:30 (월요일 휴무)
Cost 칭와주앙나이 40달러

테이크아웃 쩐주나이차
우스란, 컴바이, 코코 50嵐·Come Buy·Coco

정말 셀 수 없이 많다. 들고 다니며 마시는 사람과 테이크아웃 음료 전문점들 말이다. 지역마다 브랜드도 다양한데 우리나라에서 인기인 공차는 가오슝에서 시작됐다. 타이베이에서 가장 대중적인 브랜드는 우스란, 컴바이, 코코. 세 곳의 음료를 비교한 논문이 있을 정도다. 다 같은 쩐주나이차는 아니다. 우스란은 현지인들 사이에서 비공식 1위로 쩐주의 크기를 선택할 수 있다. 작은 알은 씹을 새도 없이 음료처럼 넘어간다. 컴바이는 세 곳 중 가장 향긋하다. 통통한 당면처럼 생긴 펀띠아오가 추가된 QQ Milk Tea가 잘나간다. 코코는 약간 밍숭맹숭해 호불호가 갈리며 오히려 과일주스가 더 인기가 있다.

Data **Cost** 쩐주나이차 우스란 35달러, 컴바이 40달러, 코코 30달러
Web www.50lan.com.tw, www.comebuy2002.com.tw, www.coco-tea.com

> **Tip** 전국에서 볼 수 있는 칭신 푸천런이짠
>
> 일명 칭신이라 불리는 칭신 푸천런이짠清心 福全冷飲站은 타이베이뿐만 아니라 타이완 전역에서 볼 수 있는 브랜드. 1987년에 오픈한 이후 타이완 현지인들의 사랑을 듬뿍 받고 있는 브랜드 중 하나다. 향이 좋은 쩐주나이차는 물론이고 차 맛이 좋아 어떤 음료를 먹어도 만족도가 높다. 칭신이 시그니처 빨간 하트와 초록색 간판을 기억하자.
>
>

이보다 더 쉬울 수 없다. 쩐주나이차 주문법!

Talk

음료 주문이 어려울 일이 있을까 했는데 의외로 선택사항이 많아 당황했다. 주문 순서대로 손가락으로 짚어만 주면 주문 완료!

1 쩐주나이차 이베珍珠奶茶 一杯 (쩐주나이차 한잔 주세요)를 외친다.

2 음료 속 얼음의 양을 선택할 수 있다. 얼음이 전혀 없는 취빙去冰, 기준보다 얼음이 적게 들어가는 샤오빙少冰, 레시피대로 넣는 쩐창正常 중 선택하자.

3 설탕의 양도 5가지 단계로 조절 가능하다. 보통 30%인 웨이탕微糖을 선호하는 편. 단맛을 즐기지 않는다면 0% 우탕無糖도 무난하다. 0%지만 약간의 단맛은 남아 있다.

	빙冰(얼음)	탕糖(설탕)
100%	쩐창正常	쩐창正常
70%	없음	치분티엔 七分甜
50%	없음	반탕半糖
30%	샤오빙 少冰	웨이탕 微糖
0%	취빙去冰	우탕無糖

STEP.03
EATING

EATING 04

진한 국물 맛에 반했다!
뉴러우멘

눈으로 보기엔 비슷해도 다 같은 뉴러우멘이 아니다. 집집마다 맛도 천차만별. 면은 논외로 두고 결국 국물과 고기 맛이 관건이다. 이미 맛있다고 소문난 집뿐만 아니라 더 맛있는 집을 찾았다.

타이베이

100년 넘게 사랑받는 국물 맛
찐춘파뉴러우뎬 金春發牛肉店 | 금춘파우육점

지금까지 이곳을 아무도 소개하지 않았다니 놀랍고도 놀라운 일. 현지인들뿐만 아니라 뉴욕 스타셰프 앤서니 보뎅Anthony Bourdain이 자신의 맛집 프로그램에 소개했을 정도로 바다 건너 소문난 맛. 주문한 음식을 차례로 먹을 때마다 맛에 반해 눈이 번쩍 뜨인다. 맑은 국물의 위엔쯔뉴러우멘原汁牛肉麵은 첫 입에는 심심하나 먹을수록 입에 착 붙는 감칠맛이 대단하다. 이런 맛을 두고 차원이 다르다고 하는 법! 소뼈 대신 살코기로만 육수를 끓여내는 것이 1897년부터 시작된 맛의 비밀이다. 고기는 말할 필요도 없이 사르르 녹는다. 게다가 면발까지 끝내준다. 칼국수처럼 납작한 면은 마지막 국물을 마실 때까지 불지 않아 감동이다. 반찬처럼 먹는 콩신차이空心菜 역시 강력추천 메뉴. 마늘향이 밴 육수에 볶아 자꾸만 손이 간다. 주방장의 추천메뉴는 카레 볶음면인 까리뉴러우차오멘咖哩牛肉炒麵. 담백하고 심심한데 이 또한 젓가락질을 멈출 수 없다. 전국 곳곳에 분점이 있지만 본점만 추천한다.

Data 본점
Map 272J
Access MRT 단수이淡水선 타고 쭝산中山역 하차, 1번 출구에서 택시로 5분
Add 台北市 大同區 天水路 20號
Tel 02-2558-9835
Open 11:20~21:20(월 휴무)
Cost 위엔쯔뉴러우멘 140달러, 콩신차이 55달러, 까리뉴러우차오멘 150달러

STEP 03
EATING

현지인들이 사랑하는 맛집
용캉뉴러우멘 永康牛肉麵 | 영강우육면

다들 용캉뉴러우멘을 외치기에 지겨웠던 것이 사실. 인근의 가게를 샅샅이 뒤졌으나 용캉지에永康街에서 실패 없이 먹을 수 있는 맛집으로 인정했다. 영어 메뉴판에는 사진이 함께 있어 주문하기 편리하지만 소문난 맛집이라 식사 시간대에는 줄서는 각오를 해야 한다. 너도나도 하나씩 시켜 먹는 갈비찜밥인 펀쩐파이꾸粉蒸排骨를 뉴러우멘과 같이 먹으면 현지인처럼 먹는 법 성공. 감자탕을 먹고 밥을 볶아 먹는 듯 물컹한 돼지 연골이 찹쌀과 어우러져 고소하다. 뉴러우멘은 2가지 맛 중 골라 먹으면 된다. 사천식 홍샤오뉴러우멘紅燒牛肉麵은 매우 맵고 짠 맛이라며 경고문을 붙여 놓았을 정도인데 한국식 매운 맛에 익숙하다면 무난하게 먹을 수 있다. 경상도식 소고기국밥 정도로 비유할 수 있는데 고기의 씹는 맛은 비교 불가. 육즙 가득 부드러운 맛이 풍부하게 느껴진다. 칭뚠뉴러우멘淸燉牛肉麵은 곰탕 맛이 나는 라면을 닮았다. 진한 맛이지만 국물이 탁하지 않은 점이 특징. 각 테이블 위에 놓인 채소 쏸차이酸菜는 국물에 넣어먹으면 달콤하고 시원한 맛을 배가 시킨다. 한 그릇 든든히 먹고 용캉지에(p.250) 산책을 하거나 스무시 빙수(p.257)를 먹으면 알찬 여행 코스로 굿!

Data Map 248A
Access MRT 신이애義선과 루저우蘆洲선이 교차하는 동먼東門역 하차, 4번 출구에서 도보 3분
Add 台北市 大安區 金山南路 二段31巷 17號
Tel 02-2351-1051
Open 11:00~15:30, 16:30~21:00
Cost 홍샤오뉴러우멘 220달러, 칭뚠뉴러우멘 220달러, 펀쩐파이꾸 120달러
Web www.beefnoodle-master.com

두툼한 고기가 이렇게 부드러울 수가
린동팡뉴러우멘 林東芳牛肉麵 | 임동방우육면

줄 서 있는 사람들이 아니라면 그냥 지나치기 쉬울 정도로 작은 가게. 오직 맑은 국물로 만든 뉴러우멘牛肉麵으로 승부한다. 직접 만든 기름장을 국물에 풀어먹으면 매콤한 맛이 더해진다. 힘줄 부위와 살코기가 반반씩 들어간 반징반러우멘은 현지인들이 주로 먹는 인기메뉴. 물론 그냥 뉴러우멘肉麵도 맛있다. 큼지막한 두께의 소고기는 입에서 살살 녹을 정도로 부드럽다. 고기만 따로 한약재에 재워두는 것이 비법! 설컹한 면 대신 고기와 국물만 먹어도 아깝지 않을 정도. 육수에 조려진 두부 화깐花干은 가게 추천 메뉴이나 짠맛이 강해 호불호가 갈린다. 김치 대신 곁들여 먹는 오이김치는 한국인의 입맛에 잘 맞는다.

Data Map 207A
Access MRT 반난板南선 타고 중샤오푸싱忠孝復興역 하차, 5번 출구에서 브리즈 센터 방향으로 도보 15분 **Add** 台北市 中山區 八德路 二段 274號 **Tel** 02-2752-2556
Open 11:00~03:00, 일요일 휴무
Cost 뉴러우멘 小 150달러, 화깐 40달러, 오이김치 40달러

| 가오슝 |

뉴러우멘을 비벼먹다니
밍방깡위안뉴러우멘 銘邦港園牛肉麵 | 명방항원우육면

사계절 더운 날씨인 가오슝에서는 뜨거운 국물보다는 비빔 뉴러우멘인 뉴러우반멘이 인기다. 3대째 이어받아 60여 년 간 운영되고 있다. 관광하기 좋은 옌첸푸鹽埕에 있어 찾아가기 수월하다. 비빔면의 종류는 3가지. 이마저도 토핑 되는 종류만 다를 뿐 소스와 면은 똑같다. 소고기, 족발, 죽순과 채 썬 고기 중 선택하면 된다. 한글 메뉴판도 있으니 주문까지 일사천리. 칼국수처럼 납작한 면은 쫄깃한 맛을 살려 특별 주문해 쓴다. 자작한 국물과 간장 소스에 면의 간이 잘 베어 감칠맛이 돈다. 소고기는 3시간을 고아 연하고 신선한 맛이 느껴진다. 채 썬 고기와 향긋한 죽순의 어우러짐도 좋다.

Data Map 408D
Access 가오슝 MRT O2 옌첸푸鹽埕역 4번 출구에서 아이허 방면으로 도보 10분 **Add** 高雄市 鹽埕區 五福四路 53號
Tel 07-561-8999
Open 10:30~21:00
Cost 반미엔 모두 110달러, 족발 70달러

EATING 05

입 안 가득 터지는 육즙, 샤오롱바오 BEST 6

샤오롱이라 불리는 대나무 찜통에 쪄낸 만두를 샤오롱바오라 부른다. 타이완 전역으로 각자의 개성을 뽐내는 샤오롱바오 전문점이 많지만 타이베이만큼 치열한 격전지도 드물다. 얇은 피에 톡하고 터지는 육즙 맛에 반하는 것은 시간문제.

Tip 샤오롱바오 제대로 즐기는 법

1. 그릇에 채 썬 생강을 담고 그 위에 식초와 간장을 3:1 비율로 섞어 흑식초를 만든다.

2. 샤오롱바오 바닥에 흑식초를 살짝 찍는다.

3. 숟가락에 샤오롱바오를 담아 젓가락으로 피를 살짝 찢어 육즙이 흘러나오게 한다. 여기에 초생강을 얹어 먹으면 된다.

취향대로 골라먹는
샤오롱바오 맞춤형 가이드

닮은 듯 다른 샤오롱바오,
입맛 따라 골라먹자!

TYPE A
샤오롱바오의 맛만큼이나
돋보이는 친절한 서비스를
원한다면
→ **딩타이펑**鼎泰豐

TYPE B
이미 알려진 곳은 지겹다!
새로운 샤오롱바오 맛을
원한다면
→ **밍웨탕바오**明月湯包

TYPE C
고급스런 분위기에서 한
국인들의 입맛에 꼭 맞는
샤오롱바오를 원한다면
→ **가오지**高記

TYPE D
타이완 현지인들이 가장
좋아하는 샤오롱바오 전
문점을 원한다면
→ **덴수이러우**點水樓

TYPE E
저렴버전 딩타이펑이라는
별명처럼 값싸지만 맛있
게 먹기를 원한다면
→ **항저우 샤오롱탕바오**杭州小籠湯包

TYPE F
꽃할배에 나온 맛집에서
컬러풀한 샤오롱바오를
즐기고 싶다면
→ **징딩러우**京鼎樓

철학 있는 샤오롱바오를 먹는다
딩타이펑 鼎泰豐 | 정태풍 | Ding Tai Feng

솔직히 고백하건대, 샤오롱바오의 맛만 놓고 보자면 가격대비 더 맛있는 곳도 찾았다. 하지만 서비스, 확고한 철학, 엄격하게 관리되는 품질 등을 비교해볼 때 역시 딩타이펑만한 곳이 없다는 결론. 게다가 한국어 메뉴판까지 있으니 게임 끝. 원래는 조리용 기름을 제조하던 회사였는데 1972년부터 샤오롱바오를 만들기 시작해 지금까지 그 명성을 유지하고 있다. 아시아에서 유일하게 미국 뉴욕 타임즈가 뽑은 세계 10대 레스토랑에 선정되었다. 그도 그럴 것이 5g의 만두피에 16g의 소를 넣고 18개의 주름으로 빚은 샤오롱바오의 황금 비율을 꼭 지켜내기 때문. 고객에게 서빙 되는 순간까지도 엄격한 잣대는 계속된다. 모양이 흐트러진 샤오롱바오는 반드시 새로 만들어 제공한다. 식은 샤오롱바오 역시 남은 개수만큼 새 샤오롱바오로 교체해 줄 정도. 치열한 경쟁을 뚫고 선발된 직원들은 서비스도 남다르다. 10% 서비스 요금이 아깝지 않달까. 본점은 용캉지에에 있고 기념사진을 찍기 위한 필수 코스로 불린다. 현지인처럼 먹으려면 샤오롱바오에 새콤한 맛의 쏸라탕을 곁들여 먹어야 한다. 콩나물국처럼 시원하고 담백한 훈툰탕이나 매콤한 맛의 홍요차오샤오 紅油抄手도 우리 입맛에 거부감이 없다. 돼지고기 달걀볶음밥과 새우가 든 샤오마이는 한국인들 사이에서 검증된 단골 주문 메뉴다.

Data 용캉지에 신이(信義) 본점
Map 248B
Access MRT 신이(信義)선과 루저우(蘆洲)선이 교차하는 동먼 東門역 하차, 5번 출구에서 도보 3분
Add 台北市 大安區 信義路 二段 194號 **Tel** 02-2321-8928
Open 월~금 10:00~21:00, 토~일 09:00~21:00
Cost 샤오롱바오 10개 210달러, 샤오마이 360달러, 홍요차오샤오 180달러, 새우 달걀 볶음밥 230달러, 갈비튀김 달걀 볶음밥 230달러
Web www.dintaifung.com.tw

> **Tip** 딩타이펑 신이 본점은 한국에서 이메일로 미리 예약할 수 있었으나 2014년 6월 말 이후로 더 이상 이메일 예약 불가. 사실 딩타이펑 대기 시간은 복불복이다. 운이 좋으면 식사 시간대에도 기다리지 않고 들어갈 수 있기 때문. 늘 북적이긴 하지만 오픈 시간에는 기다리지 않을 확률이 높으니 서두를 것. 식사 시간대를 피해 가는 것도 요령이다. 본점보다 덜 붐비는 타이베이101빌딩의 딩타이펑 정보는 207쪽에서 확인!

숨겨진 강호
밍웨탕바오 明月湯包 | 명월탕포

취재한 맛집을 모두 소개하는 것만이 능사는 아니다. 여행자들의 동선까지 고려하기 때문에 취재는 했으나 탈락한 음식점도 많다. 밍웨탕빠오도 그중 하나였지만 비슷한 맛집에 질렸을 여행자들을 위해 소개한다. 이것저것 다 먹어봤고 새로운 맛을 찾는다면 적격! 한마디로 청순한 샤오롱탕바오를 맛볼 수 있다. 투명하고 얇은 피와 맑고 깔끔한 육즙은 가볍지만 깊은 맛을 자랑한다. 탕바오라 풍부한 육즙이 콱 터지는 점도 인상적이다. 꽃보다 할배들이 마지막으로 묵었던 호텔 원산대반점 출신이 셰프가 운영한다. 타이베이 미식대회에서 수상한 전적도 있다. 샤오롱탕바오와 더불어 테이블마다 올려진 쏸라탕酸辣湯은 파, 두부, 당근, 다시마, 후추 등이 들어간 새콤한 탕이다. 샤오小 사이즈만 주문해도 충분하다. 중국어, 영어, 일본어 메뉴판만 있지만 주문하기는 어렵지 않다.

Data Map 248B
Access MRT 신이信義선 타고 타이베이101台北101역 하차, 4번 출구에서 도보 20분, 택시 5분
Add 台北市 大安區 通化街 171巷 40號 **Tel** 02-2733-8770
Open 11:00~14:00, 17:00~21:00
Cost 샤오롱탕바오 8개 130달러, 쏸라탕 샤오 1그릇 70달러

현지인들이 사랑하는
가오지 高記 | 고기 | Kao Chi

1949년부터 시작된 정통 상하이 레스토랑이다. 딩타이펑의 긴긴 줄에 질색하는 사람들이 이곳으로 발걸음을 돌리는 추세. 현지인들은 귀한 손님 모시고 가는 곳 중 하나로 꼽는다. 간판 메뉴는 셩지엔빠오 生煎包. 숙성된 만두피에 소를 채우고 구워내는 샤오롱바오라 생각하면 된다. 하지만 그냥 샤오롱바오가 더 맛있다는 사실. 입 안에서 터지는 진한 육즙 맛을 그리워하는 사람이 한둘이 아니다. 한국 여행자들이 많이 찾는 융캉지에 본점에는 중국어, 영어, 일어 외에 한국어 메뉴판이 추가됐다. 세트 메뉴(2인 1,000달러, 3인 1,500달러, 4인 2,000달러)로만 안내하는 점이 아쉽다. 위치로는 융캉지에永康街와 쭝산中山점이 편리하다. 융캉지에 본점은 손님이 많은 편인데 그래서인지 음식 맛이 들쭉날쭉하다는 평도 들리는 편이니 참고하자. 쭝산점은 조용한 분위기에서 식사할 수 있어 추천한다.

Data 용캉지에永康街 본점
Map 248B
Access MRT 신이信義선과 루쯔우盧州선이 교차하는 동먼東門역 하차, 5번 출구에서 도보 2분
Add 台北市 大安區 永康街 1號
Tel 02-2341-9984
Open 월~금 10:00~22:30, 토~일 8:30~22:30
Cost 샤오롱바오 10개 220달러
Web www.kao-chi.com

쭝산中山점
Map 273K
Access MRT 단수이淡水선 타고 쭝산中山역 하차. 3번 출구에 직진, 횡단보도 건너 오른편. 도보 7분
Add 台北市 中山北路 一段 133號
Tel 02-2571-3133
Open 10:30~22:00
Cost 샤오롱바오 10개 200달러

STEP 03
EATING

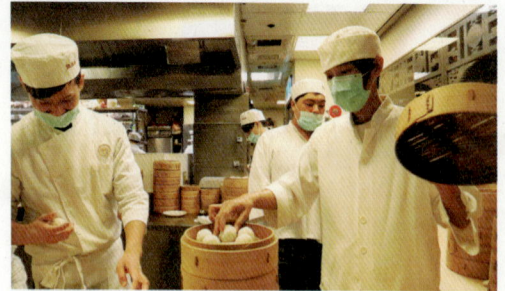

분위기를 먹는다
덴수이러우 點水樓 | 점수루

분위기를 가장 중요하게 생각한다면 다른 곳은 잊어도 좋다. 덴수이러우를 강력 추천하니 믿어보시라. 중국 청나라 시대의 소품으로 꾸민 실내는 고상하다. 해질 무렵, 탁 트인 전망 뒤로 지는 노을은 뜻밖의 선물 같다. 잔잔한 음악도 각별한 기분을 내는데 한 몫 거든다. 천천히 차를 마시며 담소를 나누는 손님들까지 완벽하게 세팅된 영화 속 한 장면을 보는 듯 압도된다. 물론 투명하고 얇은 피의 샤오롱바오 맛도 기본 이상. 10개가 기본 한판이지만 5개만 주문할 수 있어 혼자서 먹기에 거뜬하다. 기본적으로 차가 제공되는 딩타이펑과 달리 차를 따로 주문해야하고 전체적인 음식의 가격 또한 약간 비싼 편이라는 점을 참고하자. 한국어 메뉴판은 없지만 사진이 포함된 영어 메뉴판은 있다. 위치가 좋은 소고SOGO점은 1일 50세트 한정, 딤섬 츠다오바오오吃到飽를 즐길 수 있다. 하루 딱 2시간(14:30~16:30)만 선착순으로 진행되어 눈앞에서 내 차례가 돌아오지 않을 수도 있으니 꼭 먹을 생각이라면 서두를 것.

Data 소고SOGO점
Map 207A
Access MRT 반난板南선 타고 중샤오푸싱忠孝復興역에서 백화점으로 바로 연결되는 2번 출구로 나온 후 백화점 11층으로 올라가면 된다
Add 台北市 大安區 忠孝東路 三段 300號
Tel 02-8772-5089
Open 11:00~22:00
Cost 샤오롱바오 10개 220달러, 츠다오바오 각 329, 369, 399달러(텍스 10% 추가)
Web www.dianshuilou.com.tw

> **Tip 츠다오바오란?**
> '배부를 때까지 먹는다'는 뜻의 츠다오바오吃到飽. 우리식으로는 무제한 뷔페라고 생각하면 된다. 소고SOGO점의 딤섬 츠다오바오는 2시간 동안 메뉴에 있는 모든 종류의 딤섬을 마음껏 주문해 먹을 수 있다.

저렴하지만 맛있다
항저우샤오롱탕바오 杭州小籠湯包 | 항주소롱탕포

이름부터 잘못 알려졌다. 샤오롱바오가 아니라 항저우샤오롱탕바오! 육즙이 풍부하다는 후기가 유독 많은 이유도 이름에서 밝혀진다. 샤오롱탕바오가 샤오롱바오에 비해 육즙이 더 많은 편이기 때문. 맛도 빠지지 않는데 가격까지 저렴해 사시사철 현지인들이 줄을 선다. 그래서인지 서비스도 현지인 맞춤형. 만두를 찍어먹는 간장과 생강은 물론 수저까지 직접 챙겨야 한다. 대신 메뉴는 사진을 보고 고를 수 있어 어렵지 않다. 맛은 딩타이펑과 곧잘 비교되는데 가격까지 고려하면 이곳에 손을 드는 사람들도 제법이다. 육즙에 간이 잘 벤 듯 진한 맛이 돋보이며 얇은 피와의 조화도 훌륭하다. 중정기념당中正紀念堂에서 가까우니 같은 날 일정을 짜면 굿!

Data Map 229H
Access 쫑쩡지녠탕中正紀念堂 후문에서 도보 5분. 또는 MRT 동먼東門역 3번 출구에서 도보 7분 Add 台北市 大安區 杭州南路 二段 17號
Tel 02-2393-1757
Open 11:00~22:00
(금, 토는 23:00까지)
Cost 샤오롱탕바오 8개 150달러
Web www.thebestxiaolongbao.com

독특하다! 우롱차 샤오롱바오
징딩러우 京鼎樓 | 경정루 | Jin Din Rou

〈꽃보다 할배〉에 나온 맛집이라는 말에 귀가 솔깃해진다. 배우 이서진과 소녀시대의 써니가 방문했던 곳으로 일본인 관광객들 사이에서는 꽤 유명한 맛집으로 통한다. 약속한 듯 우롱차 샤오롱바오와 훈툰탕을 세트처럼 주문해 먹는 것이 대세. 우롱차 샤오롱바오는 눈으로 보는 색깔만큼 향이 진하지는 않지만 초록색 육즙은 신기하게 느껴진다. 김이 펄펄 나는 샤오롱바오를 셰프가 직접 서빙하는 모습도 인상적이다. 만두국에 비유할 수 있는 훈툰탕은 느끼할 것 같은 첫인상과 달리 개운하다. 편의점에서는 볼 수 없는 타이완 생맥주도 판매하니 시원한 맥주 한 잔 곁들여 보자.

Data Map 273H
Access MRT 단수이淡水線 타고 쫑산中山역 하차, 4번 출구에서 도보 8분
Add 台北市 長春路 47號
Tel 02-2523-6639
Open 화~토 11:00~15:00, 17:00~24:00, 일·월 11:00~15:00, 17:00~22:30
Cost 우롱차 샤오롱바오 10개 220달러,
훈툰탕 130달러(택스10%추가)
Web www.jin-din-rou.net

EATING 06
멈출 수 없는 샤오츠의 유혹

샤오츠를 사전식 정의로 풀면 저렴하게 즐기는 양이 적은 간식이라는 뜻. 입이 궁금해 생각나는 군것질거리라 해도 좋다. 야시장이 아니더라도 맛보고 싶은 샤오츠가 셀 수 없이 넘쳐난다. 타이완 곳곳에서 꼭 먹어야 할 샤오츠를 소개한다.

타이베이

> **Tip** 또우장과 함께 먹는 타이완식 아침식사
>
> 타이완의 아침 메뉴 중 하나가 바로 총좌빙. 찐만두 바오쯔나 밀가루를 튀겨서 만든 요우티아오油條 식사로 즐긴다. 여기에 콩을 갈아 만든 두유 또우장豆漿을 곁들이면 현지인식 완벽한 아침식사. 조식 불포함 숙소에 묵고 있거나 색다른 아침을 경험하고 싶다면 추천한다.

보는 맛에 먹는 맛이 배가 되는
톈진총좌빙 天津蔥抓餅 | 천진총과병

맛집 많은 용캉지에에서 이곳 빠지면 섭섭하다. 빙수 전문점 스무시와 마주보고 있으면서 누가 더 긴 줄을 세우냐 경쟁하듯 손님이 많다. 일단 맛은 호불호가 갈리는 편. 호떡을 닮은 모양새에 파전을 먹는 듯 고소하고, 감자전을 닮은 듯 쫄깃하다. 큰 기대 없이 맛본다면 빙수 먹기 전 에피타이저로 제격! 게다가 일사불란하게 움직이는 손놀림에 보는 맛까지 더해지니 기다리는 시간이 아깝지 않다. 기본 총좌빙蔥抓餅에 달걀을 추가하면 지아딴加蛋, 치즈와 달걀이 들어가면 치스딴起司蛋, 달걀과 햄을 넣은 훠투이딴火腿蛋까지 취향껏 골라먹자.

Data Map 248D
Access MRT 신이信義선과 루저우蘆州선이 교차하는 동먼東門역 하차, 5번 출구로 나와 우회전 후 직진 도보 3분
Add 台北市 大安區 永康街 6巷 1號
Tel 02-2321-1336
Open 09:00~23:30
Cost 총좌빙 25달러, 지아딴 30달러, 치스딴 40달러, 훠투이딴 40달러

50년 전통 디저트 가게
또화좡 荳花莊 | 두화장

또화荳花를 우리말로 풀면 연두부. 여기에 쩐주, 팥, 땅콩 등을 토핑으로 추가하면 타이완식 디저트 또화가 완성된다. 이곳에선 다른 메뉴를 제치고 땅콩이 들어간 화성또화花生荳花부터 먹어야 한다. 달콤한 사탕수수 물에 부들부들한 연두부, 그 위에 말캉하게 씹히는 땅콩은 씹을 새도 없이 후루룩 넘어간다. 한 그릇 꿀떡 먹고 나면 밤낮으로 문턱을 넘나드는 단골들의 마음을 이해하게 된다. 따뜻한 러熱 화성또화와 시원한 렁冷 화성또화가 있는데 사계절 변치 않는 추천은 시원한 렁冷 화성또화다.

Data Map 272F
Access MRT 단수이淡水선 타고 솽리엔雙連역 하차, 2번 출구로 나와 우측으로 직진. 행텐 매장을 끼고 우회전 후 우스란50嵐 옆
Add 台北市 寧夏路 49號
Tel 02-2550-6898
Open 10:00~01:00
Cost 화성또화 40달러

| 지우펀 |

나도 한번 말아 먹어 볼까?
화성지아빙지린 花生加冰淇淋 | 화생가빙기림

아이스크림도 요리처럼 즐기는 별미 중의 별미, 땅콩전병 아이스크림. 만드는 모습부터 리드미컬하다. 밀전병 위에 대패로 샥샥 간 땅콩엿을 뿌린 후 그 위에 아이스크림 두 스쿱과 고수를 올려 돌돌 말면 완성! 한입 베물면 시원, 고소, 달콤한 맛의 3중주가 입안을 울린다. 원조를 맛보려면 지우펀 지산지에로 가야한다. 개인적으론 지우펀 가는 길 멀미에 울렁댔던 속을 달래준 고마운 샤오츠.

Data **Map** 322B **Access** 지우펀 지산지에基山街 입구에서 도보 3분 **Add** 新北市 瑞芳區 基山街 20號 **Tel** 09-3568-7793 **Open** 09:00~20:00 **Cost** 땅콩전병 아이스크림 40달러

| 단수이 |

너란 오징어, 너무 오동통해
바오나이나이화즈샤오 寶奶奶 花枝燒 | 보내내 화지소

원조란 아무리 멀리 있어도 자석처럼 사람들을 끓어 당기는 법. 대왕오징어튀김 찾아 단수이에서 강 건너 오는 사람들이 수두룩하다. 바삭한 튀김옷, 오동통한 오징어, 다리와 쫄깃한 식감은 빠리 '보할머니 대왕오징어튀김'의 전매특허. 미리 튀겨 놓은 튀김을 먹기 좋게 잘라 다시 튀겨주는 데도 QQ한(타이완 의성어 쫄깃한!) 맛이 감동적이다.

Data **Map** 300E **Access** 단수이 라오지에에서 페리로 빠리八里 이동, 선착장에서 직진 도보 3분 **Add** 新北市 八里區 渡船頭街 26號 **Tel** 02-2610-4071 **Open** 09:00~22:00 **Cost** 大 150달러, 小 100달러

| 타이중 |

마약 샌드위치란 이런 것
홍루이젠 洪瑞珍 | 홍서진

원래는 타이완 전통빵을 팔던 베이커리. 타이완식 전통 샌드위치는 1981년부터 시작됐고, 이후 이 가게의 효자상품으로 등극했다. 누구라도 마음을 빼앗기게 된다는 말이 결코 과장이 아닐 듯. 진열대에 수많은 빵들이 유혹하더라도 눈 깜짝할 새에 사라지는 샌드위치부터 확보하자. 한입 물고 나면 볼품없는 모양새에 아무런 기대 없던 마음이 미안해질 정도. 정말 단순한 재료로 놀라운 맛을 선사한다. 7가지 맛 중에 오리지널인 위엔웨이原味와 치즈맛 쯔시起士를 고른다면 후회 없다.

Data **Map** 357K **Access** 타이중 기차역에서 쭝산中山로를 따라 도보 10분 **Add** 台中市 中區 中山路 125-2號 **Tel** 04-2226-8127 **Open** 09:00~22:00, 일요일 10:00~22:00 **Cost** 위엔웨이 23달러, 쯔시 26달러 **Web** www.22268127.com

타이난

타이난 대표 간식
츠칸스탕 赤崁食堂 | 적감식당

최초의 이름은 닭의 간을 넣어 만들었다는 뜻에서 지간빤雞肝板이라 불렀는데 이후 한 손님이 '관'을 닮은 모양새라고 뱉은 말이 지금의 이름을 쓰게 되었다. 사각형의 식빵 안에 수프를 넣어 다시 식빵 뚜껑을 덮어 먹는 방식으로 크림수프를 넣은 오리지널과 커리맛 2가지가 있다. 포크와 나이프로 먹는다. 타이완 최초의 서양식 패스트푸드라 할 수 있는 '런치'는 우리식 돈가스 정식과 닮았다. 이 밖에도 장어국수 성차오산위生炒鱔魚 등 식사로 먹을 만한 메뉴가 즐비.

Data Map 436B Access 타이완 하오씽 버스 88안핑노선 타고 선농지에 神農街 정류장 하차, 도보 10분 Add 台南市 中西區 康樂市場 180號 Tel 06-224-0014 Open 10:30~22:00 Cost 관차이반 60달러, 성차오산위 70달러 Web www.guan-tsai-ban.com.tw

가오슝

라볶이처럼 먹는 타이완 간식
샨신루웨이 神仙滷味 | 신선로미

간장식 라볶이라 비유하면 꼭 맞는 샤오추로 얼마만큼 골라 담는지에 따라 식사로도 든든하다. 신선하게 보관된 재료를 바구니에 담고 번호표를 받은 후 순서를 기다리면 된다. 달콤함에 한 몫 하는 양배추와 꼬들꼬들한 라면사리는 빼놓지 말 것. 재료 별 가격은 10달러부터 30달러 사이로 보통 한 접시에 130~170달러 정도다.

Data Map 406F Access 가오슝 MRT 01 타고 시즈완西子灣역 하차, 1번 출구에서 빙수거리 방향. 빙수가게 하이즈빙 맞은편 Add 高雄市 鼓山區 濱海一路 83號 Tel 07-531-6350 Open 16:30~01:00 Cost 라면사리 15달러, 치즈어묵 5달러, 소시지 20달러, 양배추 20달러

타이동

돌아서니 또 먹고 싶네
리지아초또푸 林家臭豆腐 | 임가취두부

타이동에서 이곳 모르면 간첩일 정도로 너도 나도 아는 맛집 중의 맛집. 초또푸란 두부를 발효시킨 것. 그 냄새가 어찌나 고약한지 익숙하지 않은 관광객들은 코를 막을 정도. 하지만 이곳에서 초또푸를 먹고 나면 생각이 달라진다. 아삭한 양배추 김치, 새콤달콤한 간장소스와 튀긴 두부가 환상의 하모니를 이룬다. 특유의 냄새도 없어 초보자가 먹기에 안성맞춤. 토렴하듯 간장 소스를 두부에 묻히는 방법 또한 눈길을 끄는 재미다.

Data Map 384E Access 옛 타이동 기차역舊台東站에서 쭝샨루를 따라 직진, 세븐일레븐이 보이면 우회전, 도보 10분 Add 台東市 正氣路 130號 Tel 08-933-4637 Open 평일 14:00~22:30, 주말 12:00~22:30 Cost 초또푸 小 50달러, 大 100달러

EATING 07

중국별미 탐험!
중국각지
별별 요리 맛보기

음식 천국 타이완에서 맛보는 중국 요리는 어떨까? 요리마다 각 지역의 특성이 담겨있다. 그중에서도 매운 맛과 깊은 맛이 나는 사천과 상하이 요리가 별미다. 못 먹는 것 빼고 다 먹는다는 중국 음식 중 한국인의 입맛에 꼭 맞는 중국 요리 레스토랑만 골랐다.

한국인 입맛에 딱, 은근하게 매운 사천요리
키키 레스토랑 Kiki Restaurant

타이완의 유명 가수이자 MC인 란신메이藍心湄가 운영하는 레스토랑으로 현지에서 잘나가는 사천요리 전문점이다. 예약이 필수일 정도로 사람들이 많지만 시끌시끌한 분위기는 아니고 부담 없이 캐주얼하게 즐기기 좋다. 여럿이 와서 종류별로 요리를 시켜 나눠먹는 현지인들을 보면 주문 욕심이 생기지만 2명에서 2~3개 정도의 요리를 주문하면 적당하다. 반드시 먹어봐야 할 메뉴는 라오피넌로우老皮嫩肉. 일명 달걀 두부로 불리는 두부튀김의 일종인데 겉과 속이 다른 반전의 맛을 선사한다. 이름처럼 겉보기엔 고기 같지만 입에 넣으면 그 보드라움에 감탄이 절로 난다. 모양새에 이름마저 파리머리인 창잉토우蒼蠅頭도 빠질 수 없다. 톡 쏘는 양파향이 나는 차이브를 잘게 잘라 고기, 고추, 콩 등을 넣어 볶은 매콤한 요리. 절인 흑콩이 들어가는 점이 포인트로 까만 콩을 골라 맛을 봐도 좋다. 두 요리 모두 밥을 부르니 밥 추가는 당연지사. 슥슥 비벼 먹으면 밥 한 그릇이 뚝딱 사라진다. 궁바오찌딩宮保雞丁은 향이 좋은 매운 고추에 닭고기를 넣어 볶은 요리로 맥주와 환상의 궁합을 자랑한다. 타이베이 6개 지점 중 위치가 좋은 스정푸市政府점은 풀부킹이 잦다. 중샤오푸싱忠孝復興점이 교통, 위치 등을 고려할 때 편리하다.

Data 중샤오푸싱忠孝復興점
Map 207A
Access MRT 타고 중샤오푸싱忠孝復興역 하차, 5번 출구에서 브리즈 센터 방향으로 도보 15분
Add 台北市 復興南路 一段 28號
Tel 02-2752-2781
Open 월~토 11:30~15:00, 17:15~22:30, 일 11:30~15:00, 17:15~22:00
Cost 라오피넌로우 220달러, 창잉토우 250달러, 궁바오찌딩 320달러, 공기밥 15달러
Web www.kiki1991.com

맛 좀 볼래? 상하이
홍또샤오관 紅豆小館 | 홍두소관 | Shanghai Express

타이베이에서 정통 상하이 퀴진으로 유명한 홍또스푸紅豆食府에서 새롭게 문을 연 세컨 레스토랑. 상하이로 가는 가장 빠른 방법은 상하이를 맛보는 것이라는 콘셉트로 운영 중이다. 타이베이에서 상하이로 순간이동한 듯 즐겁게 식사할 마음의 준비만 하면 된다. 정통 중국 음식점은 한 두 명이 가기에 너무 무겁고 진중한데다 단품 요리만 주문해 먹기 곤란해 찾은 곳으로 패밀리 레스토랑처럼 편안한 분위기다. 상하이 크랩을 시작으로 채소요리, 면요리, 딤섬 등 골라먹는 메뉴도 다양하다. 코스로 구성된 세트 메뉴는 1인용도 있어 혼자 먹기에 안성맞춤이다. 상하이의 맛이라면 단연 상하이 크랩인데 그냥 쪄낸 게요리와 튀긴 게를 떡과 달콤 짭짤한 소스에 볶아 만든 것 중 선택하면 된다. 푸짐한 양은 아니고 둘이서 나눠 먹으면 알맞다. 게는 9월 말부터 1월 중순 사이가 제철이라 더 맛이 좋으니 참고할 것. 주말에는 대기 시간이 필요하지만 평일에는 느긋하게 식사하기 좋다. 게다가 타이베이 초보 여행자도 찾기 쉬운 MRT 타이베이처짠역 브리즈 센터에 있으니 길 찾기 난이도 제로!

Data Map 230C
Access MRT 타고 타이베이처짠台北車站역 하차, M5번 출구로 나와 역 내 2층 브리즈 센터
Add 台北市 中正區 北平西路 3號 2樓(台北火車站2F)
Tel 02-2370-1033
Open 10:00~22:00
Cost 상하이 크랩 680달러, 1인용 세트메뉴 380달러(텍스 10% 별도)
Web redbeandining.com

고급스러운 해산물 요리
하이톈샤 海天下 | 해천하

가오슝에서 비싸지만 제대로 된 해산물 요리를 먹고 싶다면 하이톈샤로 가자. 가격에 걸맞는 해산물의 퀄리티를 보장한다. 전통과 품격 있는 해산물 레스토랑으로 귀한 손님 접대를 할 때 주로 찾는다. 랍스터와 크랩류, 생선류, 조개류 등 재료에 따라 다양한 조리법을 선보이는 것이 특징이다. 요리의 종류가 다양하지만 중국어와 영어로 병기된 메뉴판 밖에 없어 답답한 점은 있다. 일단 어떤 재료의 요리를 먹을지 정하고, 예산을 알려주면 식사가 가능한 적절한 코스를 안내해준다. 보통 1인 800~1000달러 내외로 계획하면 된다. 크랩튀김 옌쑤쉰鹽酥蟳은 살이 꽉 차 올라 먹기 좋고, 오징어볶음 산베이샤오쥐안三杯小卷은 통통한 오징어가 뽀독뽀독 씹힌다. 조개볶음 차오하이과쯔炒海瓜子 역시 물 좋은 조개로 제대로 볶아내 흐뭇하다.

Data Map 407G
Access 가오슝 MRT R9 타고 쭝양궁위안中央公園역 하차, 2번 출구에서 도보 10분
Add 高雄市 新興區 林森二路 188號
Tel 07-281-0651
Open 11:30~14:00, 17:00~21:00
Cost 산베이샤오쥐안 380달러, 차오하이과쯔 220달러, 옌쑤쉰 대략 1,200달러(시가 따라 가격 변동)

EATING 08
푸드코트에서 맛보는 **타이완식 밥도둑**

우리네 가정식과는 또 다르다. 백반처럼 밥과 국, 반찬이 한 세트. 같은 채소라도 조리법이 달라 맛이 색다르니 한번쯤 먹어보길 권한다. 집 밥 파는 식당은 차고 넘치지만 주문하기 쉬운 푸드코트가 여러모로 편리하다.

브리즈 센터 푸드코트
홍스이 洪十一 | 홍십일

브리즈 센터 2층 푸드코트는 항상 북적대지만 그중에서도 유독 더 붐비는 곳이 바로 홍스이. 알고 보니 단짜이몐擔仔麵을 최초로 만든 홍위터우의 푸드코트 버전! 맛으로 유명한 타이난 음식은 거의 다 맛볼 수 있지 않을까 싶을 정도로 메뉴가 다채롭다. 작지만 특유의 오픈 주방까지 갖춰 보는 재미도 쏠쏠! 25번 홍고추가 올라가 먹음직스러운 구짜오위콩로판古味焢肉飯은 가게 추천 메뉴. 단짜이몐에 족발이 나오는 3번 세트는 현지인들이 많이 먹는 편. 28번 우츠쓰무위뚜쩌無刺虱目魚肚粥는 생선 가시를 발라 쑨 죽으로 어죽을 좋아하는 사람들이 도전해볼만 하다.

Data Map 230C
Access MRT 단수이淡水선, 반난板南선 환승역 타이베이처짠台北車站역 하차, 타이베이 기차 역 2층 브리즈 센터 내
Add 台北市 北平西路 3號 台北火車站 2F
Open 10:00~22:00
Cost 25번 구짜오위콩로판 110달러, 28번 우츠 쓰무위뚜쩌 120달러, 세트메뉴 120~180달러 내외

타이베이101 푸드코트
싱예커자이젠 興葉蚵仔煎 | 흥엽가자전

타이베이101에서 주로 먹는 훠궈나 딤섬도 좋지만 푸드코트에서 먹는 가정식도 매력이 있다. 굴전을 뜻하는 커자이젠蚵仔煎이 간판에 붙었지만 루러우판滷肉飯을 추천한다. 우리식 비빔밥을 닮은 밥, 완자가 들어간 국을 찹쌀갈비튀김인 루러우판과 함께 먹으면 배부른 한 끼 완성! 밥 위에 올라간 채소 고명은 고소하고 달큼한 맛이 잘 어우러지고, 루러우판은 간장치킨 같다. 짭조름한 맛을 한방에 달래주는 맑은 완자 국인 꽁완탕貢丸湯까지 음식의 쿵작이 잘 맞는다.

Data Map 206E
Access MRT 신아이신이선 타이베이101역 4번 출구로 나와 타이베이101 B1 푸드코트 내
Add 台北市 信義區 市府路 45號 B1
Tel 02-8101-8512
Open 11:00~22:00
Cost 루러우판 140달러

Tip 타이완 푸드코트 이용법
우리나라처럼 사진이나 음식 모형을 보고 메뉴를 고를 수 있어 편리하다. 각 가게에서 주문하면 진동벨이나 숫자가 적힌 번호표를 준다. 음식은 직접 가지러 가야하지만 다 먹고 난 그릇은 치울 필요 없이 그대로 두면 된다.

메이리화바이러우안 지하 푸드코트
바오바오푸 煲煲舖 | 보보포

철판에 나오는 메인 요리도 좋지만 곁들여 먹는 반찬이 특히 돋보이는 곳. 촉촉하고 새콤한 우엉은 입맛을 돋게 하고 쫄깃하고 꼬들꼬들한 두부는 국수를 먹는 듯한 기분이다. 오이김치도 고추기름이 들어갔지만 맵지 않고 상큼하다. 7번 세트 라쯔지딩바오辣子雞T煲는 닭고기숙주철판볶음으로 매콤한 맛이 한국인의 입맛에 딱! 1번부터 12번까지 메인 메뉴만 고르자. 밥, 국, 반찬은 따라 나오니 든든한 한 끼로 제격이다.

Data Access MRT 단수이淡水선 타고 젠탄劍潭역 하차, 1번 출구로 나와 오른쪽 버스 정류장에서 쇼핑몰행 무료 셔틀버스를 탄 후 메이리화 바이러우안 하차, 혹은 MRT 원후文湖선 타고 지엔난루劍南路역 하차, 3번 출구에서 도보 3분 **Add** 台北市 中山區 敬業三路 20號 B1 **Open** 11:00~22:00 **Cost** 7번 라쯔찌딩빠오 168달러

EATING 09

다 함께 츠츠츠, 훠궈

'츠吃'는 중국어로 '먹다'라는 의미. 제목처럼 훠궈야말로 흥나게 여럿이서 먹는 음식. 우르르 몰려가면 좋을 훠궈집을 비교 분석했으니 어디로 갈지 더 이상 갈등할 필요가 없다. 혼자라서 훠궈 먹기를 포기했던 나홀로 여행자까지 챙겼다. 폭풍 식욕을 부르는 훠궈 뷔페의 세계로 빠져들 일만 남았다.

Tip 훠궈 먹고 오셨어요?
기침과 사랑만 숨길 수 없는 게 아니다. 훠궈 먹은 티도 숨길 수가 없다. 특유의 향신료 향이 머리부터 발끝까지 골고루 배어들기 때문. 냄새에 민감하다면 겉옷 등은 미리 비닐을 준비해 넣어두거나 일정 마지막에 소화하면 깔끔하게 해결된다.

고급스럽게 즐기는 훠궈
만탕홍 滿堂紅 | 만당홍

뷔페식 훠궈의 시끌벅적한 분위기에 질색한다면 만탕홍으로 가자. 2시간 동안 무제한으로 먹을 수 있는 점은 훠궈 뷔페와 같지만 근사한 레스토랑에 온 듯 아늑하고 멋스럽다. 채소, 해산물 등 재료의 신선함이 눈으로 보일 정도로 관리가 잘 되는 편. 소고기, 돼지고기, 양고기 등은 덩어리째 냉장 보관되며 주문 즉시 고기를 잘라준다. 주문서에 먹고 싶은 메뉴를 체크하면 직접 가져다주는 시스템으로 한국어 주문서가 있으니 자신 있게 골라 먹을 수 있다. 첫 주문서에는 탕과 재료를 함께 고르고 이후부터는 먹고 싶은 재료만 추가하면 된다. 보통은 매운맛의 마라탕과 맑은 다시마탕을 고르지만 이곳에만 있는 크림된장탕도 독특하다. 느끼한 맛보다는 고소한 맛이 돋보인다. 훠궈의 깊은 맛을 제대로 느끼고 싶다면 만탕홍은 탁월한 선택. 대신 과일이나 디저트류는 없고 탄산음료를 제외한 음료는 추가 금액을 내야 한다. 다행히 하겐다즈 아이스크림은 있다. 여행 동선을 고려할 때 복흥점復興店을 추천한다. 참고로 전망이 좋아 자리 잡기 치열했던 단수이점은 현재 영업을 하지 않는다.

Data 복흥점復興店
Map 207A **Access** MRT 반난板南선 타고 중샤오푸싱忠孝復興역 하차, 5번 출구에서 도보 5분 **Add** 台北市 大安區 復興南路 一段 127號 2樓(2F) **Tel** 02-2775-3738 **Open** 11:30~22:30 **Cost** 598달러 (단, 평일 11:30~17:00 498달러), 택스 10% 추가, 식사시간 2시간 **Web** www.mantanghung.com.tw/ko

Tip 만탕홍 예약
만탕홍 홈페이지는 한국어 버전이 있어, 예약하기 수월하다. 홈페이지 내 '저희에게 연락을 눌러 이름, 이메일 주소, 예약지점, 내용 등을 영어로 입력하면 된다. 예약사항을 보낸 후 빠르면 1~2시간 이내 답변을 받을 수 있다. 사전 예약으로 기다림 없이 훠궈를 즐겨보자.

STEP 03
EATING

훠궈 뷔페를 갈까? 비비큐 훠궈 뷔페를 갈까?
텐와이텐징즈훠궈
天外天精緻火鍋 | 천외천 정치화과

이미 한국인들 사이에서는 설명이 필요 없을 정도로 인기 많은 훠궈 뷔페 중 하나. 하겐다즈 아이스크림을 무제한으로 먹을 수 있다는 입소문에 여행 필수 코스로 등극했다. 프렌차이즈이나 지점이 많은 만큼 운영 방식에도 차이가 난다. 맛은 둘째 치고 인기 있는 지점의 장단점을 비교했으니 어느 곳을 가야할지 고민하는 시간을 줄여보자. 우선, 가장 많이 회자되는 시먼점. 신선도를 위해 고기는 주문식이고 나머지는 모두 뷔페식. 직접 갖다 먹을 수 있어 주문 후 대기하는 시간이 필요 없다. 훠궈의 맛을 집중해서 즐기기 좋다. 인기에 비례한 산만한 분위기는 덤. 비비큐와 훠궈를 동시에 먹을 수 있는 민취엔싼民權三점은 두 가지를 같이 먹을 수 있는 것이 장점이자 단점. 두 가지 모두 공략하기에는 입도 손도 바쁜데다 대부분의 재료를 주문해서 먹어야 해 번거로울 수 있다. 훠궈 좀 먹어본 중수 이상이 입장하면 여유롭게 고루 먹어 만족스러울 듯. 상대적으로 조용한 분위기로 가격은 훠궈 뷔페만 운영하는 시먼점보다 약간 비싼 편이다. 두 지점 모두 미리 예약하는 것이 안전하다.

Data 시먼西門점
Map 228A
Access MRT 반난板南선 타고 시먼西門역 하차, 6번 출구에서 직진 후 왓슨스Watsons 끼고 좌회전 후 다시 직진. 드럭스토어 모모Momo가 보이면 우회전, 왼쪽 길 2층. 도보 7분
Add 台北市 萬華區 昆明街 76號 2樓
Tel 02-2314-0018
Open 11:00~04:00
Cost 1인당 539달러(단 평일 11:00~16:00 489달러), 택스 10%추가, 식사시간 2시간
Web www.tianwaitian.com.tw

민취엔싼民權三점
Map 274D
Access MRT 후이롱廻龍선 타고 쭝산궈샤오中山國小역 하차, 1번 출구에서 도보 5분
Add 台北市 中山區 民權東路 一段 67號
Tel 02-2592-3400
Open 11:30~04:00
Cost 1인당 599달러(단 평일 11:30~16:00 529달러), 택스 10%추가, 식사시간 2시간

Tip 훠궈 소스 만들기
훠궈 맛의 정점은 각자의 입맛에 맞춘 소스. 10여 가지가 넘는 소스 재료 중 간장, 설탕, 고추를 넣은 소스가 한국인의 입맛에 딱! 여기에 땅콩가루를 넣으면 현지인이 즐기는 소스가 완성된다. 다진 마늘, 파, 달걀 노른자 등을 넣어 먹어도 굿!

화끈하게 매운 맛의 유혹
마라딩지마라위엔양훠궈
馬辣頂級麻辣鴛鴦火鍋 | 마랄정급마랄원앙화과

마라딩지마라위엔양훠궈와 톈와이톈징즈훠궈는 짜장과 짬뽕같은 사이. 둘 중 어느 곳을 가더라도 가보지 않은 곳이 아쉬워진다. 일단 마라딩지마라위엔양훠궈의 장점을 나열해볼까? 좌석을 안내받고 나면 주문과 이용방법을 일목요연하게 설명해준다. 한국어 메뉴판이 있다. 밀크티, 차 등 음료의 종류가 다채롭다. 아이스크림도 하겐다즈와 뫼벤픽 2가지. 무엇보다 마라탕馬辣湯이 제대로라는 평. 얼얼하게 매운맛이 화끈하다. 그래서인지 현지인들에게 더 인기가 있다. 재료의 신선도가 낫다는 풍문도 있는데 세세하게 따지고 들지 않으면 별 차이는 없다. 이제 톈와이톈 징즈훠궈와 다른 점을 따져보자. 톈와이톈 징즈훠궈는 9가지 중 3가지까지 탕의 맛을 선택할 수 있는데 반해 5가지 탕 중 2가지를 선택해 위엔양탕鴛鴦湯으로만 즐길 수 있다. 2시간의 제한 시간은 같지만 가격은 마라딩지 마라위엔양훠궈가 약간 높다. 고기를 주문해서 먹어야 하는 방식은 다르지 않다. 이 정도 설명이라면 마음 기운 곳이 있을 터. 그래도 갈등이 된다면 예약되는 곳을 먼저 찜해두면 된다.

Data 시먼西門점
Map 228B
Access MRT 반난板南선 타고 시먼西門역 하차, 6번 출구로 나와서 더 페이스 숍에서 왼쪽 사사Sasa 골목으로 직진 5분. Holiday KTV 건물 2층 **Add** 台北市 萬華區 西寧南路 62號 2樓
Tel 02-2314-6528
Open 11:30~05:00
Cost 1인 598달러(단, 평일 11:30~16:00 498달러, 텍스 10% 추가), 식사 시간 2시간
Web www.mala-1.com.tw
신이信義점
Map 207C
Access MRT 반난板南선 타고 쭝샤오뚠화忠孝敦化역 하차, 2번 출구에서 직진 후 로렉스 매장 앞에서 좌회전 후 다시 첫번째 골목에서 우회전 **Add** 台北市 大安區 忠孝東路 四段 223巷 10弄 4號 **Tel** 02-2721-2533
Open 11:30~05:00
Cost 1인 598달러(단, 평일 11:30~16:00 498달러, 텍스 10% 추가), 식사 시간 2시간

STEP 03
EATING

따로 또 같이 먹는
궈빠솬솬궈 鍋爸 涮涮鍋 | 과파쇄쇄과

훠궈는 인원수에 상관없이 냄비 하나를 두고 먹는 것이 일반적인데 궈빠솬솬궈는 다르다. 4인용 테이블을 기준으로 1인용 핫팟이 4개. 그러니까 여럿이 가서 1인 1훠궈를 할 수 있다는 뜻. 나만의 전용탕이 생겨 깔끔한데다 같은 테이블에 마주보고 앉을 수 있어 대화하기 좋다. 시끌벅적하기보다는 소곤소곤 수다 떠는 분위기라 비교적 조용한 분위기에서 훠궈를 즐기고 싶은 사람에게 추천한다. 탕 종류는 채식 전용의 맑은탕과 마라탕 두 가지뿐이다. 고기는 주문 방식이고 나머지 재료는 뷔페식으로 먹는 점이 여타 훠궈 뷔페와 동일하다. 김치도 있으니 훠궈가 낯선 초보자도 부담 없이 먹을 수 있다. 입소문만 나면 제대로 흥할 듯 한데 아직은 잠잠한 편. 대신 현지인들 사이에서는 인기 만점으로 미리 예약하는 센스가 필요하다. 용캉지에永康街 산책 전후로 들리면 딱 좋은 위치!

Data 용캉지에 찐산金山점
Map 248A
Access MRT 신이信義선과 루저우蘆洲선이 교차하는 동먼東門역 하차, 2번 출구로 나와 횡단보도 건넌 후 보이는 건물 2층
Add 台北市 大安區 金山南路 二段 2號 2樓
Tel 02-2395-2938
Open 11:00~22:00
Cost 평일 점심 420달러, 평일 저녁·주말 및 공휴일 460달러 (택스 10%추가)
Web gobar.com.tw

혼자가도 괜찮아
스얼궈 石二鍋 | 석이과

훠궈만큼은 친구나 가족들과 우르르 몰려가서 먹는지라 혼자 여행하는 사람들은 그림의 떡이었던 것이 사실. 그래서 혼자 갈 수 있는 훠궈 집을 찾았다. 추가금 없이 그 누구의 시선도 받지 않고 오롯이 나만의 훠궈 타임을 즐길 수 있어 얼마나 기쁘던지! 나홀로 여행족이여, 지금부터 설명하는 매뉴얼대로 신나게 즐길지어다. 첫번째 먼저 입구의 번호표부터 뽑자. 식사 시간과 주말에는 대기 시간이 필요하다. 번호 순서에 따라 자리를 안내 받은 후에는 메뉴판에 있는 15가지 고기 종류 중 한 가지를 선택하면 된다. 사진이 있는 영어 메뉴판이 있으니 요구할 것. 다음으로 밥과 우동, 국수 중 원하는 식사를 고르자. 마지막으로 소스를 만들면 준비 완료. 이후로 1인용 핫팟에 탕이 준비되고 채소까지 세팅된다. 부피가 큰 양배추를 먼저 넣어 익히면 좋다. 김치, 고기, 해산물 등 필요하다면 추가 주문도 가능하다. 참, 매운맛의 마라탕은 없다. 타이베이를 비롯해 타이중, 가오슝에도 지점이 있다.

Data 신애信義점
Map 248A
Access MRT 신애信義선과 루저우蘆洲선이 교차하는 동먼東門역 하차, 3번 출구로 나와 2번 출구 방향으로 직진. 횡단보도 건넌 후 도보 3분
Add 台北市 信義路 二段 72號
Tel 02-2358-2776
Open 11:30~23:00
(마지막 주문시간 22:30까지)
Cost 1인용 훠궈 세트 218달러
Web www.12hotpot.com.tw

> **Tip** 한국인이 선호하는 훠궈 탕 BEST 3
> **다시마 혹은 배추탕** 맑은 국물로 향신료의 맛과 향이 덜 나는 편으로 무난하게 먹을 수 있다.
> **김치탕** 김치가 들어가 있는 익숙한 맛으로 안전한 맛을 선호한다면 추천한다.
> **마라탕** 훠궈하면 마라탕이 떠오를 정도로 가장 인기 있는 육수다. 각종 향신료와 매운 맛의 결정판으로 매운 정도를 선택할 수 있다. 가장 매운 맛은 따라大辣, 중간 맛은 쭝라中辣, 덜 매운 맛은 샤오라小辣.

EATING 10

아삭아삭 건강한 맛, 채식

채식이 이렇게 맛있다면 매일 먹어도 좋겠다. 다채로운 요리들이 휘황찬란하게 차려져 있어 무엇을 골라 담을지 고민이 될 정도다. 기름진 음식에 지쳤다면 한번 쯤 채식 요리에 눈길을 주자. 담백한 그 맛이 자꾸만 생각난다.

식사부터 후식까지 완벽한 채식
밍떠수스위엔 明德素食園 | 명덕소식원 | minder vegetarian

다양한 채식 요리를 맛볼 수 있는데다 지점까지 많아 한번쯤 들려보기 좋다. 채식인들을 위한 피자, 죽, 국 등 개별 메뉴까지 따로 주문 가능하다. 보통은 뷔페식으로 차려진 요리를 접시에 골라 담아 밥과 함께 먹는다. 50여 가지의 채식 반찬부터 떡, 과일 등 디저트까지 요령 있게 한 접시에 담으면 후식까지 한 번에 OK! 단, 음식 무게에 따라 가격이 매겨진다. 타이완의 채소요리는 대체로 깔끔하고 담백한 편이지만 조리법이 달라 색다른 맛을 느낄 수 있다. 울퉁불퉁 생긴 흰색 여주는 다이어트 식품으로 잘 알려져 있으나 쓴 맛이 강해 너무 많이 담으면 낭패. 밥은 6~7달러를 내고 추가로 주문해야 하며 쌀밥과 잡곡밥 중 고르면 된다. 식사를 마친 후 배식구에 식기 반납을 해야 하니 잊지 말 것!

Data 타이베이처짠台北車站점
Map 230C
Access MRT 단수이淡水선, 반난板南선 환승역 타이베이처짠台北車站역 하차, 지하도로 큐스퀘어 Q-square 이동, 큐스퀘어 쇼핑몰 지하 3층
Add 台北市 承德路 一段 1號B3 台北京站 B3F 食樂大道
Tel 02-2559-5008
Open 11:00~21:30
Cost 100g 24달러, 백미밥 小 6달러, 오곡밥 小 7달러
Web www.minder.com.tw

Tip 타이완은 채식주의자들의 천국이라 해도 과언이 아닐 터. 수素라는 글자가 쓰인 식당에서는 채식용 메뉴가 있다는 것을 뜻하는데 의외로 많은 식당에서 이를 발견할 수 있다. 다양한 채식을 접하고 싶다면 두 눈 크게 뜨고 찾아보자.

치엔꿔쓰양촹쭤수스치엔쯔쭈즈찬 全國食
養創作素食全自助餐 | 전국식양창작소식전자조찬

팬시한 채식 레스토랑도 있다. 편리한 접근성, 부담 없는 가격까지 고려하면 이곳이 더 나은 선택이 될 수도 있다. 여행 일정 중 한 번은 꼭 들리는 융캉지에永康街에 위치한 점에 일단 50점은 확보! 멋스러운 분위기는 없지만 현지인들의 채식문화를 공유할 수 있다는 점은 충분히 흥미롭다. 넓지 않은 내부는 뷔페식 음식 코너와 식사 공간으로 나뉘어져 있다. 음식의 종류는 주로 반찬으로 먹을 수 있는 채소 요리 위주. 우리 음식과 조리법이 다르긴 하지만 거부감이 느껴질 만큼 맛이 다르진 않다. 새로운 음식에 도전하기 두렵다면 단호박, 두부, 당근, 양배추 등과 같이 익숙한 재료를 고르는 것이 요령이다. 눈으로 음식을 둘러봤다면 이제 빈 접시를 들어 원하는 음식을 골라 담자. 단, 음식의 무게로 가격을 내기 때문에 욕심껏 많이 담지는 말자. 마지막으로 카운터에서 계산을 하면 된다. 중국어를 못하더라도 두려워할 필요가 없다. 알아서 척척 무게를 달아 지불해야 할 가격을 알려준다. 계산이 끝났다면 빈자리에 앉아 본격적인 식사를 시작하면 된다. 참고로 밥은 무료로 제공되며 무한리필이 가능하다. 식사의 마지막은 그릇과 남은 음식을 정리하는 것이다. 가게 앞 정리대를 이용하면 된다. 참고로 오후 2시부터 4시 30분까지는 브레이크 타임. 셔터까지 내려버리니 꼭 식사 가능 시간대를 확인하자.

Data Map 248E
Access MRT 신의信義선과 루저우蘆洲선이 교차하는 동먼東門역 하차, 5번 출구로 나와 썬메리 베이커리를 끼고 우회전 후 계속 직진. 도로 끝 공원을 바라보고 다시 우회전 후 직진 5분
Add 台北市 大安區 金華街 118之8號
Tel 02-2321-1198
Open 10:30~14:00, 16:30~20:00
Cost 100g당 23.4달러
Web www.country-health.com.tw

EATING 11
출출한 밤, 술 고픈 밤
맥주 한 잔, 야식 한입

출출한 밤은 매일 찾아온다. 야시장에 가면 한방에 해결 될 진데 어쩐지 야시장이 땡기지 않는 당신에게는 밤을 즐기는 대안이 될 수도 있겠다. 밥, 면, 전, 치킨과 맥주까지 부담 없이 즐길 수 있는 똑똑한 야식 리스트가 당신이 선택을 기다리고 있다.

독보적인 굴전의 맛
라이으아젠 賴蚵仔煎 | 뢰가자전

커자이젠賴蚵仔煎은 굴전이다. 허나 우리식 굴전을 상상하면 안 된다. 고구마와 감자 전분이 들어가 밀가루로 부친 전과는 다른 식감, 끈끈하고 물컹한 맛에 학을 떼거나 반하거나 둘 중 하나다. 30년 넘은 세월동안 새벽까지 줄 서게 만드는 힘은 돈보이는 맛일 터. 비좁고 허름한 가게에 기꺼이 엉덩이를 붙여 앉는 이유다. 일단 재료가 좋다. 싱싱하고 큰 굴을 듬뿍 넣는다. 방목한 닭이 낳은 갈색 달걀만 쓴단다. 소스가 특별하다. 사실 커자이젠의 맛을 평가하는 가장 중요한 요소가 소스일 정도로 집집마다 맛이 다르다. 주황빛의 묽은 소스에 미소된장과 참깨가 들어가는 것이 비법! 달걀을 바삭하게 굽는 점도 이 집만의 특징이다. 혹자는 스린 야시장의 유명 커자이젠과 비교할 가치가 없다고 단언할 정도로 이 집 맛을 높게 친다. 커자이젠만 먹고 가기 아쉬우니 지척에 있는 닝샤 야시장을 둘러보자. 단, 야시장 가기 전에 양 조절은 필수. 식사가 아니라면 1장을 둘이서 나눠 먹으면 충분하다.

Data Map 272F
Access MRT 단수이淡水선 타고 쐉리엔雙連역 하차, 1번 출구로 나와 좌측으로 직진. 씨유호스텔 입구 왼편
Add 台北市 民生西路 198-22號
Tel 02-2558-6117
Open 16:00~01:15
Cost 으아젠 65달러

STEP.03
EATING

한 그릇 뚝딱 먹는
두샤오웨 度小月 | 도소월 | Du Hsiao Yueh

두샤오웨의 족보를 제대로 따지라면 타이난의 '훙위터우' 이야기가 절대 빠져서는 안된다. 자세한 이야기는 타이난 편에서 밝히도록 하고 일단 대표 메뉴로 넘어가자. 이름으로 대략 짐작되는 맛이 있기 마련인데 단짜이멘은 예외다. 대체 이 맛을 어떻게 표현할지 몇 번을 먹어도 모르겠더라는. 그래서 첫마디에 신기한 맛이라 평했고 다음에는 기대에 못 미친다고 말했다. 하지만 먹으면 먹을수록 새큼하면서도 독특한 그 맛이 오묘해 젓가락질을 멈출 수가 없다. 면에 따라 단짜이멘과 단짜이미펀으로 나뉘는데 보통면을 쓰느냐 가느다란 쌀국수면을 쓰느냐가 차이점. 식사용으로는 양이 적고 출출한 밤 야식으로는 괜찮다. 여기에 굴튀김과 맥주를 더하면 입가심하기 좋다. 1895년 타이난에서 시작해 100년을 훌쩍 넘긴 유서 깊은 가게. 옛날 방식을 재현한 오픈 키친은 관광객들이 기념사진을 찍는 인기 포토 스폿! 타이베이에는 총 2개의 지점이 있다.

Data 용캉지에永康街점
Map 248B
Access MRT 신이信義선과 루저우蘆洲선이 교차하는 동먼東門역 하차, 5번 출구에서 도보 3분
Add 台北市 大安區 永康街 9-1號
Tel 02-3393-1325
Open 11:30~23:00
Cost 단짜이멘 50달러, 그 외 메뉴 100~200달러 내외

쭝샤오忠孝점
Map 207F
Access MRT 반난板南선 타고 쭝샤오둔화忠孝敦化역 하차, 3번 출구로 나와 우회전 후 첫번째 골목에서 좌회전
Add 台北市 忠孝東路 四段 216巷 8弄 12號
Tel 02-2773-1244
Open 11:30~23:00 (일요일은 21:30 마감)
Cost 단짜이멘 50달러, 그 외 메뉴 100~200달러 내외

시먼딩의 전설
아종멘셴 阿宗麵線 | 아종면선

1975년 개업한 아종멘셴. 우리에겐 '곱창국수'로 익숙하다. 레서피가 누설되지 않도록 철저히 비밀에 붙여져 그 맛을 따를 자가 없었다고 한다. 심지어 테이블과 의자도 없이 서서 먹어야 하지만 가게 앞은 1년 내내 한결같이 북새통이다. 단일 메뉴로 곱창국수의 사이즈만 결정하면 된다. 작은 사이즈의 샤오소로 주문했다가 먹으면 먹을수록 큰 걸로 시키지 않은 것을 후회하게 만드는 매혹적인 맛. 허나 한 입 먹고 충격 받아 못 먹는 사람들도 있다. 익숙한 듯 낯선 질감이라든가, 짭짤하고 진한 국물이 아군과 적군을 가르는 기준이 된다. 다른 중국어는 몰라도 고수 없이 먹겠다는 이 한마디는 꼭 기억하자. 부야오상차이 不要 香菜. 반갑게도 쓰린 야시장과 중샤오푸싱에 지점을 열었다는 소식. 앉아서 먹을 수 있어 그저 감사하다.

Data 시먼西門점
Map 231E
Access MRT 반난板南선 시먼西門역 하차, 6번 출구 더 페이스 숍의 맞은편 3시 방향 골목길로 직진
Add 台北市 萬華區 峨眉街 8之1號 **Tel** 02-2388-8808
Open 월~목 10:00~22:30, 금~일 10:00~23:00
Cost 大 65달러, 小 50달러

중샤오푸싱忠孝復興점
Map 207A
Access MRT 반난板南선 타고 중샤오푸싱忠孝復興역 하차, 4번 출구로 나와 소고백화점과 왓슨스 사이 골목으로 도보 2분
Add 台北市 大安區 忠孝東路 4段 17巷 2號
Tel 02-2388-8182
Open 11:00~22:30
Cost 大 65달러, 小 50달러

어머니의 손맛
따라이샤오관 大來小館 | 대래소관

내공이 느껴지는 외관에 반했다. 좁은 공간에 몇 개 없는 테이블 위에는 모여 앉은 사람보다 더 많은 음식이 차려지는 것은 물론이고, 순식간에 빈 그릇만 남는 모습은 쇼를 보는 듯 흥미진진. 어떤 메뉴를 시켜도 후회가 없을 만큼 손맛이 뛰어나지만 가볍게 요기할 요량으로는 루러우판魯肉飯이나 롤튀김 지지엔雞捲을 주문하면 알맞다. 타이베이시에서 주최한 루러우판 대회에서 1등을 받은 후 챔피언이라는 별칭까지 붙은 루러우판은 생김새도 맛도 예사롭지 않다. 간 돼지고기를 간장 양념에 오랫동안 졸여 향은 짙어지고 고기의 육즙을 살리는 것이 비법. 아삭한 죽순까지 나란히 밥 위에 담겨 나오는데 기름지지 않은 건강식으로 추천. 버섯, 새우, 생선 등을 갈아 만든 롤튀김 지지엔雞捲은 무심한 모양새에 비해 기막히게 맛있다.

Data Map 248E
Access MRT 신이信義선과 루저우蘆州선이 교차하는 동먼東門역 하차, 5번 출구에서 도보 8분
Add 台北市 永康街 7巷 2號 1樓
Tel 02-2357-9678
Open 월~금 11:00~14:00, 17:00~21:30, 토~일 11:00~21:30
Cost 루러우판 50달러, 지지엔 80달러

STEP 03
EATING

| Theme |
맛있는 밤, 궁극의 치맥을 위한 사용 설명서

기쁠 때나 슬플 때나 언제나 함께하는 영혼의 동반자, 그대 이름은 치맥이리니! 야밤에 함께하니 더욱 좋다. 캬~ 소리로 마무리하는 하루, 타이완의 밤은 이렇게 깊어간다.

알고 마시면 더 시원한 타이완 맥주

크게 라거나 몰트 비어로 나뉜다. 쉽게 볼 수 있는 것은 라거 비어로 클래식, 골드메달, 드래프트 삼총사. 타이완 맥주는 쌀을 숙성 과정에 넣은 것이 특징으로 부드럽고 섬세한 맛을 자랑한다. 습하고 더운 날씨 때문에 가볍고 청량한 맛이 도드라지는 편. 톡 쏘는 맥주 맛을 선호한다면 밋밋하게 느껴질 수 있다. 라벨에 메달이 그려져 눈에 띄는 골드메달은 세계 3대 주류 품평회 중 하나인 몬드 셀렉션에서 골드메달을 받았다. 생맥주 드래프트는 레스토랑이나 바처럼 냉장보관이 가능한 전문점에서만 판매한다. 유통기한이 18일로 제한되는 페일에어로 투명한 황금빛을 띠며 신선함이 장점!

타이완 맥주하면 단연 망고맥주

망고에 대한 집착은 언제쯤 사라질까. 빙수에 이어 맥주까지 망고 맛은 놓칠 수가 없다. 편의점이나 대형 마트 등에서 쉽게 갈 수 있는데다 가격까지 저렴하다. 2.8°라는 도수를 보면 짐작할 수 있듯이 술인지 주스인지 알쏭달쏭한 맛. 맥주 좀 마시는 당신이라면 한 모금에 실망이 앞서지만 술 앞에서 작아지는 당신에게는 부담 없이 마실 수 있어 좋다. 병으로도 구입할 수 있지만 주로 캔으로 마신다. 망고캔맥주 가격은 약 38달러 정도.

Tip 편의점에서 찾은 맥주 안주용 과자 BEST 3
커러궈可樂果
현지인들이 맥주를 마실 때 꼭 곁들이는 과자로 첫 맛에 흠칫 놀라지만 먹다보면 고소한 맛에 묘하게 중독된다. 가격 약 25달러.

커자이젠 양위체팬蚵仔煎洋芋切片
굴전이 과자로 재탄생했다. 신기할 정도로 커자이젠 맛이 그대로 전달된다. 오리지널과 매운 맛 중 오리지널을 추천한다. 가격 약 25달러.

롱자빙龍蝦餅
새우과자가 다 똑같지 생각했는데 먹어보고 놀랐다. 바삭하고 맛있다. 편의점에서 쉽게 찾을 수 없는 아이템이라 아쉬울 뿐. 가격 약 70달러.

Tip 타이완은 과일 맥주 천국
망고맥주만 있을 줄 알았는데 파인애플, 포도, 바나나, 사과, 레몬, 패션프루츠까지 폭넓은 과일맛 맥주를 보유하고 있다. 이 또한 편의점과 대형 마트에서 구입 가능.

오죽하면 치느님, 치킨 납시오

치킨이라면 우리도 일가견이 있지 않나. 타이완 치킨은 크기로 압도한다. 얼굴을 뒤덮을 정도라 '대왕 닭튀김'이라 불릴 정도. 한 번 먹고 또 먹게 되는 대만식 치킨 지파이의 매력을 낱낱이 분석한다.

하오따따지파이 豪大大雞排

GOOD 인지도로는 1등! 홍콩에 이어 시드니에도 지점을 열어 그 맛을 전파 중이다. 큰 크기로 유명해진만큼 대단한 크기에 저렴한 가격도 훌륭하다. BAD 특유의 향신료가 거북하게 느껴질 수도 있다. 맛있다 50%, 맛없다 50%가 팽팽하게 맞선다. p.168 참고

투 펙 2peck

GOOD 뉴욕에도 진출한 지파이. 현지인들은 두말 없이 이곳에 한 표. 잘 숙성시킨 간장양념이 고루 베어 향미가 좋다. 바삭한 껍질도 한국인이 좋아하는 치킨 맛에 근접하다. 대형 지파이, 순살 치킨, 치즈 스틱 등 튀김 종류도 다양.

BAD 주문 즉시 튀겨 내기 때문에 10분 정도 대기 시간은 필수. p.265 참고.

지광샹샹지 繼光香香雞

GOOD 한입 크기의 샹샹지香香雞와 버섯튀김 자싱바오구炸杏鮑菇가 대표 메뉴. 치킨을 맛있게 먹는 모습을 보는 것이 가장 행복하다는 창업자의 마인드를 닮아 스탭들도 항상 유쾌한 에너지가 넘친다. 덩달아 내 기분도 업! 타이베이 MRT 시먼점 6번 출구로 나오면 오른편에 빨간색 간판의 매장이 보인다. BAD 앞선 두 곳에 비해 가장 무난한 맛.

STEP 03
EATING

EATING 12
알고 먹으면 더 맛있는 **타이완 음식 대백과**

흔히 타이완을 음식 천국이라 부른다. 달콤하고 이색적인 열대과일부터 거리 곳곳마다 펼쳐진 음식 퍼레이드는 구미를 당기기에 충분하다. 하지만 정답이 너무 많아도 선택의 기로에 놓이기 마련. 탐스러운 과일 앞에서, 편의점에서, 기타 장소에서 궁금했던 음식을 정리했다. 단, 맛집과 야시장에서 소개한 음식은 제외다.

열대과일

망고 芒果
5월부터 8월까지 많이 볼 수 있으며 겨울에는 거의 볼 수 없다.

훠롱궈 火龍果
선인장 열매로 화려한 생김새에 비해 단맛은 덜한 편이다.

자오쯔 棗子
대추. 아삭하고 달달한 과육과 풍부한 과즙은 꼭 한번 먹어볼만 하다.

렌우 蓮霧
사과를 씹는 듯 한데 단맛은 별로 없어 심심하지만 갈증 해소에 탁월.

펑리 鳳梨
당도가 높고 신선해 과일 노점마다 볼 수 있는 품목 중 하나.

바러 芭樂
구아바로도 불린다. 떫은 듯한 단맛과 과즙의 조화가 좋다.

타오쯔 桃子
우리나라 천도복숭아와 비슷하며 여름에 먹으면 달콤함이 절정.

닝멍 檸檬
레몬이라 그냥 먹기에는 부담스럽고 주로 음료나 디저트로 먹는다.

루롄 榴槤
열대과일의 왕이라 불릴 정도로 중독성이 강하다. 부드러운 과육과 특유의 향이 인기만점.

하미과 哈密瓜
부드러운 과육에 과즙이 풍부한 하미과 멜론. 우리나라에서 먹는 것보다 단맛이 좀 더 강한 편.

샹자오 香蕉
타이완에서는 흔한 바나나. 달콤한 맛에 달리보이는 과일 중 하나.

쉬꽈 西瓜
거대한 크기를 자랑하는 수박. 익숙한 맛으로 주로 주스로 먹는다. 갈증 해소에 최고.

스자釋迦
말랑한 과육은 달콤한데 까만 씨를 일일이 뱉어 내야 한다.

예쯔椰子
열매의 즙을 음료수로 먹는다.

깐쥐柑橘
타이완의 귤. 상큼한 향이 진하고 달달해 자꾸만 손이 간다.

무과木瓜
참외를 먹는 듯하다. 타이완에서는 주스와 우유로도 맛볼 수 있다.

편의점

탕신딴훠투이살라 溏心蛋 火腿 沙拉
감자샐러드. 아침 대용으로 먹기에도 훌륭하다.

하이신쇼손지엔 海鮮 雙手捲
편의점 김밥 중 한국인의 입맛에 제일 맞는다.

통이부딩 統一布丁
우리나라에서 맛보기 힘든 진한 달걀 맛의 푸딩.

훠이비페이더 活益比菲多
다양한 사이즈와 녹차맛, 딸기 맛 등 요구르트 맛의 종류도 여러 가지.

무과뉴나이 木瓜牛乳
파파야 맛 우유로 파파야 향이 진한 편이다. 빠지면 헤어 나올 수 없는 맛.

뤼시핑궈뉴나이 瑞穗蘋果牛奶
사과와 우유의 딱 그맛. 달달하게 먹을 수 있다.

춘추이.허 純萃.喝
일명 화장품통 밀크티라 불리는 유명템. 단맛이 강하며 여행 선물로 강추.

기타 과자
태국식 김치찌개 똠양꿍 등 독특한 맛의 과자가 많다.

길거리음식

 비엔땅便當 기차역 매점이나 기차 내에서 쉽게 구매할 수 있다. 주로 돼지갈비 덮밥인데 특유의 향이 느껴지는 편.

 **아이위닝멍차**愛玉檸檬茶 우뭇가사리처럼 생긴 아이 위에 레몬을 넣어 만든 상큼한 차. 특히 갈증 해소에 탁월하다.

 바이깐전즈白甘蔗汁 사탕수수를 즉석해서 갈아 만든 음료수. 단맛이 느껴지며 여름에 마시면 시원하다.

 미판수蜜番薯 물엿에 졸인 고구마. 부드럽고 달콤한 간식으로 추억이 생각나는 맛이다.

 **탕후루**糖葫蘆 딸기, 방울토마토 등을 설탕 시럽에 절인 것으로 사탕 같은 설탕 시럽과 과일의 맛이 달콤함의 극치.

 마름菱角 소의 뿔 모양을 닮은 껍질을 까면 하얀 속살이 반전. 주로 겨울에 볼 수 있다. 소금, 설탕을 뿌려 먹는다.

EATING

EATING 13
놓치면 아쉬운
타이완 7대 야시장

야시장의 달인이라 불러도 좋다.
타이완 전국 야시장을 돌며 맛있다고
소문난 집은 다 먹어봤다.
그중에서도 한국인의 입맛에 맞는
음식들로 쏙쏙 찾아냈으니 이제는
당신이 야시장 먹방을 찍을 차례.
무엇을 먹을지 몰라 방황하는 그대여,
나를 따르라.

타이베이

현지인들이 북적북적
라오허지에 야시장
饒河街夜市 | 요하가관광야시

현지인들이 좋아하는 야시장은 모름지기 라오허지에 야시장 정도는 되어야 한다. 다채로운 음식 리스트에 먹을 맛이 난다는 평. 간간히 보이는 옷가게, 맛사지숍 등도 시장의 여러 면모를 골고루 살필 수 있어 좋다. 부엉이 마스코트와 반짝반짝한 입구는 모두가 노리는 인기 포토존. 사진 한 장 찍고 먹방하러 가실게요!

Data Map 013 **Access** MRT 송산松山선 타고 종점인 송산松山역 하차, 5번 출구로 나와 출구를 등지고 오른쪽 맞은편으로 도보 1분 **Add** 台北市 松山區 饒河街 **Open** 16:00~24:00

먹방로드 추천코스
① 칭런궈 바이샹 情人果 百香 → ② 후쟈오빙 胡椒餠 → ③ 샹창 香腸 → ④ 텐뿌러 天婦羅 → ⑤ 펑리샤런 鳳利蝦仁 → ⑥ 야오둔파이구 藥燉排骨 → ⑦ 지튀엔지엔 雞腿捲 → ⑧ 샤오카오싱바오구 燒烤杏鮑菇

1. 망고다 망고. 새콤한 맛의 그린망고. 첫사랑 같은 맛이라고 해 이름조차 애인과일이라는 뜻의 칭런궈. 달콤한 패션프루츠에 버무려져 로맨틱한 맛이 샘솟는다. 시식하고 먹어볼 수 있어 좋다. 1봉지 가격 100달러.

2. 이곳에서 화덕에 구운 만두인 후쟈오빙. 지나치면 화룡정점을 못 찍은 것. 야시장의 또 다른 입구에 위치해 있어 중간에 돌아 나오면 구경조차 할 수 없다. 7겹을 이룬 밀가루 피에 넘칠 정도로 많은 양의 양파를 소로 넣는데 만드는 과정마저 흥미를 끈다. 기다리는 시간에 비례해 아주 감동적인 맛은 아니지만 시장의 명물은 먹어주는 것이 도리. 1개 50달러.

3. 손가락 세 마디 정도의 크기로 뽀독뽀독 씹히는 탄력과 쫀득함은 환상의 맛. 꼭 마늘과 함께 먹자. 삼겹살 먹듯 한입씩 번갈아 베어 물면 완벽한 합을 이룬다. 단, 뜨끈한 상태에서 먹어야 최상의 맛을 느낄 수 있다. 착한 가격도 감동. 1개 20달러.

4. 즉석에서 튀겨 달콤한 소스와 먹는데 맛있다. 가게가 너무 작아 그냥 지나치기 쉽다. 샹창 가게와 가깝다. 40달러.

5. 방송 출연도 했던 찐딴빠오장 위즈샤오 金蛋爆漿玉子燒. 뭔가 있어 보이는 퍼포먼스는 맛에 대한 기대치를 높여서 문제. 폭신한 촉감에 비해 맛은 평범 이하. 가격 60달러.

6. 야시장에서 먹는 보양식 중 하나로 현지인들의 사랑을 듬뿍 받는다. 한약맛 국물에 담긴 뼈는 의외로 발라 먹을 살은 없지만 손으로 뜯다보면 튼튼해지는 기분. 1그릇 70달러.

7. 치킨으로 만든 소시지. 맛있긴 하지만 개인적으로는 앞서 소개한 샹창香腸에 손을 들어주고 싶다. 가격 50달러.

8. 구워진 버섯에 와사비, 레몬후춧가루, 쯔란 등 6가지 맛가루 중 하나를 뿌려 주는데 버섯 그 자체 맛도 나쁘지 않다. 그동안 먹었던 음식의 무게를 상쇄시키는 듯 건강한 맛이 일품. 가격 소 50달러, 대 80달러.

먹방 찍기에 최적화
스린 야시장 士林夜市 | 사림야시

솔직히 스린 야시장에 대한 의견은 분분하다. 똑같은 음식과 건물 안에 들어앉은 시장이 재미가 덜하다는 평. 그럼에도 불구하고 추천하는 이유는 오래된 역사와 큰 규모로 음식부터 쇼핑까지 한 번에 즐기기 좋기 때문. 전통적인 느낌은 덜하지만 관광하기에 제격이다.

Data Map 280 Access MRT 단수이淡水선 타고 젠탄劍潭역 하차, 1번 출구로 나와 횡단보도를 건넌 후 옷가게 넷NET를 끼고 좌측으로 직진 Add 台北市 士林區 基河路 Open 17:00~02:00

먹방로드 추천코스 1
미식구美食區 Food Court

① 커자이전蚵仔煎 → ② 철판구이 → ③ 지파이雞排 → ④ 샹창香腸

1. 타이완의 한 배우가 드라마 때문에 이곳에서 직접 굴전인 커자이젠 만드는 법을 배워 가 더 주목 받고 있는 곳. 달콤한 소스와 물컹하면서 바삭한 맛이 일품. 가게번호 29번, 커자이젠 50달러.

2. 철판 앞에 앉아 지글지글 구워주는 요리를 하나씩 먹어보면 침이 꼴깍꼴깍 넘어간다. 소고기, 돼지고기, 연어 등이 포함된 세트메뉴를 주문하면 기본 채소와 밥이 함께 나온다. 가게번호 26번, 세트메뉴 150~500 달러 내외.

3. 스린 야시장의 명물인 하오따따지파이豪大大雞排가 미식구美食區에 새로 생겼다. 다른 지점에 비해 기다리는 줄이 짧다. 가게번호 61번, 지파이 1개 70달러.

4. 팔뚝만큼 굵고 큰 소시지가 먼저 눈길을 끄는 곳. 영업한지 50년도 넘었다. 역사도 쫀득한 맛의 소시지 샹창은 한입 먹거리로 알맞다. 가게번호 53번, 샹창 1개 30달러.

먹방로드 추천코스 2
양밍씨위에陽明戯院 양명희원 주변

❶ 총요빙지아딴蔥油餅加蛋 → ❷ 빙훠바로우冰火波蘿 → ❸ 치스마링수起司馬鈴薯 → ❹ 황찐수黃金酥 → ❺ 지파이雞排 → ❻ 쉐산투이벤(화성)雪山蛻變(花生)

1. 매거진 〈타이베이 워커〉에서 추천한 맛집. 총요빙지아딴蔥油餅加蛋 안 먹고 가면 스린 야시장을 제대로 보지 않은 것이라고 극찬했을 정도. 밀가루 반죽을 기름에 넣고 그 위에 날달걀을 떨어뜨린 튀김인데 소스가 특별히 맛있다. 가격마저 착하다. 1개 17달러.

있다. 1개 35달러.

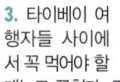

3. 타이베이 여행자들 사이에서 꼭 먹어야 할 메뉴로 꼽힌다. 감자에 치즈를 가득 부어 먹는데 치즈 맛에 열광하는 여성들이 특히 선호. 맛에 따라 55~65달러.

4. 버섯에 튀김옷을 입혀 튀겼는데 바삭하고 촉촉한 맛. 튀김을 먹지만 건강을 해치지 않을 것 같은 생각이 든다. 1개 60달러.

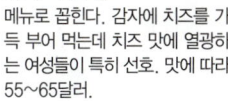

2. 멜론을 닮은 멜론빵에 버터를 넣어 먹는 빙훠바로우冰火波蘿. 꽃할배가 다녀갔던 사대 야시장의 인기메뉴인데 이곳에서도 맛볼 수

5. 말하기도 지친다. 하오따따지파이豪大大雞排는 새로 낸 분점으로 언제나 손님을 몰고 다닌다. 1개 70달러.

6. 망고빙수보다 더 유명한 건 땅콩 얼음으로 갈아 만든 눈꽃땅콩빙수! 가격까지 착하다. 1그릇 70달러.

먹방로드 추천코스 3
스린 츠셴궁士林慈誠宮 주변

❶ 지파이雞排 → ❷ 따창멘센大腸麵線

1. 스린 야시장을 북적이게 한 일등공신 중 하나가 아닐까 싶을 정도로 일단 줄서고 보는 필수 먹거리다. 지파이雞排를 외치면 매운맛을 선택할지 물어본다. 입맛에 따라 Yes 혹은 No로 답하면 된다. 1개 70달러.

2. 관광객보다는 알고 오는 현지 단골 손님이 대부분. 따창멘센大腸麵線 한 그릇과 뎬뿌러天婦羅를 세트로 먹고 스린 츠셴궁士林慈誠宮을 둘러보자. 스린 야시장의 역사가 느껴진다. 따창멘센 小 30달러, 티엔뿌러 50달러.

밤이 되면 펼쳐지는 완벽한 먹방로드
닝샤 야시장 寧夏夜市 | 영하야시

낮에는 그 모습이 상상조차 되지 않을 정도로 완벽한 도로인데 해만 지면 야시장으로 변하는 변신술이 탁월하다. 규모는 다른 야시장에 비해 작지만 밀도 있게 음식 노점들이 줄지어 있다. 주변에 땅콩 또화, 커자이젠 가게가 지척이니 일정을 고려해 코스를 짜면 알차다. 간판에 있는 번호로 찾으면 쉽다.

Data Map 272F Access MRT 단수이淡水선 타고 솽리엔雙連역 하차, 1번 출구로 나와 좌측으로 직진, 도보 10분 Add 台北市 大同區 寧夏路 Open 17:00~01:00

먹방로드 추천코스
① 과일가게 → ② 샐러드촨沙拉船 → ③ 타이시샤쥐안泰式蝦捲 → ④ 파이구수排骨酥 → ⑤ 황찐샤오멘쥐안黃金燒麵捲 → ⑥ 딴황위빙蛋黃芋餅 → ⑦ 마수빙麻糬冰

1. 닝샤 야시장 입구 왼쪽으로 보이는 과일 노점에는 다양한 종류의 과일들이 가득하다. 낱개로 구입할 수 있어 편리하다. 가격은 평균 50달러 선.

2. 직접 만든 빵을 기름에 튀긴 후 그 속에 햄, 달걀, 토마토, 오이를 넣어 먹는 보트빵 샐러드촨. 가게번호 003번, 샐러드촨 1개 45달러.

3. 새우 좋아하는 현지인들은 줄서서 먹는 아이템이지만 1% 아쉬운 맛을 어찌할꼬. 달콤하고 상큼한 칠리소스도 챙겨준다. 가격 60달러.

4. 이제는 돼지고기도 튀겨 먹는다. 무뚝뚝한 아줌마가 무심히 튀겨주니 주눅 들지 말지어다. 가끔 뼈가 씹히니 잘 골라먹자. 가게번호 75번, 1봉지 50달러.

5. 여러 매체에 소개된 유명 맛집은 맞는데 다소 불편한 점이 있다. 일단 주문부터 막히는 것이 문제. 간신히 주문에 성공했더라도 들고 다니며 가볍게 먹기엔 큰 사이즈. 테이블에 앉거나 테이크아웃해 숙소에서 먹어야 한다. 면, 고기, 파를 넣은 소를 말아주는데 우리식 메밀전병 맛과 비슷하다. 식사대용으로 먹을 수 있을 정도로 든든하다. 기름에 구웠지만 담백한 맛. 가게번호 85번, 황찐샤오멘쥐안 70달러.

6. 돼지고기가루 루송과 토란으로 소를 채운 딴황위빙. 먹어본 소감은 '현지인들이 좋아하겠군요.' 부드러운 맛만큼은 최고. 가게번호 91번, 2개 15달러.

7. 빙수 위에 쫄깃한 모찌와 땅콩가루가 솔솔 뿌려진 모찌 빙수 마수빙. 모찌가 동나면 영업도 끝. 늦게 가면 아쉬움에 발걸음을 돌려야 한다. 가게번호 97번, 가격 40달러.

뤄동

현지인들이 강력 추천하는
뤄동 야시장 羅東夜市 | 라동야시

만났던 현지인들마다 공통적으로 추천해준 곳이 바로 뤄동 야시장. 반색하며 어찌나 강추를 날리던지 기대치도 한껏 높아졌다. 맛있는 음식이 많다는 전언에 긴 줄만 보이면 줄서기 바쁘다. 타이베이에서 부러 찾기보단 이란과 화롄 일정을 소화할 때 들려보면 좋을 듯.

먹방로드 추천코스
1. 바오신쫑화또화包心綜合豆花 →
2. 까오짱糕渣&푸로卜肉 → 3. 총투바오쯔蔥吐包子 → 4. 양러우탕羊肉湯 → 5. 커자이젠蚵仔煎

신난다 신나, DJ가 있는 야시장
신나는 음식소리가 뤄동 야시장의 첫 인상. 이유는 야시장의 입구에 있는 DJ때문. 세련되었다기보단 구수한 디제잉에 가깝지만 손님을 끄는 기술만큼은 고수. 한 눈에 손님의 취향을 간파하고 그에 맞는 음악을 들려주면 판매로 이어지는 수완도 좋다.

1. 뤄동의 대표 디저트. 가게 이름은 웨이제바오신펀위안魏姐包心粉圓. 보드라운 두부 또화에 샤베트, 땅콩, 녹두, 팥, 콩, 흑미가 토핑으로 올려 먹는다. 여기에 큼직한 크기의 쩐쭈까지 더해지면 씹는 맛이 극에 달한다. 60~65 달러.

2. 폭신하게 씹히는 돼지고기 튀김 푸로卜肉, 커스터드크림을 튀긴 듯한 까오짱糕渣은 명물로 알려져 있다. 주문하면 번호표를 준다. 푸로와 까오짱 모두 소 50달러.

3. 이란에서도 삼성이라는 지역에서 생산한 파가 유명하다. 그중에서 제일 유명한 가게가 문을 닫으면 이곳이 문전성시. 네모난 식빵 속에 고기와 파가 듬뿍 들었다. 가게이름 싼싱총투바오쯔三星蔥吐包子, 1개 35달러, 3개 100달러.

4. 꼭 양고기 샤브샤브를 먹는 듯한 양러우탕羊肉湯. 양고기 특유의 냄새가 없고 국물에서 한약 향이 난다. 뤄동 야시장에 오면 초또푸臭豆腐를 곁들여 한 그릇씩 먹는 보양식. 가게 번호는 1094번. 양러우탕 65달러, 초또푸 40달러.

5. 1975년부터 시작한 노점. 굴이 들어간 커자이젠은 촉촉하고 끈끈하게 늘어붙는 맛. 핑크빛을 띠는 소스의 맛이 특히 좋다. 가게 번호 1087번, 1개 50달러.

STEP 03
EATING

길거리 음식의 트렌드를 이끄는
펑지아 야시장 逢甲夜市 | 봉갑야시

| 타이중 |

펑지아 야시장으로 말할 것 같으면 음식계의 트렌드세터라 할 수 있다. 전국의 길거리 음식 중 이곳에서 최초로 시작한 음식이 한두 가지가 아니다. 대학가에 자리 잡은 만큼 푸짐하고 저렴한 먹거리가 많다.

Data **Map** 356B **Access** 타이완 기차역 앞 버스 정류장에서 25, 33, 35번 버스 타고 펑지아따쉐逢甲大學 정류장 하차, 맥도날드에서 좌회전 **Add** 台中市 西屯區 **Open** 16:00~02:00 **Cost** 1개 50달러(단, 이탈리안 파스타는 화~목만 가능)

먹방로드 추천코스
❶ 인두라차印度拉茶 → ❷ 따창바오샹창大腸包小腸 → ❸ 초또푸臭豆腐 → ❹ 차미엔미엔빠오炒麵麵包

1. 비닐봉지에 담아 먹는 인도식 짜이인 인두라차를 맛볼 수 있다. 1봉지 40달러.

2. 찹쌀로 만든 큰 소시지 안에 작은 소시지와 채소를 넣어먹는다.

지금은 타이완 전역에서 볼 수 있지만 이 음식의 시초가 바로 이곳. 1개 40달러.

3. 홍차맛이 나는 초또푸라는 이름이 무색해도 차 맛은 별로 나지 않는다. 바삭하게 튀겨 고약한 냄새도 덜하다. 55달러.

4. 길쭉한 핫도그빵 안에 프랑스, 태국, 인도, 일본식 누들이 살포시 자리 잡고 있다. 비닐장갑을 끼고 먹는 등 소소한 재미가 있다. 1개 50달러.

해산물이 풍부한
류허 야시장 六合夜市 | 육합야시

| 가오슝 |

장점이 여러 가지다. 지하철역에서 바로 연결되는 이점, 꼬불꼬불 비좁은 골목 대신 탁 트인 도로를 직진하면 되니 헤맬 필요가 없다. 특히 야시장 초보자들에게 추천하는 곳. 지역 특성상 굴, 크랩, 새우 등 해산물 요리가 다양하고 풍부한 편이다.

Data **Map** 407G **Access** MRT R10, 05 메리다오美麗島역 11번 출구에서 도보 1분 **Add** 高雄市 新興區 六合二路 **Open** 17:00~01:00

먹방로드 추천코스
❶ 무과뉴나이木瓜牛奶 → ❷ 투투위껑土魠魚焿 → ❸ 타카오훠샤炭烤活蝦

1. 타이완 총통도 마시고 갔다는 이름값 높은 파파야우유. 부드럽게 갈려 목 넘김이 좋다. 안 먹고 가면 섭섭한 필수음료. 1잔 50달러.

2. 사실 한국인의 입맛에 딱 맞는 음식은 아니다. 다른 곳에서 잘 볼 수 없는 이색 먹거리로 튀긴 고등어를 끈끈한 국과 함께 먹는 음식. 1그릇 50달러.

3. 통통한 새우를 즉석해서 구워먹는다. 씹을수록 단맛이 돈다. 맥주 한잔이 절로 생각난다. 해산물 구이를 파는 곳은 보통 노점이지만 테이블이 있어 앉아서 먹을 수 있다. 새우 1마리당 100~150달러 내외(시세에 따라 변동).

타이난의 대표 야시장
화위안 야시장
花園夜市 | 화원야시 | Tainan Flowers Night Market

| 타이난 |

야시장의 포스란 이런 것이 아닐까 싶을 정도로 조용하지만 강한 기운이 느껴진다. 뽐내듯 걸어놓은 깃발도 이곳을 정의하는 특색. 사람은 늘 많지만 구역이 명확히 나뉘어져 있어 위치 찾기는 편리하다. 곳곳에 있는 구역 안내도를 참고하자.

Data **Map** 436A **Access** 타이난 기차역 앞 버스 정류장에서 3번 버스를 타고 터리우特力屋 정류장 하차, 허웨이和緯로 따라 도보 10분 **Add** 台南市 北區 海安路 三段 **Open** 18:00~1:00(목, 토, 일만 오픈)

먹방로드 추천코스
① 카오지파이烤雞排 → ② 샹창따창香腸大腸 → ③ 카오뉴루어烤牛肉

 →  →

1. 커다란 닭튀김 지파이 인기는 두말하면 잔소리. 숯불에 구운 간장양념 카오지파이烤雞排가 손님을 끄는 효자메뉴다. 화위안 야시장에서 웨이팅 제일 긴 곳이다. 1구역과 가깝다. 1개 50달러.

2. 소시지 샹창과 찹쌀 소시지 따창을 잘라 소스를 뿌려 굽고 오이 같은 채소와 함께 먹는다. 주문하면 샹창과 따창을 담아주고 앞에 놓인 채소 몇 가지를 골라 담으면 된다. 50달러.

3. 세상에! 소고기까지 구워 판다. 새롭게 생긴 곳이지만 입소문이 심심찮다. 후춧가루, 바질, 소금 등 양념을 선택하면 먹기 좋게 잘라 뿌려준다. 고기 아래에 양파가 깔려있는 점까지 기특하다. 2구역 근처, 65달러.

Tip 야시장을 더 맛있게 즐기는 3가지 방법

1. 타이완 사람들은 하루 4끼를 먹는다. 아침, 점심, 저녁 그리고 야식. 그렇다고 굳이 저녁까지 먹고 갈 필요는 없다. 생각보다 먹고 싶은 음식이 많을 테니까.

2. 야시장은 너무 일찍 가도, 늦게 가도 재미가 없다. 저녁 7시부터 10시 사이에 방문하면 딱! 북적대더라도 그것이 야시장의 참재미.

3. 긴긴 줄을 기다리며 지칠 걱정은 하지 말자. 손에 야식 마를 날 없다는 심정으로 그 전에 시킨 음식을 먹으면서 기다리는 것이 도리. 줄서서 먹방을 찍는 당신은 이제 야시장 고수다.

The Lobby
Simple Kaffa

咖啡 ｜ 飲品 ｜ 鬆餅

EATING 14

모든 칼로리가 사라지는 마법, **타이완 커피**

커피 한 잔이면 무엇을 먹었든 0칼로리로 만든다는 이야기를 들어본 적이 있는가. 유행처럼 떠도는 우스개지만 어쩐지 믿고 싶다. 지금까지 신나게 타이완 먹방 여행을 즐겼으니 마법의 커피를 음미해보자.

Data Map 231E
Access MRT 반난반남선 시먼西門역 1번 출구로 나와 청두로成都路를 따라 직진. 도보 3분
Add 台北市 萬華區 成都路 42號
Tel 02-2371-9577 **Open** 08:00~22:30
Cost F.D.아이스커피 85달러, 타이완 커피 150달러 **Web** www.fongda.com.tw

타이베이 커피 역사의 시작
펑따카페이 蜂大咖啡 | 봉대가배 | Fonda Coffee

솔직히 말하건대, 카페의 분위기를 중시한다면 굳이 방문할 이유가 없는 카페다. 그럼에도 불구하고 이곳을 소개하는 이유가 있다. 1956년 문을 열어 60년의 역사를 자랑하며, 타이베이에서 최초로 아이스 드립 커피Iced Drip Coffee를 소개한 곳. 얼음이 녹으면서 커피를 추출하는 드립 방식으로 6시간마다 4잔 정도만 추출되는 '한정판 커피'이겠다. 이름은 F.D.아이스 커피F.D.Iced Coffee. 사이폰으로 추출한 '타이완 커피'도 마셔보는 것은 어떨지. 한국에서 마시기 힘든 귀한 커피로 타이완에서 재배한 원두 특유의 단맛과 깔끔한 끝 맛이 특징이다. 타이완 전통 케이크와 쿠키를 곁들여 먹는 것을 경험해보는 것도 좋겠다. 1층과 2층으로 이루어진 실내로 들어서면 시간의 역사가 온몸으로 다가온다. 손때 묻은 커피 기구는 물론이고 손님과 직원마저도 평균 연령대가 높다. 타이베이의 커피 역사를 마시는 듯 경건한 마음이 샘솟는다. 규모 있는 로스터리 카페답게 직접 로스팅한 원두, 드립커피 티백 등을 판매한다. 기념품으로 사오기에 딱!

한 끝 차이로 남다른 타이완 1등 커피
더 로비 오브 심플 카파 The lobby of simple kaffa

화려한 경력을 알고 나면 커피 맛이 더욱 궁금해지는 곳. 카페를 운영하는 바리스타는 2013년, 2014년 연속으로 '타이완 바리스타 챔피언' 타이들을 거머쥔 실력자다. 시그니처 메뉴는 '1+1' 으로 에스프레소와 카푸치노를 동시에 경험할 수 있는 콤보 메뉴. 카푸치노 거품이 입에 닿는 순간, 촘촘하고 부드러운 맛의 신세계가 열린다. 차茶문화가 발달된 나라답게 커피 아로마가 진한 것이 특징. 대체적으로 산미가 강한 편으로 쓴 맛 보다는 단 맛이 돌며 끝 맛까지 깔끔하다. 자리에 앉으면 메뉴판을 가져다주고 주문을 받는데, 영어 메뉴판은 따로 요구해야 한다. 계산은 커피를 다 마신 후 계산대에서 하면 된다. 커피 외에 테이블마다 주문하는 메뉴는 녹차롤이니 디저트 삼아 먹어봐도 좋겠다. 타이베이 로컬들이 즐겨 찾는 카페로 여유를 부리며 커피를 마시기는 힘들다.

Data Map 207C
Access MRT 반난반남선 중사오뚠화忠孝敦化역 2번 출구로 나와 좌회전 후 직진. 두 블록 지나 왼쪽 골목으로 방향을 틀면 호텔 V가 보인다. 약 도보 3분
Add 台北市 敦化南路 一段 177巷 48號 호텔 'V' 내 B1 **Tel** 02-8771-1127
Open 일~목 12:30~21:30, 금~토 12:30~22:00 **Cost** 1+1 200달러, 카푸치노 170달러, 모든 메뉴 택스 10% 추가 **Web** www.simplekaffa.com

01 최고의 선물 펑리수
02 드럭스토어에서 사는 잇 아이템
03 아기자기함에 반하다, 남다른 기념품

STEP.05
SHOPPING

SHOPPING 01
최고의 선물
펑리수

신나는 먹방의 끝은 여행 기념품에서조차 멈추지 않는다. 믿고 사는 펑리수는 물론이고 깨알 같은 군것질거리도 빠질 수 없다. 이보다 더 자세할 수 없는 먹자 기념품 완벽 가이드!

속살까지 비교한
펑리수 왕중왕전

이름 때문에 물水이 아니냐는 오해도 산다. 파인애플 잼을 넣어 만든 파인애플 케이크가 바로 펑리수鳳梨酥. 각 브랜드별로 생김새와 맛 모두 비슷비슷하지만 결국 한 끝 차이로 호오가 갈리는 법. 타이완 전역을 돌며 맛본 펑리수 중 1~3위를 꼽았다.

All about 펑리수 鳳梨酥
1. 비쌀수록 맛있다.
2. 유통기한이 있으니 욕심은 금물. 보통 1주일에서 한 달 내외.
3. 크기에 비해 고열량. 1개 당 200~400kcal 정도.
4. 명불허전! 유명한 펑리수는 이름값 한다.

No.1

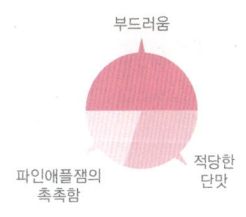

부드러움
파인애플잼의 촉촉함
적당한 단맛

지아더 佳德糕餅 | 가덕고병
Chia Te Bakery

균형 있는 맛의 조화는 감동이다. 남성들에게까지 사랑받는 선물이 될 듯. 사람이 많으니 시간을 넉넉히 잡고 가는 편이 낫다. 파인애플 맛의 기본 펑리수뿐만 아니라 호두, 크랜베리, 용안 등 다양한 맛을 자랑한다. 타이베이 본점만 있다. 낱개 구매 가능!

Data **Map** 206B **Access** MRT 쑹산松山선 타고 난장싼민南京三民역 하차, 2번 출구로 나와 직진, 도보 5분 **Add** 台北市 松山區 南京東路 五段 88號 **Tel** 02-8787-8186 **Open** 07:30~21:30 **Cost** 1개 30~35달러, 기본 펑리수 12개 360달러(현금 및 신용카드 모두 결제 가능) **Web** www.chiate88.com

No.2

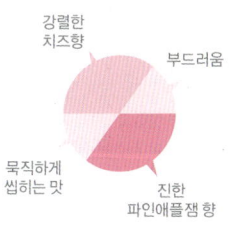

강렬한 치즈향
부드러움
묵직하게 씹히는 맛
진한 파인애플잼 향

리츄 日出糕餅 | 일출

예쁜 패키지만큼 맛도 훌륭! 두툼한 크기, 유혹적인 향기, 씹는 맛까지 삼박자 모두 만족스럽다. 시식용 인심도 후하다. 3가지 맛 중 신맛이 덜한 17번을 추천한다. 강렬한 맛이 입안에 오래 맴돈다. 타이중에서만 구매할 수 있다. 낱개 구매 불가.

Data **Map** 357L **Access** 타이중 기차역에서 쭝산中山로 따라 직진, 도보 5분 **Add** 台中市 中區 中山路 20號 **Tel** 04-2227-1927 **Open** 10:00~22:00 **Cost** 17번 펑리수 15개 1상자 380달러(현금 및 신용카드 모두 결제 가능) **Web** www.dawncake.com.tw

No.3

파인애플잼의 결이 살아있음
진한 버터향
강한 신맛

써니힐 微熱山丘 | 미열산구
Sunny hills

타이베이를 비롯해 도쿄, 상하이, 싱가폴에도 지점을 오픈했다. 파인애플 농장을 직접 운영한다. 방문한 모든 손님에게 펑리수 1개와 차를 대접한다. 린넨백을 포함한 아기자기한 패키지는 여성들의 마음을 뺏기에 딱! 10개, 15개, 20개들이 세트로만 구매 가능. 쑹산공항에서 비행기를 탑승하는 경우 들리면 좋다.

Data **Map** 206B **Access** MRT 둥우위엔動物園선 타고 쑹산지창松山機場역 하차, 1번 출구에서 광푸북로光復北路 방향으로 도보 15분. 기본요금 70~80달러 내외 **Add** 台北市 松山區 民生東路 五段 36巷 4弄 1號 **Tel** 02-2760-0508 **Open** 10:00~20:00 **Cost** 10개 1박스 420달러, 15개 630달러, 20개 840달러(현금 및 신용카드 모두 결제 가능) **Web** www.sunnyhills.com.tw

목적에 맞게 골라 산다!
알찬 펑리수 안내서

모양도 크기도 엇비슷하지만 펑리수 브랜드는 셀 수 없이 많다. 이미 잘 알려진 브랜드가 식상하다면, 어떤 브랜드를 사야 할지 갈등이 된다면 꼼꼼히 읽고 비교해보자. 믿고 사도되는 브랜드로만 골랐다.

1. 새로운 펑리수를 찾는다면

웨이거빙지아 維格餅家
| 유격병가 | Vigor Kobo

널리 알려지지 않았지만 맛있는 펑리수는 끝도 없다는 사실을 다시 한 번 실감했다. 달콤한 맛이 강조된 펑리수보다 새콤한 맛이 강한 투펑리수가 더 맛있다. 펑리수를 포함해 전통 간식도 다양하며 시식도 자유롭다. 시먼역 4번 출구 근처, 스린 야시장과 융캉지에 지점이 있다. 펑리수 1박스 360달러, 투펑리수 1박스 450달러.

우바오춘 베이커리
吳寶春麥方店 | 오보춘면방점 |
Wu Pao Chun Bakery

쎄니 힐 펑리수처럼 파인애플 잼의 결이 살아 있다. 우유 맛이 강한 편으로 맛도 평균 이상. 낱개 구매 가능하며 1개 가격 35달러, 20개 1세트 680달러.

2. 믿고 사도 괜찮아

수이신팡 手信坊 | 수신방

일본식 기술로 만든다. 타이완 곳곳에서 볼 수 있다. 크게 달지 않으며 잼이 풍성하고 과육이 씹힌다. 지우펀九份 지점은 3개를 사면 1개를 더 주는 행사를 자주한다. 송산공항 1층에서도 만날 수 있어 편리하다.

순청 順成蛋糕 | 순성단고 |
Shun Chen Bakery

신맛, 단맛이 강조된 펑리수 등 종류가 다양한 편. 1등한 관진펑리수冠軍鳳梨酥의 평이 제일 좋다. 파슬거리는 식감 때문에 호불호가 갈린다. 타이베이 전역에 지점이 많다. 1개 35달러, 6개 210달러.

3. 출국할 때까지 놓치지 않아요!

| 송산공항 |

유잔신 裕珍馨 | 유진형

의외로 잘 알려지지 않았지만 1966년부터 타이중에서 시작된 유서 깊은 브랜드. 비교적 저렴한 가격의 펑리수 세트를 구매할 수 있다. 여행기념 선물용으로 맛과 가격 모두 굿! 송산공항 출국장 2층 입구, 10개 220달러.

| 타오위안공항 |

신동양 新東陽 | 신동양

티셔츠부터 펑리수까지 판매한다. 이곳에서는 300달러 이하의 저렴한 펑리수는 사지 않길 권한다. 선물하고도 욕먹는 아이템이 될지도. 타오위안 공항 1층, 세트 200~500달러 내외.

Tip 한 번에 끝내는 펑리수 쇼핑 코스 in 타이베이
타이베이처짠台北車站(왕스 베이커리, 순청) → 101타워 지하(신동양, 수신방, 유잔신) → 지아더 → 쎄니 힐

| Talk |

먹방 끝에 가득 사오는 먹자 기념품

돌아가는 트렁크의 빈 공간이 '먹을 것들'로만 채워진다는 말이 결코 과장이 아니다. 눈에 띄면 무조건 담자. 돌아오면 더 사오지 못한 것이 안타까워진다.

3뗸1커 밀크티
3點1刻 | 3점1각

3시 15분 밀크티로 통한다. 티백타입으로 총 4가지 맛. 그중 향긋하고 달콤한 로즈 프루티 Rose Fruity 맛이 가장 인기. 대형마트에서 구매 가능. 18개 1봉지 145달러 내외.

미스터 브라운 커피
Mr. Brown Coffee

커피전문점으로 캔커피, 커피믹스도 판매한다. 커피믹스의 부드러운 맛이 일품. 마카다미아넛, 카라멜 마키아또, 카페라테 맛 등 종류도 다양. 30개 1봉지 100달러 내외.

춘추이.허 밀크티
純萃.喝 | 순췌.갈

화장품처럼 생겼다고 해서 화장품통 밀크티라고 불린다. 편의점이나 마트에서 손쉽게 살 수 있으며 라테, 코코아, 밀크티 등 각양각색의 맛을 골라 마실 수 있다. 1개 25~30달러 내외.

망고동
芒果凍 | 망과동 | Mango Jelly

믿고 먹는 망고 젤리! 까르푸 같은 대형마트나 신동양新東陽처럼 기념품 파는 가게에서 구입 가능. 탱글탱글하고 부드러운데다 크게 달지 않다. 얼려 먹으면 더 맛있다. 10개 1박스 100달러 내외.

타이완 맥주
台灣啤酒 | 대만비주

타이완 맥주 중에서도 망고, 포도, 파인애플, 바나나 등 과일맛 맥주에 특히 인기만점! 달달한 그 맛에 빠지면 트렁크 가득 쟁여오는 1순위 아이템으로 꼽힌다. 1캔 38달러 내외.

진먼 가오량주
金門 高粱酒 | 금문 고량주

향 좋고 맛 좋기로 소문난 진먼 까오량주. 술맛 좀 안다는 분들에게 선물하면 칭찬 받을 아이템이다. 알코올 도수는 35°와 58° 두 가지. 편의점과 마트에서 구매 가능하다. 600ml 1병 600~700달러 내외.

> **Tip 펑리수 있는 곳에 뉴가탕 있다!**
> 일명 우유 사탕이라 불리는 뉴가탕牛軋糖, 영어로는 누가Nougat. 땅콩이 콕콕 박혀있는 부드러운 캐러멜 제형으로, 한번 맛보면 게 눈 감추듯 먹어치운다는 마성의 아이템. 펑리수를 파는 거의 모든 브랜드에서 판매한다. 부모님 선물용으로 강력추천! 등산갈 때 사탕대신 먹기 좋은 간식이다. 뉴가탕 전문 브랜드로는 슈가 앤 스파이스Sugar&Spice를 기억할 것. 우유, 캐러멜, 딸기 등 맛의 종류도 여럿. 타이페이101 지하 딩타이펑 맞은편에 매장이 있다. 뉴가탕 1봉지 100~200달러 내외, 슈가 앤 스파이스 뉴가탕 1박스 300~400달러 내외.

SHOPPING 02
드럭스토어에서 사는
잇 아이템

타이완 어딜 가나 지나치게 되는 드럭스토어. 타이완 브랜드는 물론 일본 브랜드도 우리나라보다 저렴해 눈이 돌아간다. 우리나라 드럭스토어보다 싸서 더 인기 있는 아이템만 한자리에 쏙쏙 모았다.

1. 마이뷰티 다이어리
我的美麗日記

흑진주 마스크 팩

촉촉함이 오래가기로 유명한 '마이뷰티 다이어리'의 베스트셀러. 얼굴에 착 감기면서 끈적이지 않고 피부 속까지 촉촉해진다. 홍콩에서부터 인기를 끌어 국내 드럭스토어까지 진출한 타이완 브랜드. 국내보다 40% 이상 저렴하다. 10개 세트 200달러.

2. 헤이런 야까오
黑人牙膏

달리 Darlie 치약

효과 좋다고 소문난 화이트닝 치약. 홍콩 쇼핑 필수 아이템으로 알려져 있지만 타이완 브랜드. 차를 많이 마시는 타이완 사람들을 위해 치아 미백 기능을 강화했다고. 단, 향이 좀 센 편. 은은한 향을 원한다면 안 맞을 수 있다. 40~60달러.

3. 마조리카 마조루카
마스카라 Majolica Majorca

마법의 마스카라라 불리는 일본 시세이도 제품. 빗처럼 생긴 마스카라 봉으로 빗어 올려 속눈썹을 길어 보이게 해준다. 짜릿한 컬링 효과가 오래가서 더 좋다. 여러 컬러 중 뭐니 뭐니 해도 블랙컬러가 베스트셀러! 350달러.

4. 키스미 Kissme
아이라이너

우리나라 드럭스토어에서도 인기 많은 제품. 국내보다 최대 1만원 저렴하다. 초보자도 그리기 쉬운 붓 타입. 가늘고 매끄럽게 잘 그려져 눈이 커 보이는 드라마틱한 효과를 연출한다. 300달러.

5. 오팔 Opal
원미닛 헤어트리트먼트

자외선이 강한 타이완 여행 중 피부만큼 상하기 쉬운 게 헤어다. 짐 쌀 때 거대한 헤어트리트먼트 챙겨가는 대신 현지 조달해보자. 어느 드럭스토어나 구비하고 있는 오팔 원미닛 헤어트리트먼트는 1분 만에 머릿결을 관리해 준다는 제품. 사이즈별로 39달러부터.

6. 퍼펙트 휩 Perfect whip
클렌징 폼

누에고치의 실크 세리신 성분이 들어있어 거품 잘 나는 클렌징 폼으로 유명하다. 일본보다 저렴하게 살 수 있어 한국여행자들에게도 인기 아이템이 된지 오래다. 110달러.

어디서 살까?

타이완 대표 드럭스토어
코스메드 COSMED

GOOD 전국 방방곡곡에서 만날 수 있는 타이완 최대 드럭스토어. MRT역 내 매장도 많은 편. 오가는 길에 그날의 할인 아이템을 노리면 조금 더 싼 가격에 득템하는 행운이 따른다. DON'T MISS 오팔 헤어 트리트먼트 미니 사이즈부터 묶음까지 상품을 다양하게 구비하고 있다. 한국보다 훨씬 싸니 미니 사이즈로 사서 써보고 맘에 들면 한 묶음 장만하는 것도 알뜰쇼핑의 지름길.

비슷한 듯 다른
왓슨스 Watsons

GOOD 시먼역 앞, 쫑샤오푸싱역 근처 등 주요 번화가 MRT역 주변에 많아 식사 후에 들러 쇼핑하기 좋다. 게다가 2~3층 규모 대형 매장이 많은 편이라 화장품은 물론 각종 파스, 연고부터 물티슈 간식용 초콜릿까지 원스톱 쇼핑에 부족함이 없다. BAD 아벤느, 유리아주 등 일부 유럽 코스메틱 제품은 우리나라보다 가격이 비싼 편.

홍콩 최대 코스메틱 체인점
샤샤 Sasa

GOOD 홍콩, 싱가포르를 비롯해 아시아권에만 90여개 매장이 있는 홍콩 최대 코스메틱 체인점을 타이완에서도 만날 수 있다. DON'T MISS 타 드럭스토어에 비해 헤어 제품과 마스크팩이 다양하다. BAD 코스메드나 왓슨스보다는 매장 수가 적은 편이라 아쉽다. 눈에 띌 때 들어 가볼 것.

남다른 아이템을 찾는다면
샤오싼메이르 小三美日

GOOD 일본과 미국의 코스메틱 브랜드를 국내에서 사는 것 보다 20~30% 저렴하게 득템할 수 있는 숍. 인기 제품은 낱개로 팔기도 한다. 아이디어가 톡톡 튀는 일본 코스메틱 마니아라면 놓치지 말자. BAD 타이완 전역에서 단 4곳뿐. p.221 참고.

여러 개 살 땐
까르푸 Carrefour

GOOD 퍼펙트 휩, 폰즈 같은 클렌징 용품이나 각종 샴푸도 코스메드나 왓슨스보다 저렴하게 살 수 있는 곳. BAD 일부러 찾아가야하는 위치. 한국 여행객이 싹쓸이 하고 간 날은 물건이 별로 없을 수도.

아기자기함에 반하다, 남다른 기념품

어디에서나 볼 수 있는 뻔한 아이템 같지만 다르다. 타이완 특유의 아기자기함이 더해져 센스만점! 타이완 곳곳에서 쉽게 구입할 수 있어 더 좋은 기념품.

1. 서류파일

타이완의 대표 기차 12종이 그려진 서류 파일. 파일 내부가 나뉘어져 있어 실용적이다. 아이들부터 학생, 직장인까지 선물로 주면 환영 받을만하다. 가격 10달러

2. 기차모양 스테이플러

회사 사람들에게 돌릴 선물을 찾는다면 추천한다. 귀여운 디자인에 실용적인 쓰임새까지, 하나도 버릴게 없다. 크기가 작아 휴대용으로도 제격! 가격 120달러~

3. 모형 기차

기차를 좋아하는 조카용 선물로 딱이다. 고속 열차 가오테를 포함해 실제 기차를 축소해 만들었다. 6개의 기차가 종류별로 들어있다. 작지만 바퀴까지 굴러갈 정도로 정교하다. 가격 360달러~

4. 기념 마그넷

기념품 중에서도 무난한 기본 아이템. 다양한 디자인은 야시장으로 가면 된다. 그 밖에 공항 면세점에서도 구매 가능하니 남은 동전은 이곳에서 처리하도록 하자. 마그넷 1개 100~150달러 내외.

5. 입체엽서

타이완의 상징이라고 할 수 있는 천등을 모티브로 한 엽서. 소원을 이뤄지게 한다는 좋은 의미를 지닌 만큼 선물하기에도 그만이다. 시내 곳곳 기념품숍 등에서 자주 볼 수 있는 아이템 중 하나. 엽서 1장 100달러 내외.

6. 아리산 커피

입맛 따라 골라 사는 원두커피. 차로 유명한 아리산에서 왔다니 더 특별하다. 갈지 않은 원두는 낱개포장이라 깔끔하고 편리하다. 여기에 감각 있는 디자인까지 더해졌으니 여러모로 센스만점. 100~300 달러선.

어디서 살까?

개성만점 디자이너 아이템이 가득!
시먼훙러우 西門紅樓 | 서문홍루

GOOD 타이베이 최초의 공영 시장이었던 역사적인 공간, 시먼훙러우(p.233). 지금은 젊은 디자이너들이 둥지를 틀어 독특한 소품, 의류 등을 전시, 판매한다. 내부 기념품숍에서는 타이완의 매력이 담긴 입체 디자인 엽서가 가득! DON'T MISS 창이스리우꿍팡創意16工房이라는 문화 공간은 구경만 해도 시간 가는 줄 모른다. 각종 수공예품, 캐릭터 문구, 티셔츠 등 특별한 선물 아이템을 만나보기 제격. 2층까지 꼼꼼히 돌아보자.

카페와 편집숍이 한 자리에
하오치우 好丘 | 호구 | good cho's

GOOD 쓰쓰난춘(p.209) 내에 있으며 공간의 분위기조차 선물을 고르는 기쁨을 배가 시킨다. 센스 있는 인테리어에 머무는 내내 기분까지 업! DON'T MISS 타이완 각 지역의 특색을 담은 상품을 눈여겨보자. 타이완 우롱차, 아리산 커피부터 쌀, 꿀, 잼 등 질 좋은 제품이 예쁜 패키지에 담겨 있다. 선물하는 사람의 센스까지 돋보일 수 있는 아이템이 가득한 것이 장점!

기차 마니아라면 꼭 들려야 할
기차역 기념품숍

GOOD 타이완 기차역마다 하나씩 있는 기차역 기념품숍. 기차에 관련된 다양한 상품을 판매 중이다. 찬찬히 둘러보면 기차에 대한 없던 애정도 생길 판. DON'T MISS 작은 기차 모형 장난감, 스탬프, 엽서, 인형, 스티커, 노트, 실용적인 서류파일까지 각양각색이라 연령대에 맞는 선물 아이템을 구매하기 좋다. 기차 모형 120달러.

책도 보고 선물도 사고
청핀수뎬 誠品書店 | 성품서점

GOOD 우리나라의 교보문고와 비교할 수 있는 타이완의 서점. 전국 곳곳에 지점이 있다. 그중에서도 타이베이 본점을 주목하자. 지하 2층부터 지상 2층까지 없는 것 빼고 다 있다고 해도 과언이 아니다. DON'T MISS 지하 1층에는 선물용 아이템을 판매하는 매장들이 가득하다. 각종 문구류부터 알록달록한 주방용품까지 여심을 녹이기에 제격이다. 2층 서점은 24시간 운영하며 그 외에는 오전 11시부터 밤 10시 반까지만 운영한다. 타이베이 MRT 중샤오뚠화忠孝東區역 6번 출구에서 도보 5분. 선물 아이템 100달러~.

01 취향대로 골라 자는 시골벅적 게스트하우스와 민박
02 실속파를 위한 디자인 호텔
03 이유 있는 호사 럭셔리 호텔

위치가 끝내주는
씨유호스텔 C U Hostel Taipei International YH

규모가 큰 편이라 원하는 날짜에 예약하기가 수월하다. 화장실이 딸려 있는 2인실과 여성전용 도미토리와 믹스룸으로 운영된다. 대부분의 도미토리는 4인용으로 2층 침대 2개와 개인용 사물함이 있다. 조식은 만족도가 높다. 도보 5~10분 내로 닝샤 야시장, 까르푸, 편의점, 85°C씨 카페, 왓슨스 같은 드럭스토어와 맛집도 즐비하다. 걸어서 MRT 쭝산中山역과 타이베이처짠台北車站도 무리 없이 갈 수 있다. 1층에 경찰서가 있어 안전하다.

Data Map 272F Access MRT 단수이淡水선 타고 쐉리엔雙連역 하차, 1번 출구에서 도보 10분 Add 台北市 大同區 民生西路 198號 Tel 02-2558-5500 Cost 디럭스 트윈 1175달러~, 4인용 도미토리 800달러

SLEEPING 01
취향대로 골라 자는 시끌벅적
게스트하우스와 민박

호텔보다 저렴한 숙박비에 다양한 국적의 여행자들을 만날 기회를 얻고 싶다면 호스텔을 예약하는 것이 답이다. 편안하게 머물 수 있고 깨끗하게 관리되는 곳만 엄선했다. 스탭들이 친절하다는 공통점도 빼놓을 수 없다. 날쌘 예약은 당신의 몫. 서둘러 클릭!

장점 많은 인기 숙소
H132호스텔 H132 Hostel

스타 호스텔에서 H132 호스텔로 이름 바꿔 돌아왔다. 트윈룸이나 더 블룸 같은 경우는 몇 달 전부터 예약이 마감되기도 한다. 저렴한 가격, 깨끗한 룸 컨디션 등 여행자들의 편의를 만족시킨다. 단점이라면 방음이 잘 안되는 편이라는 것. 예약 사이트에서 빈방이 없을 경우에는 이메일(h132hostel@hotmail.com)로 문의해보자. 예약 사이트에 공개되지 않은 빈방이 있는 경우도 있다.

Data Access MRT 단수이淡水선 타고 쭝산中山역 하차, 3번 출구에서 도보 5분 Add 台北市 中山北路 一段 132號 Tel 02-2567-2106 Cost 평일 550달러~, 주말 600달러~ Web www.132starhostel.com

왁자지껄 즐거운
1983호스텔 1983 Hostel

한국인들 사이에서 유독 인기 많은 호스텔 중 하나. 미남 스태프 에릭때문에 여성 여행자들이 더 많다는 풍문. 한국인 스태프도 있어 여러모로 도움받기 좋다. 여럿이서 한 방을 사용하는 도미토리는 각 침대마다 커튼이 있어 프라이버시가 보장된다. 전반적인 분위기는 아늑하고 아기자기하며 거의 매일 밤마다 친목도모 수다파티가 벌어진다.

Data Map 249A Access MRT 신덴新店선 타고 따이덴따러우台電大樓역 하차, 3번 출구로 나와 우회전 후 뉴발란스 매장 전 골목에서 다시 우회전, 도보 5분, 1983 간판을 찾자 Add 台北市 大安區 泰順街 54巷 17号 1樓 Tel 02-2367-3577 Cost 1인 600달러~ Web 1983hostel.blog.me

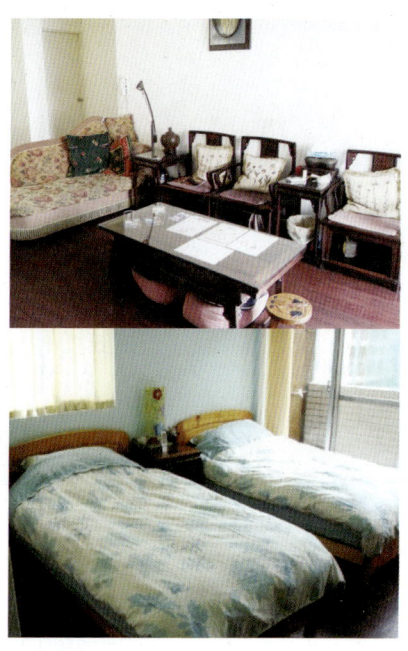

친구 집에 초대받은 듯
키리하우스 Kiri's House

타이완 현지 가정집에서 머물고 싶다면 이곳을 주목하자. 키리와 그녀의 부모님이 홈스테이 하듯 운영한다. 오래되고 작은 아파트지만 실내는 깔끔하다. 예약한 방을 제외하고 거실, 주방은 공동 사용구역. 화장실과 샤워실은 키리네 가족을 제외한 숙소 예약자들만 이용. 샴푸, 샤워젤, 치약 같은 간단한 세면도구와 수건은 제공한다. 단, 민박에 가까운 호스텔로 열쇠로 대문을 열고 닫아야하는 번거로움이 있다. 야구 선수로 활동하는 키리가 해외 원정 경기를 떠나면 영어대신 중국어로만 의사소통이 가능하다. 대신 눈빛으로 전해지는 친절함이 무엇인지 몸소 느낄 수 있는 기회가 될지도. 단, 2박 이상만 예약 가능!

Data Map 207E Access MRT 반난板南선 타고 쭝샤오푸둔화忠孝敦化역 하차, 3번 출구로 나와 직진 후 우회전. 4블럭 내려와 다시 우회전 후 왼쪽 두번째 건물 5층 Add 台北市 大安路 一段 126巷 1號 五樓 Tel 02-8773-3550 Cost 1인 850달러~ Web www.kirihouse.net/ep7.html

한인 민박을 원한다면
로맨틱 타이완 Romantic Taiwan

여행 초행길의 두려움과 언어가 통하지 않는 막막함을 한방에 해소할 수 있는 것이 한인 민박의 장점일 터. 식당 예약, 일정 짜기 등 현지에서 필요한 도움을 즉각 받을 수 있어 편리하다. 2012년에 오픈한 1호점을 시작으로 현재 6호점까지 운영 중이다. 각 숙소별로 1인에서 최대 5인까지 머물 수 있다. 친구나 가족끼리 숙소를 통째로 빌려 쓰면 프라이빗하게 이용 가능하다. 청결하게 관리되는 룸 컨디션과 칫솔을 제외한 세면도구, 수건 등은 공통 제공사항. 예약은 로맨틱 타이완 카페에서만 가능하며 타이완 달러대신 원화로 결제해야 한다.

Data 1호점 Map 207A Access MRT 반난板南선 타고 쭝샤오푸싱忠孝復興 하차, 1번 출구로 나와 주황색 간판 끼고 2분 정도 걸으면 하이 라이프Hi-life 편의점이 나온다. 편의점 앞에서 픽업 서비스 Add 台北市 大安區 安東街 50號 Tel 097-822-8311 Cost 1인 원화 50,000원~ Web cafe.naver.com/romantictaiwan

SLEEPING 02
실속파를 위한 **디자인 호텔**

타이베이 여행이 즐거워지는 이유 중 하나가 호텔이다. 가격 대비 독특하고 깔끔한 인테리어의 소규모 디자인 호텔이 곳곳에 포진해 있다. 독특하거나 모던하거나 취향에 맞는 호텔을 찜 해보자. 단, 호텔에 따라 방 사이즈 차이가 있으니 눈을 크게 뜨고 살펴 볼 것.

식도락여행을 위한 최고의 위치
체인호텔 謙商旅 | Chaiin Hotel

타이베이에 2개(동먼, 총통푸) 지점을 가지고 있는 소규모 디자인 호텔. 그중 85개 룸을 갖추고 있는 동먼점은 MRT 신이선이 지나는 동먼역과 연결돼 있어 타이베이 기차역, 타이베이101을 오가기 편리하다. 게다가 호텔에서 건널목 하나만 건너면 딩타이펑 본점, 망고빙수로 유명한 스무시 등 맛집이 빼곡한 용캉지에. 룸은 다소 작지만 심플하고 효율적인 인테리어가 돋보인다. 통유리창인 카페테리아에서 아침을 먹으며 바라보는 용캉지에의 풍경도 정겹다. 단, 방의 조명이 다소 어둡고 셀프 세탁 시설이 없다는 점이 아쉽다.

Data 동먼東門점
Map 248A
Access MRT 신이信義선과 루저우蘆州선이 교차하는 동먼東門역 5번 출구로 나와 우회전, 도보 2분
Add 台北市 中正區 信義路 二段 163號 L/F
Tel 02-2358-2520
Cost 스탠다드룸 2,500달러~, 비즈니스룸 2,800달러~
Web chaiinhotel.com

Data Access MRT 루저우蘆州선 타고 송장난징松江南京역 하차, 3번 출구에서 도보 9분
Add 台北市 中山區 長安東路 一段 64號
Tel 02-2541-0077
Cost 스탠다드룸 3,000달러~
Web www.ambiencehotel.com.tw

오래 머물고 싶은 분위기
앰비언스호텔 喜瑞飯店 | Ambience Hotel

문을 연 순간 좋은 향이 은은하게 번지는 앰비언스호텔은 '분위기'라는 뜻의 이름처럼 분위기 좋은 호텔이다. 친절한 프런트 데스크, 아기자기한 소품으로 눈이 즐거워지는 로비, 60개의 맑고 시원한 분위기의 화이트 톤의 룸, 신선한 과일과 앙증맞은 핑거푸드가 가득한 아침은 특급호텔 샴페인 브런치가 부럽지 않다. 여기에 화요일과 목요일은 슈트를 입은 바이올린 연주자가 아침 식사시간에 감미로운 음악을 연주해준다. 주변 지하철역과 다소 멀다는 점이 단점. 그래도 송산공항을 이용한다면 택시로 한화 6~7천원 거리. 무료 셀프 세탁도 가능하다.

30개의 방, 30가지 콘셉트의 디자인
댄디호텔 丹迪旅店 | Dandy Hotel

타이베이 인그룹이 운영하는 호텔 중 한국인들에게 가장 인기 있는 호텔. 알고 보면 앰비언스호텔, 댄디호텔 모두 타이베이 인그룹 소유다. 타이베이 3개 지점(톈진, 다안, 톈무) 중 쭝샨역, 타이베이 기차역과 가까운 톈진점이 교통이 좋다. 30개의 룸을 각기 다른 테마로 모던하고 감각적으로 꾸몄다. 호텔 바로 앞엔 샤오롱바오로 유명한 가오지, 뒤편에는 이름난 장어덮밥집 페이치엔우가 있어 맛집 투어에도 좋은 위치. 단, 일찍 예약하지 않으면 방을 잡기 힘들 정도로 경쟁이 치열하다.

Data Map 273K
Access MRT 단수이淡水선 타고 쭝샨中山역 하차, 3번 출구에서 직진 후 사거리 지나 첫번째 골목에서 우회전, 도보 10분
Add 台北市 中山區 天津街 70號
Tel 02-2541-5788
Cost 엘리트트윈룸 2,600달러~, 디럭스룸 2,400달러~
Web www.dandyhotel.com.tw

Data Map 273L
Access MRT 루저우蘆洲선 타고 송장난징松江南京역 하차, 8번 출구에서 도보 8분
Add 台北市 中山區 南京東路 二段 11號 4樓
Tel 02-2536-5988
Cost 스탠다드룸 1,800달러~, 비즈니스룸 2,000달러~
Web www.taipeimorning.com.tw

실속파를 위한 디자인 호텔
타이베이 모닝 호텔 澄舍商旅 | TAIPEI MORNING HOTEL

무얼 물어봐도 친절하게 안내해주는 직원들 덕분에 내 집처럼 편안히 머물게 되는 소규모 호텔. 총 17개의 객실을 방마다 다른 벽화와 인테리어로 꾸몄다. 위치에 따라 약간의 차이가 있지만 트윈룸의 경우 대부분 욕실도 널찍하다. 가격이 저렴한 대신 조식은 따로 제공하지 않는다. 무료 셀프 세탁은 가능하다. MRT역과 다서 멀다는 게 흠이지만 쭝샨역까지도 걸어갈 만 한 거리. '우롱차, 샤오롱바오'로 유명한 징딘러우나 발마사지 전문점 첸리싱과 가깝다. 단, 건물 4층에 있어 입구 찾기가 힘들다. 프랜차이즈 레스토랑, 테이스티Tasty의 빨간 간판이 걸린 건물을 찾을 것.

유니크한 감각에 기분이 Up
암바 타이베이 意舍飯店 | Amba Taipei

앰버서더호텔에서 운영하는 젊은 감각 디자인 호텔. 심플하고 모던한 방은 다른 디자인 호텔보다 넓은 편이다. 일회용 슬리퍼 대신 컬러풀한 색의 플립플랍을 제공하는 점도 센스가 넘친다. 트렌디한 북카페 같은 5층 카페테리아도 매력적. 매일 아침 카페테리아에서 맛보는 조식은 여느 호텔보다 신선하고 풍성하다. 국물 좋아하는 한국인들에겐 즉석면 코너도 반갑다. 쇼핑몰과 같은 건물에 있어 아이쇼핑을 즐기기도 좋다. 천외천, 마라훠궈 등 훠궈 레스토랑도 엎어지면 코 닿을 거리다.

Data Map 231A
Access MRT 반난板南선 타고 시먼西門역 하차, 6번 출구에서 도보 10분
Add 台北市 武昌街 二段 77號
Tel 02-2375-5111
Cost 트윈룸 3,500달러~
Web www.amba-hotels.com/en/ximending

Data Map 231E
Access MRT 반난板南선 타고 시먼西門역 하차, 6번 출구에서 도보 3분
Add 台北市 中華路 一段 144號 8樓
Tel 02-2388-2466
Cost 디럭스 트윈룸 2,900달러~
Web www.airlineinn.com

항공기 콘셉트 테마호텔
에어라인 인 頭等艙飯店 | Airline inn

시먼딩의 수많은 호텔 중 가장 독특한 콘셉트의 호텔! 비행기에 탑승하는 느낌의 로비와 항공기 내부를 테마로 한 인테리어가 눈길을 끈다. 침대 옆 의자도 항공기 좌석. 트윈룸의 경우 침대가 옆으로 나란히 놓여 있지 않고 한 줄로 길게 놓여 있어 더 독특하다. 방도 널찍한 편. 아종멘센, 빙수집 삼숑메이 등 시먼 대표 맛집과 가깝다. 단, 초행길엔 호텔 들어가는 입구가 헷갈리기 십상이다. '여기가 호텔 입구 맞아?' 라는 생각이 들 정도. 상가 건물 안 엘리베이터를 타면 호텔 로비가 나타난다. 승무원처럼 아리따운 리셉션 직원을 기대했다면 실망할 수도.

STEP 06
SLEEPING

Fun한 디자인, Cozy한 호텔
저스트 슬립 捷絲旅 | Just Sleep

댄디호텔 다음으로 한국 여행자들 사이에서 인지도가 높은 호텔로 시먼점, 린썬점 2개 지점 모두 번화가에 있다. 아담한 방을 쓰임새 있게 꾸며놓아 여자 친구들끼리 묵기 딱 좋은 스타일이다. 특히 시먼점은 3인실이 있어 친구 셋이 여행 할 때 안성맞춤. 린썬점은 한국어 가능 직원이 있다는 점이 장점. 무료 셀프 세탁도 가능하다. 단, 생각보다 방이 좁다는 평.

Data 시먼딩西門町점
Map 231C
Access MRT 반난板南선 타고 시먼西門역 하차, 5번 출구에서 도보 5분
Add 台北市 中正區 中華路 一段 41號
Tel 02-2370-9000
Cost 슈페리어 트윈룸 3,200달러~
Web www.Justsleep.com.tw

린썬林森점
Map 273L
Access MRT 단수이淡水선 타고 쭝산中山역 하차, 3번 출구에서 직진, 맥도날드가 있는 사거리에서 우회전 직진, 도보 15분
Add 台北市 中正區 林森北路 117號 3樓
Tel 02-2568-4567
Cost 슈페리어 트윈룸 3,000달러~

군더더기 없이 심플한 호텔
포르테 오렌지 호텔 福泰桔子商務旅館 | Forte Orange Hotel

타이베이 기차역, 쭝산역과 가까운 저렴이 디자인 호텔. 타 디자인 호텔에 비하면 디자인 요소는 약하지만 오렌지색으로 포인트를 준 군더더기 없는 인테리어가 산뜻하다. 원하는 디자인 호텔에 방이 없거나 호텔 비용을 좀 더 아끼고 싶을 때 차선책으로 추천한다.

Data 린썬林森점
Map 273L
Access MRT 단수이淡水 타고 선 쭝산中山역 하차, 3번 출구에서 직진, 맥도날드가 있는 사거리에서 우회전. 도보 10분
Add 台北市 中山區 林森北路 139號
Tel 02-2563-2688
Cost 스탠다드룸 2,500달러~
Web www.forte-hotel.net

관첸館前점
Map 229C
Access MRT 단수이淡水과 반난板南선이 교차하는 타이베이처짠台北車站역 하차, M6번 출구에서 도보 6분
Add 台北市 中正區 館前路 22號
Tel 02-2381-1155
Cost 스탠다드룸 2,500달러~

편안하고 느긋하게 쉬어가기
탱고호텔 柯旅天閣 | The Tango Hotel Taipei

쭝산역 근처에만 2개 지점이 있는 일본계 호텔. 아담하고 세련된 인테리어에 탄산음료와 평리수를 웰컴 음료&간식으로 주는 세심한 서비스가 잔잔한 감동을 준다. 자쿠지 욕조까지 갖추고 있어 더욱 인기다. 쭝산역 바로 앞 난시점이 편하지만 역과 조금 더 먼 린썬점의 가격이 저렴한 편. 홈페이지 이벤트를 이용하면 호텔예약 사이트보다 저렴하게 방을 구할 수도 있다. 두 지점 모두 쭝산역에서 단수이선을 타면 타이베이 기차역은 1정거장, 중정기념당은 3정거장, 스린 야시장은 5정거장에 다녀올 수 있다.

Data 난시南西점
Map 273K
Access MRT 단수이淡水선 타고 쭝산中山역 하차; 4번 출구에서 도보 1분
Add 台北市 中山區 南京西路 3號
Tel 02-2567-9999
Cost 슈페리어룸 4,000달러~
Web www.tango-hotels.com

린썬林森점
Map 273K
Access MRT 단수이淡水선 쭝산中山역 하차, 3번 출구로 나와 직진, 사거리 지나 두번째 골목에서 우회전, 도보 5분
Add 台北市 中山區 中山北路 一段 83巷 15號
Tel 02-2531-9999
Cost 슈페리어룸 3,700달러~

Data Map 211A
Access MRT 반난板南선 타고 궈푸지녠관國父紀念館역 하차, 5번 출구에서 도보 2분
Add 台北市 大安區 光復南路 200號
Tel 02-2773-1515
Cost 트윈룸 4,000달러~
이그제큐티브룸 4,500달러~
Web www.unitedhotel.com.tw

위치도 감각도 굿!
유나이티트호텔 國聯大飯店 | United Hotel

타이베이의 번화가 동취에 있는 호텔 중 가장 위치가 좋은 호텔. 걸어서 송산문화원구, 국부기념관은 물론 아이스 몬스터, 우바오춘 베이커리 등 맛집을 섭렵할 수 있는 절묘한 위치. 신이, 타이베이101과도 가깝다. 반난선을 타면 타이베이 기차역도 한 번에 간다. 비단 위치 뿐 아니라 네츄럴하면서도 미니멀한 룸은 여행의 피곤함을 사르르 녹여준다. 243개의 룸을 보유하고 있어 다른 곳 보다는 예약이 쉬운 편이다.

SLEEPING 03
이유 있는 호사 **럭셔리 호텔**

아름다운 전망, 개성 있는 인테리어, 이름만 들어도 고개가 끄덕여 지는 타이베이 대표 호텔 을 꼽았다. 하루쯤은 우아하게 호사를 누리고 싶다면 여행의 마지막 날을 장식할 숙소로 선택해보면 어떨까.

꽃할배들의 마지막 숙소
원산대반점 圓山大飯店 | The Grand Hotel

꽃할배들이 타이베이의 마지막 밤을 보낸 숙소. 1952년에 타이완 초대총통 장제스가 영빈관으로 세운 유서 깊은 호텔이다. 중국 황실에 영감을 받아 디자인한 금빛 지붕 붉은 건물이 웅장하다. 룸은 다소 낡고 오래된 감이 있지만, 지룽강과 양명산을 마주보고 있어 동쪽으로는 송산, 서쪽으로는 단수이의 전망이 멋스럽게 펼쳐진다. 붉은 인테리어가 강렬한 프레스티지 라운지 애프터눈티도 인기다. 위엔산역 근처라는 교통이 다소 애매해도 고궁박물원, 신베이터우, 단수이로 이동하기에 편하다.

Data Map 274B
Access MRT 단수이淡水선 타고 위엔산圓山역 하차, 2번 출구 앞에서 호텔 셔틀버스 이용
Add 台北市 中山區 中山北路 四段 1巷 1號
Tel 02-2886-8888
Cost 디럭스 트윈룸 6,500달러~, 프리스티지 트윈룸 8,000달러~
Web www.grand-hotel.org

Data Map 273G
Access MRT 단수이淡水선 타고 쭝산中山역 4번 출구로 나가 건널목 건너 좌회전, 도보 10분
Add 台北市 中山區 中山北路 二段 41號
Tel 02-2523-8000
Cost 디럭스룸 8,000달러~
Web www.regenttaipei.com

타이완 드라마 <꽃보다 남자> 속 그 호텔
그랜드 포르모사
晶華酒店 | The Grand Formosa Regent

명품 매장이 즐비한 쭝산베이루 한가운데 위풍당당한 자태를 뽐내는 그랜드 포르모사 타이베이는 타이완의 대표 대기업인 포르모사 그룹에서 운영하는 호텔이다. 오랜 역사와 명성답게 관광객은 물론 비즈니스 여행자들에게도 인기다. 룸에서는 쭝산베이루의 가로수길과 도심의 야경이 내려다보인다. 지하 DFS갤러리아 쇼핑몰부터에서 다양한 레스토랑과 루프탑 수영장까지 층별로 즐길 거리를 다양하게 갖추고 있다. 특히 중식레스토랑이 유명하다. 쭝산역 근처라 교통도 편리한 편.

타이베이101 옆 특급호텔
그랜드 하얏트 台北君悅酒店 | Grand Hyatt

호텔룸에서 타이베이101이 손에 잡힐 듯 가까이 보이는 화려한 야경을 누릴 수 있는 5성급 호텔. 타이베이101과 연결 통로가 있어 밖으로 나갈 필요 없이 호텔에서 타이베이101 쇼핑몰, 전망대로 이동할 수 있다. 우월한 위치만큼이나 넓고 모던한 852개의 객실과 야외 풀장, 풀사이드바 등 럭셔리한 시설도 하얏트만의 자랑이다. MRT 신이선 타이베이101역을 이용하면 동먼역의 용캉지에, 타이베이 기차역도 가깝다.

Data Map 206E
Access MRT 신아信義선 타고 타이베이101台北101역 하차, 4번 출구에서 도보 2분
Add 台北市 信義區 松壽路 2號
Tel 02-2720-1234
Cost 그랜드룸 10,000달러~
그랜드 디럭스룸 12,000달러~
Web www.grandhyatttaipei.com.tw

Data Map 206D
Access MRT 반난板南선 타고 스정푸市政府역 하차, 2번 출구에서 도보 2분
Add 台北市 信義區 忠孝東路 五段 10號
Tel 02-7703-8888
Cost 원더풀룸 11,000달러~
패뷸러스룸 13,000달러~
Web www.wtaipei.com.tw

스타일리쉬한 밤을 꿈꾼다면
더블유호텔 W Hotel

더블유호텔 특유의 스타일리시함과 타이완풍 레드가 만나 더욱 강렬한 비주얼의 공간이 탄생했다. 10층 수영장Wet Deck과 수영장 옆 웻바Wet Bar, 31층 우바는 타이베이에서 제일 화려한 나이트라이프를 선물한다. 트렌디한 호텔답게 타이베이에서 가장 핫한 신이의 쇼핑몰 사이에 있다. 타이베이101까지는 구름다리를 따라 산책 삼아 걸어서 15분이면 도착한다.

| Theme |

타이베이 숙소 Q&A

비싼 숙소가 무조건 좋다는 편견은 버리자. 타이베이에는 가격대비 만족도가 높은 숙소가 꽤 많다. 호스텔부터 호텔까지 예산과 인원에 따라 알맞은 숙소를 찜해보자.

Q1. 어떤 숙소가 있나?

호스텔
하룻밤에 한화 약 2~3만원이면 묵을 수 있는 가장 저렴한 숙소. 공동침실의 경우 4~8인실 2층 침대와 공용 화장실이 기본. 수건, 치약, 칫솔 등은 챙겨가야 한다. 대부분 예약은 호스텔닷컴 www.hostel.com 또는 이메일을 통해 받는다.

한인 민박
타이베이 여행자가 늘어나면서 한인 민박도 늘어나는 추세다. 한국말이 통하고, 택시 투어, 기차 티켓 예약 등의 서비스를 받을 수 있어 여행이 한결 쉬워진다. 예약은 한인 민박에서 운영하는 카페나 이메일을 통해 가능하다.

호텔
3성급 중저가의 호텔부터 5성급 특급호텔까지 선택의 폭이 넓다. 모든 호텔이 영문이름과 중문이름이 다르다. 택시를 타고 호텔을 찾아갈 땐 중국어 이름으로 얘기해야 통한다. 대부분 '飯店(판뎬, 중국어로 호텔)' 형식이나 앞에 쓰인 2~3글자의 이름을 기억할 것. 대부분 호텔 홈페이지보다 호텔 예약 사이트의 가격이 더 저렴하다.

Q2. 취향 따라 예산 따른 숙소 선택법

아침부터 밤까지 부지런히 보고, 먹고, 느끼고 돌아다니기 바쁜 타이완 여행. 숙소 비용을 아껴 하나라도 더 먹고 보자는 여행자들이 많다. 가장 저렴한 숙소는 단연 여럿이 한방을 쓰는 호스텔. 단, 공용 샤워와 화장실을 써야한다는 불편함이 따른다. 편안한 침대와 욕실을 원한다면 3~4성급 디자인 호텔을 추천한다. 대부분의 디자인 호텔들은 쾌적하고 깔끔한 룸에 빵빵한 와이파이가 특징이다. 호텔에서 간단한 영어가 통하지만 중국어 울렁증이 심하다면 한인 민박이 대안이다.

Q3. 어느 지역에 묵을까?

3박 4일 내에 맛집과 타이베이 근교 여행지를 다 섭렵하려면 숙소 위치가 중요하다. 근교 여행 생각하면 타이베이 기차역 주변이 좋을 것 같지만 주변 환경이 아름답지만은 않다. 근교, 시내관광지, 맛집를 고려하면 단수이-신이선 또는 반난선이 지나는 동먼, 쭝산, 시먼역 주변 호텔들이 즐길 거리도 많고, 타이베이 기차역도 한 번에 갈 수 있어 편리하다. 단, MRT역에서 멀 경우 오히려 시간이 오래 걸릴 수 있으니 얼마나 가까운지 꼼꼼히 따져보고 선택하자.

01 동부 타이베이
신이&동취&쭝샤오신성

02 센트럴 타이베이
완화(롱샨쓰)&시먼딩&타이베이처짠&쭝쩡지녠탕

03 남부 타이베이
동먼&타이덴따러우&궁관

04 북부 타이베이
쭝산&솽리엔&위엔산&민취안시루&젠탄&스린

TAIPEI BY AREA

Taipei By Area
01

동부 타이베이

신이&동취&쭝샤오신성
信義&東區&忠孝新生

대형 쇼핑몰, 백화점, 호텔이 즐비한 신이에서 동취까지 타이베이에서 가장 번화한 거리가 이어진다. 화려한 대로 뒤엔 도심 속 문화공원이 신기루처럼 숨어있다. 그 옆으로 이어지는 골목 안을 들여다보면, '반짝' 하기보다 오래도록 '반짝'이는 가게가 어서 오라고 손짓한다. 당신에게는 쉼표가 필요하다고. 여행처럼, 친구처럼, 지금 이 순간처럼.

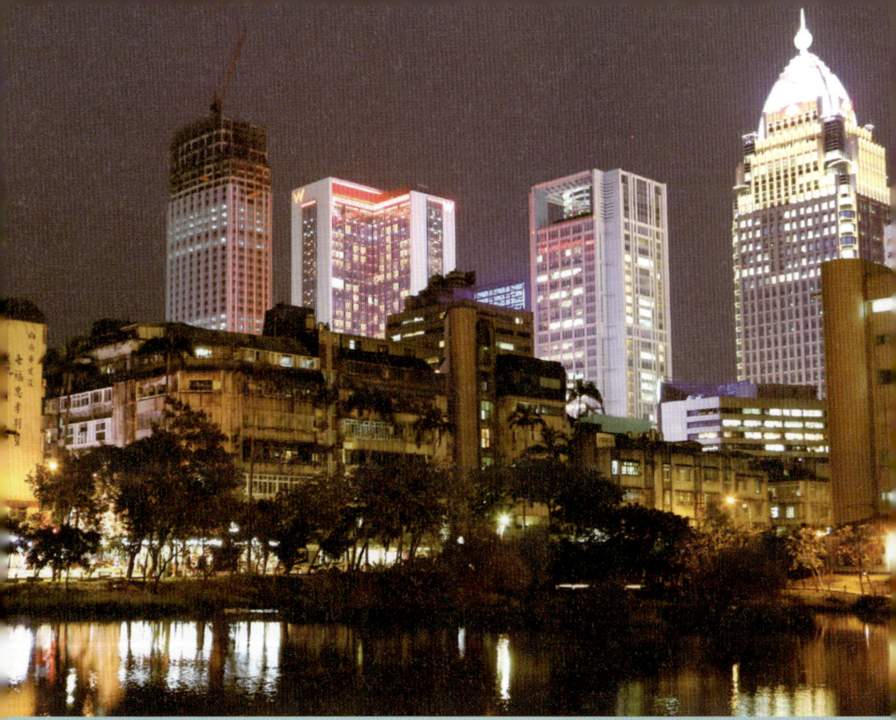

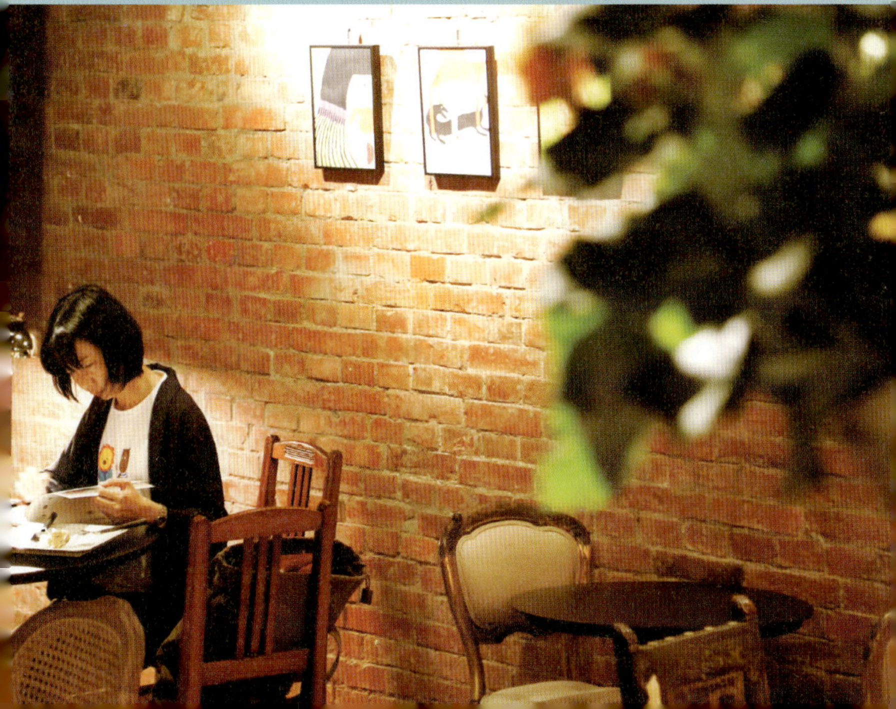

EAST TAIPEI
PREVIEW

타이베이101, 신광싼웨, 한큐, 소고백화점, 벨라비스타, 더블유호텔, 하얏트호텔. MRT 반난선 스정푸역에서 신이선 타이베이101역까지는 타이완에서 보기 드문 고층 빌딩 숲. 스정푸역에서 쑹샤오신성역까지 일직선으로 이어지는 길은 시시각각 표정이 변하는 번화가다. 깔끔한 레스토랑에서 요리와 디저트를 맛보며 식도락 여행을 즐기기 좋은 거리가 이어진다. 상큼한 소스처럼 톡톡 튀는 쇼핑스폿도 군데군데. 오늘도 도심 속 보물찾기는 네버엔딩!

SEE

동부 여행의 핵심 키워드는 타이베이101과 야경. 타이베이101전망대에 야경을 보러 가기 전 세련된 신이거리를 걸어도 좋고, 빈티지한 문화공간 쓰쓰난춘에서 시간을 보내도 좋다. 좀 더 시간을 여유롭게 쓰고 싶다면 옛 건물을 문화공원으로 개조한 송산문화원구나 화산1914문화창의산업원구 산책에 나서보자. 위트 있는 디자인, 아기자기한 공예품, 머물고 싶은 카페를 둘러보다 보면 푸석했던 마음이 촉촉해진다.

EAT

딩타이펑, 덴수이러우, 가오지, 키키 등 타이베이 대표 레스토랑은 동부에 다 있다. 주로 타이베이101, 쑹샤오푸싱역 소고백화점 주변에 포진해 있어 타이베이 근교 여행 다녀오기 전후에 들리기도 좋다. 궈푸지녠관역 주변 맛집도 빠뜨릴 수 없다. 송산문화원구 안 우바오춘, 타이베이 동부 맛집 투어의 꽃이자 꽃할배도 반한 망고빙 아이스 몬스터와 그 주변을 둘러싼 오래된 맛집들이 주르륵. 어디부터 갈까 배부른 고민에 빠질 지경.

BUY

동부 타이베이 3대 쇼핑 스폿으로 타이베이101, 쑹샤오푸싱 소고백화점, 송산문화원구 안 청핀수뎬 스펙트럼을 추천한다. 셋 다 관광지나 맛집 주변이라 함께 들러보기 좋은 위치. 타이베이101 지하 푸드코트에선 펑리수 코너, 소고백화점 지하에는 시티슈퍼, 청핀수뎬 스펙트럼에선 타이완 디자인을 재발견하게 해주는 문구와 아기자기한 라이프스타일 용품 숍에 주목해 보자.

어떻게 갈까?

MRT 반난선(파란색)과 신이선(빨간색)만 타면 어디든 쉽게 갈 수 있다. 쑹샤오신성에서 스정푸역 사이를 이동할 땐 반난선이 효율적이다. 타이베이101이 있는 신이지역은 신이선 타이베이101역, 반난선 스정푸역 2군데서 다 갈 수 있다. 한때는 스정푸역 2번 출구 앞 무료 셔틀버스를 타고 타이베이101로 가는 게 대세였으나 2013년 12월 신이선이 개통되며 타이베이101역으로 역전됐다. 쑹샤오푸싱역에서 연결되는 원후선을 타면 마오콩도 다녀올 수 있다.

어떻게 다닐까?

쑹샤오푸싱에서 국부기념관까지는 종로 지나 광화문 가듯 일직선으로 쭉 걸어갈 수도 있는 거리. 시간과 체력을 생각하면 MRT가 편하다. 급할 땐 택시로 이동해도 택시비 부담이 없다. 시간 여유가 있을 땐 스정푸역에서 타이베이101까지 이어지는 구름다리 산책로를 걸어보길 권한다.

One Fine Day in
EAST TAIPEI

뻔한 관광지보다 현지인들이 좋아하는 장소, 대로보다 골목 안이 궁금한 도시여행자를 위한 동부 탐험 코스를 제안한다. 딩타이펑, 키키, 아이스 몬스터 등 마음도 배도 기분 좋게 채워지는 여정이 될 것이다. 타이완의 유명 맛집까지 두루 섭렵하며 곳곳을 누벼보자.

화산1914문화창의산업원구 산책

MRT 5분 →

키키 레스토랑 사천요리 맛보기

MRT 10분 →

송산문화원구에서 전시 구경

↓ 도보 3분

빈티지한 쓰쓰난춘의 멋 느끼기

← MRT 5분 + 도보 15분

아이스 몬스터에서 망고빙수 한 그릇

← 도보 5분

청핀수뎬 스펙트럼 아이쇼핑

↓ 도보 5분 + 엘리베이터 37초

타이베이101전망대에서 야경 보기

엘리베이터 37초 + 도보 5분 →

꽃할배도 다녀간 딩타이펑 타이베이101점에서 저녁식사

도보 10분 →

타케무라에서 시원한 맥주로 하루 마무리

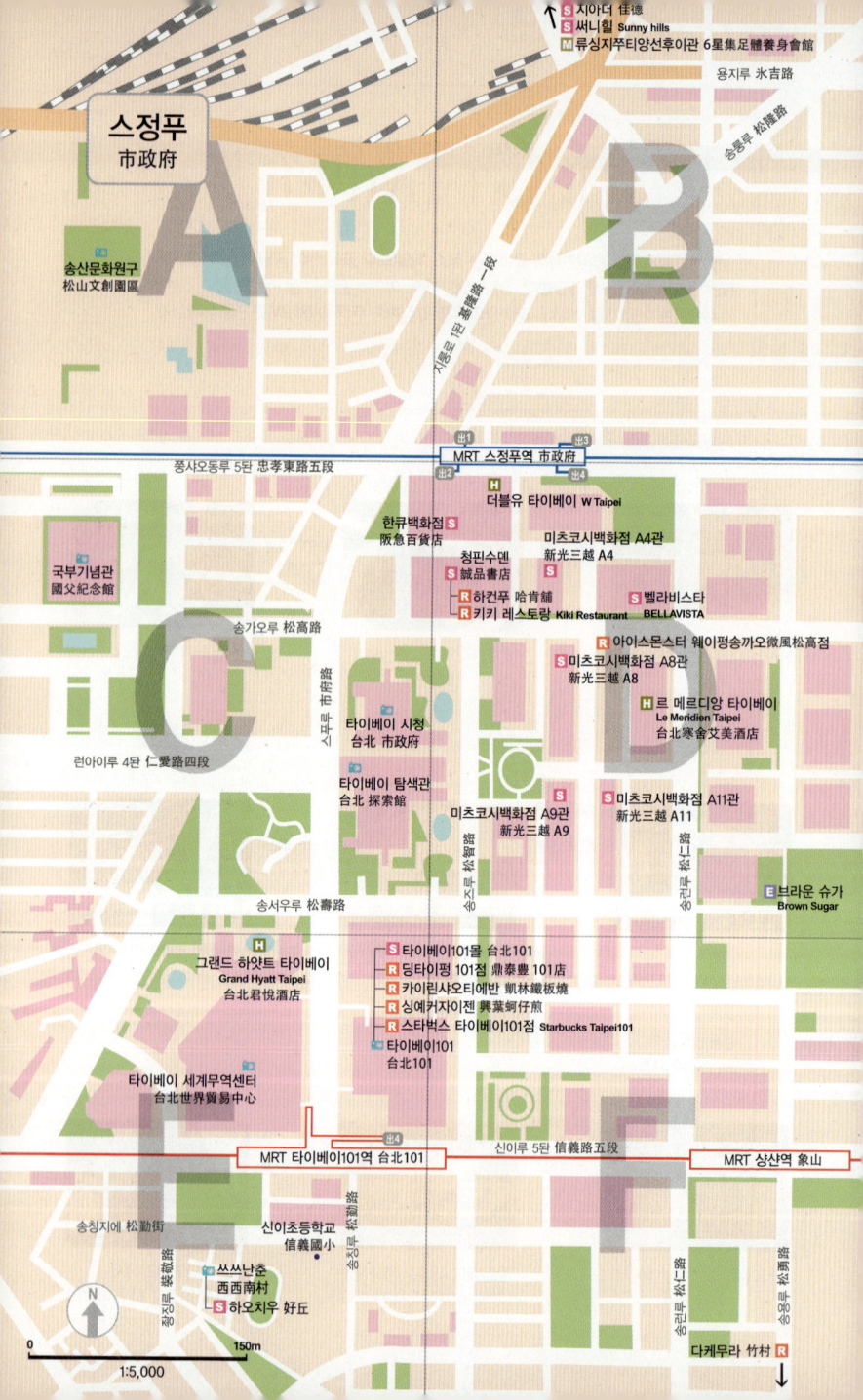

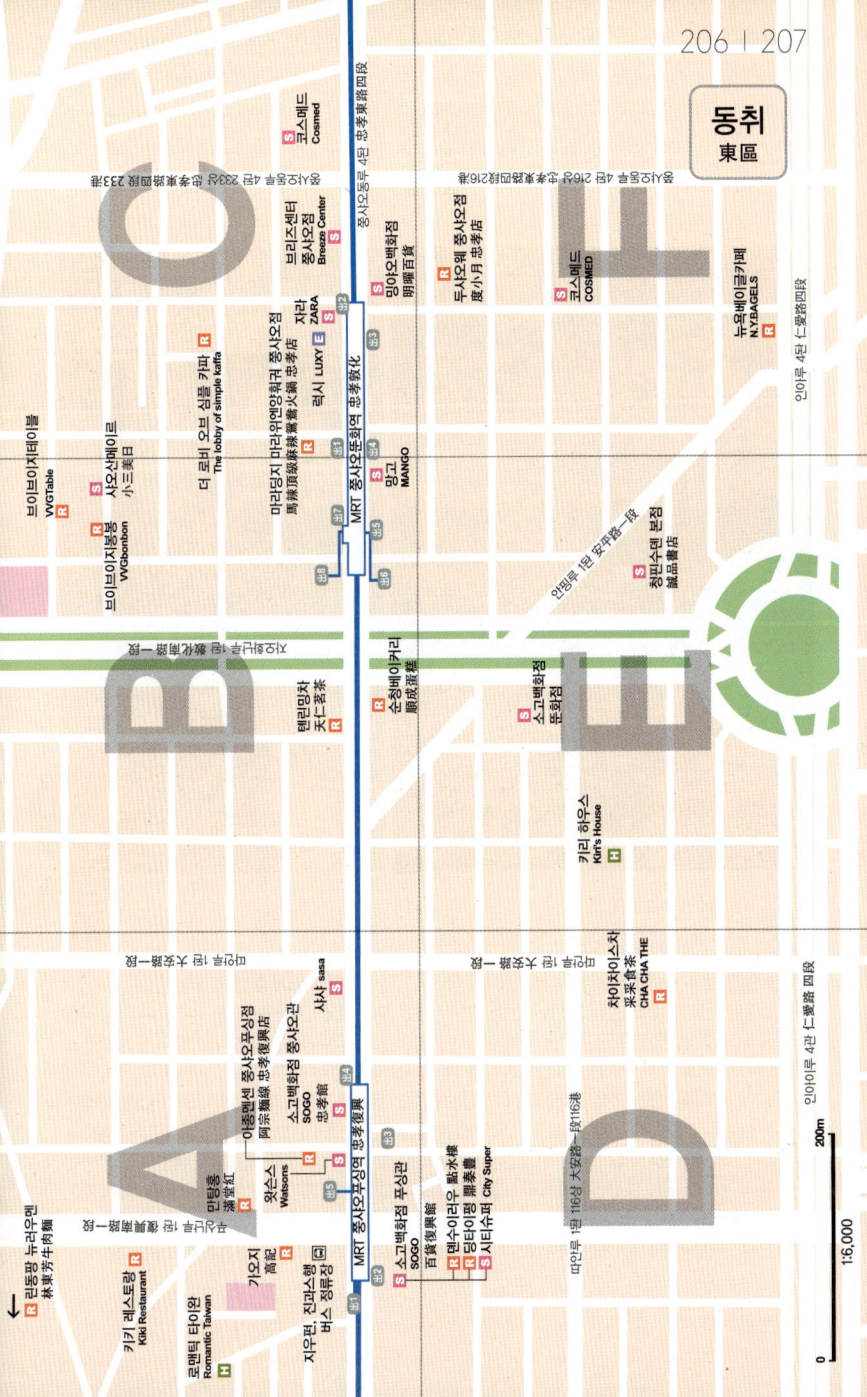

TAIPEI BY AREA 01
동부 타이베이

SEE

Writer's Pick! 타이베이의 랜드마크
타이베이101 台北101 | 대북101 | Taipei 101

하늘을 향해 뻗어가는 대죽 모양 타이베이101은 타이베이의 랜드마크. 8개 층씩 묶어 쌓아올린 101타워와 야트막한 건물과 101쇼핑몰 2개로 나뉜다. 여기서 8은 부와 복을 상징하는 숫자. 세계에서 가장 빠른 엘리베이터와 야외전망대로도 유명한 타이베이101전망대는 101타워 89층에 있다. 전망대에 가려면 쇼핑몰 5층 매표소로 가자. 기다림 끝에 초고속 엘리베이터를 타면 전망대까지 37초에 돌파한다. 전망대에 도착하면 한국어 음성안내기부터 챙기자. 티켓만 보여주면 무료로 빌려준다. 기둥에 쓰인 번호를 음성안내기에 누르면 그 방향에서 어디가 보이나 알기 쉽게 설명해준다. 동서남북 360˚ 파노라마로 타이베이를 내려다보는 기분이 근사하다. 91층 야외전망대는 유리창 없어 더 짜릿하다. 단, 날씨 좋을 때만 개방한다. 이왕이면 해가 지기 전 전망대에 올라 노을부터 야경까지 한 번에 즐겨보자. 88층에선 세계에서 가장 크고 무거운 윈드 댐퍼Wind damper도 볼 수 있다.

Data **Map** 206E **Access** MRT 신아이신이義線 타고 타이베이101台北101역 하차, 4번 출구로 연결. 또는 MRT 반난 板南線 타고 스정푸市政府역 2번 출구에서 타이베이101빌딩 무료 셔틀버스 이용 **Add** 台北市 信義區 市府路 45號 **Tel** 02-801-8800 **Open** 09:00~22:00(매표 마감 21:15) **Cost** 전망대 600달러, 어린이 540달러 **Web** www.taipei-101.com.tw

구름다리 위의 산책
신이 信義 | 신이

한큐, 미츠코시백화점, 청핀수뎬 스펙트럼, 더블유호텔, 하얏트호텔 등 타이페이 쇼핑몰과 호텔이 모여 있는 중심가. 홍콩처럼 백화점 사이가 구름다리로 연결돼 있어 비가 와도 산뜻한 산책을 즐길 수 있다. 총 길이 1km, 도보 15분 거리의 구름다리는 미츠코시백화점 A4관 2층에서부터 A8관을 지나 타이베이 101까지 이어진다. 모든 길은 타이베이101로 연결되니 길 헤맬 걱정도 없다. 저녁 무렵 구름다리로 연결된 건물들이 조명을 밝히면 런웨이Runway를 걷는 듯 기분이 사랑라해진다.

Data Map 206C, D, E, F Access MRT 반난板南선 타고 스정푸市政府역 하차, 2, 3번 출구 Add 台北市 信義區

옛 군인촌의 놀라운 변신
쓰쓰난춘 四四南村 | 사사남촌

쓰쓰난춘은 옛 군인 숙소를 문화공간으로 변모시킨 오묘한 장소. 여기서 타이베이101을 보면 하늘을 향해 쭉 뻗은 최첨단 빌딩과 오래된 건물의 대비가 절묘하다. 쓰쓰난춘 안에는 전시장, 하오치우 베이글 카페 겸 라이프스타일숍, 미도리 아이스크림 가게가 둥지를 틀고 있다. 토, 일요일에는 앞마당에서 '심플 마켓Simple Market'도 열린다. 벼룩시장 구경도 즐겁지만 이 공간을 맘껏 향유하는 사람들 구경이 재미지다. 쓰쓰난춘에는 초록 언덕이 여러 개 있는데, 사람들은 그 위에서 기타를 치거나 책을 읽거나 맥주를 마시며 자신만의 시간을 보낸다. 그들처럼 언덕 위에 누워 타이베이101을 바라보노라면 진정 자유로운 영혼이 된 기분!

Data Map 206E Access MRT신이信義선 타고 타이베이101台北101역 하차, 2번 출구로 나와 아디다스 농구장을 끼고 좌회전하면 입구 보임 Add 台北市 信義區 松勤街 50號 信義公民會館 Tel 02-2723-7937 Open 화~금 11:00~21:30, 토, 일 10:00~18:00(심플 마켓 토, 일 13:00~19:00) Cost 무료

타이베이101 보러 국부기념관 간다?!
궈리궈푸지녠관 國立國父紀念館

국립국부기념관 | National Dr. Sun Yat-sen Memorial Hall

중국 본토에 중화민국을 수립한 초대 임시총통 쑨원(1866~1925년)을 기리는 기념관. 묵직하고 웅장한 건물과 날아갈 듯 선이 고운 황금빛 지붕이 트레이드마크다. 중정기념당에 묻혀 관광객들에겐 덜 알려져 있지만 기념관 둘레에 연못과 산책로가 공원처럼 조성돼 있어 현지인들도 즐겨 찾는다. 관광객들에게는 매일 저녁 5시면 5.8m의 거대한 쑨원 동상 앞에 서 열리는 근위병 교대식이 인기. 기념관 내에는 대규모 공연장과 전시관 멀티미디어홀 도서관 등 타이베이 시민들을 위한 문화시설이 잘 갖춰져 있다. 게다가 국립국부기념관 정문 앞에서 반대방향으로 카메라를 들이대면 타이베이101이 프레임 안에 쏙 담긴다. 저녁 무렵 들러 근위병 교대식도 보고 타이베이101을 배경으로 인증샷도 남긴다면 그야말로 1석 2조. 앞뜰에서 태극권 수련 중인 어르신들과 기념관 옆에서 힙합음악에 맞춰 춤을 추는 젊은이들도 묘한 균형을 이룬다.

Data **Map** 211B **Access** MRT 반난板南선 타고 궈푸지녠관國父紀念館역 하차, 4번 출구에서 도보 3분 **Add** 台北市 仁愛路 4段 505號 **Tel** 02-2758-8008 **Open** 09:00~19:00(음력설 휴무) **Cost** 무료 **Web** www.yatsen.gov.tw

국부라 불리는 혁명가, 쑨원孫文

'중국을 구하라'는 말을 남기고 세상을 떠난 쑨원. 중국의 혁명을 이끈 공화제를 창시해 타이완과 중국 양국에서 국부라 불리는 혁명가다. 민족, 민권, 민생 삼민주의 사상을 정립했다. 1911년 신해혁명 이후 임시 대총통으로 추대돼 1912년 1월 1일 중화민국을 세웠지만 위안스카이에게 권력을 넘겨주고 말았다. 수많은 좌절 끝에 국민당을 조직하고 공산당과 손잡는 국공합작까지 했지만 1925년 혁명의 완성을 보지 못한 채 베이징에서 간암으로 생을 마감했다.

동부 타이베이

담배공장의 '핫'한 변신
Writer's Pick!
송산원창위엔취 松山文創園區
| 송산문화원구 | Songshan Cultural Park

국립국부기념관에서 길 하나 건넜을 뿐인데 '핫'하다. 도시의 불빛이 아른거리는 연못, 야자수 아래 초록 정원, 곳곳의 미술관, 갤러리 그리고 레스토랑과 라이프스타일숍으로 가득 찬 청핀수뎬 스펙트럼까지. 포장도 알맹이도 예쁜 문화종합선물세트가 따로 없다. 여기가 담배공장이었다니 성형미인보다 아름다운 반전 매력. 시간 부자가 되어 하루 종일 머무르고 싶어진다면 당신은 뜨는 동네를 알아보는 멋진 여행자.

Data **Map** 211B **Access** MRT 반난板南선 타고 궈푸지녠관國父紀念館역 하차, 5번 출구로 도보 5분 **Add** 台北市 信義區 光復南路 133號 **Tel** 02-2765-1388 **Open** 실내 09:00~18:00, 야외 08:00~22:00 **Cost** 전시에 따라 다름 **Web** www.songshanculturalpark.org

어느 골목까지 가봤니?
동취 東區 | 동구

MRT 쭝샤오푸싱역에서 쭝샤오둔화, 궈푸지녠관國父紀念館역까지 이르는 번화가. 맘만 먹으면 쭉 따라 걷기 좋게 일직선으로 이어지는 대로변은 서울의 강남역과 종로 같은 분위기가 혼재한다. 동취의 진짜 매력은 유니클로, 자라 등 대형 스토어 뒤로 촘촘히 이어지는 골목 안에 있다. 여심을 자극하는 옷가게, 카페, 레스토랑을 발견하는 재미는 골목 산책의 묘미. 시먼딩西門보다 덜 번잡해서 더 좋다.

Data **Map** 207 **Access** MRT 반난板南선 타고 쭝샤오푸싱孝復興역, 쭝샤오둔화忠孝敦化역, 궈푸지녠관國父紀念館역 하차

아트에 취한 술공장
Writer's Pick!
화산1914원화창위엔취
華山1914文化創意產業園區 |
화산1914문화창의산업원구 |
Huashan 1914 Creative Park

거친 남자의 섬세한 매력을 발견했을 때의 기분이 이럴까. 100년이 넘은 양조장 건물 안에 갤러리와 영화관, 디자인이 남다른 가게들이 둥지를 틀었다. 타이베이 속 파주 헤이리를 만난 기분. 낡은 건물 사이사이 핫한 카페와 레스토랑도 여행자들을 유혹한다. 윈도우 쇼핑을 하듯 눈요기만 해도 즐겁다.

Data **Map** 013 **Access** MRT 반난板南선 타고 쭝샤오신성忠孝新生역 하차, 1번 출구로 나와 신호등 건너 직진. 도보 5분 **Add** 台北市 八德路 1段 1號 **Tel** 02-2707-1336 **Open** 10:00~21:00 **Cost** 전시에 따라 다름 **Web** www.huashan1914.com

EAT

꽃할배도 맛본 샤오롱바오

딩타이펑 | 鼎泰豊 | 정태풍 | Din Tai Fung

Data 타이베이101점
Map 206E
Access MRT 신이신義선 타고 타이베이101역 하차, 4번 출구. 타이베이101 B1 푸드코트 내
Add 台北市 信義區市 府路 45號 B1 **Tel** 02-8101-7799
Cost 샤오롱바오 10개 200달러, 5개 100달러
Web www.dintaifung.com.tw

MRT 타이베이101역 4번 출구에서 나오면 타이베이101 보다 먼저 눈에 들어오는 딩타이펑은 꽃할배들이 다녀간 바로 그 지점. DON'T MISS 타이베이101전망대의 야경 보기 전 들르기 좋다. 하지만 악! 소리 날 만큼 입구에 사람이 몰려있는 날이 대부분이다. 주말 저녁 1시간 대기는 흔한 풍경. 전망대에 가기 전 번호표를 받아 놓은 후 야경을 보고 오면 덜 기다리고 입성할 수 있다.

소리부터 맛있는 데판야키

카이린샤오티에반 凱林鐵板燒 |
개림철판소 | KAREN Teppanyaki

일본식 데판야키 전문점의 타이베이101 지점. 주문하면 눈앞에서 철판에 채소부터 고기, 해산물까지 순서대로 구워준다. 밥과 국이 함께 나와 한국인 입맛에 딱. 먹고 나면 영양보충 골고루 한 기분. BAD 자리가 많지 않아 기다릴 수도 있다. 그래도 딩타이펑에 비하면 줄이 짧은 편.

Data Map 206E **Access** MRT 신이신義선 타고 타이베이101역 하차, 4번 출구. 타이베이101 B1 푸드코트 내 **Add** 台北市 信義區 市府路 45號 B1 **Tel** 02-8101-8285 **Open** 11:00~21:30 **Cost** 세트메뉴 590~690달러 선

타이완식 굴전 상차림

싱예커자이젠 興葉蚵仔煎 | 흥엽가자전

밥 또는 면에 국과 커자이젠蚵仔煎을 한상처럼 차려준다. 중국어를 몰라도 메뉴판의 사진을 보고 고르면 된다. 혼자서도 간단하지만 든든하고 깔끔한 한 끼를 해결하고 싶을 때 이만한 데가 없다. BAD 메뉴판 사진보다 다소 약한 비주얼. DON'T MISS 입맛 따라 취향 따라 고르는 커자이젠 세트 메뉴 1, 2, 6번.

Data Map 206E **Access** MRT 신이신義선 타고 타이베이101역 하차, 4번 출구. 타이베이101 B1 푸드코트 내 **Add** 台北市 信義區 市府路 45號 B **Tel** 02-8101-8512 **Open** 11:00~22:00 **Cost** 으아젠 세트 메뉴 110~130달러

Data Map 206F
Access MRT 신이信義선 타고 타이베이101역 하차, 2번 출구에서 도보 15분, 또는 택시 5분
Add 台北市 信義區 松仁路 253巷 1弄 竹村居酒屋
Tel 02-2720-7305
Open 17:00~01:00
Cost 주먹밥 60달러, 꼬치 50~100달러

Writer's Pick!

타이베이101이 보이는 낭만 이자카야
다케무라 竹村 | 죽촌

볼수록 절묘하다. 골목 사이로 타이베이101이 보이는 이자카야. 오래된 건물과 초고층빌딩의 대비가 영화 속 한장면 같다. 타이완 인기 드라마 〈아가능불회애니我可能不會愛你〉 속 주인공들의 데이트 장소로 유명세를 탔다. 게다가 뭘 시켜도 맛있다. 치즈만큼 고소한 두부요리, 일본식 꼬치구이 등 요것저것 계속 시켜먹고 싶어지는 메뉴가 가득. 단, 금요일 저녁이나 주말에는 1시간 이상 기다리는 경우도 있으니 염두하고 찾아 갈 것. 바람이 살랑대는 선선한 저녁이라면 타이베이101에서 천천히 걸어갈 만 한 거리라 느지막이 여기서 하루를 마무리해도 좋겠다. 눈빛만으로도 마음이 통화는 친구와 함께라면 더욱.

매일매일 따끈한 빵
하컨푸 哈肯舖 | 합개포 | Hogan Bakery

아이돌처럼 팬을 몰고 다니던 국민 파티시에 우바오춘이 거쳐 간 곳. 더 이상 그는 없지만 빵집의 인기는 변함 없다. 청핀수뎬誠品書店 안 하컨푸에서 빵을 산 후 둘러보는 것을 추천한다. DON'T MISS 매장에서 직접 빵을 굽기 때문에 따끈한 빵을 먹을 수 있다는 것이 최대 장점! 시식용 빵을 직접 먹어보고 구입할 수 있어 더 좋다.

Data Map 206D **Access** MRT 반난板南선 타고 스정푸市政府역 2번 출구에서 연결되는 한큐백화점 청핀수뎬 지하 2층 **Add** 台北市 信義區 松高路 11號 B2 **Tel** 02-2912-4444 **Open** 07:30~22:00(금,토는 23:00까지) **Cost** 오징어 먹물빵 65달러 **Web** www.hoganbakery.com.tw

현지인들이 좋아하는 야시장
라오허지에 야시장
饒河街夜市 | 요하가관광야시

타이베이에서 2번째로 큰 야시장으로 현지인들이 더 즐겨 찾는다. BAD 가까운 MRT역에서 택시를 타고 가야하는 번거로움이 있다. DON'T MISS 이곳 명물을 꼽으라면 단연 후자오빙胡椒餠. 고기와 파로 속을 채운 만두로 화덕에 구워 겉은 바삭하고 속은 촉촉한 것이 특징. 진한 후추향도 느껴진다. 1개 45달러로 가격도 저렴하다.

Data Map 013 **Access** MRT 송산松山선 타고 종점인 송산松山역 하차, 5번 출구로 나와 출구를 등지고 오른쪽 맞은편으로 도보 1분 **Add** 台北市 松山區 饒河街 **Open** 16:00~24:00

국부기념관~쭝샤오뚠화

프렌치 베이커리&브런치 카페

위런 雨人 | 우인 | Rainman Boulangerie Bistro

비 오는 날 프랑스풍 카페의 온기에 끌려 들어갔다 빵 맛에 반해 버린 곳. 침샘을 자극하는 크라상, 페이스트리 등이 가득하니 빵순이, 빵돌이에겐 여기가 천국이 아닐까 싶다. 조엘뷰숑에서 일하던 오빠와 하얏트호텔 출신 여동생 두 남매가 각각 빵과 요리를 책임진다. 주중엔 한적하지만 주말엔 브런치 즐기는 사람들로 북적북적 활기찬 분위기. BAD 170달러 이상 주문해야 테이블을 차지할 수 있다 DON'T MISS 하루를 달콤하게 시작해 줄 팽 오 쇼콜라, 맛있는 포만감을 주는 스테이크샌드위치.

Data Map 211B Access MRT 반난板南선 타고 궈푸지녠관國父紀念館역 하차, 5번 출구에서 도보 8분 Add 台北市 信義區 忠孝東路 4段 553巷 2弄 3號 Tel 02-2764-2432 Open 화~일 12:00~22:00 Cost 커피 70~100달러, 스테이크샌드위치 330달러

커피 애호가라면 주목

더 로비 오브 심플 카파
The lobby of simple kaffa

타이완에서 연속 2번 1등을 거머쥔 바리스타가 운영하는 카페. MRT 중샤오푸싱 역에서 찾기도 쉽다. 이곳만의 노하우로 블렌딩하고 로스팅한 커피 원두를 포함해, 커피 기구 등도 판매한다. DON'T MISS 쫀쫀하고 풍성한 거품의 카푸치노. BAD 현지인들에게도 인기 있는 카페로 주말에는 기다림을 감수해야 한다.

Data Map 207C Access MRT 반난板南선 중샤오뚠화忠孝敦化역 2번 출구로 나와 좌회전 후 직진. 두 블록 지나 왼쪽 골목으로 호텔 V가 보인다. 도보 3분 내외 Add 台北市 敦化南路 一段 177巷 48號 호텔 'V' 내 B1 Tel 02-8771-1127 Open 일~목 12:30~21:30, 금~토 12:30~22:00 Cost 시그니처 콤보 1+1 200달러, 카푸치노 170달러 Web www.simplekaffa.com

커피향 그윽한 로스터리 카페

카페 솔 cafe sole

타이완디자인뮤지엄 맞은편에 자리한 로스팅 카페. 진한 커피향이 아담한 카페 안을 가득 채운다. 송산문화원구를 구경하다 들리기 딱 좋은 위치. 카페 앞 복도의 햇살 좋은 창가자리는 혼자 멍 때리기도 좋다. BAD 6시면 문을 닫는다. 칼 같이 에스프레소머신을 끄는 바리스타가 야속할 따름. DON'T MISS 카페 솔의 자랑 더치커피 빙디카페冰滴咖啡.

Data Map 211B Access MRT 반난板南선 타고 궈푸지녠관國父紀念館역 하차, 5번 출구에서 도보 8분. 송산문화원구 내 Add 台北市 信義區 光復南路 133號 Tel 02-2767-6076 Open 09:00~18:00 Cost 솔블렌드커피 90달러, 더치커피 180달러 Web www.sole.tw

TAIPEI BY AREA 01
동부 타이베이

송산문화원구 필수코스
우바오춘 베이커리
吳寶春麥方店 | 오보춘면방점 | Wu Pao Chun Bakery

송산문화원구 내 청핀수뎬 스펙트럼은 대체로 한적한 분위기. 레스토랑과 카페가 있는 지하 2층도 여유로운 편이지만 이곳만큼은 예외다. 세계 1등 로즈 앤 리치빵은 가오슝점보다는 여유롭게 구매 가능하다. 여행 기간 내내 먹어도 될 만큼 큼직한 크기도 굿! DON'T MISS 빵을 고르는 사람만큼 계산 줄도 늘어진다. 2인 1조로 계산과 구입을 나누면 시간을 단축시킬 수 있다.

Data Map 211B
Access MRT 반난板南선 타고 궈푸지녠관國父紀念館역 하차, 5번 출구에서 도보 10분. 송산문화원구 안 청핀수뎬 지하 2층 **Add** 台北市 信義區 菸廠路 88號 誠品松菸店 B2
Tel 02-6636-5888, 내선번호 #1902
Open 11:00~22:00
Cost 로즈 앤 리치빵 350달러, 바게트 40~60달러(현금 결제만 가능) **Web** www.wupaochun.com

공연이 있는 북카페
유에유에수뎬 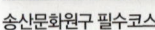 閱樂書店 | 열락서점 | yue yue & co.

송산문화원구 연못 옆에 새롭게 문은 연 유에유에수뎬은 '독서가 있는 곳에 삶이 있다'를 모토로 한 북카페다. 서정적인 녹색 목조 건물부터 예사롭지 않다. 안으로 들어서면 한쪽 벽면을 가득 채운 책장과 창가의 소파와 테이블이 멋스럽다. 커피 한잔 그러쥐고 소파에서 편한 자세로 책을 읽거나 햇살 좋은 창가에서 작업을 하는 사람들의 표정이 평온하다. 책을 좋아하는 사람이라면 반하지 않고는 못 배길 분위기. 진한 커피와 잘 어울리는 오리지널 치즈케이크도 인기다. DON'T MISS 아침부터 저녁까지는 서점 겸 카페로, 밤 9시부터는 공연이 있는 바로 변신한다. 그것도 새벽 2시까지! 맥주 한 잔 홀짝이며 음악에 흠뻑 빠져보는 건 어떨까.

Data 211B
Access MRT 반난板南선 타고 궈푸지녠관國父紀念館역 하차, 5번 출구에서 도보 8분. 송산문화원구 연못 바로 옆
Add 台北市 信義區 光復南路 133號
Tel 02-2249-1527
Open 09:00~02:00
Cost 카푸치노 130달러, 오리지널 치즈케이크 120달러

불금을 부르는 핫한 이자카야
도조 DOZO

타이베이에서 보기 드문 블록버스터급 2층 규모 이자카야. 드넓은 홀, 높은 천장이 공연장을 방불케 한다. 둘이라면 바에서 오붓하게, 여럿이라면 테이블이나 룸에서 시끌벅적하게 술 헤는 밤을 보내기 그만이다. 안주 선택의 폭도 넓다. BAD 메뉴가 워낙 다양해 술보다 안주에 눈이 먼저 간다. 신나서 안주발 세우다 보면 예산을 초과할 수도. DON'TMISS 두둥 두둥. 창가의 무대에서는 토요일 밤 10시마다 일본식 북 타이코 공연이 열려 한층 더 흥을 돋운다.

Data Map 211A
Access MRT 반난板南선 타고 궈푸지녠관國父紀念館역 하차, 5번 출구로 나와 건널목 건너 직진 유나이티드호텔 옆
Add 台北市 大安區 光復南路 102號
Tel 02-2778-1135 **Open** 일~목 18:00~02:00, 금~토 18:00~03:00
Cost 꼬치구이 100~340달러, 사시미 400~500달러, 각종 튀김 160~280달러
Web www.dozoizakaya.com

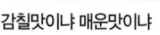

꽃할배도 반한 망궈빙
아이스 몬스터 ICE MONSTER
Writer's Pick!

이 맛에 타이베이 온다는 사람들이 많은 부동의 망고빙수. 1인당 최소 주문 금액 120달러, 제한시간 60분. 줄까지 서야하는데 인기는 식을 줄 모른다. 기다리기 싫을 땐 테이크아웃이 답이다. 10% 할인은 덤. DON'TMISS 여름엔 프레쉬 망고 센세이션, 겨울엔 버블밀크티 센세이션. 망고 맛이 살아있듯 쩐쭈(버블) 맛이 살아있다.

Data Map 211A **Access** MRT 반난板南선 타고 궈푸지녠관國父紀念館역 하차, 1번 출구. 또는 중샤오뚠화忠孝敦化역 2번 출구에서 도보 5분 **Add** 台北市 忠孝東路 四段 297號 **Tel** 02-8771-3263 **Open** 10:30~23:30 **Cost** 프레쉬 망고 센세이션 220달러(여름), 250달러(겨울), 버블밀크티 센세이션 180달러
Web www.ice-monster.com

감칠맛이냐 매운맛이냐
칭전쭝궈뉴러우관
清真中國牛肉館 청진중국우육관

관광객보다 현지인들이 더 많이 찾아 더 믿음이 간다. 맑은 국물 칭뚠뉴러우멘은 비주얼에 비해 담백하게 입에 착 감기는 감칠맛이 일품이다. 매운 국물 훙샤오뉴러우멘은 정신이 바짝 들만큼 맵지만 자꾸 손이 간다. 이럴 땐 둘이 하나씩 시켜 나눠 먹으면 최상의 조합! DON'TMISS 뉴러우멘 한 그릇 먹고 아이스 몬스터 가기 딱 좋은 위치. BAD 융캉뉴러우멘에 비하면 고기가 덜 야들해서 야속해.

Data Map 211A **Access** MRT 반난板南선 타고 궈푸지녠관國父紀念館역 하차, 1번 출구에서 좌회전, 도보 5분 **Add** 台北市 大安區 延吉街 137巷 7弄 1號 **Tel** 02-2721-4771 **Open** 11:30~14:30, 17:00~21:00
Cost 뉴러미엔 200달러

쭝샤오푸싱

Data Map 207A
Access MRT 반난板南선 타고 중샤오푸싱忠孝復興역 하차, 5번 출구에서 도보 5분
Add 台北市 復興南路 一段 127號 2樓
Tel 02-2775-3738
Open 11:30~22:30
Cost 598달러(단, 평일 11:30~17:00 498달러), 택스10%추가, 식사시간 2시간 Web www.mantanghung.com.tw/ko

Writer's Pick! 고급스러운 분위기에서 즐기는
만탕훙 滿堂紅 | 만당훙

아는 사람들만 간다는 훠궈火鍋 레스토랑. 제대로 매운 마라麻辣탕을 맛볼 수 있다. 한국어 주문서가 있어 훠궈 초보자도 안심이다. 식사시간은 2시간 사전 예약 필수! BAD 뷔페식 훠궈에 익숙하다면 일일이 주문하는 방식이 번거롭게 느껴질 수도 있겠다. DON'T MISS 수제로 만든 새우 어묵과 크랩 어묵은 쫀득하고 씹는 맛이 알차다. 조그만 크기로 떼어 탕에 넣으면 익는 속도가 빨라진다.

둘째가라면 서러운 샤오롱바오
뎬수이러우
點水樓 | 점수루 | Dian Shui Lou

샤오롱바오하면 빠지지 않는 곳이 바로 뎬수이러우. 중국 남부의 고풍적인 분위기를 만끽하며 여유로운 식사를 즐길 수 있다. DON'T MISS 배부를 때까지 무제한으로 딤섬을 먹을 수 있는 츠다오바오 吃到飽를 운영 중이다. 단 하루에 50세트 한정이며 오후 2시 30분부터 4시 30분까지 2시간만 운영한다. 선착순이라 먼저 줄 서는 사람이 임자!

Data Map 207A Access MRT 반난板南선 타고 샤오푸싱忠孝復興역 하차, 2번 출구에서 연결되는 소고백화점 11층 Add 台北市 忠孝東路 三段 300號 11樓 Tel 02-8772-5089 Open 11:00~22:00 Cost 샤오롱바오 10개 220달러, 츠다오바오 각 329, 369, 399달러 Web www.dianshuilou.com.tw

Writer's Pick! 매콤한 맛이 생각날 때
키키 레스토랑 Kiki Restaurant

현지인들에게도, 여행자들에게도 골고루 인기 많은 사천요리 전문점. 타이베이 6개 지점 중 교통과 예약 등을 고려할 때 가장 편리한 지점은 푸싱점. 진과스, 지우펀 등 근교 여행을 다녀온 후 저녁식사로 하루를 마무리하기 좋다. DON'T MISS 천상의 맛이라 불러도 좋은 보드라운 두부 요리 라오피넌로 우老皮嫩肉. 밥반찬으로도 맥주 안주로도 훌륭하다.

Data 푸싱復興점 Map 207A Access MRT 반난板南선 타고 중샤오푸싱忠孝復興역 하차, 1번 출구에서 도보 8분 Add 台北市 復興南路 一段 28號 Tel 02-2752-2781 Open 월~토 11:30~15:00, 17:15~22:30, 일 11:30~15:00, 17:15~22:00 Cost 라오피넌로우 220달러, 공기밥 15달러, 맥주 70달러 Web www.kiki1991.com

 Writer's Pick!

소문난 곱창국수 앉아서 먹기!

아종멘센 阿宗麵線 | 아종면선

아종멘센 시먼점의 인기에 힘입어 오픈한 쭝샤오푸싱점. 다 좋은데 길에 서서먹기 불편했던 본점과 달리 테이블에 앉아 시원한 에어컨 바람까지 쐬니 오로지 곱창국수 맛에 집중할 수 있다. 입구에서 큼지막한 솥에 실파 같은 국수를 푹푹 삶는다. 주문하면 바로 한 그릇 후딱 떠준다. DON'T MISS 고수를 싫어한다면 주문할 때 "부야오샹차이!". 더 풍부하게 즐기려면 마늘소스를 솔솔.

Data Map 207A
Access MRT 반난板南선 타고 쭝샤오푸싱忠孝復興역 하차, 4번 출구로 나와 소고백화점과 왓슨스 사이 골목으로 도보 2분 **Add** 台北市 大安區 忠孝東路 4段 17巷 2號
Tel 02-2388-8182
Open 11:00~22:30
Cost 곱창국수 大 65달러, 小 50달러

갤러리아 티룸이야

차이차이스차 采采食茶 | 채채식차 | CHA CHA THE

모던하고 시크한 티룸. 다섯 그루의 야자수가 있는 입구부터 남다르다. 갤러리 같은 실내에는 심플하고 고급스러운 차 선물세트가 작품처럼 진열돼 있다. 동으로 만든 앤틱한 다기가 공간의 무게감을 더한다. 차 마시는 공간은 잘 꾸며 놓은 서재 같은 분위기. 밖에서는 이곳이 보이지 않아 더 은밀하다. BAD 만만치 않은 가격 탓에 온통 30~40대 여자들만 가득. DON'T MISS 파스타를 주문하면 차 한 잔을 선택할 수 있는 라이트 디쉬Light Dish 세트 메뉴. 우롱차와 머쉬룸 파스타의 색다른 마리아쥬가 기대 이상!

Data Map 207D
Access MRT 반난板南선 타고 쭝샤오푸싱忠孝復興역 하차, 3번 출구에서 도보 7분 **Add** 台北市 大安區 復興南路 一段 219巷 23號
Tel 02-8773-1818
Open 11:00~21:00
Cost 라이트 디쉬 세트 680달러~, 애프터눈 티 세트 580달러~

쭝샤오신성

음악과 조명에 취하는 밤
샤오주 小酒 | 소주 | SHOCHU Yakidori

비 오는 타이베이에서 술 한 잔 생각날 때 샤오주로 가자. 창 밖 엔 비, 안에는 취향 따라 골라 마시기 좋은 맥주, 사케, 와인이 즐비하다. 넉넉한 와인 셀러까지 갖추고 있다. 오키나와 오리온 생맥주도 일품. 인테리어는 영국 펍 분위기인데 안주는 일본식. 올드팝 음악이 마음까지 촉촉이 적셔준다. 맑은 날엔 야외 테라스에서 밤을 맞이해도 좋겠다.

Data Map 013 Access MRT 반난板南선 타고 쭝샤오신성忠孝新生역 하차, 1번 출구에서 신호등 건너 직진 도보 7분. 화산1914 내 Add 台北市 八德路 1段 1號 中4D館 1F~2 米酒作業場 Tel 02-2395-1700 Open 12:00~02:00 Cost 오리온 생맥주 330ml 160달러, 500ml 200달러

천연재료로 만든 뷔페
칭예신러위안 青葉新樂園 | 청엽신락원

유명 타이완 음식점 칭예青葉에서 야심차게 오픈한 타이완 요리 전문 뷔페로 메뉴의 스펙트럼이 넓다. 별도 주문의 즉석 메뉴와 맥주 무제한. 즉석코너에선 웬만한 샤오츠도 맛볼 수 있다. 분위기와 위생이 우선이라면 탁월한 선택. DON'T MISS 디저트 코너의 평리수와 아이스크림으로 달콤한 마무리.

Data Map 013 Access MRT 반난板南선 타고 쭝샤오신성忠孝新生역 하차, 1번 출구로 나와 신호등 건너 직진 도보 5분. 화산1914 내 Add 台北市 八德路 1段 1號 Tel 02-3322-2009 Open 점심 12:00~14:30, 저녁 17:30~21:30 Cost 평일 점심 550달러, 저녁 680달러, 주말 680달러 Web www.aoba.com.tw/shinleyuan

나를 위한 선물 같은 시간
Writer's Pick!
브이 브이 지 띵킹 VVG Thinking

화산문화원구 안에서도 깊숙한 곳 빨간 벽돌 건물을 우아하게 개조한 카페 겸 레스토랑. 육중한 문을 열면 유럽으로 순간이동을 한 듯 다른 풍경이 펼쳐진다. 바닥 타일부터 가구 하나하나 빈티지한 인테리어가 예사롭지 않다. 티타임을 달콤하게 해줄 디저트만 14가지. 커피 한 잔을 시켜도 냅킨, 설탕, 따끈하게 데운 우유를 함께 내주는 고품격 서비스에 대접받는 기분. DON'T MISS 책과 인테리어 소품을 좋아한다면 2층 라이프스타일숍은 꼭 들러야 한다. 서가 앞 폭신한 소파에 몸을 파묻으면 이 공간의 주인이 된 듯 착각마저 감미롭다.

Data Map 013 Access MRT 반난板南선 타고 쭝샤오신성忠孝新生역 하차, 1번 출구에서 도보 10분. 화산1914 내 Add 台北市 八德路 1段 1號 001914 西3館 紅磚C Tel 02-2322-5573 Open 12:00~22:00 Cost 아메리카노 160달러, 카푸치노 180달러

BUY

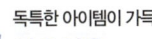

Writer's Pick! 독특한 아이템이 가득

하오치우
好丘 | 호구 | good cho's

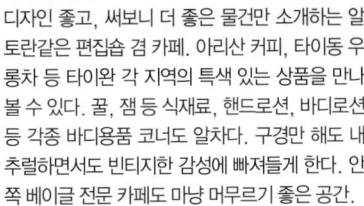

디자인 좋고, 써보니 더 좋은 물건만 소개하는 알토란같은 편집숍 겸 카페. 아리산 커피, 타이동 우롱차 등 타이완 각 지역의 특색 있는 상품을 만나볼 수 있다. 꿀, 잼 등 식재료, 핸드로션, 바디로션 등 각종 바디용품 코너도 알차다. 구경만 해도 내 추럴하면서도 빈티지한 감성에 빠져들게 한다. 안쪽 베이글 전문 카페도 마냥 머무르기 좋은 공간.

Data **Map** 206E **Access** MRT 신이信義선 타고 타이베이101台北101역 하차, 2번 출구로 나와 쓰쓰난춘 내 **Add** 台北市 信義區 松勤街 54號 信義公民會館 C館 **Tel** 02-2758-2609 **Open** 화~금 11:00~21:30 토, 일 10:00~18:00

낱개로 살 수 있는 코스메틱 쇼핑

샤오싼메이르 小三美日 | 소삼미일

일본 드럭 스토어를 타이베이 한복판에 옮겨놓은 것 같은 코스메틱숍. 일본 브랜드 외에도 키엘Kiehl, 클리니크CLINIQUE 등 미국 브랜드를 할인된 가격에 판다. 특히 OPI 등 큐티클 오일, 매니큐어, 네일 스티커 등 네일 케어 용품도 다채롭다. 마스크 팩 종류도 다양하며 한 장 씩 낱개로 팔아 골라 사는 재미가 있다. 다른 곳에서는 박스 단위로 파는 발전용 패치 휴족시간 休足時間도 낱개로 살 수 있다. 평소보다 많이 걷는 여행 중 필요한 만큼만 사서 바로 사용하기도 좋다. 일본 브랜드 사이사이 보이는 한국 코스메틱 브랜드들도 반갑다.

Data **Map** 207B **Access** MRT 반난板南선 타고 쭝샤오뚠화忠孝敦化역 하차, 7번 출구에서 우회전 후 직진, 4번째 골목에서 다시 우회전. 도보 5분 **Add** 敦化南路 一段 161巷 27號 **Tel** 02-2741-8358 **Open** 12:00~22:00 **Web** www.s3.com.tw

원스톱 펑리수 쇼핑
타이베이101 푸드코트 펑리수코너
Taipei101 Foodcourt Pineapple cake corner

Data Map 206E
Access MRT 신아이의義선 타고 타이베이101역 하차, 4번 출구. 타이베이101 B1 푸드코트 내
Add 台北市 信義區 市府路 45號 B1
Cost 유잔신 펑리수 1상자 220달러, 슈가 앤 스파이스 우유맛 누가 1상자 252달러

펑리수로 유명한 브랜드 수신방手信坊, 신동양新東陽, 유잔신裕珍馨이 한 자리에 모여 있다. 딩타이펑 맞은편이라 식사 대기시간을 이용해 쇼핑까지 한방에 해결 가능! 시식도 가능하니 맛을 비교해보고 구매할 수 있어 좋다. 특히 타이중에서 시작된 유잔신은 10개들이 한상자로 펑리수를 판매하는데 맛도 가격도 선물용으로 적당하다. 수신방의 펑리수도 뒤지지 않는다. 300달러대 펑리수세트 정도면 풍성한 파인애플 잼과 부드러운 과자의 하모니를 느끼기에 딱! 수제 누가Nougat 전문점인 슈가 앤 스파이스Sugar&Spice도 눈에 띈다. 남녀노소 좋아할만한 아이템으로 맛의 종류가 다양하다. 입속에서 사르르 녹는 달콤함에 시식하면 지갑을 열 수 밖에 없는 유혹적인 맛.

홍콩에서 본 그 슈퍼?
시티 슈퍼 City Super

Data Map 207A
Access MRT 반난板南선 타고 쭝샤오푸싱忠孝復興역 하차, 2번 출구로 연결되는 소고백화점 푸싱관 지하 3층
Add 忠孝東路 三段 300號
Open 일~목 11:00~21:30, 금~토 11:00~22:00

일본계 프리미엄 슈퍼마켓. 소고백화점 푸싱관에 입점해 있어 까르푸만큼 저렴하지는 않지만 백화점 내 레스토랑에서 식사 후 들르기 좋다. 여행 중 마실 음료, 간식, 소소한 선물을 장만하기 좋다. 타이완맥주 외에도 벨기에, 독일, 영국 등 다양한 나라의 수제맥주와 와인이 구비돼 있다. 관광객들에겐 고급스러운 패키지의 타이완차도 인기 아이템. 마리아쥬 프레르 같은 프랑스 홍차 브랜드를 보다 국내보다 저렴하게 살 수 있다. 단, 홍콩의 시티 슈퍼를 생각하고 갔다만 규모가 작아 실망할 수도 있다.

 Writer's Pick!

안팎으로 눈길 사로잡는
청핀수뎬 스펙트럼 the eslite spectrum

Data Map 211B
Access MRT 반난板南線 타고 궈푸지녠관國父紀念館역 하차, 5번 출구에서 도보 8분
Add 台北市 信義區 菸廠路88號
Tel 02-2765-1388
Open 11:00~22:00
Web artevent.eslite.com

청핀수뎬은 우리나라 교보문고 같은 타이완 대표 서점. 1989년 오픈 해 타이완 전역에 40여개의 지점을 가지고 있다. 아시아에서 가장 훌륭한 서점으로 타임지에 소개되기도 했을 정도로 인지도가 높다. 책 뿐 아니라 감각 있는 문구, 생활용품, 의류 등을 함께 판매하며 서점 그 이상, 라이프스타일 쇼핑몰로 사랑받고 있다. 그중에서도 송산문화원구 안 스펙트럼 지점은 규모부터 스펙타클하다. 책보다도 감각 있는 디자인이 돋보이는 문구, 티셔츠, 도자기, 공예품이 더 많다. 젊은 디자이너들이 직접 작업 과정을 시연할 때면 작가의 아틀리에에 초대받은 듯하다. 차 애호가라면 북 앤 티BOOK&TEA를 콘셉트로 한 3층은 책과 차향이 어우러져 마냥 머무르고 싶은 공간. 시드 차SIID CHA 등 전통적인 현대성을 가미한 티브랜드숍들이 아름다운 서가를 빙 두르고 있다. 지하에는 우바오춘 베이커리, 가오지 등이 내놓으라는 맛집도 입점해 있다. 주말에는 출근시간 지하철만큼 붐비니 주중에 여유롭게 둘러보길 추천한다.

Taipei By Area

02

센트럴 타이베이

완화(룽샨쓰)&시먼딩&
타이베이처짠&쭝쩡지녠탕
萬華(龍山寺)&西門町&
台北車站&中正紀念堂

센트럴 타이베이은 엄밀히 말하면 도시의 서남쪽이다. 타이베이 기차역을 중심으로 서쪽 룽샨쓰 주변에는 옛 거리의 흔적이 곳곳에 남아있다. 기차역에서 남쪽으로 조금 더 내려오면 번화가 시먼딩과 228평화공원, 총통부, 중정기념당을 차례로 만나게 된다. 그런데 이곳 낯설지 않다. 서울의 명동 같기도 하고 부산의 광복동 같기도 한 거리들이 정겹다. 타이베이와 금방 친해질 것 같은 기분 좋은 예감.

TAIPEI BY AREA 02
센트럴 타이베이

CENTRAL TAIPEI
PREVIEW

이곳은 타이베이의 과거와 현재가 공존한다. 타이완 여행의 구심점이 되는 타이베이 기차역을 중심으로 쇼핑의 거리 시먼딩과 오래된 사찰 룽샨쓰, 중정기념당 등 대표 관광지가 여기 다 있다. 마음만 먹으면 MRT 단수이선과 반난선을 타고 반나절에 둘러볼 수 있다.

SEE

EAT

BUY

굴곡진 타이완의 역사와 현재 타이완 사람들의 생활을 엿볼 수 있는 장소들이 군데군데. 중정기념당부터 228평화공원을 둘러보면 타이완의 역사를 조금은 이해하게 된다. 100년 사찰 룽샨쓰와 그 옆 보피랴오 리스지에서는 타이베이의 옛 모습을 엿볼 수 있다. 단, 밤이 되면 룽샨쓰 앞은 파고다공원이나 서울역 앞처럼 노숙자들이 몰리니 혼자 돌아다니기 무서울 수 있다.

타이베이의 명동, 시먼딩과 룽샨쓰 옆 야시장, 화시지에는 그야말로 길거리 음식 천국이다. 곱창의 신세계를 보여주는 아종몐센의 곱창국수, 싼숑메이 망고빙수는 시먼딩의 Must eat 메뉴. 타이베이 기차역 2층 푸드코트, 브리즈 센터도 우리나라 기차역 푸드코트와는 비교도 안 되는 블록버스터급. 중정기념당을 둘러볼 땐 꽃할배도 다녀간 춘수이탕의 쩐주나이차, 항저우샤오룽탕바오의 딤섬을 맛보는 즐거움도 빠뜨리지 말자.

10~20대 젊은이들이 찾는 쇼핑가 시먼딩에는 유니클로, 넷NET 등 저가 브랜드를 비롯해 저렴한 보세 옷가게가 많다. 한국보다 못한 디자인과 질에 쇼핑할 맛이 나지 않는다는 게 함정. 단, 시먼홍러우 내 창이스리우꿍팡에서는 재기발랄한 디자이너 아이템을 만나볼 수 있다. 귀여움으로 무장한 캐릭터 티셔츠나 소품은 자꾸 눈길이 간다. 타이완의 주요 관광지를 입체적으로 만든 입체엽서도 시먼홍러우 내 기념품숍에서 한방에 구입할 수 있다.

어떻게 갈까?

센트럴 지역의 주요 관광지는 모두 MRT로 갈 수 있다. 파란색 반난선板南線 룽샨쓰龍山寺역, 시먼西門역, 타이베이처짠台北車站역과 단수이淡水선과 신뎬新店선이 교차하는 중정기념당中正紀念堂역을 기억하자. 룽샨쓰역에서는 룽샨쓰와 보피랴오리스지에剝皮寮歷史街區가, 시먼역에서는 시먼딩西門町, 시먼홍로우西門紅樓가 연결된다. 중정기념당역은 이름 그대로 중정기념당과 바로 연결된다.

이지카드easycard 한 장 들고 MRT를 이용하는 게 가장 효율적이다. 시먼역에서 228평화공원까지는 덥지 않은 날엔 산책 삼아 걸어갈 수 있는 거리. 시간이 없을 땐 택시를 타도 부담이 없다. 타이베이 기차역에서 시먼딩이나 중정기념당까지 150~200달러 선에 이동 할 수 있다.

Half day in
CENTRAL TAIPEI

꽃할배들도 타이베이에 도착한 첫 날 중정기념당을 찾았다. 그 다음은 룽산쓰에서 소원 빌기. 꽃할배들의 발자취를 따라 타이베이 여행을 시작해 보자. 그 사이 꽃할배들은 몰라서 못간 맛집도 수두룩하다. 걷다가 쉬고 싶을 땐 맛집으로 진격!

항저우샤오롱탕바오에서 점심식사

도보 5분 →

중정기념당 둘러보기

도보 5분 →

춘수이탕에서 쩐주나이차 한 잔

↓ MRT 10분

화시지에 야시장 탐방

← 도보 3분

룽산쓰에서 소원 빌기

← 도보 3분

보피랴오리스지에 산책

↓ MRT 5분

시먼홍러우 구경하기

도보 5분 →

젊음의 거리 시먼딩에서 야식타임

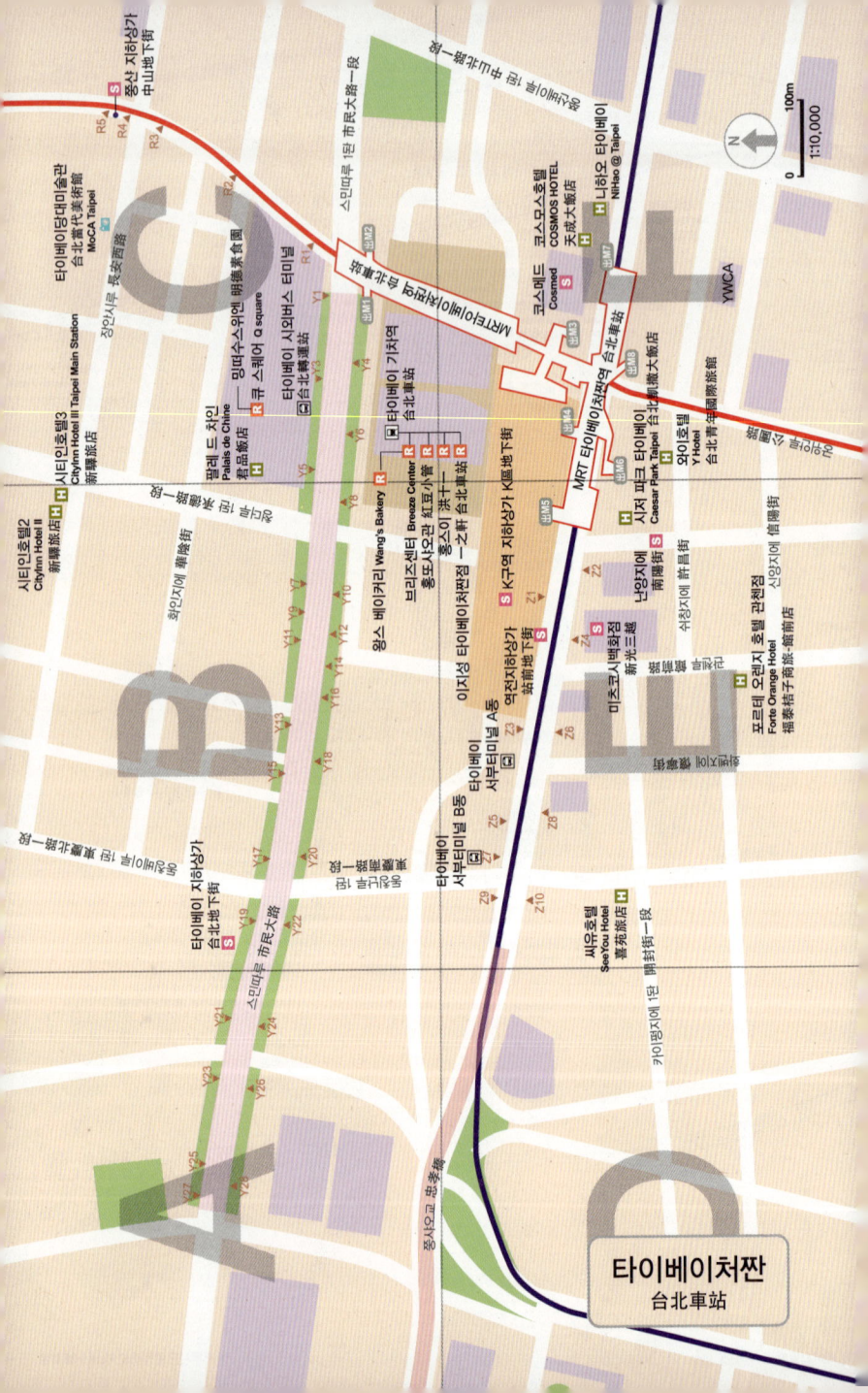

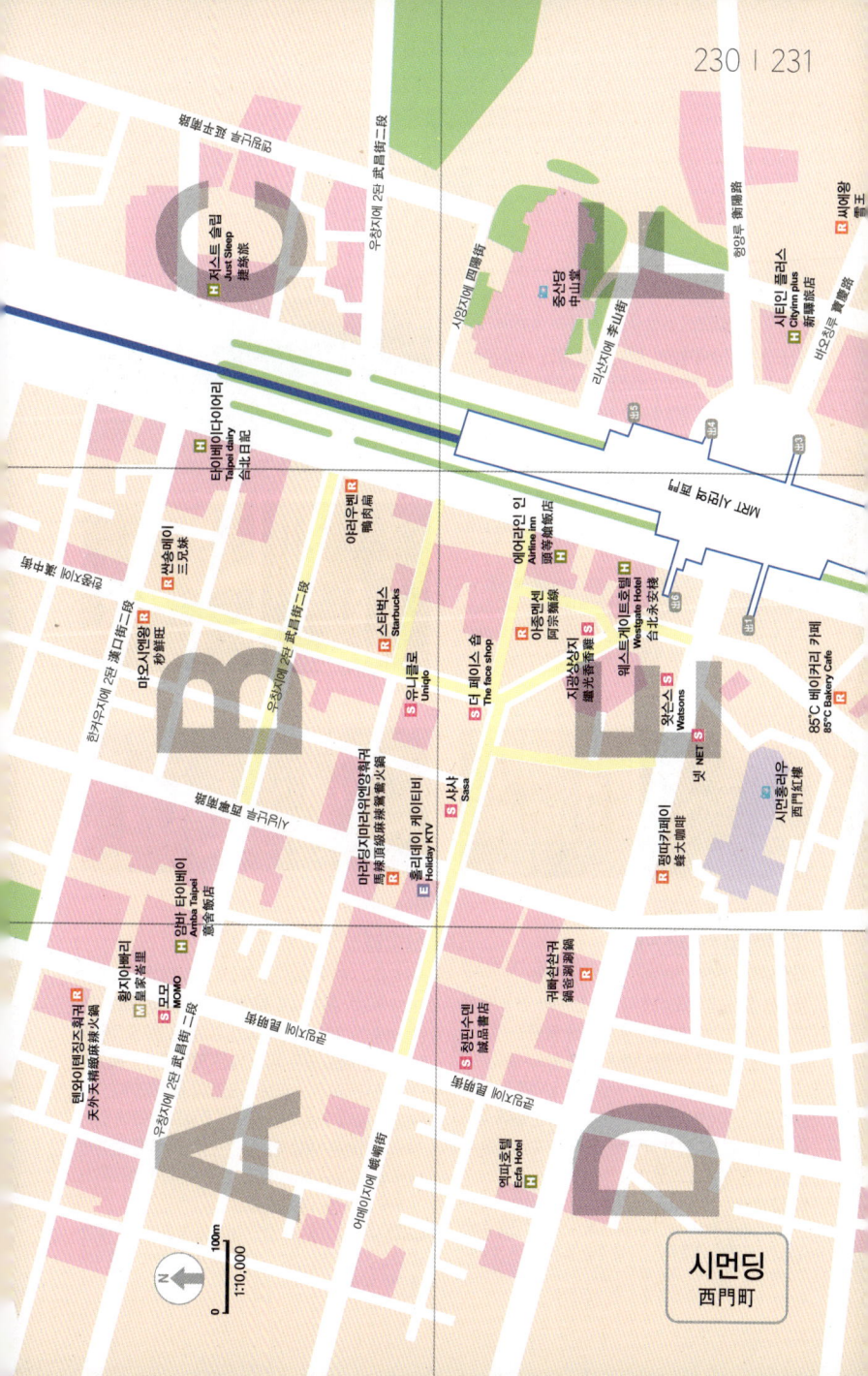

SEE

향을 태우며 소원을 빌어봐

 Writer's Pick!

룽샨쓰
龍山寺 | 용산사 | Lungshan Temple

룽샨쓰는 타이베이에서 제일 나이 많은 사찰이다. 제단에는 꽃과 음식이 그득하고, 불경을 읽거나 기도하는 사람들로 빽빽하다. 아무리 복잡해도 룽샨쓰에서 타이완 스타일로 향로에 향을 던지며 소원을 빌어보자. 반달 모양 나무 조각 쨔오웃를 던져 점쳐 봐도 재밌다. 볼록한 면과 납작한 면이 다르게 나오면 곧 바람이 이뤄진단다. 신의 응답도 바로바로 들을 수 있어 신통방통!

Data Map 228E Access MRT 반난板南선을 타고 룽샨쓰龍山寺역 하차, 1번 출구에서 도보 3분 Add 台北市 廣州街 211號 Tel 02-2302-5162 Open 07:00~22:00 Cost 입장 무료, 향 별도 구매 Web www.lungshan.org.tw

타이베이 도심 속 옛 거리

보피랴오리스지에
剝皮寮歷史街區 | 박피료역사가구 | Bopilao Old Street

룽샨쓰 옆 보피랴오리스지에는 단수이 강 하류를 끼고 무역항으로 발달한 옛 완화를 복원한 역사거리다. 잘 정돈된 거리는 언뜻 보면 영화세트장 같다. 보피랴오의 유래와 옛 생활상을 알려주는 박물관도 있다. 룽샨쓰나 화시제 야시장 가는 길에 잠시 들러 사진 한 장 찍기 딱 좋은 코스다. 컬러풀한 벽화 앞이 인기 포토 스폿.

Data Map 228E Access MRT 반난板南선 타고 룽샨쓰龍山寺역 하차, 1번 출구에서 룽샨쓰 도보 3분 Add 台北市 萬華區 康定路 173巷 Tel 02-2711-2948 Open 09:00~17:00, 매주 월요일 거리, 박물관 모두 휴관 Cost 무료 Web hcec.tp.edu.tw

타이베이의 명동

시먼딩
西門町 | 서문정 | Shi-men Ting

시먼딩은 시먼역 6번 출구에서 시작된다. 쇼핑몰, 코스메틱숍, 옷가게로 빽빽하다. 곱창국수로 유명한 '아종멘센阿宗麵線', 망고빙수 '삼슝메이三兄妹'처럼 가격은 싸도 맛은 싸지 않은 맛집도 수두룩. 한국 여행자들에겐 쇼핑보다 맛집이 매력적이다. 고슬립, 포르테 오렌지 등 중저가 호텔도 곳곳에 있어 주머니 가벼운 여행자들을 반긴다. 한국인들에겐 시먼역 2번 출구에서 도보 10분 거리의 까르푸가 알뜰한 쇼핑 장소로 인기다.

Data Map 231A, B, D, E Access MRT 반난板南선 타고 시먼西門역 1번, 6번 출구 Add 台北市 萬華區 漢中街 일대

100년 역사 품은 건물의 반전 매력

Writer's Pick! 시먼홍러우 西門紅樓 | 서문홍루 | The Red House

번잡한 쇼핑가 건너편 타임머신을 타고 온 듯 오도카니 서있는 시먼홍러우는 타이베이 최초의 공영시장이었다. 팔각의 건물과 십자 모양 건물이 연결된 모양이 특이한데, 1908년에 사람들이 사방팔방에서 오기를 기원해 팔각형으로 지었다고 한다. 1950년대에는 경극 공연을 하는 공연장이었다. 지금은 라이브하우스 허안리우옌河岸留言 등 공연, 쇼핑 등 개성 있는 문화 공간으로 변모했다. 관광객들은 대부분 입구에서 기념사진 한 장 찍고 발길을 돌리지만 안이 더 매력적이다. 팔각형 공연장 안 기념품숍에는 입체엽서 등 독특한 디자인의 엽서가 가득하다. 그 옆 작고 아담한 카페도 쉬어가기 좋다. 뒤로 연결되는 십자 건물 안에는 젊은 디자이너들의 숍이 모여 있는 창이스리우꽁팡創意16工房이 둥지를 틀고 있다. 귀엽고 위트 있는 캐릭터의 티셔츠, 문구, 톡톡 튀는 아이디어에 눈이 돌아갈 지경. 구경만 해도 감성이 살아나는 기분이다. 뒷문으로 나오면 무지개 깃발이 걸린 자유로운 분위기의 바BAR들이 병풍처럼 시먼홍러우를 둘러싸고 있다. 주말에는 앞마당에서 소소한 벼룩시장도 열린다.

Data Map 231E
Access MRT 반난板南선 타고 시먼西門역 하차, 1번 출구에서 도보 2분
Add 台北市 萬華區 成都路 10
Open 일~목 11:00~21:30, 금~토 11:00~22:00
Tel 02-2311-9380
Web www.redhouse.org.tw

아픈 역사의 기록

얼얼바허핑궁위안 二二八和平公園 | 228평화공원 | 228 Peace park

228평화공원은 타이완 국민을 분노와 공포로 몰아놓았던 228사건을 기념하는 곳이다. 공원 안에 228기념관과 타이완박물관이 자리하고 있어 산책과 박물관 관람을 위해 현지인들이 많이 찾는다. 228사건의 시작은 이렇다. 1947년 2월 27일 전매국 직원들이 노점상에서 담배 파는 노파를 무자비하게 폭행했다. 이유는 세금이 붙지 않은 담배를 판다는 것. 이 모습에 시민들이 항의하자 군대를 동원해 진압했다. 이 일이 도화선이 돼 2월 28일 타이베이를 중심으로 전국에서 민중봉기가 일어났다. 이때 2만 명이 넘는 무고한 시민이 장제스의 군대에 의해 희생됐다. 정부는 1990년대 말부터 2월 28일을 국가기념일로 정하고 전국에 기념탑, 기념관을 세우고 유가족에게 보상을 시작했지만 책임은 장제스에게 떠넘기고 있다.

Data Map 229C Access MRT 단수이淡水선 타고 타이따이위안台大醫院역 하차, 1번 출구에서 연결 Add 台北市 中正區 Tel 02-2303-2451 Open 228기념관 화~일 10:00~17:00 (월요일, 국가공휴일 휴무), 국립타이완박물관 09:30~17:00 (월요일, 국가공휴일 휴무) Cost 228기념관&타이완박물관 각각 어른 20달러, 학생 10달러 Web 228기념관 228.taipei.gov.tw, 타이완박물관 formosa.ntm.gov.tw

일제강점기 총독부에서 타이완 총통부로

쫑통푸 總統府 | 총통부

타이완 총통의 집무실, 총통부는 일제강점기에 총독부로 지어진 건물이다. 고풍스러운 빅토리아 양식의 붉은 벽돌 건물에서 세월의 흔적이 느껴진다. 1915년 일본이 지어 정문은 일본 방향(동쪽)을 향해 있고, 위에서 내려다 본 평면도는 '日' 모양. 일제강점기의 총독부로 지은 건물을 그대로 쓰는 타이완의 정서가 우리에겐 낯설게 느껴진다. 2001년부터 일반인에 내부를 개방하고 있다. 단, 여권과 카메라, 가방 등 소지품은 보관소에 맡겨야 한다. 일본어, 영어 가이드는 있지만 한국어 가이드는 없다.

Data Map 229G Access MRT 단수이淡水선 타고 타이따이위안台大醫院역 하차, 1번 출구에서 도보 5분 Add 台北市 中正區 重慶南路 1段 122號 Open 월~금 09:00~11:30, 토・일&국가공휴일 휴무 Tel 02-2311-3731 Cost 무료 Web www.president.gov.tw

웅장함에 압도되다
 궈리쭝쩡지녠탕 國立中正紀念堂 | 국립중정기념당
| National Chiang Kai-shek Memorial Hall

타이베이 필수 관광지, 국립중정기념당의 3대 볼거리는 웅장한 규모, 수려한 건물, 절도 있는 근위병 교대식! 25km²의 드넓은 광장에 장제스 총통을 기리는 국립중정기념당과 국가희극청, 국가음악청이 자리하고 있다. 장제스의 호 '중정'을 따 중정기념관이요, 그가 서거한 나이를 기념해 중정기념당의 계단은 89개라는 깨알 같은 디테일도 놓치지 말자. 계단 위에서 광장을 내려다보는 전망이 시원스럽다. 내부에는 25톤 규모의 장제스 동상과 유물이 전시돼있다. 꽃할배 박근형도 감탄한 근위병 교대식은 늘 인기다. 매시간 정각, 동상 앞에서 열린다. 기념관 관람 후엔 야외 정원도 거닐어 보자. 울창한 나무 옆 오솔길은 도심 속 오아시스 같은 산책로. 특히 봄에는 벚꽃이 만발해 더 운치 있다.

Data Map 229H
Access MRT 단수이淡水선 타고 쭝쩡지녠탕國立中正紀念堂역 하차, 5번 출구에서 바로 연결
Add 台北市 中正區中山南路 21號
Tel 02-2393-2740
Open 실내 09:00~18:00, 야외 08:00~22:00
Cost 무료
Web www.cksmh.gov.tw

푸통푸통 타이베이 여행의 출발점
타이베이처짠 台北車站 | 태북차참 | Taipei Railway Station

타이완의 모든 길은 타이베이처짠으로 통한다. MRT 파란색 반난板南선과 빨간색 단수이淡水선의 환승역이자 타이베이 근교로 가는 일반열차 쯔창하오自強號, 남부로 가는 고속열차 가오톄高鐵, 시외버스, 공항버스 모두 여기서 출발한다! 어디에 뭐가 있나 확인하고 이동해야 우왕좌왕하지 않는다. 티켓창구는 1층과 지하 2층에 있고, 모든 기차는 지하 2층 플랫폼에서 탑승한다. 가오톄의 경우 공항처럼 탑승 대기공간이 제법 여유롭다. MRT도 지하 2층에서 바로 연결된다. 2층은 대규모 푸드코트 브리즈 센터가 있어 골라 먹는 재미가 있다. 수많은 사람이 오가는 역이지만 바닥에 철퍼덕 앉아도 될 만큼 깨끗하다. 타이완 청춘들은 여행 떠나기 전 삼삼오오 바닥에 둘러앉아 도시락도 먹고 담소도 나눈다.

Data Map 230C, F
Access MRT 단수이淡水선, 반난板南선 환승역 타이베이처짠台北車站역 하차
Add 台北市 中正區 北平西路 3號
Open 06:00~24:00
Tel 02-2381-5266, 02-2311-0121
Web www.railway.gov.tw

EAT

| 룽샨쓰 |

룽샨쓰 옆 야시장
화시지에 야시장 華西街夜市 | 화서가야시

화시지에 야시장은 야외와 실내 두 구역으로 나뉜다. 야외는 음식 노점이 늘어져 있고, 실내 아케이드는 특별한 구경거리가 있다. 지금은 시들해졌지만 뱀탕과 뱀쇼로 이름 날렸던 과거의 흔적도 남아있다. 뱀 전시에 딱히 흥미를 느끼지 못한다면 야외만 훑어도 충분하다. DON'T MISS 1920년에 오픈한 빙수전문점 룽도우빙궈龍都冰果는 타이베이에서 망고빙수를 제일 먼저 만들기 시작했단다. 맛은 평범한 편. 차라리 갈증 해소에 탁월한 전통빙수 스궈빙四果冰을 먹는 것이 현명하다. 21가지 토핑 중 4종류를 고르면 되는데 옥수수와 빙수의 조합이 훌륭하다. BAD 너무 늦은 시간, 혼자서 이곳을 방문하는 계획은 되도록 세우지 말자.

Data 화시지에 야시장
Map 228E
Access MRT 반난板南선 룽샨쓰龍山寺역 하차, 1번 출구에서 직진 도보 3분 Add 台北市 萬華區 華西街 Open 10:00~24:00(가게마다 상이)

룽도우빙궈龍都冰果
Map 228E
Access 화시지에 야시장華西街夜市 입구 좌측, 도보 1분 Add 台北市 萬華區 廣州街 168號
Tel 02-2308-3223 Open 11:30~01:00
Cost 스궈빙 65달러

화시지에 야시장 먹방로드

타이완 전국 야시장마다 꼭 맛봐야 할 필수 먹거리는 정해져 있다. 화시지에 야시장에서는 이 음식을 놓치지 말 것.
❶ 줄서서 먹는 어묵 튀김. 어묵 안에 삶은 계란을 넣어 와사비, 칠리소스 등을 발라 먹으면 꿀맛이다.
1개 35달러
❷ 화시지에 야시장의 허리께쯤 위치한 가게. 빈자리 찾기가 힘들만큼 손님이 북적이는 곳이라 모르고 지나칠 수가 없다. 진하고 시원한 국물과 쫀득한 어묵, 달콤한 소스의 삼박자가 찰떡궁합.
1그릇 소小 45달러
❸ 타이완의 겨울에나 찾아볼 수 있는 '마름'이라는 간식이다. 찐 밤이나 찐 고구마의 맛이 나는데 단맛과 짠맛의 조화로움에 엄지척! 100g 100달러

| 시먼딩 |

별난 아이스크림이 73가지!
씨에왕 雪王 | 설왕

1947년부터 시작해 3대째 운영되고 있는 아이스크림 가게. 가족들만 알고 있는 비밀 레시피로 타이완식 아이스크림을 만든다. 과일 맛부터 족발, 닭고기, 와사비 같은 특이한 맛까지 무려 73가지. 크게 달지 않고 재료 본연의 맛이 정직하게 난다는 것이 공통점이다. 여러 명이 다양한 맛을 나눠 먹으면 골고루 맛볼 수 있어 좋다. DON'T MISS 이곳에서만 먹을 수 있는 독특한 맛에 도전해보자. 팬스레 알딸딸해지는 것 같은 맥주 맛은 얼린 맥주를 먹는 듯 부드럽고 쌉싸름하다. 호기심 충만한 당신이라면 족발 맛을 권한다. 진짜 족발이 쏙쏙 박혀 있어 도전 정신을 불러일으킨다. BAD 아이스크림 한 스쿱 가격치고는 비싼 편.

Data Map 228B
Access MRT 반난板南선 타고 시먼西門역 하차, 3번 출구에서 도보 5분 **Add** 台北市 中正區 武昌街 一段 65號 2樓 **Tel** 02-2331-8415
Open 12:00~20:00
Cost 아이스크림 한 스쿱 60~130달러
Web www.snowking.com.tw

다다미에서 타이완 전통차를
88티 八拾捌茶輪番所 | 팔십팔다윤반소 | eighty-eighttea

시먼훙러우에서 까르푸 시먼점으로 가는 길, 세월의 흔적이 느껴지는 적산 가옥이 눈길을 끈다. 이곳은 '88티'라는 찻집. 행운을 뜻하는 숫자 8과 중국어로 아버지(빠바)라는 두 가지 의미를 지닌 묘한 공간이다. 안으로 들어선 순간, 타이완에서 일본으로 순간이동한 듯한 다다미와 창 너머로 보이는 공원이 이국적인 풍경을 연출한다. 원하는 차를 자사호(중국식 찻주전자), 개완 등 원하는 다구에 마실 수 있다. 숙달된 스텝이 시범을 보여주니, 그대로 따라 여러 번 우려 마시면 된다. 창가 다다미에 앉아 찻물 끓는 소리를 배경 삼아 차를 우리다 보면 머리가 맑아지는 기분. DON'T MISS 원하는 차는 시음해본 후 구입할 수 있다. 대나무, 목련 등 꽃향기가 스민 우롱차가 인기라고.

Data Map 228F
Access MRT 반난板南선
Add 台北市 萬華區 中華路 一段 174號 **Tel** 02-2312-0845
Open 13:00~21:00
Cost 아리산 우롱차 280달러, 그린 제이드 우롱차 250달러
Web eightyeightea.com

가성비 1등 펑리수
먀오시엔왕 秒鮮旺 초선왕 | My Sense One

많고 많은 펑리수 중 가격 대비 성능으로만 따지자면 1등을 주고 싶은 펑리수. 타이완 토종 파인애플의 새콤한 맛을 살린 투펑리수로, '투펑리수 대회'에서 1등을 수상하기도 했다. 여행 동선에 딱 맞춘 완벽한 위치까지 합격점. 망고 빙수 먹으러 한 번쯤 방문하는 '삼형제 빙수' 바로 앞이다. DON'T MISS 타이완 최초로 녹차 맛 펑리수를 개발하기도 했으니 녹차마니아라면 주목해볼 것. 선물하기에 좋은 누가nougat도 놓치지 말자. 가격까지 부담 없다. BAD 시식용으로 제공되는 펑리수만 먹어보면 맛있다고 느끼기 힘들다.

Data Map 228B **Access** MRT 반난板南선 시먼西門역 6번 출구로 나와 메인로드로 우회전 후 계속 직진. 더페이스샵과 하오따따지파이 가게를 지나 골목 끝 삼형제 빙수 맞은 편 **Add** 萬華區 武昌街 二段 30號 **Tel** 02-2361-9537 **Open** 13:00~22:00 **Cost** 투펑리수 10개 1박스 250달러

이연복 셰프가 인정한 맛집
싼웨이스탕 三味食堂 삼미식당

시먼이나 룽산쓰에 들렀다가 가면 좋은 식당. DON'T MISS 연어초밥魚手握壽司을 원 없이 먹고 싶다는 생각을 해본 적이 있다면 바로 이곳! 두툼하고 질 좋은 연어를 상대적으로 저렴한 가격에 맛볼 수 있다. 모둠초밥綜合壽司도 오케이. BAD 스시나 회를 좋아하지 않는다면 방문할 이유가 없다. 특히 스시 같은 경우 밥에 얹어진 생선의 크기 때문에 맛의 호불호가 갈린다.

Data Map 228E **Access** MRT 반난板南선 시먼西門역 1번 출구로 나와 6번 출구를 등지고 직진. 두 블록 지나 사거리에서 우회전. 이후 직진 도보 5분 내외 **Add** 萬華區 貴陽街 二段 116號 **Tel** 02-2389 2211 **Open** 11:20~14:30, 17:00~22:00(일요일 휴무) **Cost** 모둠초밥 130달러, 연어초밥 6개 320달러

타이베이 커피의 시작
펑따카페이 蜂大咖啡 봉대가배 | Fonda Coffee

시먼홍러우와 가깝다. 타이베이의 전통 있는 커피 문화를 즐길 수 있다. 입구부터 반기는 커피 향에 마음이 녹아든다. 반세기를 넘긴 역사적인 커피를 마시는 기분. DON'T MISS 타이완에서 생산된 커피 원두로 내린 '타이완 커피'를 마셔보자. BAD 평일이고 주말이고 가릴 것 없이 사람이 많다. 주문을 받고 안내하는 스탭들의 친절한 서비스 역시 기대하지 말 것.

Data Map 231E **Access** MRT 반난板南선 시먼西門역 1번 출구로 나와 청두로成都路를 따라 직진. 도보 3분 **Add** 萬華區 成都路 42號 **Tel** 02-2371-9577 **Open** 08:00~22:30 **Cost** 타이완 커피 150달러 **Web** www.fongda.com.tw

자꾸 생각나는 곱창국수
아종멘셴 阿宗麵線 | 아종면선

시먼에서 빠질 수 없는 맛집! 메뉴는 오직 곱창이 든 국수 밖에 없지만 하루 종일 사람들로 북적거린다. 국수지만 젓가락질도 필요 없이 숟가락으로 후루룩 떠먹으면 된다. 입맛에 따라 양념을 추가하면 매콤한 맛으로도 즐길 수 있다. 저렴한 가격도 매력적이다. BAD 좌석 없이 서서 먹어야 한다.

Data Map 231E
Access MRT 반난板南선 타고 시먼西門역 하차, 6번 출구 쪽에 있는 더 페이스 숍의 맞은 편 3시 방향 골목길로 직진
Add 台北市 萬華區 峨眉街 8之1號 **Tel** 02-2388-8808
Open 10:00~22:30
Cost 大 65달러, 小 50달러

한국여행자들에게 인기!
싼슝메이 三兄妹 | 삼형매

한국 여행자들 사이에서 여행 필수코스로 자리 잡은 빙수전문점 중 하나. 다른 메뉴는 몰라도 '3번 망고빙'만큼은 한국어로 주문 받을 정도다. 주문하기 무섭게 나오는 빙수는 성격 급한 한국인들에게 딱. DON'T MISS 5번 망고빙수는 아이스크림을 빼 가격이 더 싸다. 망고빙이 목적이라면 3번을 고집할 필요 없이 5번을 시키는 것이 요령. BAD 망고빙수 맛있다는 사람만큼 맛없다는 사람도 많다. 다른 빙수에 비해 저렴한 가격을 감안하면 용서가 된다.

Data Map 228B **Access** MRT 반난板南선 타고 시먼西門역 하차, 6번 출구에서 도보 5분 **Add** 台北市 萬華區 漢中街 23號 **Tel** 02-2381-2650 **Open** 10:30~23:30 **Cost** 3번 망고빙수 150달러, 5번 망고빙수 130달러

보양식으로 먹는 거위고기찜
야러우볜 鴨肉扁 | 압육편

1950년부터 시작한 전통 있는 가게. 원래 오리고기를 팔던 곳이라 간판에는 아직도 오리鴨라는 이름이 남아 있다. 거위고기로 메뉴를 바꾸면서 시먼의 맛집으로 부상했다는 점이 흥미롭다. DON'T MISS 거위고기찜 어투이鵝腿와 거위고기가 들어간 쌀국수 미펀몐米粉麵. 어투이는 본래 2인분부터 주문 가능하지만 인원에 따라 융통성 있게 주문할 수 있다. 1인분도 판매하니 참고할 것. BAD 거위고기가 의외로 느끼한 맛이 강하다.

Data Map 228B **Access** MRT 반난板南선 타고 시먼西門역 하차, 6번 출구에서 웨스트게이트호텔 방향으로 도보 5분 **Add** 台北市 萬華區 中華路 一段 98之 2號 **Tel** 02-2371-3918 **Open** 09:30~22:30 **Cost** 어투이 1인분 200달러, 미펀미엔 50달러

Data Map 228A
Access MRT 반난板南선 타고 시먼西門역 하차, 6번 출구에서 도보 7분 **Add** 台北市 萬華區 昆明街 76號 2樓 **Tel** 02-2314-0018
Open 11:00~04:00
Cost 시먼西門점: 1인당 539달러 (단, 평일 11:00~16:00 489달러), 택스 10%추가, 식사시간 2시간
Web www.tianwaitian.com.tw

Writer's Pick! 훠궈부터 디저트까지 배부르게
톈와이톈징즈훠궈
天外天精緻麻辣火鍋 | 천외천 정치화과

우리나라 여행자들에게 소문난 훠궈 뷔페 중 하나. 2시간 동안 훠궈를 무제한으로 즐길 수 있어 인기다. 구이용 고기, 새우 등은 주문하면 자리로 가져다주고 채소, 버섯, 조개, 각종 해산물은 직접 가져다 먹는 시스템. 탕은 3종류까지 고를 수 있다. 한국인들에겐 레몬그라스 허브를 베이스로한 닝멍샹마오궈檸檬香茅鍋과 가장 매운맛 마라궈麻辣鍋과 김치탕이라 불리는 파오차이泡菜鍋가 인기. 소고기, 해산물, 채소 등을 먼저 먹고 면 종류를 먹으면 든든하다. 맥주와 콜라도 무제한으로 마실 수 있다. DON'TMISS 12가지 맛 하겐다즈 아이스크림으로 달콤한 마무리! BAD 해산물은 냉동이 대부분. 다른 훠궈 뷔페에 비해 재료의 신선도가 떨어진다는 평이 있다.

Data Map 228B
Access MRT 반난板南선 타고 시먼西門역 하차, 6번 출구에 있는 더 페이스 숍 왼쪽 샤샤SaSa 골목으로 직진 5분. Holiday KTV 건물 2층 **Add** 台北市 萬華區 西寧南路 62號 2樓
Tel 02-2314-6528
Open 11:30~05:00
Cost 1인 598달러(단, 평일 11:30~16:00 498달러, 텍스 10% 추가), 식사 시간 2시간
Web www.mala-1.com

Writer's Pick! 현지인들이 더 좋아하는
마라딩지마라위엔양훠궈
馬辣頂級麻辣鴛鴦火鍋 | 마랄정급마랄원앙화과

천외천과 어깨를 견주는 훠궈 뷔페. 역시 2시간 동안 무제한으로 즐길 수 있다. 2인 기준, 탕 2종류, 고기 4가지를 선택한 후 나머지 채소, 버섯, 각종 해산물은 원하는 만큼 마음껏 가져다 먹으면 된다. 고기와 어묵은 메뉴판을 보고 직접 고르면 직원이 가져다준다. 생맥주 무제한. 디저트도 종류가 많다. 과일, 케이크를 비롯해 뫼벤픽 아이스크림까지 브랜드가 여럿이다. 밤새도록 영업해 야식으로 먹기에도 제격. DON'TMISS 입안이 얼얼하게 매운탕 마라마라궈麻辣麻辣鍋와 담백하게 맑은탕 수차이징리궈蔬菜精力鍋를 함께 먹으면 균형이 잘 맞다. BAD 현지인들에게도 인기 있다 보니 식사 시간대에는 빈자리가 드물다. 예약은 필수!

소금커피에 케이크 한 조각
85°C 베이커리 카페 85°C Bakery Cafe

Data Map 228E
Access MRT 반난板南선 타고 시먼西門역 하차, 1번 출구에서 도보 1분
Add 台北市 萬華區 漢中街 151號
Tel 02-2389-6622
Open 07:00~24:00
Cost 하이옌카페海鹽咖啡 스몰 45달러, 케이크 40달러 내외
Web www.85cafe.com

모양은 화려한데 가격은 착한 베이커리 카페. 치즈, 초코, 티라미수 같은 기본 케이크류부터 곰이나 사슴 모양의 케이크까지 진열대를 가득 채운다. 생크림보다는 초코로 만든 케이크가 더 맛있다는 평. 주문할 땐 케이크의 번호를 불러주면 한결 수월하다. <u>DON'T MISS</u> 소금을 솔솔 뿌린 소금커피 하이옌카페海鹽咖啡! 케이크 대신 이 커피를 마시기 위해 오는 단골이 있을 정도로 핫한 음료. 맛과 향이 좋은 것은 물론이고 뒷맛까지 깔끔하다. <u>BAD</u> 일회용 종이접시에 케이크가 담겨 나온다. 유동인구가 워낙 많은 곳이라 자리 쟁탈전도 심하다.

| 타이베이처짠 |

타이완 야시장 콘셉트 푸드코트
홍스이 洪十一

Data Map 230C
Access MRT 단수이淡水선 반난板南선 환승역 타이베이처짠台北車站역 하차, 타이베이 기차역 2층 브리즈 센터 내
Add 台北市 北平西路 3號 台北火車站 2F
Open 10:00~22:00
Cost 25번 구짜오위콩로판 110달러, 세트 가격 140~180달러

타이베이처짠台北車站 2층 브리즈 센터에는 총 4가지 콘셉트의 푸드코트가 있다. 현지인들의 사랑을 듬뿍 받는 곳을 꼽으라면 바로 타이완 야시장을 콘셉트로 한 타이완 야시장. 이중에서도 단짜이몐擔仔麵을 파는 홍스이가 단연 인기다. 타이완에서도 맛있기로 유명한 타이난 음식을 파는 곳으로 메뉴도 수 십 가지. 주문과 계산은 우리나라 푸드코트와 비슷해 어렵지 않다. 사진과 모형이 있어 주문하기 쉬운 것도 장점. <u>DON'T MISS</u> 단품보다는 세트메뉴로 먹으면 여러 가지 음식의 맛을 한 번에 경험할 수 있다. <u>BAD</u> 타이완식 비빔밥 구짜오위콩로판古早味焢肉飯은 죽순 특유의 냄새가 거슬릴 지도 모른다.

선물용 과자는 이곳에서

이지성 一之軒 台北車站 | 일지헌 태북차참 | Ijysheng

> **Data** 타이베이처짠점
> **Map** 230C
> **Access** MRT 단수이淡水선, 반난板南선 환승역 타이베이처짠台北車站역 하차, 타이베이 기차역 2층 브리즈 센터 내
> **Add** 台北市 北平西路 3號 台北火車站 2F
> **Tel** 02-2311-5268
> **Open** 10:00~22:00
> **Cost** 진큐빙 1개 50달러, 누가 샌드 1개 12달러, 세트 216달러
> **Web** www.ijysheng.com.tw

타이베이를 여행하면서 한 번쯤은 마주쳤을 핑크색 간판의 베이커리. 파나 육포가루가 토핑된 타이완 전통빵을 비롯해 유럽식 하드롤 등을 판매한다. 빵의 종류가 많으니 눈으로 보기에 촉촉하고 말랑한 빵 위주로 구입하면 실패 확률이 낮아진다. 다른 베이커리에 비해 모찌 종류가 많은 점도 특징. **DON'T MISS** 파삭하게 부서지는 과자와 엿처럼 부드럽게 씹히는 누가Nougat의 궁합이 신선한 누가샌드. 낱개로도, 세트로도 구매할 수 있어 좋다. 이곳에서만 볼 수 있는 진큐삥金Q餅은 기념 삼아 하나쯤 먹을 만하다.

입맛대로 접시에 담아먹는 채식

밍떠수스위엔

明德素食園 | 명덕소식원 | minder vegetarian

50여 가지의 채식 반찬부터 밥, 떡, 과일 등 디저트까지 원하는 데로 접시에 담아 즐기는 채식 뷔페. 피자, 죽, 국 등 개별 메뉴는 따로 주문할 수 있다. 밥은 6~7달러를 추가해야하는데 아삭한 채식만 맛보는 것도 좋다. **BAD** 울퉁불퉁한 하얀색 여주는 다이어트 식품으로 잘 알려져 있으나 쓴맛이 강하니 너무 많이 담으면 낭패.

Data **Map** 230C **Access** MRT 단수이淡水선, 반난板南선 환승역 타이베이처짠台北車站역 하차, 지하도로 큐스퀘어 Q-square 이동, 큐스퀘어 쇼핑몰 지하 3층 **Add** 台北市 承德路 一段 1號B3 台北京站 B3F 食樂大道 **Tel** 02-2559-5008 **Open** 11:00~21:30 **Cost** 100g 24달러, 백밥밥 小 6달러, 오곡밥 小 7달러 **Web** www.minder.com.tw

알음알음 소문난 맛

왕스 베이커리 Wang's Bakery

주로 명절에 찾아먹는 과자인 월병이 맛있는 곳. 월병 맛 좀 안다는 현지인들의 발걸음이 끊이질 않는다. 시식이 가능하니 맛이 궁금하다면 시식을 요청해볼 것. **DON'T MISS** 월병 외에도 파인애플 케이크인 펑리수와 우유로 만든 사탕인 누가도 판매한다. 시간이 촉박하다면 이곳에서 선물용 펑리수를 구매하는 것도 요령. 포장도 고급스러운 편이다.

Data **Map** 230C **Access** MRT 단수이淡水선, 반난板南선 환승역 타이베이처짠台北車站역 하차, 타이베이 기차역 지하 1층 브리즈 센터 내(1층 인포메이션 센터 앞 에스컬레이터 이용 시 바로 연결) **Add** 台北市 北平西路 3號 台北火車站 B1 **Tel** 02-2361-6158 **Open** 10:00~21:30 **Cost** 월병 1개 75달러, 펑리수 5개 200달러, 누가 1봉지 210달러 **Web** www.wangsbakery.com.tw

중정기념당

 꽃할배도 마시고 간 쩐주나이차
춘수이탕 春水堂 | 춘수당 | Chun Shui Tang

Data Map 229H
Access MRT 단수이淡水선과 신뎬新店선이 교차하는 중정기념당中正紀念堂역 하차, 5번 출구로 나와 직진 왼편에 보이는 음악당 1층(계단 아래 입구 보임)
Add 台北市 中正區 中山南路 21-1號 Tel 02-3393-9529
Open 11:30~20:50
Cost 쩐주나이차 85달러, 자오파이루웨이또우간미쉐 115달러 Web www.chunshuitang.com.tw

중정기념당中正紀念堂 내 음악당에 자리한 춘수이탕은 꽃할배도 찾았던 곳. 쩐주나이차珍珠奶茶의 원조라는 명성에 걸맞은 고풍스러운 인테리어에서 품격이 느껴진다. 종이메뉴판에 먹고 싶은 메뉴를 체크 한 후 카운터에서 계산을 하면 주문 완료. 그림은 없어도 영문 메뉴가 함께 표기 되어 알기 쉽다. 식사 메뉴도 다양하다. 관광객들에게는 뉴러미엔이, 현지인들에겐 춘수이탕만의 특제 소스로 만든 루웨이, 자오파이루웨이또우간미쉐招牌滷味豆干米血가 인기다. DON'T MISS 말랑한 쩐주(버블)가 일품인 쩐주나이차. 테이크아웃 하면 20% 할인되니 한 잔 들고 중정기념당 정원을 거닐어도 좋겠다. BAD 다른 지점보다 문을 늦게 열고 일찍 닫는다.

가격도 맛도 매력 있어
항저우샤오롱탕바오 杭州小籠湯包 | 항주소롱탕포

딩타이펑, 가오지보다 저렴하게 딤섬을 즐길 수 있어 좋다. 가장 인기 있는 메뉴는 단연 샤오롱탕바오小籠湯包. 한입 베어 물면 육즙이 콱 터지는 맛에 자꾸만 손이 간다. 국립중정기념당 후문과 가까워 국립중정기념당 관람 전후로 들리면 편리하다. BAD 가격이 착한 대신 셀프 서비스. 물, 수저, 소스, 생강 알아서 챙겨 먹어야 한다. 친절한 안내도 없다. 눈치껏 행동하거나 붙잡고 물어보거나. DON'T MISS 어여쁜 호박 모양의 쫀득한 딤섬, 난과가오南瓜糕 안에 흰 앙금이 가득해 디저트용으로 그만이다.

Data Map 229H
Access 중정기념당中正紀念堂 후문에서 도보 5분. 또는 MRT 동먼東門역 하차, 3번 출구에서 도보 7분
Add 台北市 大安區 杭州南路 二段 17號 Tel 02-2393-1757
Open 11:00~22:00 (금, 토는 23:00까지)
Cost 샤오롱탕바오 8개 150달러, 난과가오 90달러 Web www.thebestxiaolongbao.com

Taipei By Area

03

남부 타이베이

동먼&타이뎬따러우&궁관
東門& 台電大樓 &公館

이 지역을 배우로 비유하자면 주연보다
조연. 하지만 그 어떤 주연보다 돋보이는
개성파 조연이라면 이야기가 달라진다.
이름난 볼거리는 없지만 감초처럼
톡톡 튀는 골목이 그 자리를 대신한다.
아기자기한 숍과 분위기 있는 카페, 혀를
황홀케 하는 맛집을 하나씩 마주하다보면
나도 모르게 마음을 뺏기고 만다.

SOUTH TAIPEI
PREVIEW

MRT 노선도만 놓고 보면 연결되는 지점이 없어 보이지만 동먼역의 용캉지에와 타이뎬따러우역의 사대 야시장은 걸어갈 수 있을 정도로 가깝게 이웃하고 있다. 두 지역을 묶어 다니면 버리는 시간 없이 깨알 같은 여행이 가능하다. 낮에는 용캉지에, 해가 지면 사대 야시장으로 발걸음을 옮기자. 유명 관광지가 없어 외면받기 쉬운 궁관역 또한 지척이니 포기하지 말지어다.

SEE

대단한 관광지는 없다. '동네여행'이라는 콘셉트가 가장 잘 어울리는 지역으로 하나같이 아담한 골목 사이를 누벼야 하는 공통점을 갖고 있다. 용캉지에는 색깔 있는 숍과 카페가 많아 즐겁고, 사대 야시장은 젊음의 에너지가 충만하다. 궁관의 국립타이완대학은 낭만적인 산책이 가능한 곳. 궁관워터파크 앞에서 주말마다 열리는 플리마켓은 규모는 작지만 알찬 재미가 있다.

EAT

타이베이에서 꼭 먹어봐야 할 유명 먹거리는 용캉지에에 다 몰려있다고 해도 과언이 아니다. 오죽하면 '맛집거리'로 불릴까. 샤오롱바오로 유명한 딩타이펑 본점과 가오지를 비롯해 뉴러우멘 가게도 한집 건너 한집 꼴로 많다. 입가심하기 좋은 망고빙수 전문점 스무시도 빼놓을 수 없다. 꽃할배도 반했던 사대 야시장에서는 루웨이와 호호미빵을 먹어보자. 궁관에 들렀다면 천싼딩의 칭와주앙나이는 반드시 맛보자. 여기까지만 먹어도 타이베이 맛 좀 봤다 으시댈만하다.

BUY

그릇과 다구 모으는 취미를 가졌다면 두 눈이 번쩍 뜨일만한 곳이 바로 용캉지에의 런라이펑과 창순밍차. 물 만난 물고기처럼 가게 안을 휘젓고 다니며 취향에 맞는 물건을 발견하면 그것이 바로 득템이다. 한국에 비해 저렴한 가격은 구매의 흥을 부추기는 포인트. 구경만 해도 눈이 호사를 누릴만한 갤러리 같은 가게도 곳곳에 있다. 그중에서도 디자인 감각이 남다른 테일스는 꼭 한번 들러보자.

어떻게 갈까?

용캉지에를 가장 가깝게 갈 수 있는 MRT역은 동먼東門역. 원래는 루저우蘆洲線선(노란색)에서만 탈 수 있었는데 2014년 개통한 신이信義선 덕에 접근성이 한결 좋아졌다. 관광지가 많아 자주 애용하는 단수이淡水선(빨간색)만 타면 갈아 탈 필요 없이 한 번에 도착한다. 사대 야시장이 있는 타이뎬따러우台電大樓역과 궁관公館역은 신뎬新店선(초록색)을 이용하면 된다.

어떻게 다닐까?

용캉지에는 맛집만 가더라도 한번쯤 들리게 되는 필수 스폿. 선선한 날씨라면 사대 야시장까지는 걸어가도 좋다. MRT 동먼역 3번 출구에서 도보로 20~30분 정도 소요된다. 용캉지에부터 궁관 일대까지 하루에 다 돌아보기에는 빡빡한 일정이 될 수 있으니 용캉지에와 사대 야시장 혹은 용캉지에와 궁관 코스로 일정을 짜면 손색없다.

One Fine Day in
SOUTH TAIPEI

이름난 관광지보다는 맛있는 음식이 더 많은 곳이라 '먹방' 여행지로 알차다. 용캉지에는 핵심 맛집과 산책을 둘 다 충족시킬 수 있다. 식후 산책시간이 길어질수록 먹을 수 있는 음식도 늘어난다. 국립타이완대학에서는 사진 찍으며 시간을 보내기에 굿! 마지막으로 아기자기한 매력의 사대 야시장까지 둘러보면 알찬 하루 코스 완성.

딩타이펑 본점에서
샤오롱바오 먹기

→ 도보 5분

용캉지에 골목 산책

→ 도보 30분

빙수 전문점 스무시에서
망고빙수로 입가심

↓ 도보 1분

천싼딩에서
칭와주앙나이 마시기

← 도보 5분

국립타이완대학 둘러보기

← MRT 10분

텐진 총좌빙에서
간식으로 총좌빙 한 입

↓ MRT 5분

사대 야시장 즐기기

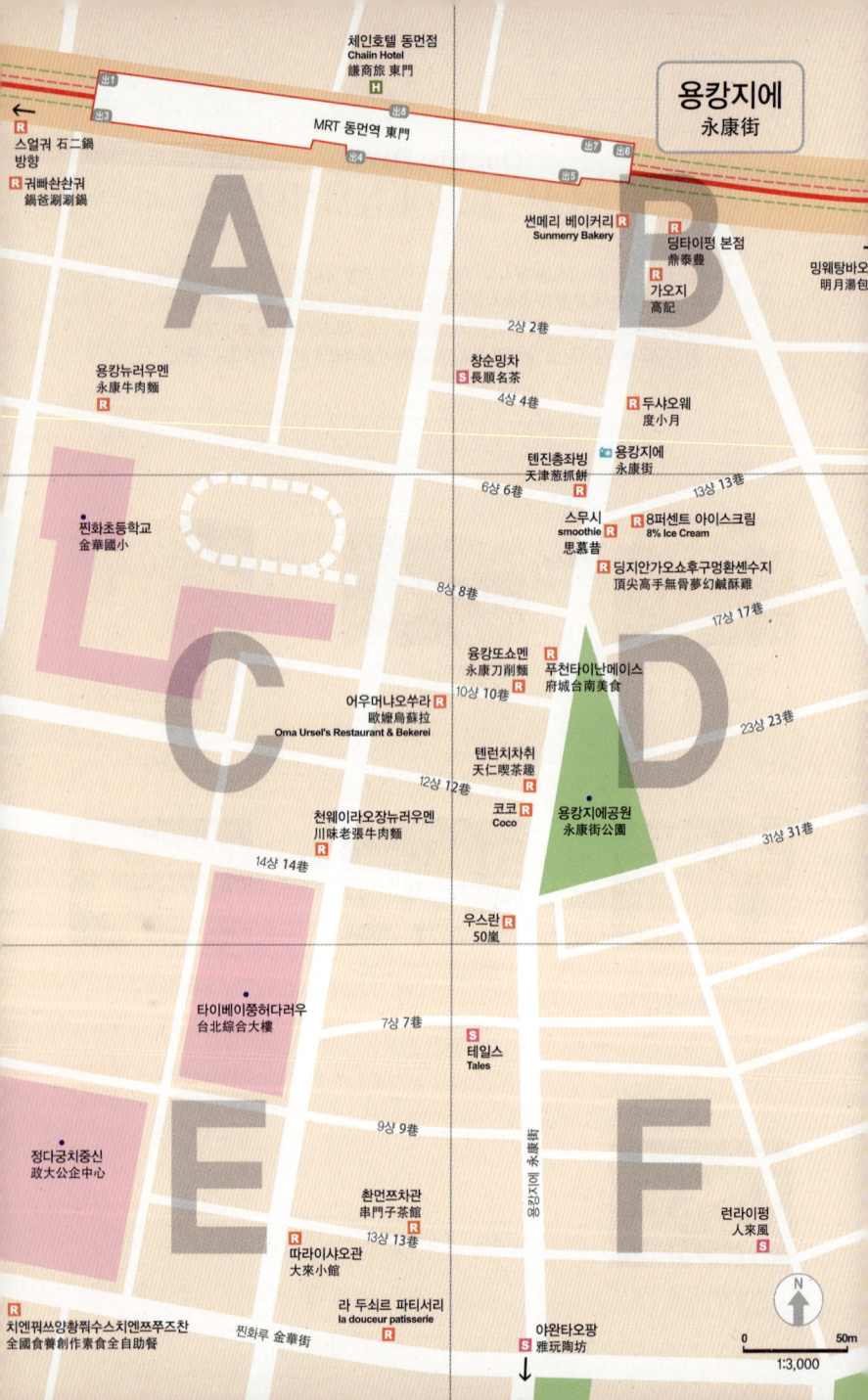

SEE

| 동먼 |

골목골목, 취향의 발견!
용캉지에 永康街 | 영강가

용캉지에永康街는 취향 타는 동네다. 소문난 먹을거리는 많아도 특출난 볼거리는 없기 때문. 대신 진가는 골목에서 드러난다. 평소 감성 사진 찍기를 좋아한다면 카메라 충전 빵빵하게 준비하자. 골목 사이 숨어있는 피사체가 당신을 설레게 만들테니. 어슬렁거리며 걷는 것이 골목 여행의 시작이다. 구석구석 돌아보는 범위를 어떻게 정하는지에 따라 개별 맞춤 여행이 된다는 것도 골목 여행이 가진 매력. 시간이 허락하는 만큼, 마음이 끌리는 만큼 걸어보는 것이 베스트 코스인 것은 당연지사다. 맛집이 몰려있는 메인 거리에서 사방으로 펼쳐진 골목은 작지만 짧지 않다. 빈티지한 카페, 찻집, 서점 같은 공간이 주는 우연, 예기치 못한 사람과 마주치는 우연 등 소소한 재미는 찾기 나름. 세월의 흔적과 현재가 공존하는 시간을 산책하며 여행이 특별해지는 플러스 1cm의 순간을 마주하자.

Data **Map** 248B, D, F **Access** MRT 신아이신이선과 루저우蘆州선이 교차하는 동먼東門역 5번 출구로 나와 우회전, 도보 2분 **Add** 台北市 大安區 永康街

타이뎬따러우

감성 야시장
사대 야시장 師大夜市 | 사대야시

Data Map 249A
Access MRT 신뎬新店선 타고 타이뎬따러우台電大樓역 하차, 3번 출구로 나와 첫번째 골목으로 우회전 후 핑크색 간판의 이지성一之軒이 보일 때까지 직진. 이지성을 끼고 우회전
Add 台北市 大安區 泰順街 師大夜市
Open 16:00~24:00

정확하게 얘기하자면 사대 야시장은 정식 야시장이라고 할 수 없다. 국립사범대학교 주변 골목으로 크고 작은 가게들이 생겨나면서 자연스레 시장이 형성된 꼴인데, 일반적으로 알고 있는 타이완의 야시장과는 조금 다르다. 골목마다 옷 가게와 카페가 대부분이고 그 사이에 음식점들이 고개를 내밀고 있다. 연령대도 좀 낮은 편으로 20대의 마음으로 즐기는 곳 되겠다. 특별히 입구랄 것도, 꼭 가봐야 할 곳도 없으니 내키는 대로 걸으며 젊음의 에너지에 취해보자. 우연히 마주친 감성적인 골목에서 마음이 뭉클해지도록 향수에 젖어드는 일도 이곳에서라면 가능하다. 추억을 부르는 것은 또 있다. 타이완식 간장 라볶이라 부르면 좋을 루웨이滷味를 먹는 건 안 먹고 가면 뒤돌아서서 후회할 만큼 맛있으니 꼭 맛볼것!

궁관

의외의 발견, 도심 속 정원
쯔라이수이위안취 自來水園區 | 자래수원구

Data Map 249F
Access MRT 신뎬新店선 타고 궁관公館역 하차, 1번 출구에서 도보 10분
Add 台北市 中正區 汀洲路 3段 104巷 14號
Open 벼룩시장
토 15:00~22:00,
일 15:00~21:00

평일에도 워낙 학생들이 많은 지역이지만 매력발산은 주말에 최고조를 이룬다. 일상을 벗어난 여행자와 일의 노곤함에서 벗어난 현지인의 에너지가 만나 시너지를 일으킨다. 정원 산책은 상쾌하고 개운하다. 정원 밖 워터파크 입구에서는 벼룩시장이 열린다. 디자이너 상품과 중고품을 판매하는 구역으로 나뉜다. 괜찮은 물건이 있나 매의 눈으로 살피다보면 시간도 훌쩍 간다. 일요일보다는 토요일에 판매자가 많고 날씨에 따라 운영하지 않는 경우도 있다. 단, 이 모든 것은 주말에만 누릴 수 있다는 사실. 평일에 방문하는 여행자는 도시락이나 간식을 챙겨서 정원으로 오자. 테이블에 음식을 펼쳐놓는 순간 피크닉 온 듯 즐거워진다. 수다, 음악 듣기, 일기 쓰기 등은 선택사항! 같은 공간이 근사해지는 이유는 결국 사소한 차이에서 오는 법이니까.

오래도록 머물고 싶은 낭만 캠퍼스
궈리타이완따쉐 台灣國立大學 | 국립타이완대학

익히 알려진 '타이완 최고의 대학'이라는 수식어를 떼더라도 국립타이완대학은 충분히 매혹적인 여행지다. 특히 사진 찍기 좋아하는 여행자라면 반드시 일정에 추가해야 한다. 교정 어디서 찍든 그림이 되기 때문. 정문을 통과하면 누구라도 탄성을 자아내는 키 높은 야자수길이 이국적인 분위기를 연출한다. '꽃보다' 시리즈의 원조격인 타이완 드라마 <꽃보다 남자>의 촬영지로도 유명해 팬이라면 더욱 반가울 터. 여기서 끝이 아니다. 캠퍼스 구석구석 펼쳐진 산책길은 우울한 기분마저 산뜻하게 바꿔주는 마법 같은 힘이 있다. 시공간을 초월한 듯 한 초록의 기운이 '제대로 힐링한다' 싶다. 설립 당시 지어진 바로크풍 건물 역시 그 위용을 한껏 발산한다. 야자수 길 끝에는 우뚝 솟은 도서관이 보인다. 내부로 들어가려면 출입증을 따로 발급 받아야 한다. 대각선 왼쪽에는 정원처럼 가꾸어진 연못이 있다. 가던 길을 멈추고 사진을 찍고 가는 인기 포토 스폿 중 하나. 그 아래 길에는 수업 시작을 알리는 학교 종이 있어 정겨움을 더한다. 학교가 워낙 넓어 전체를 다 돌기에는 하루도 부족하다. 여기서 후문을 향해 직진하면 학교 내 호수까지 둘러볼 수 있다. 다음은 입을 즐겁게 할 차례. 학교 내 농업 전시 센터 눙찬핀잔스중신農産品展示中心에서 파는 아이스크림과 와플 샌드위치는 방문 기념으로 꼭 먹어야 할 명물. 놓치지 말자!

Data Map 249D
Access MRT 신덴新店선 타고 궁관公館역 하차, 3번 출구로 나와 직진 후 횡단보도 앞에서 우회전
Add 台北市 大安區 羅斯福路 四段 1號
Web www.ntu.edu.tw

> **Tip 국립타이완대학은?**
> 1928년 타이베이 제국대학으로 설립된 후 1945년 11월 '국립타이완대학'으로 교명을 바꾸었다. 타이완 최초의 대학 일뿐만 아니라 명실 공히 타이완 최고 지성의 전당으로 명성을 떨치고 있다.

| Theme |

비탄 碧潭 | 벽담 | Bitan

첫사랑은 될 수 없는 데이트 코스

비탄은 사진발이다. 사진에서 보던 옥색 물빛이 눈앞에 차르르 펼쳐질 거라 예상했다면 실망할 준비도 해야 한다. 그렇다고 돌아서기에는 여기까지 온 시간이 아까워 본전 생각나기 십상. 딱 10분의 시간이 필요하다. 그 사이에 아무런 감흥이 없다면 과감히 다음 장소로 이동해도 좋다. 마음이 일렁거리기 시작한다면 엉덩이는 저절로 무거워질테니. 호수를 휘감은 바위 숲은 가만히 보고 있을수록, 오래 두고 볼수록 감동이 배가 된다. 옥색물빛이 나타나는 것도 이때다. 호수를 가운데 두고 입구 왼쪽은 노천카페와 레스토랑이 이어진다. 이곳에서 보는 전망도 빠지지 않는다. 보사노바풍의 라이브 음악까지 더해져 분위기를 띄운다. 데이트 코스로 완벽한 세팅이다. 밤이 되면 낭만은 더욱 깊어진다. 호수를 가로지르는 다리의 무지개빛 조명은 낮과는 다른 모습. 절로 셀카를 부른다. 게다가 저녁 7시부터 9시 반 사이 정각에는 선물처럼 음악이 울려 퍼진다. 로맨틱 무드로 물드는 것도 순식간. "널 위해 준비했어"라는 말은 이런 타이밍에 쓰라고 있는 법. 깜짝 이벤트인양 능청을 떨어도 이 시간만큼은 용서가 된다. 다들 우라이烏來 가기 전 잠깐 들리라는데 그러기엔 볼수록 아깝다.

Data **Access** MRT 신덴新店선 타고 신덴新店역 하차, 1번 출구에서 도보 5분 **Add** 新北市 新店區 新店路

차 한 잔의 여유 '카페 비탄 碧潭'

남자들끼리 삼삼오오 모여앉아 차 마시며 수다 떠는 모습은 어쩐지 낯설다. 사실 '술 대신 차'를 외치는 타이완에서는 익숙한 풍경. 알코올 한 방울 없이 음료 마시며 수다를 떤다는 유재석 씨와 지석진 씨에게 추천해주고 싶은 카페, 비탄에서도 이런 모습은 흔하다. 테이블과 의자는 간이용이라 분위기를 깨지만 탁 트인 전망만큼은 끝내준다. 단, 날씨 좋은 날에만 추천. 200달러에 차와 주전부리가 제공되며 비탄 다리 입구에서 반대쪽을 바라볼 때 보이는 다리 왼편 바위 위 하얀색 지붕이다. 간판에 빨간색으로 碧潭이라고만 써져 있으니 참고하자.

| 동먼 |

Data Map 248D
Access MRT 신아이(信義)선과 루저우蘆洲선이 교차하는 동먼東門역 하차, 5번 출구에서 도보 5분
Add 台北市 大安區 永康街 13巷 6號
Tel 02-2395-6583
Open 12:00~22:00
Cost 모든 아이스크림 100달러

Writer's Pick! 품격 있는 근사한 아이스크림
8퍼센트 아이스크림 8% Ice Cream

혜성처럼 등장해 용캉지에永康街의 뜨거운 별로 떠오른 젤라토 아이스크림 전문점. 질 좋은 재료로 정직하고 건강하게 아이스크림을 만드는 것이 모토란다. 사람이 많더라도 2층은 둘러보고 떠날 것. 책과 그림으로 둘러 쌓인 공간은 한참을 머물고 싶을 만큼 유혹적이다. DON'T MISS 젤라토냐 셔벗이냐 아니면 소프트 아이스크림이냐를 결정한 후 먹고 싶은 맛을 고르면 된다. 젤라토는 통상적인 아이스크림에 비해 공기 함량이 적기 때문에 꽉 찬 질감이 특징. 촘촘한 밀도만큼 맛이 진하다. 상대적으로 유지방이 적어 칼로리가 낮은 것도 장점. 셔벗은 우유와 달걀이 들어가지 않아 첫맛은 상큼하고 뒷맛은 깔끔하다. 소프트 아이스크림은 지금까지 먹은 아이스크림과는 차원이 다른 깊은 맛을 선사한다.

Data Map 248E
Access MRT 신아이(信義)선과 루저우蘆洲선이 교차하는 동먼東門역 하차, 5번 출구에서 도보 10분
Add 台北市 麗水街 13巷 9號 1F
Tel 02-2356-3767
Open 13:00~22:00
Cost 칭춘산위안 190달러

여심을 사로잡는 찻집
촨먼쯔차관 串門子茶館 | 관문자다관 | Stop by Teahouse

전통찻집하면 고루하거나 어렵다는 편견이 있기 마련. 이런 곳이라면 찻집의 문턱이 좀 낮아질 수 있지 않을까. 이름처럼 오가는 길에 슬쩍 들렀다가 차 한 잔 하기 좋은 곳으로 단정하고 모던한 분위기. 플라스틱 컵 8,000개를 이어 붙여 만든 공간은 이곳의 하이라이트로 가장 심혈을 기울였다. 다락방에 온 듯 아늑해 차 맛이 더 좋아지는 기분. 전시공간으로 사용되는 지하 역시 숨은 묘미가 있다. DON'T MISS 차를 모르는 초보자도 쉽게 주문할 수 있어 편리한 칭춘산취안青春三泉. 동팡메이런東方美人, 가오산쩐쉬안高山金萱, 탄베이우롱炭焙烏龍으로 3가지 종류의 차가 한 세트. 엘리자베스 여왕이 극찬을 아끼지 않았다는 동팡메이런을 마셔볼 수 있는 좋은 기회다.

Data Map 248C
Access MRT 신이信義선과 루저우蘆洲선이 교차하는 동먼東門역 하차, 5번 출구에서 도보 10분 **Add** 台北市 大安區 愛國東路 105號
Tel 02-2396-0927
Open 11:00~15:00, 17:00~21:00(화요일 휴무)
Cost 훙샤오뉴러우멘 200달러, 오이김치 50달러 **Web** www.lao-zhang.com.tw

나도 상받은 뉴러우멘이야~

천웨이라오장뉴러우멘

川味老張牛肉麵 | 천미로장우육면 | Sichuan-flavor Lao Zhang Beef Noodles

융캉뉴러우멘이 워낙 이 동네의 '핫스타'다보니 빛을 못 봤지만 이곳 역시 50년 넘는 역사를 자랑하는 곳. 유명인들의 방문도 잦아 벽면 한편에는 사진과 사인으로 도배되어 있다. 2층까지 있는 넓은 공간과 깔끔한 분위기가 장점. 한국어 메뉴판도 있다. 대기 시간이 싫다면 이곳으로! BAD 훙샤오뉴러우멘의 맛은 짜다고 느낄 수 있을 정도로 강렬하다. 두툼한 고기는 마늘, 생강 등을 넣고 초벌로 튀겨내 씹는 맛이 있다. 호불호가 갈릴 맛임은 분명하다.

이색적인 뉴러우멘을 찾는다면
Writer's Pick!

융캉또쇼멘

永康刀削麵 | 영강도삭면

도삭면으로 만든 뉴러우멘牛肉麵 전문점. 새로운 뉴러우멘을 맛보고 싶다면 주목하자. 커다란 밀가루 덩어리를 대패질 하듯 깎아낸 면을 도삭면이라 하는데 면의 쫀득함과 씹는 맛이 특히 뛰어나다. 칼로 획획 면을 날리는 주방장의 모습도 볼거리. DON'T MISS 토마토가 들어간 판체뉴러우멘番茄牛肉麵은 새콤하면서도 끝 맛이 깔끔하다. 짜장면처럼 비벼먹는 자장멘炸醬麵도 추천메뉴.

Data Map 248D **Access** MRT 신이信義선과 루저우蘆洲선이 교차하는 동먼東門역 5번 출구에서 도보 3분 **Add** 台北市 大安區 永康街 10巷 5號 **Tel** 02-2322-2640 **Open** 11:00~14:00, 17:00~20:00 **Cost** 판체뉴러우멘 小 160달러, 자장멘 小 70달러

안 먹고 가면 섭섭한
Writer's Pick!

융캉뉴러우멘

永康牛肉麵 | 영강우육면

설명이 필요 없는 융캉지에의 필수코스. 부드럽게 씹히는 고기는 비할 자가 없을 정도로 탁월함을 뽐낸다. DON'T MISS 뉴러우멘에 펀쩡파이쿠粉蒸排骨를 곁들여 먹자. 물컹한 연골과 찹쌀을 버무려 쪄낸 맛이 일품. BAD 식사 시간대에는 어김없이 기다려야 한다. 테이블 간격이 좁아 전반적으로 산만한 분위기. 맛집에 온 것이 맞구나 싶다.

Data Map 248A **Access** MRT 신이信義선과 루저우蘆洲선이 교차하는 동먼東門역 하차, 4번 출구에서 도보 3분 **Add** 台北市 大安區 金山南路 二段31巷 17號 **Tel** 02-2351-1051 **Open** 11:00~15:30, 16:30~21:00 **Cost** 훙샤오뉴러우멘 220달러, 칭뚠뉴러우멘 220달러, 펀쩡파이꾸 120달러 **Web** www.beefnoodle-master.com

출출한 밤 생각나는 간식
푸천타이난메이스
府城台南美食 | 부성대남미식

타이난의 옛 이름 '푸천府城'을 딴 가게 이름처럼 전통적인 타이난 음식을 선보인다. 분식류가 대부분이라 출출한 밤 야식으로 부담 없다. DON'T MISS 강원도 감자떡처럼 생긴 완자 샤런뤄완蝦仁肉圓이 이 가게의 대표 메뉴. 전분이 아닌 쌀로 만든 투명한 피 속에는 고기와 새우가 꽉 차 있다. 달콤한 간장 양념과 어우러지는 궁합이 좋아 자꾸만 생각난다. 박하 비슷한 맛이 나는 채소, 샹차이香菜를 싫어한다면 주문 시 "부야오샹차이"를 외치자.

Data **Map** 248D **Access** MRT 신이信義선과 루저우蘆洲선이 교차하는 동먼東門역 하차, 5번 출구에서 도보 6분 **Add** 台北市 大安區 永康街 8號 之1 **Tel** 02-2351-9785 **Open** 11:00~21:30 **Cost** 샤런뤄완 50달러

전세계 딩타이펑의 본점
Writer's Pick! 딩타이펑 鼎泰豊 | 정태풍

용캉지에의 딩타이펑이 바로 본점! 관광지처럼 입구에서 기념사진만 찍는 사람들도 많다. 유리창 너머로 샤오롱바오小籠包를 만드는 모습도 흥미를 끈다. BAD 음식을 먹는 시간보다 대기 시간이 더 길어질 수 있다. 특히 주말 점심과 저녁에는 1시간 정도는 우습다. 홈페이지를 통해 미리 예약했더라도 15~20분 정도 대기 시간이 있을 수 있다는 것을 명심하자. 대기표를 받고 용캉지에를 한 바퀴 산책하면 시간을 아낄 수 있다.

Data **Map** 248B **Access** MRT 신이信義선과 루저우蘆洲선이 교차하는 동먼東門역 하차, 5번 출구에서 직진. 도보 3분 **Add** 台北市 大安區 信義路 二段 194號 **Tel** 02-2321-8928 **Open** 월~금 10:00~21:00, 토~일 09:00~21:00 **Cost** 샤오롱바오 10개 210달러

용캉지에의 숨은 고수
딩지안가오쇼후구몽환셴수지
頂尖高手無骨夢幻鹹酥鷄 | 정첨고수무골몽환함소계

유심히 보지 않으면 그냥 지나칠 정도로 작은 가게지만 타이완의 각종 TV 맛집 프로그램에 단골로 출연할 정도로 유명하다. 고구마, 오징어, 토란 등을 파는 튀김 전문 가게. DON'T MISS 고구마튀김인 황진요나이비과黃金牛奶地瓜. 패스트푸드점의 양념 감자가 고구마 버전이 되었다면 이해가 빠르다. 손가락 크기만큼 길쭉하고 큼직한 크기도 마음에 쏙 든다.

Data **Map** 248D **Access** MRT 신이信義선과 루저우蘆洲선이 교차하는 동먼東門역 하차, 5번 출구에서 도보 6분 **Add** 台北市 大安區 永康街 15號之8 **Tel** 02-327-8508 **Open** 14:00~24:00 (토, 일은 24:30까지) **Cost** 황진요나이비과 40달러

명상하듯 건강한 식사
치엔꿔쓰양촹쭤수스치엔쯔쭈즈찬
全國食養創作素食全自助餐 | 전국식양창작소식전자조찬

식사 시간대엔 사람들로 꽉 들어차지만 소음이란 없다. 음식을 만들고 나르는 소리가 전부. 접시에 음식을 담아 계산만 하면 되기 때문에 중국어를 몰라 막막한 주문 스트레스까지 제로! 여러모로 머무는 내내 건강해지는 기분이 절로 든다. DON'TMISS 뷔페식으로 차려진 음식을 종이 접시 위에 꽉 차게 담아도 70~100달러 정도로 착한 가격. 여기에 밥과 국은 무한 리필 공짜다. BAD 영업시간 외에는 셔터를 내려버리니 운영 시간을 반드시 확인하자!

Data Map 248E
Access MRT 신이信義선과 루저우蘆洲선이 교차하는 동먼東門역 하차, 5번 출구에서 도보 10분
Add 台北市 大安區 金華街 118之 8號
Tel 02-2321-1198
Open 10:30~14:00, 16:30~20:00
Cost 100g 23.4달러
Web country-health.com.tw

폭풍인기 망고빙수
Writer's Pick!
스무시 思慕昔 | 사모석 | smoothie

용캉지에를 관광지 반열로 올려놓았다고 해도 과언이 아니다. 여름은 물론이거니와 겨울에도 패딩을 입고 빙수를 먹는 모습이 놀라울 뿐. DON'TMISS 뭐니 뭐니 해도 망고빙수를 먹어야 한다. 망고 귀한 겨울에는 냉동망고와 생망고가 반씩 나온다. BAD 같은 자리에 있던 스무시의 전신, '빙관 15'의 맛을 잊지 못하던 현지인들은 이곳을 찾는 발걸음이 뜸하다는 풍문.

Data Map 248D **Access** MRT 신이信義선과 루저우蘆洲선이 교차하는 동먼東門역 하차, 5번 출구에서 도보 5분 **Add** 台北市 大安區 永康街 15號 **Tel** 02-2341-8555 **Open** 10:00~23:00 **Cost** 망고빙수 210달러 **Web** www.smoothie.com.tw

손에 들고 먹기에 딱
톈진총좌빙 天津葱抓餅 | 천진총과병

날이 갈수록 더욱 주목 받고 있는 가게. 대기 시간은 평균 10분 정도. 용캉지에에 왔다면 안 먹고 갈 수 없는 특급 샤오츠. DON'TMISS 그냥 총좌빙은 심심하게 느껴질 수도 있다. 달걀을 추가한 지아딴加蛋을 먹거나 치즈와 달걀이 들어간 치스딴起司蛋을 먹어보자. 달걀과 햄이 들어간 훠투이딴火腿蛋도 색다르다.

Data Map 248D **Access** MRT 신이信義선과 루저우蘆洲선이 교차하는 동먼東門역 하차, 5번 출구에서 직진 도보 2분 **Add** 台北市 大安區 永康街 6港 1號 **Tel** 02-2321-1336 **Open** 11:00~23:30 **Cost** 총좌빙 25달러, 지아딴 30달러, 치스딴 40달러, 훠투이딴 40달러

TAIPEI BY AREA 03
남부 타이베이

독보적인 에그 롤의 맛

Writer's Pick! **썬메리 베이커리** Sunmerry Bakery

미국까지 진출한 타이완 베이커리 브랜드. 처음에는 일본인 오너로 시작했기 때문에 일본과 타이완 스타일의 빵을 동시에 선보인다. 말랑말랑한 촉감의 빵들이 대세. 지리적 위치 때문에 융캉지에를 방문한다면 꼭 한번 마주칠 수밖에 없다. DONTMISS 한국인들 사이에서는 펑리수를 살 수 있는 베이커리로 알려져 있지만 개인적인 추천 메뉴는 에그 롤Egg Roll. 대적할 에그 롤이 있을까 싶을 정도로 짙은 향과 맛이 훌륭하다. 한입 먹고 나면 가루까지 털어먹는 자신을 발견하게 될지도.

Data Map 248B Access MRT 신이信義선과 루저우蘆州선이 교차하는 동먼東門역, 5번 출구에서 도보 1분 Add 台北市 信義路 二段 186號 Tel 02-2392-0224 Open 07:30~22:00 Cost 에그롤 1통 180달러, 펑리수 1개 15달러 Web www.sunmerry.com.tw

타이베이에서 즐기는 독일의 맛

어우머냐오쑤라 歐嬢烏蘇拉 | 구마오소랍 |
Oma Ursel's Restaurant & Bekerei

독일인 시어머니에게 배운 독일식 요리를 맛볼 수 있는 곳. 입구 옆으로 작은 베이커리를 겸하고 있다. DONTMISS 레스토랑에서는 독일식 소시지 모둠 요리 더궈샹창종후이德國香腸總匯를 맛보자. 모든 메뉴를 통 털어 최고라는 단골의 귀띔. 베이커리에 들려 빵만 사도 좋다. 튕기듯 씹히는 쫄깃한 빵 프레첼 롤Pretzel Roll을 놓치면 아쉽다.

Data Map 248C Access MRT 신이信義선과 루저우蘆州선이 교차하는 동먼東門역 하차, 5번 출구에서 도보 5분 Add 台北市 大安區 永康街 10巷 8號 Tel 02-2392-2447 Open 11:30~22:00 Cost 더궈샹창종후이 480달러, 프레첼 롤 35달러 Web www.omaecdiy.com.tw

타이난 전통 국수

두샤오웨 度小月 | 도소월 | Du Hsiao Yueh

타이난에서 시작된 단짜이멘擔仔麵을 맛볼 수 있는 곳. 본점보다 타이베이 지점의 맛이 오히려 더 낫다 싶다. DONTMISS 단짜이멘 한 그릇만 먹기에는 정말 한 젓가락 밖에 안 된다. 새우말이나 굴말이 튀김을 곁들여 보자. 맥주까지 더하면 꿀맛 야식 완성! BAD 양에 비해 가격이 비싸 본전 생각난다.

Data Map 248B Access MRT 신이信義선과 루저우蘆州선이 교차하는 동먼東門역 하차, 5번 출구에서 도보 3분 Add 台北市 大安區 永康街 9-1號 Tel 02-3393-1325 Open 11:30~23:00 Cost 단짜이멘 50달러

참 잘 만든 디저트
라 두쇠르 파티서리 la douceur patisserie

잘 다니던 은행을 그만두고 프랑스 요리학교로 유학을 떠난 후 타이베이로 돌아와 오픈한 프렌치 패스트리 카페. 아담한 공간은 달콤함을 맛보기 위한 사람들로 늘 북적댄다. 예쁜 디저트를 보노라면 테이크아웃해서라도 맛을 보고 싶은 충동이 든다. DON'T MISS 만들기 더 까다롭다는 프랑스식 마카롱을 제대로 만들기로 유명하다. 쫀득한 마카롱 셸과 촉촉한 필링의 조화는 알록달록한 색깔만큼 훌륭하게 어우러진다. BAD 타이완 현지 밥값과 비슷한 가격. 차 한 잔 곁들이면 과하다 싶은 생각이 들지도.

Data Map 248E
Access MRT 신아이信義선과 루저우蘆洲선이 교차하는 동먼東門역 하차, 5번 출구에서 도보 10분 Add 台北市 大安區 金華街 223號
Tel 02-3322-2833
Open 11:30~21:00 (금, 토는 22:00까지)
Cost 마카롱 4개 세트 320달러, 아프리카 블랙티 180달러
Web www.ladouceur.com.tw

Writer's Pick! 정성어린 손맛이 느껴지는
따라이샤오관
大來小館 | 대래소관

소박한 타이완 가정식을 판매하지만 음식의 맛은 화려함 그 자체. 입 안을 황홀하게 만들어주는 갖가지 음식을 맛보려면 이곳이 답이다. DON'T MISS 어느 것 하나 빼놓을 수 없을 정도로 맛이 뛰어나 딱 하나만 고르라면 지지엔雞捲을 맛볼 것. 기대치를 낮추는 투박한 모양새지만 반전의 맛을 선사한다. BAD 내부가 좁고 현지인들이 많다.

Data Map 248E Access MRT 신아이信義선과 루저우蘆洲선이 교차하는 동먼東門역 하차, 5번 출구에서 도보 8분 Add 台北市 永康街 7巷 2號 1樓 Tel 02-2357-9678 Open 월~금 11:00~14:00, 17:00~21:30, 토~일 11:00~21:30 Cost 루러우판 50달러, 지지엔 80달러 Web www.dalaifood.com

맛있는 샤오롱바오
가오지 高記 | 고기 | kao chi

딩타이펑鼎泰豊을 갈까, 가오지를 갈까 고민하게 만드는 4대 샤오롱바오 레스토랑 중 하나. 고급스런 분위기와 다채로운 메뉴 때문에 손님 접대용 레스토랑으로도 이름 나 있다. 타이베이 곳곳에 지점이 많지만 접근성으로만 따지자면 이곳이 제일! DON'T MISS 샤오롱바오小籠包가 제일 맛있다는 평이 지배적이다. BAD 다른 지점에 비해 손님이 많다 보니 음식의 퀄리티가 들쑥날쑥하다.

Data Map 248B Access MRT 신아이信義선과 루저우蘆洲선이 교차하는 동먼東門역 하차, 5번 출구에서 도보 3분 Add 台北市 大安區 永康街 1號 Tel 02-2341-9984 Open 월~금 10:00~22:30, 토~일 8:30~22:30 Cost 샤오롱바오 10개 220달러 Web www.kao-chi.com

향긋한 티타임

텐런치차취 天仁喫茶趣 | 천인끽다취

타이완 전통 차 브랜드로 널리 알려진 텐런밍차天仁銘茶에서 젊은 감각으로 운영하는 차포티cha FOR TEA의 테이크아웃 전문점이다. 쫀득하고 말캉한 타피오카인 쩐쭈에 향긋한 차와 우유를 한 번에 마실 수 있는 쩐쭈나이차뿐만 아니라 우롱차, 홍차 등 다양한 종류의 차를 골라 먹을 수 있어 좋다. 종류가 너무 많아 고민된다면 우롱차 음료 중 골라 마셔보자. DON'TMISS 바로 옆 가게에는 텐런밍차天仁銘茶가 있다. 티백, 찻잎, 다기 등을 판매하니 찬찬히 둘러보자. 선물하기에도 만만한 아이템이 많다.

Data Map 248D Access MRT 신이信義선과 루저우蘆州선이 교차하는 동먼東門역 하차, 5번 출구 Add 台北市 永康街 10巷 1號 1樓 Tel 02-2356-7656 Open 11:00~22:30(오픈시간 유동적) Cost 913차왕茶王 小 50달러 Web www.tenren.com.tw

Writer's Pick! 1인용 핫팟으로 즐기는

스얼궈 石二鍋 | 석이과

다양한 콘셉트의 훠궈 가게가 있지만 이곳의 장점은 1인용 훠궈 세트가 있다는 것. 밥을 먹을지 국수를 먹을지만 정하면 고기, 채소, 음료수까지 한 번에 즐길 수 있다. 나란히 앉아서 먹는 바 형태로 혼자 밥 먹기 난이도 하. DON'TMISS 번호표 순서대로 입장한다. 도착하자마자 입구의 번호표부터 뽑자. BAD 오픈 전부터 줄서서 기다리는 사람들이 넘쳐난다. 더 부지런을 떨어야 오래 기다리지 않는다.

Data Map 248A Access MRT 신이信義선과 루저우蘆州선이 교차하는 동먼東門역 하차, 3번 출구로 나와 2번 출구 방향으로 직진. 횡단보도 건넌 후 도보 3분 Add 台北市 民權東路 三段 19號 Tel 02-2517-2389 Open 11:30~20:30 Cost 1인용 훠궈 세트 218달러 Web www.12hotpot.com.tw

차분한 훠궈 뷔페

궈빠솬솬궈 鍋爸涮涮鍋 | 과파쇄쇄과

훠궈 뷔페 특유의 시끌벅적한 분위기가 아니다. 한 테이블에서 각자의 핫팟을 놓고 조근조근하게 대화하며 먹기에 그만이다. MRT 동먼역과 가까운 위치도 플러스 요소. DON'TMISS 뷔페식이지만 쇠고기 같은 고기류는 주문해 먹어야 한다는 사실을 잊지 말자. BAD 1인용 핫팟의 단점이라면 육수의 맛을 하나 밖에 선택할 수 없다는 점. 맑은 탕을 주문해 마지막에 김치를 넣어 먹으면 얼큰한 맛까지 동시에 즐길 수 있다.

Data Map 248A Access MRT 신이信義선과 루저우蘆州선이 교차하는 동먼東門역 하차, 2번 출구로 나와 횡단보도 건넌 후 보이는 건물 2층 Add 台北市 大安區 金山南路 二段 2號 2樓 Tel 02-2395-2938 Open 11:00~22:00 Cost 평일 점심 420달러, 평일 저녁, 주말 및 공휴일 460달러(택스 10%추가) Web gobar.com.tw

타이덴따러우

Data Map 249A
Access MRT 신뎬新店선 타이덴따러우台電大樓역 하차, 3번 출구로 나와 도보 10분
Add 台北市 龍泉街 54號
Tel 0939-330411
Open 16:00~01:30
Cost 루웨이 한접시 평균 100~170달러 내외

사대 야시장 필수코스

Writer's Pick!
따타이베이핑찌아루웨이 大台北平價滷味 | 대대북평가로미

복잡해 보이는 주문법이 두려워 루웨이만큼은 못 먹겠다고 포기했던 전적이 있다. 약간의 눈치작전만 펼치면 의외로 주문하기 쉽다. 바구니에 먹고 싶은 재료를 담고 건넨 후 무조건 오케이를 외치자. 단, 두 번의 고비가 있다. 재료이름으로 조리된 루웨이를 찾아가는 차례를 호명할 때 앞사람의 얼굴을 기억하는 것이 요령. 아무도 나타나지 않을 땐 내 것일 확률이 높으니 손을 들자. 포장을 원한다면 와이다이外帶이라고 말할 것. 여기까지 해냈다면 감격의 무사통과! DON'T MISS 면사리가 반드시 들어가야 제 맛! 꼬들꼬들한 라면 사리를 추천한다. BAD 실내에서 먹고 갈 경우 음료 주문은 필수.

기념으로 호호미빵 한 입!
하오하오웨이
好好味 | 호호미

홍콩에서 날아온 브랜드 하오하오웨이. DON'T MISS 사대 야시장에 왔다면 빙훠보러여우冰火菠蘿油 하나 정도는 기념으로 먹어야 한다. 따끈한 소보로 빵을 반으로 가른 후 버터를 통째로 넣어 먹는 것이 바로 호호미빵. 긴 줄을 애써 기다린 보람 없이 맛은 평범한 편이지만 너도 나도 하나씩 들고 다닐 정도로 즐겨 먹는 명물 중 하나다.

Data Map 249A **Access** MRT 신뎬新店선 타이덴따러우台電大樓역 하차, 3번 출구에서 도보 도보 15분 **Add** 台北市 泰順街 26巷 51號 **Tel** 02-2368-8898 **Open** 14:00~23:00 **Cost** 빙훠보러여우 35달러

합리적인 가격의 스테이크
뉴모왕 牛魔王 | 우마왕

우리나라 돈으로 만원이 안 되는 가격에 스테이크를 먹을 수 있다. DON'T MISS 열에 아홉은 소고기 스테이크 샤랑뉴파이沙朗牛排를 먹는다. 철판에 달걀 프라이와 파스타 면이 나오며 음료는 무료 제공된다. 메뉴를 정한 후 스프, 스테이크 소스, 고기의 익힘 정도를 고르면 된다. 스프는 옥수수와 소고기 2종류. 소스도 후추와 버섯 2종류. 고기는 3분, 5분, 7분, 혹은 완전 익힘인 취안수全熟로 익힘 종류를 선택하면 된다.

Data Map 249A **Access** MRT 신뎬新店선 타이덴따러우台電大樓역 하차, 3번 출구에서 도보 15분 **Add** 台北市 大安區 師大路 49巷8號 **Tel** 02-3365-2635 **Open** 16:30~24:30 **Cost** 샤랑뉴파이 160달러

궁관

짠맛과 단맛을 한 번에
능창핀짜스쭝신 農產品展示中心 | 농산품전시중심

국립타이완대학 내 농업대에서 개발하는 여러 가지 상품을 판매하는 곳. 농장에서 직접 키운 소의 우유로 만든 커피, 아이스크림, 빵 등이 특히 유명하다. 그 밖에 유기농 꿀, 차 등 다양한 상품군을 갖추고 있다. DON'T MISS 아이스크림의 종류는 컵과 바 형태를 포함해 총 3종류. 그중에서 아이스크림 샌드과자 쌴밍지빙치림=明治冰淇淋을 추천한다. 아이스크림의 단맛과 샌드 과자의 짠맛이 완벽한 조화를 이루는 완소 아이템. BAD 주말에는 이곳으로 쇼핑 나온 지역 주민들도 많아 치열한 구매 경쟁을 벌여야 할지도 모른다.

Data Map 249F
Access MRT 신뎬新店선 타고 궁관公館역 하차, 2번 출구에서 도보 5분. 국립타이완대학 내
Open 월~금 07:30~19:00, 토~일 09:00~19:00
Cost 쌴밍지빙치림 15달러

최고의 와플 샌드위치
샤오무우 小木屋 | 소목옥

와플, 커피, 차를 파는 간이 카페. 주말에는 인근 주민들까지 합세해 마감이 지나서도 대기 인원이 넘쳐 20~30분은 기다려야 한다. 손꼽히는 인기 비결은 저렴한 가격. 보통 100달러가 넘는 와플을 30~50달러면 먹을 수 있는데다 푸짐한 양까지, 반하지 않을 수가 없다. DON'T MISS 달달한 맛을 원한다면 넘버원 아이템인 초코 바나나 와플을, 식사대용이라면 베이컨과 양상추가 들어간 와플 샌드위치 베이컨쓰차이焙根蔬菜를 선택하자.

Data Map 249F **Access** MRT 신뎬新店선 타고 궁관公館역 하차, 2번 출구에서 도보 5분. 국립타이완대학 내
Open 월~금 07:30~19:00, 토~일 09:00~17:00
Cost 와플 30~50달러 내외

점잖은 야시장
궁관 야시장 公館夜市 | 공관야시

사대 야시장이 눈에 띄게 젊은 분위기인데 반해 다소 조용한 것이 특징. 대신 시장 특유의 저렴한 먹거리는 더 많은 편이다. 사람에 치이기 싫다면 이곳을 눈여겨보자. DON'T MISS 팥과 커스터드 크림을 넣어 만드는 훙또빙紅豆餅. 사진 촬영 절대 금지를 외치는 포스 있는 가게 주인 때문에 사진은 없지만 1개 10달러라는 저렴한 가격은 여전히 매력적이다. 위치는 궁관 메인 거리에 있는 컴바이Come Buy 옆. 늘상 줄을 서 있어 찾기는 쉽다.

Data Map 249F **Access** MRT 신뎬新店선 타고 궁관公館역 하차, 1번 출구로 나와 횡단보도를 건넌 후 도보 1분 **Add** 台北市 中正區 羅斯福路 **Open** 15:00~24:00

궁관 야시장의 간판스타
려고자오웨이총딴빙 劉古早味蔥蛋餅 | 류고조미총단병

궁관 최고의 명물을 찾으라면 단연 이곳이 빠질 수 없다. 오픈과 동시에 늘어선 긴 줄은 근처 노점의 질투를 받을 정도. 영업시간 내내 쉴 틈 없이 총딴빙蔥蛋餅을 만들어내는 주인을 보면 '달인' 칭호를 붙여주고 싶어진다. DON'T MISS 당연히 총딴빙을 먹어야 한다. 쫄깃한 맛보단 폭신폭신한 질감이 특징. 매운맛, 스위트칠리, 간장 등의 소스를 뿌려 먹어야 밋밋한 맛이 풍부하게 채워진다. 만드는 과정 또한 놀라움의 연속. 라지 사이즈 피자 도우만한 반죽을 척 하고 뒤집는 기술이 예사롭지 않다.

Data Map 249F Access MRT 신뎬新店선 타고 궁관公館역 하차, 1번 출구로 나와 횡단보도를 건넌 후 수이엔시창水源市場 오른쪽 첫번째 골목 바로 앞 노점 Open 15:00~24:00 Cost 총딴빙 20달러

건강한 채식용 햄버거
셴지살라찬 生機沙拉船 | 생기사랍선

'채식'이라는 말은 묘하게도 살이 찌지 않을 것 같은 안도감을 준다. 인상 좋은 부부가 운영하는 노점으로 채식하는 사람들도 먹을 수 있는 햄버거를 판다. 모든 재료를 기름에 튀기지 않고 구워 느끼하지 않다. 저렴한 가격에 맛도 좋아 학생들에게 특히 인기 만점. DON'T MISS 직접 만든 감자 샐러드, 채식용 햄, 토마토 등으로 속을 채운 셴지살라찬生機沙拉船. 정직한 맛으로 한 끼 식사로도 든든하다.

Data Map 249F Access MRT 신뎬新店선 타고 궁관公館역 하차, 1번 출구로 나와 횡단보도를 건넌 후 수이엔시창水源市場 왼쪽 첫번째 골목 두번째 노점 Open 16:00~23:00(매주 수요일 휴무) Cost 셴지살라찬 45달러

흑설탕 시럽이 독특해
Writer's Pick! 천싼딩 陳三鼎 | 진삼정

궁관역에 왔다면 꼭 마셔야 할 음료. 줄어들 것 같지 않은 긴 줄 대열에 기꺼이 합류하라고 적극 권한다. 한 모금 마시고 나면 모든 것이 용서된다. DON'T MISS 흑설탕으로 졸인 쩐주珍珠가 들어간 칭와주양나이靑蛙撞奶. 대표 메뉴이기도 하지만 이곳에서만 파는 유일한 맛이니 놓칠 수 없다. 흔들어 섞지 않고 마시면 우유의 고소함, 흑설탕의 달콤함, 쩐주의 말랑한 맛을 차례로 느낄 수 있다.

Data Map 249F Access MRT 신뎬新店선 타고 궁관公館역 하차, 3번 출구로 나와 횡단보도를 건넌 후 스타벅스가 보이는 골목으로 직진. 도보 10분 Add 台北市 中正區 羅斯福路 三段 316巷 8弄 Open 11:00~21:30(월요일 휴무) Cost 칭와주양나이 40달러

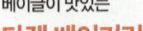

베이글이 맛있는
타겟 베이커리
得記麵包 | 득기면포 | Target Bakery

국립타이완대학 맞은편에 위치한 동네 베이커리. 좁은 가게는 학생들과 주민들로 한가할 틈이 없다. DON'T MISS 평리수도 다른 빵에 뒤지지 않는 맛. 선물용 세트도 있지만 낱개로도 구매할 수 있어 더 좋다. 베이글 역시 빠지지 않는 인기메뉴. 뉴욕식의 단단한 베이글이라기보다는 상대적으로 가벼운 밀도에 말랑한 식감이 특징. 다음 날 먹어도 폭신폭신함이 사라지지 않는다. 베이글 시식을 위한 전담 직원이 있으니 맛을 보고 결정하자.

Data Map 249D Access MRT 신뎬新店선 타고 궁관公館역 하차, 4번 출구로에서 도보 1분 Add 台北市 羅斯福路 4段 26號 Tel 02-2367-3611 Open 08:00~22:00 Cost 평리수 1개 15달러, 베이글 28달러

이제는 빙수도 반반시대
따이이뉴따이따왕
臺一牛奶大王 | 대일우내대왕

습하고 더운 날씨 덕에 빙수의 세계도 무궁무진하다. 국립타이완대학교 학생들에게 오랫동안 사랑받는 빙수 맛집으로 다른 빙수 전문점에 비해 가격도 저렴한 편. 추워지는 겨울에는 팥죽도 잘나간다. 내부가 넓은 편이라 자리 회전율이 높다. DON'T MISS 망고와 딸기 빙수가 반반씩 올라간 반반빙수 草莓芒果牛奶冰를 맛보자. 달콤하고 시원한 극강의 맛을 경험할 수 있다.

Data Map 249B Access MRT 신뎬新店선 타고 궁관公館역 하차. 3번 출구로 나와 직진. 왓슨스가 있는 방향으로 횡단보도를 건너 오른쪽으로 직진. KFC 지나서 도보 3분 이내 Add 大安區 新生南路 三段 82號 Tel 02-2363-4341 Open 10:00~24:00 Cost 망고+딸기 빙수 150달러, 기타 빙수 종류별로 55~150달러

대만식 햄버거
란지아거바오
藍家割包 | 람가할포

작은 규모의 노점이지만 학생 단골이 많다. 춤추는 듯 리듬 타는 재빠른 손놀림이 예술. DON'T MISS 일명 타이완식 햄버거라 불리는 거바오割包. 만두처럼 찐 빵을 반으로 갈라 다진 돼지고기, 쏸차이酸菜 같은 채소를 넣어 먹는다. 고기의 기름진 정도를 선택할 수 있도록 차별화 해 독보적인 맛을 선보이는 것이 특징. BAD 우리는 현지인이 아니라는 것을 잊지 않게 해주는 맛이랄까. 입맛에 맞으면 다행인데 안 맞으면 낭패.

Data Map 249F Access MRT 신뎬新店선 타고 궁관公館역 하차, 4번 출구로 나와 타겟 베이커리를 끼고 좌회전 후 도보 3분 Add 台北市 羅斯福路 3段 316巷 8弄 3號 Tel 02-2368-2060 Open 화~일 11:00~24:00 Cost 거바오 50달러

여름에 특히 별미

워지아렁멘 我家涼麵 | 아가량면

여러 매체에 소개되어 입소문을 타고 찾는 사람들이 점점 늘고 있다. 메뉴판을 가득 채운 음식의 종류는 다양하지만 잘 팔리는 베스트 메뉴는 정해져 있다. 차갑게 먹는 면요리가 주특기. 여름에 특히 붐빈다. DON'T MISS 여름에 주로 먹는 지쓰렁멘雞絲涼麵을 우리식으로 빗대면 비빔국수쯤 될 터. 차가운 면을 땅콩 소스에 비벼 먹는데 그 맛이 꼭 콩국수를 닮았다. 상큼한 오이가 고명으로 올라가는 점도 비슷하다. 잘게 찢은 닭고기도 한자리 차지. 다른 가게보다 특히 고소한 맛이 두드러져 입맛을 당긴다. BAD 약간 퍼진 듯한 면이 아쉽다.

Data Map 249F
Access MRT 신뎬新店선 타고 궁관公館역 하차, 4번 출구로 나와 타겟 베이커리를 끼고 좌회전 후 도보 8분
Add 台北市 中正區 汀洲路 三段 229號
Open 11:00~22:00 (화요일 휴무)
Tel 02-8369-1276
Cost 지쓰렁멘 小 70달러, 大 95달러

50여 년의 노하우로 만드는 아이스크림

이리파오파오빙

以利泡泡冰 | 이리포포빙

1955년 이란에서 시작한 아이스크림 가게. 전통 빙수와 면 요리도 겸하고 있는 점이 독특하다. DON'T MISS 가게 이름인 파오파오泡泡는 '거품'이라는 의미. 거품처럼 부드러운 아이스크림을 만들겠다는 의지가 반영됐다. 11가지 맛의 아이스크림 중 망고 아이스크림이 베스트셀러. BAD 가게 분위기가 전체적으로 의욕 없는 분위기. 발랄한 아이스크림이 아니라 착잡한 기분까지 먹는 듯하다.

Data Map 249F **Access** MRT 신뎬新店선 타고 궁관公館역 하차, 4번 출구로 나와 타겟 베이커리를 끼고 좌회전 후 도보 6분 **Add** 台北市 大安區羅 斯福路 三段 316巷 8弄 7號 **Tel** 02-2369-0690 **Open** 11:00~23:00 **Cost** 아이스크림 50달러

Writer's Pick!

남녀노소 인기 만점 치킨

투 펙 2 Peck

타이완에서 즐겨 먹는 간식들을 총집합 시킨 튀김 전문점. 두부, 감자, 고구마, 문어 다리, 오징어볼, 치즈스틱 등 폭 넓은 메뉴를 자랑한다. 바삭한 튀김옷은 소리부터 남다르다. DON'T MISS 단연 지파이雞排! 바삭바삭한 껍질과 짭조름한 간장 양념이 꼭 간장치킨을 먹는 듯하다. 압도하는 커다란 크기도 만족스럽다. 촉촉하고 야들야들한 살결은 말할 것도 없다.

Data Map 249F **Access** MRT 신뎬新店선 타고 궁관公館역 하차, 4번 출구로 나와 타겟 베이커리를 끼고 좌회전 후 도보 6분 **Add** 台北市 中正區 羅斯福路 三段 316巷 4號 **Tel** 02-2368-1216 **Open** 11:30~23:30 **Cost** 지파이 60달러 **Web** www.twopac.com.tw

스토리가 있는 도자기
테일스 神話言 | Tales

Data Map 248F
Access MRT 신이信義선과 루저우蘆州선이 교차하는 동먼東門역 5번 출구에서 도보 8분
Add 台北市 大安區 麗水街 7巷 8號
Tel 02-2351-6108
Open 11:00~15:00, 17:00~21:00
Cost 샤오첸룽 9,910달러~

알수록 그 가치가 보이는 작품 같은 도자기를 선보이는 곳이다. 갤러리 같은 외관에 문턱이 높아 보이지만 막상 들어가면 친절하게 설명해 준다. 도자기에 숨은 이야기는 또 얼마나 흥미진진한지. 고궁박물원과 콜라보레이션해 만든 샤오첸룽小乾隆 시리즈는 모자를 쓴 황제를 티팟으로 만든 아이디어가 돋보인다. 모자는 찻잔이 되고 옷은 찻주전자로 변신한다. 바닥에는 황제가 좋아했던 인장도 새겨져 있다. 타이완의 대자연을 도자기에 그린 네이후 시리즈도 모양에 따라 요모조모 쓰임새가 많다. 탐나는 아이템이 한 두 개가 아니지만 가격이 만만치 않다. 그릇에 관심 있는 사람이라면 갤러리 온 셈 치고 눈의 호사를 누려보길. 둘러보기만 해도 안목이 높아지는 기분은 덤이다.

가격도 착한 앤틱 도자기가게
아완타오팡 雅玩陶坊 | 아완도방

Data Map 248F
Access MRT 신이信義선과 루저우蘆州선이 교차하는 동먼東門역 5번 출구에서 도보 10분
Add 台北市 永康街 60號
Tel 092-503-147
Open 12:00~21:00
Cost 찻잔 200달러~, 개완 600달러~

용캉지에에서 용캉공원길을 따라 죽 내려오면 만나게 되는 앤틱 상가들. 나이 지긋한 주인장들이 하는 세월이 쌓인 가게들 중 도자기를 전문으로 다루는 숍이다. 중국 본토에서 수입해온 작은 1인용 찻잔과 주전자와 찻잔 겸용으로 쓰이는 개완이 많은 편. 갯벌의 진주를 고를 줄 아는 안목을 가진 사람이라면 알아서 득템할 수 있는 분위기. 도자기를 잘 몰라도 가격이 저렴하니 구경 한번 해보자. 흥정만 잘하면 더 저렴하게 살 수도 있다. 문이 닫혔을 땐 주인장 핸드폰 번호로 전화하면 얼른 와서 문을 열어준다.

취향 있는 주인장의 다구 셀렉션
런라이펑 人來風 | 인래풍

대문과 작은 마당 때문에 가정집인지 카페인지 알쏭달쏭한 외관. 인상 좋은 주인장은 머뭇머뭇 기웃거리는 손님들을 늘 웃는 얼굴로 맞이한다. '어디서나 즐길 수 있는 다도'를 테마로 중국 앤틱, 타이완, 일본풍의 다구를 선보인다. 순백색 찻주전자와 찻잔, 찻주전자를 담는 작은 박스, 찻잔 주머니 등 군더더기 없이 멋스러운 다구들이 가득하다. 너른 공간에 진열해둔 다구만 구경해도 마음이 맑아지는 듯하다. 한가운데 놓인 차탁에서 주인장과 단골이 차를 마시며 담소를 나누는 모습도 훈훈하다. 중국 앤틱 다구는 인사동보다 30%이상 저렴한 편이니 참고할 것.

Data Map 248F
Access MRT 신이信義선과 루저우蘆州선이 교차하는 동먼東門역 5번 출구에서 도보 10분
Add 台北市 永康街 47巷 15號
Tel 02-3393-7410
Open 15:00~22:00 (월 휴무)
Cost 찻잔 450달러~

꽃무늬 다구 여기 다 모였네
창순밍차 長順名茶 | 장순명차

용캉지에의 대표 맛집 딩타이펑 본점 뒷골목에 자리한 아담한 차가게. 향긋한 차도 차지만, 하카풍 꽃무늬 다구를 다양하게 갖추고 있다. 음악이 나지막이 흐르는 가게 안 중국식 찻장에는 화사한 색 바탕에 큼직한 꽃이 탐스럽게 그려진 개완, 머그, 찻잔이 가득하다. 찻주전자와 찻잔세트는 하나 장만해 두면 두고두고 쓰기 좋은 아이템. 선물용으로는 미니 찻잔도 추천할 만하다. 현지인들에겐 다구보다 찻집으로 유명하다. 우롱차, 홍차 등 차도 시음해 본 후 살 수 있다.

Data Map 248B
Access MRT 신이信義선과 루저우蘆州선이 교차하는 동먼東門역 4번 또는 5번 출구에서 도보 3분
Add 台北市 大安區 永康街 4巷 20號
Tel 02-3393-7545
Open 11:00~21:00
Cost 찻잔 120달러~
Web www.kozancha.com

Taipei By Area
04

북부 타이베이

쭝샨&쏭리엔&위엔샨&
민취안시루&젠탄&스린
中山&雙連&圓山&
民權西路&劍潭&士林

북부 타이베이는 두 얼굴의 매력을 갖고 있다. 거리 곳곳에서 마주친 과거의 모습은 시간 여행을 온 듯 감탄사를 자아낸다. 뿐만 아니라 현재의 예술과 문화는 예술적 유희를 충족시키기에 그만이다. 숨 가쁜 일정보다는 찬찬히 들여다보는 마음의 여유가 필요하다.

NORTH TAIPEI PREVIEW

북부 타이베이

타이베이의 역사와 문화가 모여 있는 지역을 꼽으라면 북부 타이베이가 단연 돋보인다. 올드 타이베이라는 별칭이 있을 만큼 과거 타이베이의 모습이 잘 간직되어 있다. 게다가 현지인들의 생생한 삶에 한 발짝 더 다가갈 수 있는 시장도 많아 여행을 좀 더 풍성하게 만들어 준다. 과거와 현재를 잇는 진짜 '삶'을 들여다보고 싶다면 타이베이 북부로 떠나보자.

SEE
꽃할배도 감탄했던 유물들이 전시된 고궁박물원을 비롯해 충렬사, 공자묘 같은 사적지는 역사적인 타이베이를 한 눈에 감상할 수 있는 곳이다. 예스러운 모습이 그대로 남아 있는 디화지에와 단수이를 바라볼 수 있는 따다오청 마터우도 타이베이의 과거를 느껴볼 수 있어 이색적이다. 이에 반하는 현대적 문화공간인 타이베이스리메이수관과 타이베이당다이메이수관까지 둘러보면 문화적 감성까지 충전 완료!

EAT
타이베이 북부에서는 야시장을 빼놓고 음식을 논할 수 없다. 타이베이 최대 규모의 스린 야시장과 먹방 찍기 딱 좋은 닝샤 야시장은 꼭 한번 들려야 할 필수 코스. 무엇보다 잘 알려지지 않은 곳 중 현지인들의 사랑을 한 몸에 받고 있는 맛집을 소개했으니 취향껏 골라갈 것. 쑹산역의 찐춘파뉴러우몐이나 솽리엔의 또화쩡이 그런 곳이다.

BUY
재기발랄한 아이디어로 무장한 디자이너의 티셔츠를 구입하고 싶다면 0416X1024를 주목하자. 직접 그린 일러스트는 특유의 감수성이 녹아있어 딱 한 장만 고르기가 고민스러워진다. '어른들의 놀이터'라는 콘셉트로 설계된 공간 마지마지 스퀘어에서는 1년 365일 내내 아트 마켓을 운영한다. 세상에 단 하나밖에 없는 가죽 공예품, 편지지, 파우치 등 쇼핑 리스트를 빼곡히 채울만한 아이템이 가득하다.

어떻게 갈까?
MRT 단수이선(빨간색)을 타면 쑹산中山역을 시작으로 스린士林역까지 한 번에 다 연결된다. 환승을 하거나 갈아탈 필요가 없으니 타이베이 여행 초보자들도 편리하게 다닐 수 있다. 단, 충렬사와 고궁박물원은 연결되는 지하철역이 없어 인근의 지하철역에 내려 버스를 타거나 택시를 이용해야 한다.

어떻게 다닐까?
쑹산中山역과 솽리엔雙連역은 걸어 갈 수 있을 정도로 가까운 편이다. 심지어 각 역의 지하도는 지하쇼핑센터로 서로 연결돼 더운 여름날 시원하게 걷기 좋다. 윈도우 쇼핑하듯 걸으면 도보 10분이면 도착한다. 두 지역은 묶어 다니면 좋고 쑹산역부터 스린역 방향인 북쪽으로 코스를 짜면 이동 시간을 최소한으로 줄일 수 있다. 마지막으로 젠탄劍潭역의 스린 야시장이나 솽리엔역의 닝샤 야시장으로 마무리하면 굿!

One Fine day in
NORTH TAIPEI

역사와 문화가 살아 숨 쉬는 지역이라 아침부터 밤까지 가볼 곳도 많다. 특히 미술관이나 박물관 같은 장소를 좋아한다면 타이베이 당다이 메이수관, 타이베이 스리 메이수관, 고궁박물원 등을 빠뜨리지 말자. 해가지면 타이베이의 랜드마크인 관람차를 탄 후 야시장으로 이동하면 더할 나위 없이 즐거운 여행이 완성된다.

양명산 온천마을에서
보들보들 피부미인 되기

택시 5분 →

찐춘파뉴러우멘에서
식사하기

MRT 3분 →

옛 정취를 느끼며
디화지에 걷기

↓ 도보 5분

타이베이스리메이수관
전시 관람 후 타이베이
구스관에서 사진 찍기

← MRT 5분

따다오청 마터우에서
단수이 바라보며 산책하기

← 도보 10분

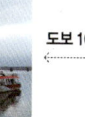

하해성황묘에서
소원 빌기

↓ MRT 5분

스린역 앞 스린짠총좌빙에서
총좌빙 맛보기

버스 10분 →

꽃할배도 갔던
고궁박물원에서
유물 관람하기

택시 10분 →

메이리화바이러위안에서
야경 보며 관람차 타기

↓ 셔틀버스 15분

스린 야시장에서
심야 쇼핑하기

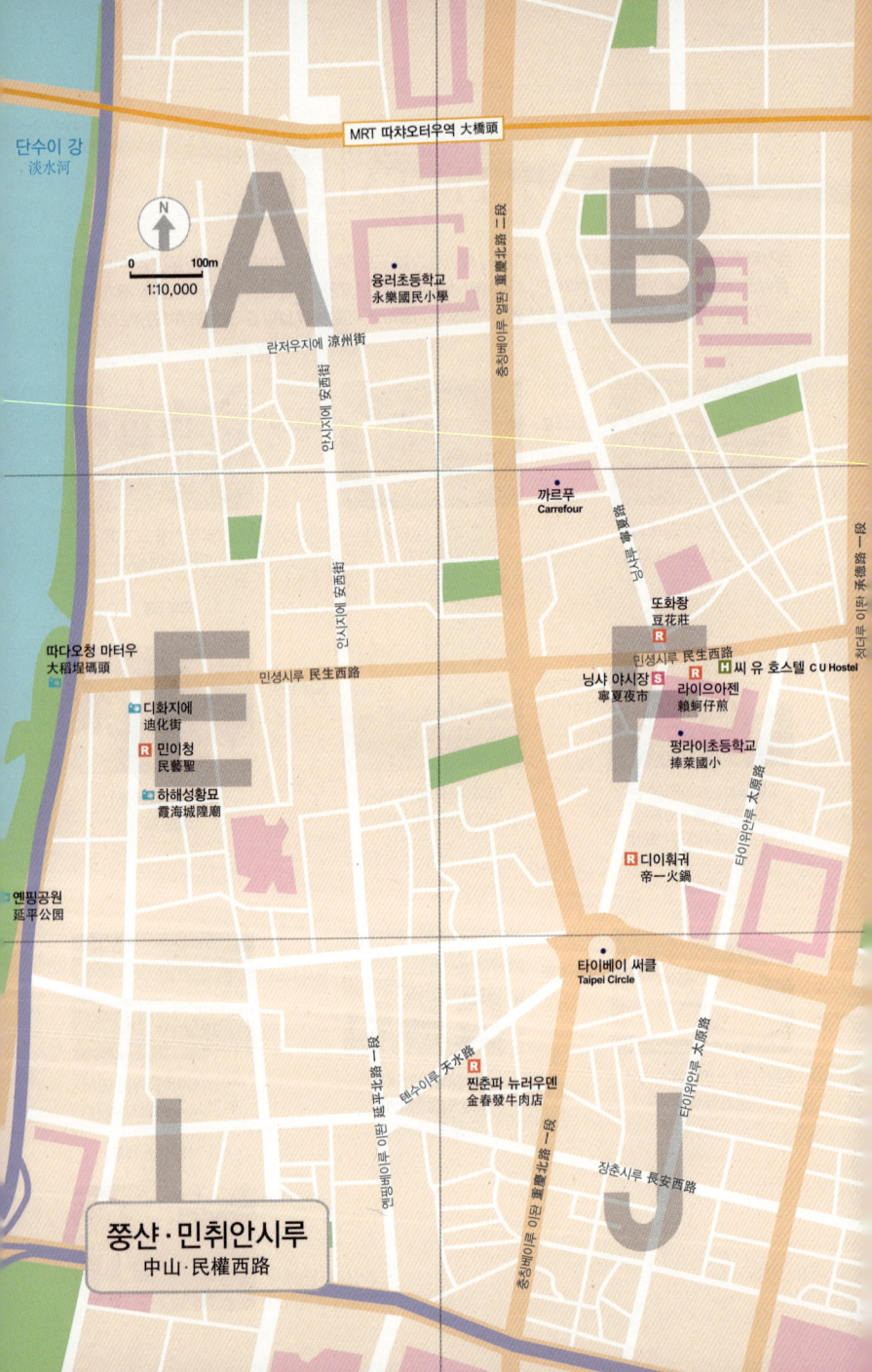

SEE

| 쭝샨 |

Data Map 273K
Access MRT 단수이淡水선 타고 쭝샨中山역 4번 출구에서 도보 3분
Add 台北市 中山區 中山北路 二段 18號 **Tel** 02-2511-7786
Open 영화관 11:20~24:00, 카페 12:00~23:00, 매월 첫째주 월요일 휴무
Web www.spot.org.tw

영화와 커피의 빛나는 만남

타이베이즈지아 台北之家 | 태북지가 | Taipei film house

고혹적인 여배우가 살 것만 같은 하얀 2층 저택의 정체는 '타이베이 필름 하우스'. 녹음이 싱그러운 정원을 지나 안으로 들어서면 1층은 카페, 2층은 영화관이 있다. 저녁 무렵 야외 테라스에 불이 켜지면 파티라도 열린 듯 화려하다. 금싸라기 땅에 이토록 고풍스러운 예술영화전용관이 웬일일까 했더니, 미국대사관의 관저였던 곳을 2002년 탈바꿈시켰단다. 옛 대사관 응접실은 카페로 옷을 갈아입었다. 허우샤오시엔 감독의 영화와 같은 이름 '카페 뤼미에르'. 사방이 유리로 된 카페는 비가 와도 운치 있다.

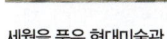

패션과 감성이 교차하는 거리

쭝샨베이루 中山北路 | 중산북로

가로수가 우거진 길 양쪽으로 백화점과 명품숍이 즐비하다. 오래된 건물의 숨결이 남아 있는 미술관, 영화관은 거리에 감성을 더해준다. 골목 안에 들어서면 개성 있는 옷가게, 소품가게, 일본풍 카페가 속속 나타난다. 시먼딩西門町이나 둥취東區보다 한산해 산책도 카페 놀이도 한결 여유롭다.

Data Map 273K **Access** MRT 단수이淡水선 타고 쭝샨中山역 하차, 2, 4번 출구 **Add** 台北市 中山區 中山北路

세월을 품은 현대미술관

타이베이당다이메이수관

台北當代美術館 | 대북당대미술관 | MOCCA

일제강점기 학교를 개조했다. 타이완 젊은 작가부터 해외 예술가까지 다채로운 현대미술 전시를 선보인다. 1층 뮤지엄숍에선 톡톡 튀는 디자인의 기념품을 득템할 수도 있다. 미술관 옆 북카페 '이칸스ecans'도 들러볼 만 하다.

Data Map 273K **Access** MRT 단수이淡水선 타고 쭝샨中山역 하차, 1번 출구에서 도보 10분 **Add** 台北市 大同區 長安西路 39號 **Tel** 02-2552-3721 **Open** 10:00~18:00(월 휴무) **Cost** 50달러 **Web** www.mocataipei.org.tw

쌍리엔

시내에서 즐기는 단수이 노을
따다오청마터우 大稻埕碼頭 | 대도정마두

타이베이의 옛 중심지였던 따다오청이 가장 번성한 지역이 될 수 있었던 이유는 바로 단수이淡水를 끼고 있는 항구, 따다오청마터우 때문이다. 타이완의 차를 수출하던 무역 중심지로 이름 날리던 과거의 영광은 상상으로만 그려질 뿐, 간간히 산책하는 사람들이 보이는 차분한 분위기다. 그래서 좋은 점은 단수이의 노을을 독차지할 수 있다는 것. 로맨틱한 분위기는 데이트코스로도 제격이다. 해마다 8월에는 불꽃 축제가 열린다. 단수이를 배경으로 밤하늘에 낭만이 더해지는 순간이다.

Data **Map** 272E **Access** MRT 단수이淡水선 타고 쌍리엔雙連역 하차, 1번 출구로 나와 직진. 도보 20분 내외 **Add** 臺北市 大同區 大稻埕碼頭

전통과 현재가 공존하는
디화지에 迪化街 | 적화가

타이베이의 경동시장으로 비유되는 이곳은 전통 약재, 건어물, 건과일 등을 파는 짧은 거리다. 제비집 같은 희귀 약재 등을 쉽게 볼 수 있어 흥미롭다. 평소에는 썰렁하지만 음력 1월 1일이 가까워오면 설맞이 장을 보기 위한 사람들로 활기가 넘친다. 좁은 도로 양 옆으로 늘어선 건물은 일본 식민시대 때 바로크 양식으로 지어졌다. 인삼 등 창문의 문양을 각각 다르게 장식한 점을 비교해보면 옛 타이베이가 더 생생하게 다가온다. 동대문 종합상가처럼 옷감, 의류 등을 파는 곳도 지척이니 함께 둘러보자.

Data **Map** 272E **Access** MRT 단수이淡水선 타고 쌍리엔雙連역 하차, 1번 출구에서 직진. 도보 15분 **Add** 台北市 迪化街 1段

사랑이 이루어지는 사원
샤하이청황먀오 霞海城隍廟 | 하해성황묘

짝을 찾고 싶은 싱글이라면 주목 또 주목해야한다. 일명 중매의 신이라 불리는 월하노인이 신통하다는 입소문이 자자한 사원. 타이완 전역에서 기도하러 오는 사람들이 넘쳐날 정도다. 9천 쌍이 넘는 커플들이 맺어졌다는 후문. 기도하는 법은 다음과 같다. 이름, 주소, 나이, 이상형을 차례로 말한 후 꽃이나 사탕 등을 올리면 된다. 다른 건 몰라도 "칭랑 워우다오하오더링이請讓我遇到好的另一半"는 기억하자. "좋은 사람 만나게 해주세요."라는 중국어로 요긴하게 쓰일 일이 있을지도.

Data **Map** 272E **Access** MRT 단수이淡水선 타고 쌍리엔雙連역 하차, 1번 출구에서 직진. 디화지에迪化街 입구에서 좌측으로 돌아 왼편 **Add** 台北市 迪化街 一段 61號 **Tel** 02-2558-0346 **Open** 6:16~19:47 **Cost** 무료 **Web** www.tpecitygod.org

위엔산

절도 있는 교대식이 인상적인

쭝리에츠 忠烈祠 | 충렬사

항일운동과 내전으로 전사한 군인과 열사들의 영령을 모시고 있는 곳으로 1969년에 세워졌다. 우리나라의 현충원과 비교하면 이해하기 쉽다. 관광지가 아닌지라 경건한 마음으로 참배를 하는 것이 맞다. 매 시각 정각에 펼쳐지는 위병 교대식이 여행자들을 불러 모으는 관광 포인트로 부상했다. 오전 9시부터 오후 4시까지 매 시각 정각에 진행되며 마지막 교대식은 오후 4시 40분에 시작한다. 소요시간은 대략 20여분 정도. 보통 고궁박물원과 묶어 가는 코스지만 교대식 시간을 맞추기 힘들다면 과감히 포기해도 좋다. 그만큼 위병 교대식이 절대적인 볼거리. 한 치의 흐트러짐 없이 각 잡고 걷는 모습에 카메라 셔터를 누르는 손이 분주해진다. 교대식이 끝났다면 충렬사를 한 바퀴 돌아보자. 여러 건물 중 본관은 베이징 자금성의 태화전太和殿을 본 따 만들어 눈에 금방 익는다. 매해 3월 29일과 9월 3일에는 타이완 총통이 참배하며 정오까지만 오픈한다. 휴관일은 3월 28일과 9월 2일이니 참고하자.

Data Map 274B
Access MRT 단수이淡水선 타고 위엔산圓山역 하차. 1번 출구로 나와 208, 247, 267, 287번 버스 타고 쭝리에츠忠烈祠 정류장 하차. 버스 배차 간격이 넓다면 택시를 타는 편이 낫다. 택시 요금 100달러 내외
Add 台北市 中山區 北安路 139號
Tel 02-2885-4162
Open 09:00~17:00
Cost 무료

아름다움에 집중할 수 있는 시간
타이베이스리메이수관 台北市立美術館 | 대북시립미술관

의외로 타이베이스리메이수관에 대한 만족도가 높다. 별점을 매기자면 별 네 개 이상! 우물 정#자로 만들어진 미술관의 독특한 외형부터 눈길을 끈다. 뿐만 아니라 지하부터 3층까지 이루어진 전시는 예술을 몰라도 감흥을 불러일으키기에 충분하다. 입장료를 내면 전 층의 작품을 모두 감상할 수 있다. 전시에 따라 사진 찍는 것이 허용되기도 한다. 각기 다른 주제로 이루어진 타이완의 현대 미술을 차근차근 살펴보자. 여행 중 누릴 수 있는 최고의 호사가 아닐까. 지하에는 예술 서적을 파는 서점과 작은 카페가, 1층에는 아트숍이 자리 잡았다. 비 오는 날 돌아볼만한 실내 여행지로도 강추. 맞은편에 있는 타이베이 구스관台北故事館까지 챙기면 문화예술 여행 코스로 훌륭하다.

Data Map 274B
Access MRT 단수이淡水선 타고 위엔산圓山역 하차. 1번 출구로 나와 엑스포공원을 가로지른 후 횡단보도를 건너거나 구름다리를 건널 것
Add 台北市 中山區 中山北路 三段 181號
Tel 02-2595-7656
Open 화~일 09:30~17:30, 토 09:30~21:30, 월 휴무
Cost 관람료 30달러
Web www.tfam.museum

집들이 하듯 둘러보면 좋은
타이베이구스관 台北故事館 | 대북고사관

1913년에 지어진 이곳의 원래 이름은 위엔산베쯔앙圓山別莊. 따다오청마터우가 무역의 중심지였던 시절, 차를 취급하던 거상 천차오쥔陳朝駿의 개인 소유 별장이었다. 주로 사교공간으로 쓰이던 곳으로 타이완의 국부 쑨원孫文도 방문했던 적이 있다고 전해진다. 1979년 타이베이 정부가 인수한 후 리노베이션을 거쳐 2003년 미니 박물관으로 오픈했다. 지금은 각종 전시 및 어린이 콘서트 등 문화 행사를 진행한다. 뾰족한 아치 모양의 지붕과 빨간 벽돌 장식은 영국 튜더 양식을 대표하는 건축 스타일로 동화 속 마을에 온 듯한 기분이다. 100여 가지가 넘는 꽃이 피어 아름다운 정원은 웨딩 사진 촬영장소로 각광 받고 있다. 입장료가 있어 망설여지기도 하지만 사진만 열심히 찍어도 본전은 뽑는다. 1층과 2층의 실내 장식이 다른 점도 눈길을 끈다. 고풍스런 분위기의 기념품숍도 들려보자. 아기자기한 소품 등을 구경하느라 시간 가는 줄 모른다.

Data Map 274B
Access MRT 단수이淡水선 타고 위엔산圓山역 하차. 1번 출구로 나와 엑스포공원을 가로지른 후 횡단보도를 건너거나 구름다리를 건널 것
Add 台北市 中山區 中山北路 三段 181-1號
Tel 02-2587-5565
Open 화~일 10:00~17:30
Cost 50달러
Web www.storyhouse.com.tw

전통을 따라 걷는
따룽지에 大龍街 | 대룡가

Data Map 274A
Access MRT 단수이淡水선 타고 위엔샨圓山역 하차, 2번 출구로 나와 직진, 도보 5분 내외. 쿵쯔먀오 孔子廟맞은 편
Add 台北市 大同區 大龍街

쿵쯔먀오孔子廟 맞은편에 위치한 전통 거리. 해가지면 야시장으로 변신한다. 큰 볼거리가 있는 것은 아니고 현지인의 일상을 느낄 수 있다는데 초점을 맞추면 된다. 낮보다는 밤에 사람들이 더 많이 모이긴 하지만 그렇다고 부러 찾아갈 필요는 없다. 쿵쯔먀오를 둘러본 후 들리는 코스로만 적격! 라오지에를 따라 걸으며 지하철역으로 가면 올 때와 갈 때 다른 풍경을 눈에 담을 수 있다는 장점이 있다. 거리 중간쯤 과일 가게와 달걀 푸딩으로 유명한 하우 스윗How Sweet이 있으니 참고하자.

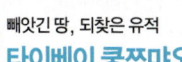

빼앗긴 땅, 되찾은 유적
Writer's Pick!
타이베이 쿵쯔먀오
孔子廟 | 대북공자묘 | Cofucius-temple Taipei

타이베이 공자묘는 타이완의 아픈 역사를 품고 있다. 1879년 세워져 1907년 일제강점기에 허물어졌다. 1925년부터 10년간 지역 유지들이 뜻을 모아 다시 재건했다. 공자의 위패를 모신 대성전은 웅대하고 짜임새에 빈틈이 없으며 사당 곳곳은 강렬한 색채로 가득하다. 경건함과 산뜻함이 공존한다. 하루를 시작하는 아침 산책을 즐기기에도 더 없이 좋은 분위기.

Data Map 274A Access MRT 단수이淡水선 타고 위엔샨圓山역 하차, 2번 출구에서 도보 7분 Add 台北市 大同區 大龍街 275號 Tel 02-2592-3934 Open 화~토 08:30~21:00, 일 08:30~17:00 Cost 무료 Web www.ct.taipei.gov.tw

타이베이 3대 사당 중 하나
바오안궁
保安宮 | 보안궁 | Boan Temple

공자묘에서 가까운 바오안궁은 룽산쓰龍山寺, 칭수이옌주스먀오清水巖祖師廟과 함께 타이베이 3대 사당으로 색감과 화려한 조각이 특히 아름답다. 의학의 신인 바오성다디保生大帝를 모시는 곳. 놀라운 점은 수많은 사람들의 난치병을 고쳤다고 전해오는 전설의 주인공 바오성다디는 실존 인물이라고. 지금도 전국 각지에서 몸이 불편한 환자들이 찾아와 건강을 기원한다.

Data Map 274A Access MRT 단수이淡水선 타고 위엔샨圓山역 하차, 2번 출구로에서 도보 10분 Add 台北市 大同區 哈密街 61號 Tel 02-2595-1676 Open 06:30~22:00 Cost 무료 Web baoan.org.tw

젠탄

Writer's Pick!

없는 것 빼고 다 있는

스린 야시장 士林夜市 | 사림야시

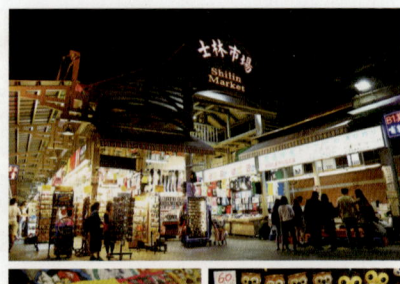

먹는 스린 야시장을 즐겼다면 이제는 다른 매력을 발견할 차례. 음식만큼이나 다양한 상점을 구경하는 재미도 쏠쏠하다. 스린 야시장 입구의 실내 아케이드를 따라 걸으면 서점, 점집, 미용실 같은 가게들이 늘어서 있다. 이 길을 찬찬히 따라 걷다보면 스린츠셴궁士林慈諴宮이 나타난다. 청나라 때 만들어진 곳으로 바다의 신인 마조신을 모시고 있다. 강렬한 붉은 등 아래로 간절히 소원을 비는 현지인들을 보면 저절로 두 손을 모으게 된다. 현지인의 삶에 한층 더 다가간 기분도 느낄 수 있다. 사원을 나와 오른쪽으로 방향을 틀자. 신발과 옷, 액세서리를 비롯한 각종 기념품 가게들이 눈에 들어온다. 구석구석 살필수록 홍대 뒷골목에서나 볼법한 개성 넘치는 가게들을 만날 수 있다. 한국보다 저렴한 가격으로 구매할 수 있는 휴대폰 케이스는 쇼핑 아이템으로 적당하다.

Data **Map** 280 **Access** MRT 단수이淡水선 타고 젠탄劍潭역 하차, 1번 출구로 나와 횡단보도를 건넌 후 의류 브랜드 넷NET 간판 끼고 좌측으로 직진 **Add** 台北市 士林區 基河路 **Open** 17:00~02:00

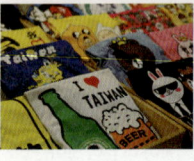

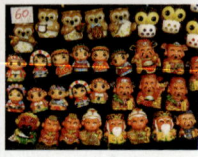

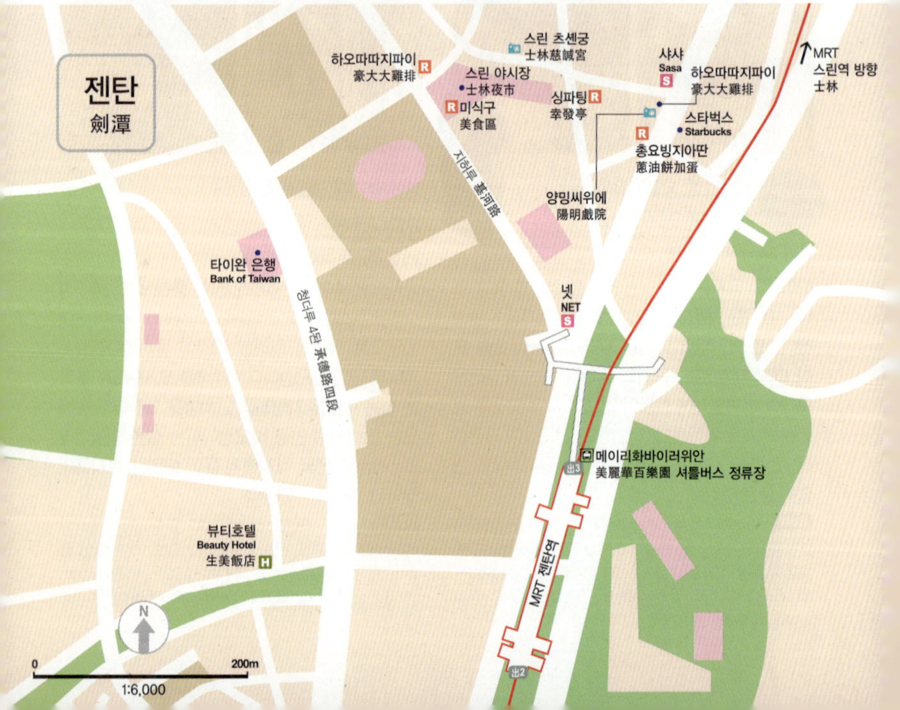

로맨틱한 야경 감상

메이리화바이러위안

美麗華百樂園 | 미려화백락원 | **Mirama Entertainment Park**

하루 종일 먹고 놀 수 있는 놀이공원 콘셉트로 지어진 복합쇼핑몰로 연인들의 데이트 장소로 손꼽힌다. 본관과 별관으로 나뉘는 두 개의 건물은 지하부터 6층까지 쇼핑, 미식, 오락 등을 즐길 수 있도록 꾸며져 있다. 가장 돋보이는 것은 거대한 규모의 아이맥스 영화관과 랜드마크로 자리 잡은 대관람차. 특히 624개의 네온 튜브가 반짝이는 대관람차는 이곳의 하이라이트라고 할 수 있다. 모든 층을 다 돌아볼 필요는 없다. 관람차만 탈 생각이라면 곧장 본관 5층으로 올라가자. 48개의 관람차 중 2개는 바닥까지 투명한 크리스털 관람차로 스릴만점! 대신 대기시간이 일반 관람차보다 길어질 수 있다. 낮부터 운행하지만 이왕이면 저녁 이후 시간을 택하자. 시시각각 변하는 조명, 낭만적인 음악과 한눈에 내려다보이는 야경까지 같은 값에 더 큰 감동을 누릴 수 있다. 단, 고소공포증이 있다면 관람차 앞에서 기념사진 찍는 정도로만 만족하는 편이 나을지도 모른다. 약 95m의 높이를 17분 동안 한 바퀴 도는 것은 생각보다 무섭게 느껴질 수 있기 때문. 이후 일정은 스린 야시장으로 가면 딱이다. 쇼핑몰 앞에서 무료 셔틀버스를 타면 야시장이 있는 젠탄역劍潭까지 한방에 도착해 편리하다. 쇼핑몰 맞은편에 까르푸가 있어 간단한 쇼핑 역시 가능하다.

Data Map 013
Access MRT 단수이淡水선 타고 젠탄劍潭역 하차, 1번 출구로 나와 오른쪽 버스 정류장에서 쇼핑몰행 무료셔틀 탑승. 운행 시간은 10:50~22:30까지로 15~20분 간격. 혹은 MRT 원후文湖선 젠난루劍南路역 하차, 3번 출구에서 도보 1분
Add 台北市 中山區 敬業三路 20號
Tel 02-2175-3456
Open 11:00~23:00 (단, 금, 토 24:00까지)
Cost 관람차 탑승료 월~금 150달러, 토~일 200달러
Web www.miramar.com.tw

| 스린 |

중국 황실 보물이 궁금해?

구궁보우위안 故宮博物院
고궁박물원 | National Palace Museum

고궁박물원은 대영박물관, 루브르박물관과 함께 세계 3대 박물관으로 손꼽힌다. 비취옥배추翠玉白菜, 육형석肉形石을 비롯해 장제스가 가져온 62만점의 중국 황실 보물이 가득! 워낙 소장품이 많아 2만 건씩 순환 전시한다. 일정이 빠듯하다면 1층 안내데스크에서 한국어 오디오를 빌려 3층의 대표 유물부터 보자. 보물을 닮은 기념품을 살 수 있는 기념품숍도 놓치지 말 것.

Data Map 013 Access MRT 단수이淡水선 타고 스린士林역 하차. 1번 출구로 나가 직진 후 큰길에서 우회전 하면 보이는 버스정류소에서 紅30, 255, 304, 815, 小18, 小19 버스 중 탑승. 구궁보우위안故宮博物院 정류장 하차. 약 10분 소요 Add 台北市 士林區 至善路 二段 221號 Tel 02-2881-2021 Open 08:30~18:30, 야간 개방 금, 토 08:30~21:00 Cost 어른 160달러, 학생 80달러, 1월 1일, 정월대보름, 5월 18일, 9월 27일, 10월 10일 무료 Web www.npm.gov.tw

EAT

| 쭝산 |

30년 내공 장어덮밥

페이치엔우 肥前屋 | 비전옥

입구에서부터 장어 굽는 냄새에 황홀해진다. 도시락 뚜껑을 열면 두툼한 장어의 비주얼에 감동. 한입 베물면 양념이 잘 벤 장어에서 나는 불 맛에 감탄. 감탄하다 보면 밥 한 그릇 뚝딱한다. BAD 소박한 실내 늘 만석. 줄서서 입장은 기본, 합석도 빈번. DON'T MISS 장어 마니아라면 장어달걀말이, 고기파라면 돼지고기꼬치구이까지 곁들이면 금상첨화.

Data Map 273K Access MRT 단수이淡水선 타고 쭝산中山역 하차, 3번 출구에서 도보 5분 Add 台北市 中山北路 一段 121巷 13號 Tel 02-2561-7859 Open 11:30~14:30, 17:00~21:00, 월 휴무 Cost 장어덮밥 소 240달러, 장어달걀말이 130달러, 굴튀김 140달러

색이 다른 우유의 향연

타이베이뉴러우따왕
台北牛乳大王 | 태북우유대왕 | Taipei milk king

탁 트인 창가에 앉아 과일우유를 홀짝이며 달콤한 아침을 시작하기 좋다. 파파야와 우유를 믹서에 갈아 만든 '파파야밀크'는 소화가 잘된다. DON'T MISS 맛도 크기도 왕! 크라상 과일 샌드위치를 맛보자. BAD 생과일을 넣고 갈아 편의점에서 파는 파파야우유보다는 뻑뻑한 맛.

Data Map 273K Access MRT 단수이淡水선 타고 쭝산中山역 하차, 1번 출구 Add 台北市 南京西路 20號 Open 06:00~24:00 Tel 02-2559-6363 Cost 파파야 우유 80달러, 수박 우유 60달러 Web www.tmkchain.com.tw

디자이너 감성 그대로
아네스비 카페 Agnes b. cafe l.p.g

프랑스 디자이너 아네스비의 이름을 건 카페. 홍콩 여행의 필수코스로 꼽히는 카페를 타이베이에서 만나니 무척 반갑다. 그것도 쑹산역 앞 신콩미츠코시 백화점 1층 노천카페로 말이다. DON'T MISS 우유 거품 위에 핑크로즈를 살포시 올려주는 로즈라테. 첫눈에 반할만한 우아한 비주얼에 '우와'하는 감탄사가 절로 나온다. 마실수록 입 안 가득 장미향이 번지니 그 맛에 점점 빠져든다. 게다가 술 마신 다음날 쓰린 속을 달래는 해장용으로도 굿! BAD 매장을 가득 채운 사랑스러운 케이크의 유혹에 흔들리지 않기란 어려운 일.

Data Map 273K Access MRT 단수이淡水선 타고 쑹산中山역 하차, 1번 또는 3번 출구에서 도보 2분 Add 台北市 南京西路14號 新光三越 1F Tel 02-2571-5269 Open 11:00~21:30 Cost 커피류 90~160달러, 디저트 100~230달러 Web www.agnesb-lepaingrille.com.tw

향으로 고르는 나만의 차
스미스 앤 슈 Smith&hsu

'동서양의 차를 한자리에서 향유하자'는 콘셉트로 타이완의 전통차관茶館에 현대적인 요소를 가미한 티 전문점. 우롱차부터 아쌈, 다즐링, 가향 홍차 까지 무려 98가지 차를 선보이는데, 향을 맡아보고 고를 수 있어 더 좋다. 군더더기 없이 모던한 인테리어도 매력적이다. DON'T MISS 겉은 바삭, 속은 보드라운 따끈한 스콘과 차를 함께 즐기는 '크림티 세트'.

Data Map 273K Access MRT 단수이淡水선 타고 쑹산中山역 하차, 4번 출구에서 린썬林森공원 방향으로 도보 5분 Add 台北市 南京東路 1段 21號 Smith&hsu 난징똥루남경동로점 Tel 02-2562-5565 Open 10:00~22:30 Cost 크림티세트(1인용) 295달러, 차 1주전자 200달러 선 Web www.smithandhsu.com

누가샌드의 명가
이지성 一之軒 | 일지헌 | Ijysheng

짭조름하고 바삭한 과자 안에 달콤한 누가nougat를 넣은 '누가샌드'로 유명한 베이커리. 중산역과 가까워 선물용 누가샌드나 펑리수 등을 선물용 빵을 장만하기 좋다. 누가샌드는 낱개로도 구매할 수 있다. DON'T MISS 카스테라보다 폭신하고 촉촉한 빵 위에 상큼 달콤한 아이싱을 한 닝명빙(레몬케이크).

Data Map 273C Access MRT 단수이淡水선, 중산 역 4번 출구로 나와 스타벅스 옆 Add 台北市 大同區 南京西路 35號 Tel 02-2552-1313 Open 07:00~22:00 Cost 닝명빙 1개 28달러, 누가샌드 1개 12달러 Web www.ijysheng.com.tw

TAIPEI BY AREA 04
북부 타이베이

Data Map 273H
Access MRT 단수이淡水선 타고 쭝샨中山역 하차, 4번 출구에서 도보 8분 **Add** 台北市 長春路 47號 **Tel** 02-2523-6639 **Open** 화~토 11:00~15:00, 17:00~24:00, 일·월 11:00~15:00, 17:00~22:30 **Cost** 샤오롱바오 10개 220달러 (택스 10% 추가) **Web** www.jin-din-rou.net

들어는 봤나, 우롱차 샤오롱바오!
징딩러우 京鼎樓 | 경정루 | Jin Din Rou

〈꽃보다 할배〉에서 서진과 써니가 갔던 바로 그 샤오롱바오집. 흔한 샤오롱바오小籠包 말고 색다른 샤오롱바오를 맛보고 싶다면 주저 없이 이곳을 추천한다. 만두피와 육즙에 우롱차가 들어간 초록빛 샤오롱바오는 징딩러우의 시그니처 메뉴. 만두피를 찢으면 은은한 차향이 우러난다. DON'T MISS 마무리는 훈둔탕으로! 새우살과 돼지고기를 다져넣은 완자 위에 청경채와 짜샤이를 올려내는데 맑은 국물맛이 입안을 개운하게 해준다.

Writer's Pick! **Have a Booday!**
모구 蘑菇 | 마고 | BOODAY Cafe

일본 감성이 물씬 묻어나는 2층 카페. 테이블 8개가 전부, 아늑한 공간은 창이 넓어 늘 햇살이 가득하다. 창가에 앉아 차 한 잔 하노라면 나만의 은신처를 찾은 기분. BAD 배부른 메뉴보다는 가벼운 식사와 디저트류 위주. DON'T MISS 대만 르웨탄 호숫가에서 생산되는 르웨탄홍차에 주문 즉시 정성껏 구워내는 크레페를 곁들여보자.

Data Map 273G **Access** MRT 단수이淡水선 타고 쭝샨中山역 하차, 2번 출구에서 도보 3분 **Add** 台北市 大同區 南京西路 25巷 18-1號 **Tel** 02-2552-5552 내선번호 11번 **Open** 12:00~21:00(금·토 22:00까지) **Cost** 르웨탄홍차 150달러 **Web** www.mogu.com.tw

정통 상하이 스타일 샤오롱바오
가오지 高記 | 고기

딩타이펑, 덴수이러우와 함께 3대 샤오롱바오小籠包로 손꼽히는 곳. 본점인 용캉점보다 중산의 인테리어가 모던하고 품격 있다. 쭝샨 근처가 숙소라면 멀리 갈 필요 없이 들리기 좋은 위치. DON'T MISS 씹는 맛과 육수가 듬뿍 흘러나오는 맛을 한 번에 즐기는 게알만두 셰황샤오롱바오蟹黃小籠包, 상하이식 군만두 상하이성젠바오쯔上海生煎包子. BAD 정통 상하이요리 종류가 많아 메뉴 고르기가 쉽지 않다.

Data Map 273K **Access** MRT 단수이淡水선 타고 쭝샨中山역 하차. 3번 출구에 직진, 횡단보도 건너 오른편. 도보 7분 **Add** 台北市 中山北路 一段 133號 **Tel** 02-2571-3133 **Open** 10:30~22:00 **Cost** 샤오롱바오 10개 220달러 **Web** www.kao-chi.com

달콤한 한 입이 생각날 때
미타 베이커리
米塔手感烘焙坊 | 미탑수감홍배방 | Mita Bakery

한국인 여행자들 사이에서는 펑리수 맛이 괜찮은 베이커리로 입소문을 탔다. DON'TMISS 펑리수는 신맛이 나는 직사각형과 달콤한 맛이 더 강한 정사각형 2종류. 낱개로 구입할 수 있어 직접 맛을 보고 구입하면 된다. 펑리수 뿐만 아니라 진열대를 장식하고 있는 각양각색의 빵맛도 훌륭하다. 예쁜 모양은 덤! 그중에서도 특히 치즈와 초콜릿이 들어간 빵이 특히 유명하니 눈여겨 볼 것!

Data Map 273K Access MRT 단수이淡水선 타고 쭝산中山역 3번 출구에서 도보 5분 Add 台北市 南京東路 一段 24號 Tel 02-2511-6838 Open 07:00~24:00 Cost 펑리수 1개 정사각형 25달러, 직사각형 35달러, 빵 30달러~ Web www.mitabakery.com.tw

톡톡 튀는 상큼한 맛
해피 레몬 Happy Lemon

홍콩에서 시작한 티 전문점. 레몬티를 주축으로 밀크티 등 다양한 종류의 테이크아웃 음료를 선보인다. 최근에는 우리나라 홍대 앞에 지점을 열기도 했다. DON'TMISS 찐주닝멍차金桔檸檬茶. 레몬티에 금귤과 코코넛 젤리가 들어가 마시는 동시에 씹는 맛까지 느낄 수 있다. 상큼한 맛이 기분까지 업 시켜주는 효과를 느낄 수 있다. 무더운 여름 갈증 해소에 탁월.

Data Map 273K Access MRT 단수이淡水선 타고 쭝산中山역 하차, 2번 출구로 나와 우측 방향으로 직진. 도보 1분 Add 台北市 大同區 南京西路 8號 Tel 02-2581-2759 Open 11:00~22:00 Cost 찐주닝멍차 60달러 Web www.happy-lemon.com

국물이 끝내줘요!
찐춘파뉴러우덴 金春發牛肉店 | 금춘파우육점

Writer's Pick!

꽃할배들이 다시 한 번 타이완으로 배낭여행을 간다면 이곳에 뉴러우멘을 먹으러 꼭 갔으면 좋겠다. 세계적인 셰프 앤소니 보뎅Anthony Bourdain의 호평을 듣지 않더라도 이미 맛으로 현지인들에게는 소문난 곳. 타이베이와 가오슝 등 분점이 여럿 있지만 반드시 본점인 이곳으로 오자. DON'TMISS 소뼈가 아니라 소고기로만 국물을 우려낸 위엔쯔뉴러우멘原汁牛肉麵을 반드시 먹어보자. 달콤한 감칠맛에 감탄사를 멈출 수가 없다. 참고로 국물은 무료로 리필이 된다.

Data Map 272J Access MRT 단수이淡水선 타고 쭝산中山역 하차, 1번 출구로 나와 택시로 5분 Add 台北市 大同區 天水路 20號 Tel 02-2558-9835 Open 11:20~21:20, 월 휴무 Cost 위엔쯔뉴러우멘 140달러

쌍리엔

부담 없이 혼자 먹는
디이훠궈 帝一火鍋 | 제일화과

시간제한 없이 배부를 때까지 마음껏 먹을 수 있는 츠다오바오吃到飽로 운영한다. 회전초밥집처럼 회전벨트를 가운데 두고 1인용 핫팟에 즐기면 된다. 새우, 조개 등은 벨트 위에서 골라먹고, 각종 채소와 고기류는 뷔페식으로 운영된다. 디저트는 아이스크림. DON'T MISS 마지막에 라면을 끓여먹는 것이 별미. 매콤한 양념장을 곁들이면 개운한 맛까지 더해진다. BAD 고기의 질이나 재료의 신선도가 복불복인데 소고기와 채소만 공략한다면 무난하다.

Data Map 272F Access MRT 단수이淡水선 타고 쌍리엔雙連역 하차, 1번 출구로 나와 직진. 닝샤 야시장 입구에서 도보 5분 Add 台北市 大同區 寧夏路23號 Tel 02-2555-7310 Open 11:00~24:00 Cost 268달러

맛있는 물만두
쌍리엔가오지수이자오뎬
Writer's Pick!
雙連高記水餃店 | 쌍련고기수교점

쉴 새 없이 만두를 빚고 있는 모습은 보는 것만으로도 군침을 돌게 한다. 손님이 많을 때는 테이크아웃이 답이다. DON'T MISS 쫄깃하고 부드러운 피에 속이 꽉 찬 물만두 주황 수이자오韭黃水餃. 특제 간장 소스까지 곁들이면 맛이 한결 업그레이드 된다. 물만두를 싫어하더라도 한번쯤 도전해볼만하다. 가격도 저렴해 학생 손님들이 특히 많은 편이다.

Data Map 273G Access MRT 단수이淡水선 타고 쌍리엔雙連역 하차, 2번 출구로 나와 좌측으로 직진. 도보 3분 Add 台北市 中山區 民生西路 15號 1樓 Tel 02-2511-6018 Open 월~금 16:15~23:00, 일 09:00~21:00, 토 휴무 Cost 주황 수이자오 10개 50달러

디화지에 안 보석 같은 찻집
민이청 民藝聖 | 민예성

타이완의 경동시장, 디화지에 안 100년이 넘은 건물 개조한 찻집. 과거로 돌아간 듯 빈티지한 공간에서 타이완 전통차를 즐길 수 있다. 아름다운 다구와 정갈한 다식도 멋스럽다. 여러 군데 발 도장을 찍기보다 마음에 드는 장소에 머물기를 좋아하는 여행자에게 추천! DON'T MISS 1층의 도자기숍 구경도 빠뜨리지 말자. BAD 건물들이 비슷비슷해 찾기 어려울 수도 있으니 눈을 크게 뜰 것.

Data Map 272E Access MRT 단수이淡水선 타고 쌍리엔雙連역 하차, 1번 출구에서 도보 15분 Add 台北市 迪化街 1段 67號 Tel 02-2552-1367 Open 09:00~19:00 Cost 가오산우롱차, 원산바오종차 280달러

생생한 아침시장
Writer's Pick!
쑹리엔 시장 雙連朝市 | 쌍연조시 | Shuanglian Market

야시장만 북적대는 줄 알았는데 아침 시장도 만만치 않다. 진짜 현지인들의 생활을 들여다볼 수 있는 생동감 넘치는 분위기에 힘이 불끈 난다. 정오쯤 대부분의 가게가 문을 닫지만 주변 잔디밭 광장에는 소소한 볼거리가 남아있다. 골동품을 파는 벼룩시장이나 거리의 네일 아트 노점이 그것. 우리네 시장과 닮은 듯 다른 모습을 찾아보는 것도 흥미롭다. DON'T MISS 시장 내 사원인 원창궁文昌宮은 시험합격에 특히 효험이 있다고. 간절한 마음으로 소원을 빌어볼까? BAD 관광객을 위한 시장이 아니다보니 중국어를 못하면 바디 랭귀지를 동원해야 한다.

Data Map 273G Access MRT 단수이淡水선 타고 쑹리엔雙連역 하차, 2번 출구에서 나오자마자 왼편 Add 台北市 中山區 民生西路 Open 08:00~12:00

먹방하기 딱 좋은
닝샤 야시장 寧夏夜市 | 영하야시

타이베이 시내 중심과 가까워 늦은 시간에도 부담 없이 찾을 수 있는 위치가 강점. 개성만점 음식 노점들이 양 옆으로 늘어서 있어 '타이완의 맛'에만 집중하고 싶다면 닝샤 야시장만으로도 충분하다. 현지인들도 맛있는 야식을 먹기 위해 찾는 곳이다. DON'T MISS 입구 왼쪽 과일가게에서 먹고 싶은 과일을 골라 본격적인 '먹방'에 집중해보자. 손바닥만 한 크기의 지파이雞排부터 없는 것 빼고 다 있다.

Data Map 272F Access MRT 단수이淡水선 타고 쑹리엔雙連역 하차, 1번 출구로 나와 좌측으로 직진. 도보 10분 Add 台北市 大同區 寧夏路 Open 18:00~24:00

생각만 해도 군침 도는
라이으아젠 賴蚵仔煎 | 뢰가자전

흰색 주방장 모자를 쓰고 포스 있게 구워내는 굴전 커자이젠蚵仔煎을 맛볼 수 있다. 영업을 시작하는 오후부터 새벽까지 항상 사람들이 붐비는 동네 스타 맛집 중 하나. DON'T MISS 이곳의 커자이젠은 다른 가게에 비해 바삭바삭하다. 미끄덩하게 씹히는 굴전을 좀 더 친근하게 맛볼 수 있는 곳으로 주황색 소스를 얹어 먹으면 꿀맛! 닝샤 야시장 가는 길에 들리면 좋다.

Data Map 272F Access MRT 단수이淡水선 타고 쑹리엔雙連역 하차, 1번 출구로 나와 좌측으로 직진. 씨유 호스텔 입구 왼편 Add 台北市 民生西路 198-22號 Tel 02-2558-6117 Open 16:00~01:15 Cost 으아젠 65달러

타이완식 전통 디저트
솽리엔위안짜이탕 雙連圓仔湯 | 쌍련원자탕

1951년부터 시작된 위엄 있는 샤오츠 가게. 소문 듣고 찾아오는 관광객부터 출근 도장 찍듯 오는 현지인들까지 사계절 내내 사랑받고 있다. 사진이 있는 영어 메뉴판이 있어 주문은 수월한 편이다. DON'T MISS 기름에 살짝 튀겨 먹는 마수麻糬가 대표메뉴. 떡보다 보드랍고 쫄깃하다. 토핑으로 올려진 땅콩가루 덕에 고소한 맛까지 입속을 감싸준다. BAD 달콤한 흑설탕 국물에 연꽃씨, 목이버섯, 토란, 새알 등 전통 재료가 듬뿍 들어간 짜이탕仔湯은 각각의 재료가 낯설어 실망할 수도 있다. 대신 먹을수록 건강해질 것 같은 기분이 들어 든든하다.

Data Map 273G
Access MRT 단수이淡水선 타고 솽리엔雙連역 하차, 1번 출구로 나와 좌측으로 직진. 도보 5분
Add 台北市 大同區 民生西路 136號
Tel 02-2559-7595
Open 10:30~22:30
Cost 마수 1개 40달러, 짜이탕 재료에 따라 70~100달러
Web www.sweetriceball.tw

Writer's Pick! 뜨끈한 국물이 생각날 때
라오동뉴러우씨펀멘뎬
老董牛肉細粉麵店 | 로동우육세분면점 | Lao Dong Beef Noodles

붉은색 간판이 인상적인 뉴러우몐 전문점. 2006년 타이베이 뉴러우몐 대회에서 수상한 경력뿐만 아니라 각종 박람회에 초대되어 그 인기를 뽐낸다. 큰 그릇에 가득 담겨 나오는 넉넉한 양도 굿! DON'T MISS 입구에서 판매하는 전통 샤오츠 3가지 중 파가 들어간 총샤오빙이 우리 입맛에 딱!

Data Map 273G Access MRT 단수이淡水선 타고 솽리엔雙連역 하차, 2번 출구로 나와 좌측으로 직진. 도보 2분 Add 台北市 中山區 民生西路 35號 Open 10:30~22:30 Tel 02-2521-6381 Cost 훙샤오뉴러우몐 140달러, 총샤오빙 30달러 Web www.olddon.com.tw

Writer's Pick! 꼭 먹고 가야 할 디저트
또화좡 豆花莊 | 두화장

노점에서 또화를 팔기 시작했다가 가게를 열고 대를 이어 받았다. 50년을 훌쩍 넘긴 역사만큼 멋들어진 또화를 맛볼 수 있다. DON'T MISS 겨울에도 시원한 화성또화花生豆花를 맛볼 것. 입술처럼 부들부들한 식감의 두부 또화와 땅콩은 끝도 없이 후루룩 넘어간다. 두부 특유의 비린 맛이 없는 것이 가장 큰 장점. 부드럽고 달콤한 맛의 절정을 보여주는 대표 추천 메뉴.

Data Map 272F Access MRT 단수이淡水선 타고 솽리엔雙連역 하차, 2번 출구로 나와 우측으로 직진. 행톈 매장을 끼고 우회전 Add 台北市 寧夏路 49號 Tel 02-2550-6898 Open 10:00~01:00 Cost 화성또화 35달러

타이완식 집밥이 그립다면
라오웡구짜오웨이 老甕古早味 | 노옹고조미

뉴러우멘으로 유명한 라오동老董에서 운영하는 다른 콘셉트의 가게로 타이완 가정식을 맛볼 수 있다. 내부에서 식사를 하고 가는 사람들보다는 도시락을 포장해가는 사람들이 대부분인 것이 특징. DON'T MISS 밥과 국을 기본으로 채소 반찬 3가지와 간장에 조린 돼지갈비 튀김이 한 세트인 루파이구타오찬滷排骨套餐. 집밥 먹는 듯 깔끔한 한 끼를 먹을 수 있다. 샤오롱바오도 인기 있는 메뉴 중 하나다. BAD 현지인들이 선호하는 맛이라 특유의 향신료 냄새에 거부감이 느껴질지도.

Data Map 273G
Access MRT 단수이淡水선 타고 솽리엔雙連역 하차, 2번 출구로 나와 좌측으로 직진. 도보 2분
Add 台北市 大同區 民生西路 33號
Tel 02-2521-6281
Open 10:30~22:00
Cost 루파이구타오찬 120달러

| 민취안시루 |

익숙하지만 맛있는 빵집
이지성 一之軒 | 일지헌 | Ijysheng

1975년부터 시작한 베이커리로 핑크색 간판이 시그니처. 타이베이 곳곳에서 자주 볼 수 있다. 비교적 저렴한 가격으로 여러 종류의 빵을 맛볼 수 있다. DON'T MISS 팬더빵은 눈으로 보기에도 촉촉하고 말랑한 질감이 입속에서도 그대로 전해진다. 현지인들에게 인기 만점 아이템은 열대과일 용안이 들어간 용안머핀이니 참고할 것.

Data Map 273C **Access** MRT 단수이淡水선 타고 민취안시루民權西路역 하차, 1번 출구에서 도보 2분 **Add** 台北市 民權西路 79號 **Tel** 02-2586-3986 **Open** 07:00~22:30 **Cost** 빵 25~50달러 내외, 펑리수 세트 99달러

소신 있는 전통빵집
플로리다 베이커리

福利麵包 | 복리면포 | Florida Bakery

어릴 때 먹던 빵맛을 못 잊어 다시 찾아가는 타이베이 전통 베이커리. 50년 넘은 역사를 자랑한다. 입구 왼편에는 아이들이 좋아할만한 알록달록한 뉴욕식 쿠키가 눈길을 사로잡는다. DON'T MISS 야들야들하게 뜯어먹기 좋은 식빵은 무엇을 집어 들던 후회가 없다. BAD 애매한 위치가 제일 큰 단점이다.

Data Map 274D **Access** MRT 단수이淡水선 타고 민취안시루民權西路역 하차, 9번 출구에서 임페리얼호텔 방면으로 도보 10분 **Add** 台北市 中山區 中山北路 三段 23之 5號 **Tel** 02-2594-6923 **Open** 06:30~23:00 **Cost** 쿠키 100g 당 130달러, 빵 30~110달러 내외 **Web** www.bread.com.tw

젠탄

이색적인 분위기를 풍기는
따스다이 大食代 | 대식대 | Food Republic

싱가폴 브랜드톡 그룹이 운영하는 푸드코트. 메이리화바이러워안 맞은편에 있어 온 김에 들러보기 좋다. 타이베이 시내 지점에서 품절된 상품도 이곳에서는 손쉽게 구할 수 있는 편이다. 푸드코트, 까르푸, 메이리화바이러워안 순서로 움직이면 좋다. DON'T MISS 1950년대 타이완을 재현한 빈티지한 인테리어는 휘리릭 한 바퀴 돌면서 사진 찍기 제격! BAD 식사는 추천하지 않는다.

Data Map 013 Access MRT 단수이淡水선 타고 젠탄劍潭역 하차, 1번 출구로 나와 오른쪽 버스 정류장에서 쇼핑몰행 무료셔틀 버스를 탄 후 메이리화바이러워안 하차 후 도보 3분. 혹은 MRT 원후文湖선 타고 지엔난루劍南路역 3번 출구에서 도보 5분 Add 台北市 中山區 樂群三路 218號 1F Tel 02-8951-8551 Open 월~금 11:00~22:00, 토~일 11:00~24:00

한자리에 모여 있는 음식천국
메이리화바이러워안 푸드코트 美麗華百樂園 | 푸드코트

패스트푸드 전문점부터 철판요리, 파스타 등 다양한 메뉴를 한자리에서 골라 먹을 수 있다. DON'T MISS 바오바오푸煲煲舖. 기본 제공 반찬과 메인 요리의 조합이 좋다. 타이난 음식을 맛보고 싶다면 빠오빠오푸의 오른쪽 가게에서 주문하자. 타이난 대표 단짜이멘을 비롯해 전통 음식을 맛볼 수 있다.

Data Map 013 Access MRT 단수이淡水선 타고 젠탄劍潭역 하차, 1번 출구로 나와 오른쪽 버스 정류장에서 쇼핑몰행 무료셔틀 버스를 탄 후 메이리화바이러워안 하차. 혹은 MRT 원후文湖선 타고 지엔난루劍南路역 하차, 3번 출구에서 도보 3분 Add 台北市 中山區 敬業三路 20號 B1 Open 11:00~22:00 Cost 7번 라쯔찌땅바오 168달러

Data Map 280 Access MRT 단수이淡水선 타고 젠탄劍潭역 하차, 1번 출구로 나와 직진 후 샤샤SASA 건물 바로 앞 횡단보도를 건너 샛길로 진입. 도보 5분 Add 台北市 士林區 安平街 1號 Tel 02-2882-0206 Open 15:00~12:00 Cost 망고빙수 120달러, 땅콩빙수 80달러

사계절 내내 사랑받는 빙수전문점
싱파팅 辛發亭 | 행발정

대패질한 듯 얼음을 갈아 제대로 눈꽃빙수를 만든다. DON'T MISS 망고빙수보다 더 유명한 건 땅콩빙수. 시원한 땅콩얼음을 눈처럼 갈아 주는데 땅콩의 텁텁한 맛이 아니라 고소하면서 시원한 맛이 깔끔하게 똑 떨어진다. 녹차빙수도 녹차 맛에 열광하는 마니아들을 충족시켜줄만한 깊은 맛이 돋보인다. 다른 빙수에 비해 가격까지 저렴하니 놓치기엔 아쉽다.

| 스린 |

Data Map 013
Access MRT 단수이淡水선 타고 스린士林역 하차, 1번 출구로 나와 오른 편, 도보 1분
Add 台北市 士林區 中正路 235巷 8號
Tel 02-2881-0958
Open 09:00~22:00
Cost 총좌빙 30달러, 지아딴 35달러

고소하고 쫄깃한

스린짠총좌빙 林蔥抓餅 | 사림찬 총과병 | Lin Chinese Pizza

부러 찾아갈 필요는 없고 고궁박물원 가기 전 들리면 알맞다. 다른 총좌빙 가게에 비해 현란한 손놀림은 없지만 주문 즉시 구워주시니 따끈따끈한 총좌빙을 맛볼 수 있다. DON'T MISS 사실 총좌빙의 맛이라는 것이 그리 특별날 것이 없다. 오히려 너무 담백해 밋밋하다고 느낄 수도 있다. 여기에 달걀을 추가하려면 지아딴加蛋이라고 말하면 된다. 향신채의 일종인 샹차이를 원치 않는다면 "뿌야오 샹차이不要香菜"를 외칠 것. 주인아줌마는 샹차이를 빼면 풍미가 떨어진다 하시지만 익숙해지지 않는 맛을 어떡하랴.

| 즈산 |

1인자의 빵집

블랑제리 노가미

野上麵包店 | 야상면포점 | Boulangerie Nogami

쪽집게 과외선생처럼 가르쳤다하면 제자들이 세계 제빵 대회를 휩쓸고 온다. 스승의 빵 맛이 궁금하다면 들려보자. DON'T MISS 유럽 정통 빵을 제대로 만든다는 명성이 자자하다. 가장 기본이 되는 바게트부터 맛볼까? 스린 야시장, 혹은 단수이나 신베이터우 등에 가기 전 들리는 코스로 고려해보자.

Data Map 013 **Access** MRT 단수이淡水선 타고 즈산 芝山역 하차, 1번 출구에서 도보 5분 **Add** 台北市士林區 福國路5號 **Tel** 02-2832-6308 **Open** 09:00~21:00 **Cost** 크로와상 45달러, 바게트 80~100달러, 슈크림빵 25달러 **Web** nogami.com.tw

| 스파이 |

황소꼬리로 끓여 만든

뉴동뉴러멘시팡

牛董牛肉麵食坊 | 우동우육면식방

양명산 온천 다녀오는 길에 우연히 발견한 숨은 맛집! DON'T MISS 2010년 타이베이 뉴러우멘 대회 수상 메뉴인 뉴웨이바멘尾巴麵. 황소꼬리를 푹 끓여 뼈에서 스르르 분리된 살이 입안에서 살살 녹는다. 꼬들꼬들한 면과 푹 삶긴 당근, 아삭한 적양파도 맛의 균형을 잡아준다. 국물도 짜지 않다. BAD 버스정류장 바로 앞이라 다소 시끄럽다.

Data Map 013 **Access** MRT 단수이淡水선 타고 스파이石牌역 하차, 2번 출구에서 도보 2분 **Add** 台北市 北投區 西安街 一段 369號 **Tel** 02-2821-1496 **Open** 10:30~21:00 **Cost** 뉴웨이바미엔 소 190달러

BUY

365일 쉬지 않는 보물창고
마지마지 스퀘어 Maji Maji Square

현지에서도 아는 사람들만 찾아온다. '어른들의 놀이터'를 콘셉트로 만들어진 공간으로 푸드 마켓, 아트 마켓, 레스토랑 등이 한자리에 모여 있다. 특히 아트 마켓의 경우 타이베이 최초로 일주일 내내 오픈한다. 신진 디자이너와 아티스트가 직접 만든 티셔츠, 가죽공예품, 가방, 스탬프, 편지지 등은 세상에 단 하나 밖에 없는 물건이라 더 의미 있다. 세계 여행을 하며 모은 빈티지 소품이나 가구를 파는 가게나 올드팝 마니아들을 위한 레코드 상점 등도 그냥 지나치기 힘들다. 입구 오른쪽에 있는 유기농 슈퍼마켓 마지 푸드 앤 델리Maji Food and Deli에서는 장인정신이 깃든 식재료와 주방 용품을 판매한다.

Data **Map** 274B **Access** MRT 단수이淡水선 타고 위엔산圓山 하차, 1번 출구로 나와 엑스포 공원 내 위치. 도보 5분 **Add** 台北市 中山區 玉門街 1號 **Tel** 02-2597-7112 **Open** 11:00~21:00(대부분 14:00 이후 오픈) **Cost** 티셔츠 100달러~, 편지지 60달러~, 마지 푸드 앤 델리 식재료 35달러~

위트 있다! 캐릭터 티셔츠와 문구
0416X1024

수학 문제 같은 이름의 의미는 두 디자이너의 생일. 둘의 생일을 곱해 무한 상상력을 펼치자는 의미가 숨어있다. 브랜드네임의 의미를 몰라도 일러스트 티셔츠는 보는 이의 웃음을 자아내는 'Fun'한 면이 다분하다. 일상의 단면을 손으로 직접 그린 느낌이 왠지 친근하게 다가온다. 입어보고 살 수 있어 쇼핑이 더 즐겁다. 피팅룸도 아기자기해 옷 갈아입을 맛이 난다. 티셔츠 한 장을 사도 버리기 아까울 만큼 사랑스러운 집 모양 박스에 정성껏 포장해준다. 선물용으로 이보다 더 좋을 수 없다. 노트, 연필, 배지 등 문구 마니아의 옆구리를 콕콕 찌를 캐릭터 아이템도 다양하다.

Data **Map** 273K **Access** MRT 단수이淡水선 타고 쭝산中山역 하차, 4번 출구에서 도보 5분 **Add** 中山區 中山北路 2段 20巷 18號 1樓 **Tel** 02-2521-4867 **Open** 11:00~17:00 **Cost** 티셔츠 750~980달러 선 **Web** www.hi0416.com

Theme
도심 속 유황 온천, 양명산 온천마을

물 좋기로 유명한 양명산 온천. 스파이역에서 가까워 고궁박물원, 스린 야시장 가기 전 들르기 부담이 없다. 그중에서도 한국인들에게 인기 있는 3곳을 속속들이 소개한다.

자연 속에서 즐기는 교토식 온천
촨탕 川湯 | 천양

교토 온천 스타일을 재현한 촨탕의 미덕은 넓고 고급스러운 대중탕이다. 안전상의 이유로 개인탕을 이용할 수 없는 나홀로 여행자에게 최고의 선택! 유황온천탕, 냉탕, 월풀탕 3개의 계단식 노천탕 옆에 사우나, 좌식 샤워, 물폭포 안마, 마사지실 등을 갖추고 있다. 온탕과 미지근한 월풀탕을 번갈아 누려보자. 주중에는 대중탕 가격으로 가족탕을 이용할 수 있다. 샴푸, 린스는 무료지만 수건과 락커는 유료다. 수건은 미리 챙겨갈 것.

Data Map 013 Access MRT 단수이淡水선 타고 스파이石牌역 하차, 1번 출구에서 508, 535, 536번 버스 타고 씽이루싼行義路三 정류장 하차, 도보 10분 Add 台北市 北投區 行義路 300巷 10號 Cost 대중탕 200달러, 가족탕 400달러~(주중 200달러~), 수건小 100달러, 大 200달러, 락커 20달러

한국인들이 좋아하는 온천
황츠원취안 皇池溫泉 | 황지온천

한국여행자 사이에서 가족탕이 인기다. 반은 실내, 반은 노천인 가족탕은 부담 없는 가격에 자연 속 온천을 누릴 수 있기 때문. 반면 이용시간이 30~40분으로 제한되고 유황온천의 종류가 백탕 1가지. 대중탕은 청탕, 백탕 2가지 유황온천수를 무제한으로 즐길 수 있다. 온천탕 2곳, 냉탕 1곳, 사우나 2곳, 물폭포 안마 1개와 좌식 샤워 코너, 마사지실을 갖추고 있다. 1인당 400달러 이상 식사를 하면 온천은 무료. 수건과 락커는 유료.

Data Map 013 Access MRT 단수이淡水선 타고 스파이石牌역 하차, 1번 출구에서 508, 535, 536번 버스를 타고 씽이루싼行義路三 정류장 하차, 도보 10분 Add 台北市 北投區 行義路 Cost 대중탕 250달러, 개인탕 500달러, 수건小 100달러, 大 200 달러, 락커 20달러

보들보들 도자기 피부
탕라이 湯瀨 | 양뇌

대중탕과 가족탕을 두루 이용할 수 있는 일본식 온천. 일본식 레스토랑을 함께 운영한다. 2층에 대중탕이 있어 온천에 서서 양명산 일대가 내려다보인다. 단, 대중탕의 규모는 작은 편이다. 그래도 수질만은 일등급이다. 락커도 무료다.

Data Map 013 Access MRT 단수이淡水선 타고 스파이石牌역 하차, 1번 출구에서 508, 535, 536번 버스를 타고 씽이루싼行義路三 정류장 하차, 도보 10분 Add 台北市 北投區 行義路 Cost 대중탕 200달러, 개인탕 40분 400달러~, 수건 小 100달러, 大 200 달러, 락커 무료

TAIPEI SUBURBS BY
AREA

타이베이 근교 여행

01 신베이터우&단수이
02 예류&수이진지우
03 핑시

Taipei Suburbs
By Area

01

신베이터우
&단수이

新北投&淡水

온천마을 신베이터우에선 보물찾기를 하듯 구석구석 둘러볼수록 반짝이는 풍경을 만나게 된다. 싱그러운 자연에 둘러싸인 노천온천은 각기 다른 온기로 말을 걸어온다. 여기에 잠시 마음을 내려놓으라고. 시원한 바람이 불어오는 항구도시 단수이 역시 느리게 걸을수록 좋다. 시공간을 넘나드는 영화 〈말할 수 없는 비밀〉의 주인공 샤오위처럼 단수이의 과거와 현재를 마주하게 된다. 온천으로 보들보들해진 마음을 바람에 보송보송 말리고 나면 단수이의 노을이 어깨 위로 내려앉는다.

TAIPEI SUBURBS BY AREA 01
신베이터우&단수이

XINBEITOU&TAMSUI
PREVIEW

신베이터우와 단수이는 MRT 단수이淡水선을 타고 한 번에 둘러볼 수 있어 한나절 여행 코스로 딱 좋다! 뜨끈한 온천과 붉은 노을 말고도 즐길게 참 많다. 타이완 속 일본, 타이완 속 유럽이라 불릴만한 매력을 만끽하려면 넉넉한 시간과 편안한 신발은 필수!

SEE
구석구석 돌아볼 곳이 많다. 지열곡, 베이터우매원, 온천박물관, 베이터우도서관, 베이터우문물관은 신베이터우의 5대 볼거리. 단수이에는 유럽의 흔적들이 오롯하다. 스페인이 짓고, 네덜란드가 점령했던 홍마오청, 400년 전 세운 소백궁 등 유적지만 16곳. 멋진 건물들은 다 영화 《말할 수 없는 비밀》의 촬영지인 담강고교를 에워싸고 있다. 여기에 위런마터우와 강가의 레스토랑까지 온통 여행의 낭만을 완성해줄 멋진 장소 투성이.

ENJOY
먼저 세계 3대 유황 온천마을 신베이터우에서 피부를 위한 호사를 누려보자. 특히 신베이터우의 온천을 유명하게 만든 '베이터우석'에는 몸에 좋은 방사성 라듐이 함유돼 치유 효과가 있다. 온천은 단돈 40달러. 노천온천부터 럭셔리한 개인탕까지 천차만별. 온천 후 그림자가 길어지는 오후부터 노을이 질 무렵에는 단수이로 가야 한다. 단수이의 노을 감상 BEST 스폿은 위런마터우, 단수이 강변, 빠리를 오가는 페리 3곳이다.

EAT
단수이 라오지에와 빠리는 야시장이 부럽지 않은 먹거리 천국이다. 소문난 대왕오징어튀김만 먹으면 하수. 몐단, 메추리알꼬치구이, 쏸메이탕 등을 고루 즐겨야 고수. 라오지에 외에도 분위기에 취할만한 카페나 레스토랑도 제법 많다. 한번쯤은 고급스럽게 누려 보자.

어떻게 갈까?
MRT 빨간색 단수이선으로 모든 게 해결된다. 단수이선은 단수이행과 베이터우행 2가지가 있는데, 단수이로 갈 땐 단수이행을 타고 종점까지 쭉 가면 된다. 신베이터우로 갈 땐 베이터우역에서 신베이터우행으로 갈아타 1정거장 더 가야 한다. 신베이터우행 열차는 베이터우역에서 신베이터우역만 운행하는 열차로, 내부와 외부가 온천을 테마로 꾸며져 있다. 아기자기한 열차 안에서 기념사진 한 장 찍다보면 어느새 신베이터우.

어떻게 다닐까?
베이터우문물관을 제외한 웬만한 볼거리는 신베이터우역에서 도보 10분 내외다. 단수이 역시 MRT에서 가까운 라오지에부터 홍마오청까지 천천히 걸어서 둘러볼 수 있는 거리. 위런마터우나 홍마오청부터 둘러보기 紅26 버스가 효율적하다. 紅26 버스 종점까지 가면 위런마터우, 홍마오청에 내리면 홍마오청부터 진리대학, 담강고교 까지 둘러보기 좋다. 단수이 강변을 자전거로 달려도 상쾌하다. 자전거는 MRT단수이역 앞 인포메이션센터에서 빌릴 수 있다.

One Fine Day in
XINBEITOU & TAMSUI

하루를 시작하는 모닝 노천온천에 여행길에 긴장했던 몸이 스르르, 풀린다. 지열곡부터 온천박물관까지 신베이터우 산책은 그 다음 순서. 온천 후 맛보는 뜨끈한 라면도 별미다. 발길 닿는 곳 마다 이국적인 풍경이 펼쳐지는 단수이는 오후 시간을 보내기 좋다. 특히 홍마오청에서 담강고교까지 언덕길은 로맨틱 산책로. 입이 심심할 틈 없는 단수이 라오지에와 눈이 황홀한 강변의 노을은 백문이 불여일견!

수도온천에서 호젓하게 노천온천 즐기기

→ 도보 3분

지열곡 산책하기

→ 도보 6분

온천물로 끓인 김치라면 맛보기

↓ 도보 5분

단수이 홍마오청에서 타이완 속 유럽 만나기

← MRT 20분

베이터우온천박물관 둘러보기

← 도보 3분

서예가의 옛 별장 베이터우메이팅 구경하기

↓ 도보 3분

영화 주인공처럼 진리대학, 담강고교 거닐기

→ 도보 5분

소백궁에서 쉬어가기

→ 도보 10분

단수이 강변 거닐기

↓ 도보 10분+페리 10분

분위기 있는 카페에서 단수이 노을 즐기기

← 도보 10분

단수이 라오지에에서 샤오츠 맛보기

← 페리 10분

페리 타고 빠리 다녀오기

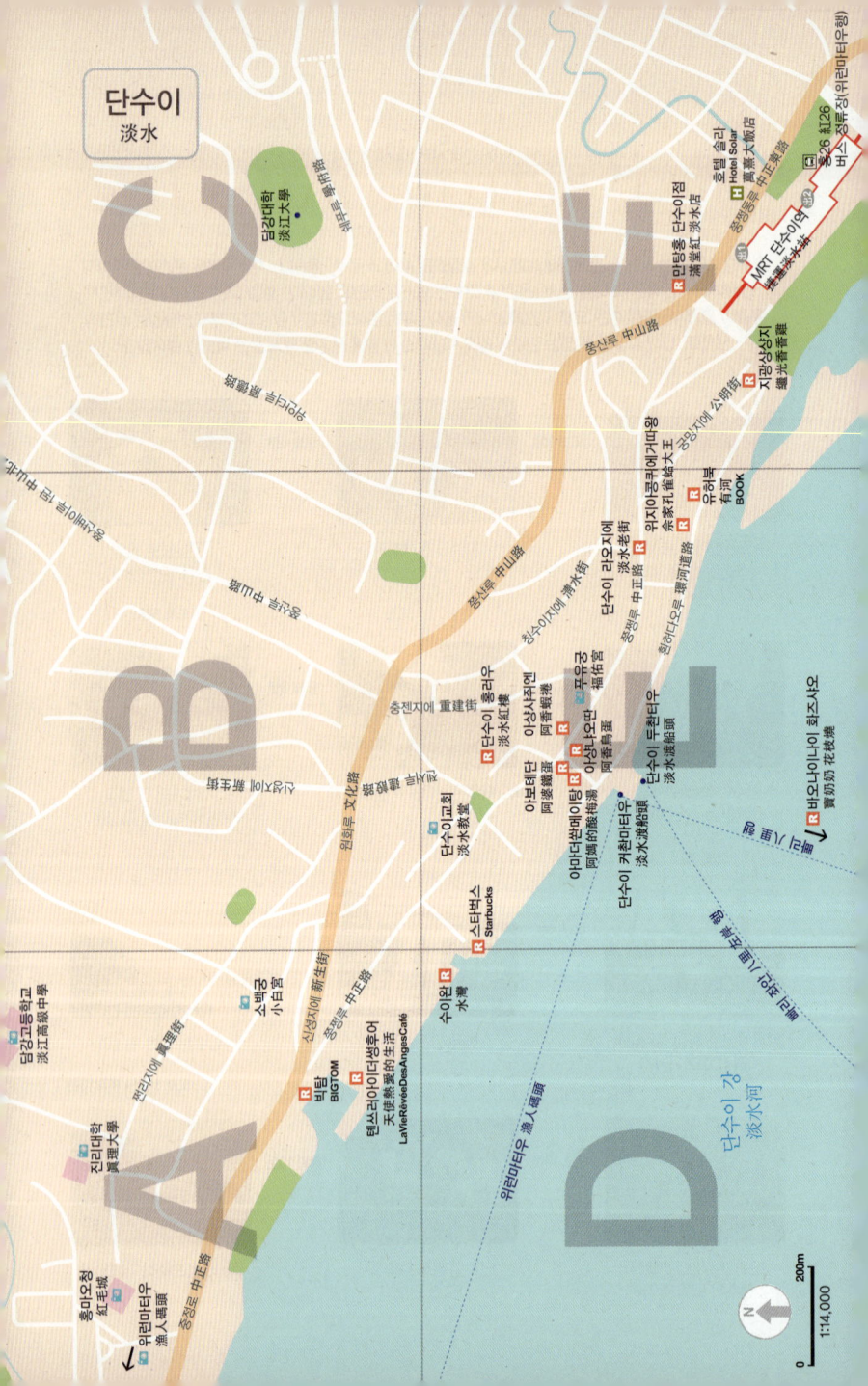

신베이터우

Writer's Pick!

어서와, 지옥온천은 처음이지?

띠러구 地熱谷 | 지열곡 | Thermal Valley

계곡에서 흘러나오는 물줄기를 따라 올라가다 보면 신베이터우 유황 온천의 진원지, 지열곡이 서서히 정체를 드러낸다. 꽃할배도 감탄하고 간 바로 그 풍경. 얼핏 보면 공원 산책로 같지만 한 발자국 내딛을 때마다 짙어지는 유황냄새. 푸른 숲 사이로 펑! 하고 산신령이 나타날 듯 자욱한 수증기. 그 뒤로 에메랄드 빛 온천호수는 '어서와, 지옥 온천은 처음이지?' 라고 말을 거는 듯하다. 김을 훅 뿜어내는 온천수는 무려 90~100℃. 과연 날 것 그대로의 유황 온천은 이런 모습이구나 싶다. 단, 여름엔 곁에 가만히 있어도 사우나에 온 듯 땀이 주룩 흐른다.

Data Map 301B **Access** MRT 단수이淡水선 베이터우北投역에서 신베이터우新北投행 열차로 환승 후 신베이터우 역 하차, 쭝산中山로 끝 원취안溫泉로 교차점. 도보 15분 **Add** 台北市 北投區 中山路

예술가의 여름 별장 엿보기

타이베이메이팅 台北梅庭 | 태북매원 | Beitou Plum Garden

친수노천온천 바로 위 고풍스러운 저택이 태북매원이다. 서예가 요우렌于右任이 1930년대에 지은 여름 별장을 2006년 정부에서 사들여 리모델링 후 2010년에 개방했다. 멋들어진 목조건물에서 한 시대를 풍미한 서예가의 취향이 느껴진다. 입장료는 없지만 슬리퍼로 갈아 신어야 입장 가능. 윤기가 좌르르 흐르는 마루에 들어서면 곳곳에 서예작품이 걸려있다. 서예를 몰라도 창가에 놓인 폭신한 의자나 발코니 벤치는 쉬어가기 딱! 풀 향기 폴폴 나는 싱그러운 녹음은 덤!

Data **Map** 301B **Access** MRT 단수이淡水선 베이터우北投역에서 신베이터우新北投행 열차로 갈아탄 후 신베이터우역 하차, 쭝산中山로를 따라 직진, 도보 10분 **Add** 台北市 北投區 中山路 6號 **Tel** 02-2897-2647 **Open** 화~일 09:00~17:00 **Cost** 무료

삼림욕 하며 책 읽는 기분

베이터우스리투스관 北投市立圖書館 | 베이터우시립도서관 | Beitou Library

신베이터우역에서 온천박물관 가는 길 테라스가 멋진 목조건물이 눈길을 사로잡는다. 게다가 누구에게나 열린 도서관. 테라스에선 계곡물 흐르는 소리가 들리고, 나무냄새 가득한 열람실 나무 의자에 앉으면 숲에서 책을 읽는 듯 청량하다. 2012년 미국 선정 세계에서 가장 아름다운 도서관 25곳 안에 들었다. 태양열로 자가발전을 하고 빗물로 정원을 가꾸는 에코 설계로도 명성이 자자하다. 책 읽는 사람들을 위해 내부 사진 촬영은 금지다.

Data **Map** 301A **Access** MRT 단수이淡水선 베이터우北投역에서 신베이터우新北投행 열차로 갈아탄 후 신베이터우역 하차, 쭝산中山로를 따라 직진하면 오른쪽. 도보 5분 **Add** 台北市 北投區 光明路 251號 **Tel** 02-2897-7682 **Open** 일~월 09:00~17:00, 화~토 08:30~21:00, 공휴일 휴무 **Cost** 무료 **Web** beitoumuseum.taipei.gov.tw

옛 온천이 궁금해? 궁금하면 온천박물관!
Writer's Pick! **베이터우원취안보우관** | 北投温泉博物館 | 베이터우온천박물관 | Beitou Hotspring Museum

신베이터우를 찾는 사람이라면 누구나 들르는 온천박물관. 겉은 영국풍, 안은 일본풍의 오묘한 분위기를 뿜어내는 이곳은 1913년에 일본이 지은 온천이었다. 100년이 지나도 고색창연한 스테인드글라스, 대규모 대중탕, 햇살 좋은 창가의 개인탕이 고스란히 보존돼있다. 1905년 이곳에서 최초로 발견돼 신베이터우를 '스타 온천지'로 만든 유황석, 베이터우석도 탕 옆에서 자태를 뽐낸다. 세계에서 일본, 타이완, 칠레 3곳 밖에 없는 귀한 몸. 2층 중앙의 널따란 다다미방은 찜질방을 닮았다. 슬며시 눕고 싶어지지만 '눕지 마시오'라는 푯말이 곳곳에. 다다미에 앉아 미닫이 문 너머 풍경을 응시하다 보면 여기가 일본이 아닌가 싶다. 이곳 역시 입장료는 없지만 유적 보전을 위해 슬리퍼로 갈아 신어야 입장 가능. 온천시절부터 있었던 나무 사물함에 짐을 보관할 수 있다. 무거운 짐을 진 자여, 짐은 여기다 두고 신베이터우를 가뿐하게 누비라.

Data Map 301A Access MRT 단수이淡水선 베이터우北投역에서 신베이터우新北投행 열차로 갈아탄 후 신베이터우역 하차, 쭝산中山로를 따라 직진, 도보 7분 Add 台北市 北投區 中山路 2號 Tel 02-2893-9981 Open 10:00~17:30, 월요일, 공휴일 휴무 Cost 무료 Web beitoumuseum.taipei.gov.tw

TAIPEI SUBURBS BY AREA 01
신베이타우&단수이

베이터우 속 교토의 정취
베이터우원우관 北投文物館 | 베이터우문물관 | Beitou Museum

이토록 전망 좋고 근사한 공간이 잘 알려지지 않은 건 순전히 산 중턱 깊은 곳에 자리한 위치 덕분이다. 타이베이에서 교토로 공간이동을 한 듯 예스럽고 아담한 목조건물은 역사도 깊다. 1920년에 지은 고급 온천호텔 '가산佳山여관'을 고스란히 보존, 수공예품을 전시하는 사설 박물관으로 탈바꿈했다. 2차 대전 시 자살특공대로 불렸던 '가미가제 특공대'가 생의 마지막 하룻밤을 보낸 장소로도 유명하다. 여긴 입장료를 내면 새 양말 한 켤레를 내준다. 안으로 들어서면 정갈한 일본식 중정이 눈길을 끈다. 타이완 전통 공예품도 다다미방 안에 전시돼 있다. 2층 옛 대연회장이 화려했던 과거를 짐작케 한다. 뭐니 뭐니 해도 이곳을 제대로 즐기려면 전망 좋은 테라스나 고즈넉한 다실에 머물러야 한다. 다다미에 앉아 향이 그윽한 우롱차를 마시는 오묘한 시간을 보낼 수 있다. 애프터눈 티세트나 식사 메뉴도 준비돼 있다. 단, 언덕 위에 있어 걸어가기엔 몹시 숨차다. 오르막을 굽이굽이 오르내릴 자신이 없다면 택시를 추천한다.

Data **Map** 301B **Access** MRT 단수이淡水선 베이터우北投역에서 신베이터우新北投행 열차로 갈아탄 후 신베이터우역 하차, 쭝산中山로에서 디러구地熱谷를 지나 베이터우문물관 이정표를 따라 언덕길을 오르면 그랜드 뷰 리조트 옆 **Add** 台北市 北投區 幽雅路 32號 **Tel** 02-2891-2318 **Open** 화~일 10:00~17:30 **Cost** 입장료 120달러 **Web** www.beitoumuseum.org.tw

타이베이 근교 최대의 원주민 문화관
카이다거란원화관 凱達格蘭文化館 | 개달격란문화관 | Ketaglan Culture Center

베이터우온천박물관 가는 길 왼편 비비드한 컬러의 그림이 눈길을 끈다. 타이완 원주민의 한 부족인 카이다거란족의 역사, 생활, 문화를 전시하는 문화관 입구. 소규모 전시관이겠지 하고 들어섰다 지하 1층부터 8층까지 건물 전체가 문화관이라는데 입이 딱 벌어진다. 그중 전시는 지하 1층~3층까지 열린다. 카이다거란족이 어떻게 타이완에 정착하게 되었는지부터 어떤 문화를 간직하고 있는지 세세하게 보여준다. 4~5층은 강당, 7~9층은 도서관과 교실. 단순한 전시관을 넘어 문화를 연구하고 보존하는 학술센터의 느낌이 짙다. 타이완에는 고산족 외 핑부족으로 분류된 원주민이 있는데, 카이다거란족이 핑부족 중 한 종족. 원주민의 역사를 모르는 한국여행자들에게는 낯설지만 무료라 부담 없이 들러볼 만하다. 1층 입구 옆 기념품숍에서는 카이다거란족 특유의 전통문양과 색감이 돋보이는 수제 가방, 옷, 문구류 등을 구입할 수 있다. 눈요기만 해도 마음이 밝아지는 기분. 아쉽게도 전시관 내부는 사진촬영 금지. 원주민 동상이 놓인 입구에서는 촬영 가능하다.

Data Map 301A **Access** MRT 단수이淡水선 베이터우北投역에서 신베이터우新北投행 열차로 갈아탄 후 신베이터우역 하차. 쭝산루中山路를 따라 도보 5분 **Add** 台北市 北投區 中山路 3-1號 **Tel** 02-2898-6500 **Open** 화~일 10:00~17:30 **Cost** 무료 **Web** www.ketagalan.taipei.gov.tw

Theme
소문난 신베이터우 온천 리얼 체험!

온천마을 신베이터우 온천은 시설도 가격대도 워낙 다양해 어디를 가느냐에 따라 수영복, 수건, 물 등 미리 챙겨야 할 것도 많다. 겉모습만 보고 판단하기 힘든 신베이터우의 온천. 탕 하나하나 몸을 푹 담가 본 경험을 바탕으로 속속들이 소개한다.

Writer's Pick! 전망 좋고 호젓한 노천온천
수이두원치안후이관
水都溫泉會館 | 수도온천 | Spa spring resort

지열곡 초입 수도온천 옥상에는 힐링 지수를 높여 줄 노천온천이 숨어있다. 전망 좋은 온천탕이 셋, 족욕탕 하나. PH2~4, 평균 수온 38~42°의 유황 온천. 야자수 아래 탕에 몸을 담그면 지열곡의 수증기가 하늘로 승천하는 풍경이 보인다. 비 오는 날엔 운치가 배가 된다. 이용 시간제한도 없다. 이용 방법은 간단하다. 1층 로비에서 입장료를 내면 대형 수건, 생수 1병, 락커용 자물쇠를 준다. 7층 탈의실 겸 샤워실에서 샤워 후 온천으로 갈 것. 샴푸 드라이기 등은 비치되어 있어 수영복만 챙겨 가면 된다. 샤워실, 탈의실이 협소하고 낡았다는 게 옥의 티.

Data Map 301B Access MRT 단수이淡水선 베이터우北投역에서 신베이터우新北投행 열차로 갈아탄 후 신베이터우역 하차, 쭝산中山로를 따라 직진, 도보 15분 Add 台北市 北投區 光明路 283號 Open 노천온천 10:00~24:00 Cost 400달러, 보증금 100달러(퇴실 시 반환) Tel 02-2891-2236 Web www.spaspringresort.com.tw

40달러의 행복, 자연 속 노천온천
친수이루톈원취안
親水公園露天溫泉 | 친수노천온천 | Beitou Hotspring

꽃할배도 즐기고 간 노천온천. 온도가 다른 6개의 계단식 탕(온탕 3개, 열탕 2개, 냉탕 1개)이 전부지만 단돈 40달러에 온천을 즐길 수 있다. 하루 5번씩 약 2시간 간격으로 물을 갈 정도로 수질관리가 엄격하며 남녀노소 수영복을 입어야 입장 가능. 만 65세 이상은 입장료가 반값. 수영복과 수건, 온천 중 마실 생수나 차는 미리 준비해갈 것. 아무리 물이 좋아도 땡볕에 온천은 고역이다. 여름보다는 봄, 가을, 겨울, 한낮보다는 오전이나 저녁나절을 추천한다. 별이 빛나는 밤에 즐기는 온천은 낭만을 더한다.

Data Map 301B Access MRT 단수이淡水선 베이터우北投역에서 신베이터우新北投행 열차로 갈아탄 후 신베이터우역 하차, 쭝산中山로를 따라 직진, 도보 10분 Add 台北市 北投區 中山路 6號 Tel 02-2897-2260 Open 05:30~7:30, 08:00~10:00, 10:30~13:00, 13:30~16:00, 16:30~19:00, 19:30~22:00 Cost 입장료 40달러, 락커 대여비 20달러

개인탕을 누리고 싶다면
수메이원취안후이관
水美溫泉會館 | 수미온천 | Sweetme

노천은 아니지만 신베이터우역에서 가깝고, 개인탕을 즐길 수 있어 한국인들에게 인기다. 개인탕은 온천탕과 샤워시설 또는 온천&냉탕에 샤워시설이 있는 룸 2가지 종류. 둘 다 혼자서도 이용 가능. 입장료를 내면 룸 번호를 배정해 준다. 안에는 옷걸이, 화장대, 샴푸는 물론 수건, 생수, 빗, 칫솔이 구비돼 있다. 평균 수온은 42°. 온도나 양은 마음대로 조절하면 된다. 단, 이용 시간은 1시간. 종료 10분 전에 전화로 알려준다. 시간에 쫓기기 싫으면 대중탕이 나을 수도. 여탕은 5개, 남탕은 4개 규모 대중탕도 여유 있게 이용하라고 최대 30명으로 입장 인원을 제한한다. 주중이 주말보다 한적하고 요금도 싸다! 주말에는 전화나 인터넷으로 예약을 하고 갈 것.

Data Map 301A Access MRT 단수이淡水선 베이터우北投역에서 신베이터우新北投행 열차로 갈아탄 후 신베이터우역 하차, KFC 방면으로 도보 3분 Add 台北市 北投區 光明路 224號 Tel 02-2898-3838 Open 개인탕 08:00~24:00(11~3월 24시간), 대중탕 토~목 07:30~24:15, 금 12:00~24:15 Cost 개인탕 1,200(평일 840)달러, 냉온 개인탕 1,500(평일 1,050)달러, 대중탕 800(평일 560)달러 Web www.sweetme.com.tw

독하게 뜨거운 천연온천
롱나이탕 瀧乃湯 | 롱내탕

낡은 외관에 들어가기 망설여지는 롱나이탕은 남녀탕 구분이 있는 실내 온천. '신베이터우 최초의 온천탕'으로 지열곡에서 내려오는 천연 온천수를 쓴다. 한마디로 수질은 최고. 물 좀 아는 현지인들이 많이 온다. 막상 들어가 보면 허름한 인테리어에 기겁할 수도 있다. 탕은 달랑 하나, 탈의실도 따로 없다. 사물함은 생뚱맞게 탕 뒤편에. 평균 온도 46°. 앗 소리가 날 만큼 뜨겁다. 발부터 조금씩 물로 적시며 입수해야 몸이 덜 놀랜다. 단골들이 나눠주는 사과나 대추를 먹으며 쉬엄쉬엄 하다보면 조금씩 적응된다. 탕을 나설 땐 피부가 보들보들. 물과 수건은 꼭 챙겨갈 것.

Data Map 301B Access MRT 단수이淡水선 베이터우北投역에서 신베이터우新北投행 열차로 갈아탄 후 신베이터우역 하차, 오른쪽 언덕길로 도보 10분 Add 台北市 北投區 光明路 244號 Tel 02-2891-2236 Open 06:30~21:00 Cost 150달러

| 단수이 |

연인의 다리 건너 붉은 노을 속으로
위런마터우 漁人碼頭 | 어인마두 | Tamsui Fisherman's wharf

샌프란시스코에 '피시맨즈 워프'가 있다면 단수이에는 '위런마터우'가 있다. 중국어로 漁人은 어부, 碼頭는 부두라는 뜻으로 한때는 어업용 배가 드나들던 항구였다. 지금은 요트 선착장과 물빛 지붕의 거대한 풀론Fullon 리조트가 이국적인 휴양지 분위기를 물씬 풍긴다. 이곳의 상징은 총 길이 164m 연인의 다리, 칭런챠오情人橋는 제주도 서귀포의 새연교를 닮았다. 다리 앞 빨간 하트모양 조형물은 인기 포토 스폿. 해질녘 칭런챠오에 불이 켜지면 아름다운 일몰과 야경이 연이어 연출된다. 다리를 건너면 가로등이 은은해 더욱 로맨틱한 나무 데크. 단, 시간과 날씨가 변수. 맑은 날도 혼자 걷기엔 바람이 매섭고, 중간중간 커플들이 장애물처럼 나타나기도 한다. 연인과 함께라면 두 손 꼭 잡고 노을을 향해 걸어볼 일이다. 사랑하는 사람과 연인의 다리를 건너면 절대 헤어지지 않는다는 풍문도 전해온다. 남산의 사랑의 자물쇠 같은 나무 엽서나 사랑의 종도 닭살 커플들을 위한 아이템.

Data Map 300A
Access MRT 단수이淡水선 단수이역 2번 출구 오른쪽 정류장에서 紅26 버스 타고 종점 위런마터우漁人碼頭 정류장 하차
Add 新北市 淡水區 觀海路 199號
Tel 02-2805-8476
Open 24시간
Cost 무료

  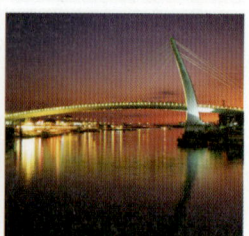

타이완 속 유럽 역사 산책
홍마오청 紅毛城 | 홍모성 | Fort San Domingo

홍마오청은 제국주의 시절 타이완의 역사를 고스란히 품고 있다. 1629년 타이완을 침략한 스페인이 세웠을 때의 이름은 'Fort San Domingo', 스페인에 이어 네델란드가 점령하면서부터 네델란드인들의 '붉은 머리카락'을 뜻하는 紅毛를 따 홍마오청이라 불린다. 가파른 언덕 위에 있어 홍마오청에서 바라보는 단수이 전경도 시원스럽다. 감옥, 탑과 구 영국영사관 2개 건물로 나뉜다. 위풍당당한 두 건물은 붉은 벽돌과 아치형 기둥이 닮은 꼴. 두 건물 사이의 야외정원에는 성벽과 대포 등 요새의 흔적도 남아있다. 구 영국영사관 안에는 주방, 응접실 등 당시 생활상을 깨알같이 재현해 놓았다. 일본 나가사키의 구라바엔과 흡사한 분위기. 이모조모 둘러본 후엔 구 영국영사관 회랑에 가만히 서 있어보자. 멀리서 불어온 바람이 머리를 쓰다듬는 손길처럼, 귓속말을 속삭이는 연인처럼 스치고 지나간다.

Data Map 300A Access MRT 단수이淡水선의 종점 단수이역 2번 출구에서 紅26 버스를 타고 홍마오청紅毛城 정류장 하차 Add 新北市 淡水區 中正路 28巷 1號 Tel 02-2623-1001 Open 월~금 09:30~17:00, 토~일 09:30~18:00, 매월 첫째주 월요일 휴관 Cost 무료

타이완 최초 서양식 캠퍼스
쩐리따쉐 眞理大學 | 진리대학

홍마오청에서 오르막을 조금만 오르면 캐나다인 선교사 마셰 박사가 설립한 타이완 최초의 대학 진리대학이 이어진다. 마셰 박사는 단수이에 기독교를 전파한 인물. 여러 건물들 중에서도 영국 옥스퍼드대학을 본떠 지은 '옥스퍼드 뮤지엄'이 유명하다. 유명세에 비해 아담하지만, 초록 연못, 알록달록한 화단이 어우러져 이국적인 분위기를 자아낸다. 영화 〈말할 수 없는 비밀〉 속 배경으로도 자주 등장한 덕에 영화 촬영지를 찾아오는 한국 관광객들이 많은 편. 영화를 몰라도 청춘의 풋풋한 공기가 감도는 캠퍼스는 산책하기 좋다.

Data Map 300A
Access MRT 단수이淡水선 종점 단수이역 2번 출구에서 紅26, 紅36, 紅38, 836, 837번 버스 탑승 진리대학 또는 홍마오청 정류장 하차
Add 新北市 淡水區 眞理街 32號
Tel 02-2621-2121
Cost 무료
web www.au.edu.tw

영화 〈말할 수 없는 비밀〉 속으로
Writer's Pick!
단쟝가오쭝쉐
淡江高級中學 | 담강고급중학 | Silidanjianggaoji High School

진리대학에서 조금만 더 올라가면 영화 〈말할 수 없는 비밀〉 배경이자 주걸륜의 모교 담강고등학교가 나타난다. 신분증을 맡기라고 손짓하는 수위아저씨, 인사를 건네는 학생들 모두 한국인 관광객이 익숙하다는 표정이다. 키 큰 고목을 지나 교정으로 들어서면 영화 속 럭비경기가 열리던 운동장 나온다. 그 옆이 영화의 주 무대 야자수가 우거진 팔각형 본관 건물! 회랑식 복도에서 주인공들이 막 걸어 나올 듯 영화 속 풍경 그대로다. 회랑도 걸어보고 본관을 배경으로 사진도 찍어 보자. 단, 교실 안에 들어갈 수는 없다.

Data Map 300A
Access MRT 단수이淡水선 종점 단수이역 2번 출구에서 紅26, 紅36, 紅38, 836, 837번 버스 탑승 진리대학 또는 홍마오청 정류장 하차
Add 新北市 淡水區 眞理街 26號
Tel 02-2620-3850
Open 관광객이 학생 살해한 사건 이후 개방하지 않음. 단, 경비원에게 학교 내 카페에 간다고 하면 문을 열어주시곤 함

로맨틱한 비밀의 정원
샤오바이궁 | 小白宮 | 소백궁 | Little White House

 Writer's Pick!

담강중학교에서 몇 걸음만 내려오면 옛 단수이의 세관, 소백궁이 순백색 우아한 자태를 드러낸다. 새하얀 건물과 정원이 아름다워 커플들의 웨딩 촬영지로 인기 만점. 벤치가 곳곳에 놓여있는 정원은 피크닉을 즐기기도 좋다. 타이베이 지하철역에서 흔히 볼 수 있는 스시 테이크아웃 Susji Takeout 에서 도시락을 준비해와 즐기는 한국여행자들도 종종 있다. 무엇보다 소백궁에서 내려다보면 파노라마처럼 펼쳐지는 단수이 강과 바다가 압권이다. 첫눈엔 가슴이 탁 트이고 바라보면 볼수록 마음이 평온해 지곤 한다. 바다 위를 유유히 떠가는 페리처럼.

Data Map 300A
Access MRT 단수이淡水선 종점 단수이역 2번 출구에서 紅26번 버스 타고 홍마오청 紅毛城 정류장 하차, 도보6분
Add 新北市 淡水區 真理街15號
Tel 02-2628-2865
Open 09:30~18:00, 매월 첫째주 월요일 휴관
Cost 무료

페리타고 가는 섬마을
빠리 | 八里 | 팔리 | Bali

단수이에서 페리를 타고 갈 수 있는 작은 섬 마을. 춘천에서 남이섬 가듯 바람 쐬는 기분으로 가볍게 다녀올 수 있는 거리다. 강을 따라 작은 상점들과 자전 거도로도 잘 조성돼 있다. 식도락 여행자들 사이에선 원조 대왕오징어튀김으로 유명한 곳. 페리 위에서 맞는 노을도 낭만적이다. 날씨 좋은 주말이면 나들이객으로 인산인해를 이룬다.

Data Map 300E
Access 단수이 라오지에淡水老街에서 페리 타고 약 10분
Add 新北市 八里區

Tip 단수이에서 빠리 가는 법
단수이에는 라오지에, 워런마터우 선착장 2곳이 있다. 빠리 부두로 가려면 단수이라오지에 선착장에서 페리를 타면 10분 만에 도착한다. 가격은 편도 23달러, 이지카드로도 탈 수 있어 편리하다.

EAT

신베이터우

Writer's Pick! 온천 후 라면 한 그릇
만라이만라멘 滿來滿拉麵 | 만래만납면

온천마을 신베이터우에는 일본의 영향으로 대만과 일본식이 혼합된 퓨전라면 가게가 많다. 그중에서도 줄서서 먹는 수제라면집이 이곳. 간장, 된장, 해물 등 다양한 베이스의 국물과 쫄깃한 면발이 인기 비결이다. <u>DON'T MISS</u> 김치가 듬뿍 들어간 김치라면! 김치, 청경채, 찻물에 삶은 달걀, 얇은 돼지고기, 쫄깃한 면발이 묘한 조화를 이룬다. 경상도식 김칫국처럼 국물이 시원하다. 온천 후 뜨끈한 국물이 생각날 때 딱. <u>BAD</u> 기나긴 줄, 오직 중국어 뿐 인 메뉴판. 이게 다 현지인들이 사랑하는 맛집이란 증거가 아닐까.

Data Map 301B
Access MRT 단수이淡水선 베이터우北投역에서 신베이터우新北投행 열차로 갈아탄 후 신베이터우역 하차, 쭝산中山로를 따라 가다 왼편 언덕 위. 도보 15분
Add 台北市 北投區 溫泉路 110號
Tel 02-2893-7958
Open 화~일 11:00~14:00, 17:00~21:00, 월 휴무
Cost 김치라면 140달러

단수이

왁자지껄 먹자골목
단수이라오지에
淡水老街 | 담수노가 | Tamsui old streeti

단수이역 1번 출구에서 조금만 걸어가면 강변을 따라 이어지는 양 갈래 길이 단수이라오지에. 거룩한 비주얼의 대왕오징어튀김, 앙증맞은 메추리알꼬치 등 야시장 못지않은 길거리 음식 천국이다. 주말이면 그야말로 북새통. 낮보다 저녁이 더 활기를 띤다. 골목 사이사이 칭수이미야오쭈스淸水祖師廟, 푸유궁福祐宮 등 오래된 사원들도 눈요기 거리다.

Data Map 300E **Access** MRT 단수이淡水선 종점 단수이역 1번 출구에서 직진, 도보 2분 **Add** 新北市 淡水區 淡水老街

메추리알 꼬치구이의 원조
아샹냐오딴 阿香鳥蛋 | 아향도단

단수이라오지에에 4~5개의 메추리알 꼬치 구이집 중 원조가 이집이다. 메추리알을 톡 깨뜨려 구운 뒤 꼬치에 끼워주는 카오냐오딴烤鳥蛋이 그 주인공. 메추리알 사이에 실치가 끼워져 있는 비주얼이 놀라움 따름. 부담 없는 양, 담백한 맛 입이 심심할 때 제격이다. <u>BAD</u> 달걀도 아니고 메추리알에 배가 부를 턱이 있나. 얼른 먹고 다른 샤오츠小吃에 도전!

Data Map 300E **Access** MRT 단수이淡水선 종점 단수이역 1번 출구에서 도보 3분 **Add** 新北市 淡水區 中正路 137號 **Tel** 02-2623-3042 **Cost** 메추리알 꼬치구이 10달러

단수이 명물, 할머니네 티에단
아보테단 阿婆鐵蛋 | 옥파철단

20여 년 전 이 집 주인할머니가 실수로 달걀을 간장에 너무 졸여버렸는데, 검고 딱딱해진 달걀이 맛있어 단수이의 명물 '테단鐵蛋'이 됐다. 장조림보다 새까만 비주얼에 첫인상은 비호감일 확률이 높다. 겉만 보고 판단은 금물. 달걀과 메추리알 2가지인데 메추리알이 맥주 안주로 그만이다. 쫄깃한 식감에 반하면 더 사올 껄 하고 아쉬워할 지도. BAD 생각보다 짜지 않아 밍밍하다는 평도 있다.

Data **Map** 300E **Access** MRT 단수이淡水선의 종점 단수이역 1번 출구에서 도보 5분 **Add** 新北市 淡水區 中正路 135-1號 **Tel** 02-2625-1625 **Open** 09:00~22:00 **Cost** 달걀, 메추리알 크기에 상관 없이 1봉지 100달러

새우 튀김, 외길인생 30년
아샹샤쥐엔
阿香蝦捲 | 아향하권

대왕오징어튀김의 그늘에 가려진 튀김계의 고수가 만든다. 겉모습은 새우튀김이지만 안은 새우와 돼지고기를 갈아 만든 소가 꽉 차있는 새우 모양 꼬치다. 칠리, 갈릭 등의 소스 중 우리 입맛엔 고추장 소스가 잘 맞다. 게다가 오직 단수이라오지에서만 맛볼 수 있는 이색 메뉴. BAD 허름한 포장마차에 실망 말고 오래된 맛집의 손맛을 느껴보자.

Data **Map** 300E **Access** MRT 단수이淡水선 종점 단수이역 1번 출구에서 도보 3분 **Add** 新北市 淡水區 中正路 139號 **Tel** 02-2623-3042 **Open** 월~금 11:00~19:00, 토~일 11:00~22:00 **Cost** 새우튀김 꼬치 20달러

건강한 갈증 해소
아마더쏸메이탕
阿媽的酸梅湯 | 아마적산매양

타이완 사람들이 즐겨 마시는 쏸메이탕은 매실을 물에 담그거나 끓인 후 설탕을 넣어 만든 새콤달콤한 여름철 인기 음료. 수십 년 전통을 가진 곳이라 다른 집보다 맛이 진하고 풍부하다. 매실에 약재를 더해 왠지 건강해지는 기분. BAD 한국식 매실차의 달콤한 맛을 기대했다가는 실망할 수도. 시큼한 신맛과 짭조름한 맛 때문에 호불호가 갈린다.

Data **Map** 300E **Access** MRT 단수이淡水선 종점 단수이역 1번 출구에서 도보 5분 **Add** 新北市 淡水區 中正路 135之 2號 **Tel** 02-2629-0107 **Open** 09:00~22:00 **Cost** 쏸메이탕 25달러

신베이터우 & 단수이

Writer's Pick! 전망 좋은 북카페에서 고양이와 시간보내기

유허북 有河BOOK | 유하북

단수이 강과 고양이와 테라스가 있는 소규모 서점 겸 북카페. 전직 디자이너이자 아내와 카피라이터 남편이 주인장. 서가는 문학, 예술, 여행 도서들로 채워져 있다. 그 서가 사이로 어림잡아 10마리의 고양이가 어슬렁거린다. 방심하면 다가오고 눈길을 주면 멀어지는 밀당의 고수들. DON'T MISS 시원한 강바람을 맞으며 테라스에서 마시는 커피 한 잔! 나만을 위한 공간이 펼쳐진 듯한 기분 좋은 착각을 느껴보시길. BAD 눈에 잘 안 띄는 입구. 단수이 강변을 따라 걷다 하늘색 간판이 있는 건물 2층을 찾자.

Data Map 300E Access MRT 단수이淡水선 종점 단수이역 1번 출구에서 강변 방향으로 도보 10분 Add 新北市 淡水區 中正路 5巷 26號 2樓 Tel 02-2625-2459 Open 12:00~22:00 Cost 아메리카노 140달러 Web blog.roodo.com/book686

분위기에 취하고 맛에 반한다

단수이 훙러우

淡水紅樓 | 담수홍루 | Redcastle1899

1895년 단수이의 전성기 잘 나가는 거상이 지은 서양식 붉은 벽돌 건물. 100여년의 세월이 지나 운치 있는 레스토랑으로 변모했다. 언덕 위에 있어 단수이 강과 라오지에가 한눈에 들어온다. 셰프의 추천 메뉴는 흑초해산물볶음 黑醋海鮮, 마늘꽃게튀김黃金軟殼蟹 등. 평일에도 전화 예약은 필수.

Data Map 300E Access MRT 단수이淡水선의 종점 단수이역 1번 출구에서 쭝쩡中正로를 직진 도보 12분 Add 新北市 淡水區 三民街 2巷 6號 Tel 02-8631-1168 Open 11:00~22:00 Cost 흑초해산물볶음 360달러, 마늘꽃게튀김 580달러 Web www.redcastle-taiwan.com

방갈로에 늘어져 즐기는 노을

수이완 水灣 | 수만 | Waterfront

노을 지는 강가에 늘어져서 시원한 맥주를 들이키는 기분이란! 그것도 발리풍 리조트 같은 레스토랑 겸 바Bar 수이완에서. 여기선 무조건 동그란 소파베드를 차지하자. 그리곤 페로니생맥주를 홀짝이며 노을을 보자. 매일 저녁 6시 반부터 2시간 동안 라이브공연도 배경음악이 돼준다.

Data Map 300D Access MRT 단수이淡水선의 종점 단수이역 2번 출구에서 紅26 버스를 타고 샤오바이꿍小白宮 정류장 하차, 도보 3분 Add 新北市 淡水區 中正路 229之 9號 Tel 02-2629-0052 Open 11:30~01:00 Cost 페로니생맥주 250달러 Web www.waterfront.com.tw

노을을 기다리기 좋은 카페
Writer's Pick!
텐스러아이더성훠
天使熱愛的生活 | 천시열애적생활 | LaVieRêvéeDesAngesCafé

강과 바다가 만나는 작은 포구를 마주보는 지중해풍 카페는 단수이의 청춘들이 노을을 맞이하는 장소. 1층은 주문전용, 좌석은 2층 아담한 공간이 전부지만 어디에 앉아도 시야가 탁 트인다. 특히 강이 보이는 바Bar 자리가 인기. 여기선 커피 한잔도 그림 같은 휴식이 된다. 카페라테 종류만 11가지, 골라 마시는 재미도 있다. DON'T MISS 꿀맛 같은 휴가처럼 달콤한 맛 허니라테. BAD 온통 중국어로 도배된 메뉴판. 커피 값이 맥주 값보다 비싸다. 그래도 '커피보다 맥주파'에겐 다행스러운 일.

Data Map 300A
Access MRT 단수이淡水선 종점 단수이역 1번 출구에서 쫑쩡中正로를 따라 도보 15분
Add 新北市 淡水區 中正路 233之 1號
Tel 02-8631-2928
Open 14:00~01:00
Cost 카페라테 140~160달러, 병맥주 130달러

QQ하고 바삭한 원조 대왕오징어튀김
바오나이나이화즈샤오
寶奶奶 花枝燒 | 보내내 화지소

여기가 원조다. 단수이라오지에나 다른 야시장은 아류일 뿐. 일명 '보 할머니 대왕오징어튀김'에 가면 바나나만한 크기에 한 번, 탱글탱글한 오징어가 씹히는 쫄깃함에 또 한 번 놀란다. 미리 튀겨 놓은 튀김을 먹기 좋게 잘라 다시 튀겨주는 데도 QQ한(타이완 의성어 쫄깃한!) 맛이 일품. DON'T MISS 대왕오징어튀김은 오징어 몸통과 다리 2종류. 몸이 더 부드럽다. 2가지를 섞어 먹어도 된다. 고춧가루 라펀辣粉, 마요네즈 사라沙拉. 후춧가루 후지우펀胡椒粉, 와사비 지에모쟝芥末醬 등 소스 중 2종류를 골라 함께 뿌려먹자. 소스를 듬뿍 뿌린 후 가츠오부시도 올려준다. 오징어 본연의 맛을 즐기고 싶다면 소스 없이 먹을 것. 다른 종류의 튀김을 먹고 싶을 땐 무료 시식 후 골라보자.

Data Map 300E
Access 단수이 라오지에淡水老街 에서 페리로 빠리八里 이동, 선착장에서 도보 3분.
Add 新北市 八里區 渡船頭街 26號
Tel 02-2610-4071
Open 09:00~22:00
Cost 대왕오징어튀김 大 150달러, 小 100달러, 고구마튀김 50달러

Taipei Suburbs
By Area
02

예류
&수이진지우

野柳&水金九

예류와 수이진지우를 거니노라면 발길
닿는 곳 마다 낯선 풍경에 마음이 설렌다.
예류는 기암괴석의 숲, 예류지질공원을
줄여 부르는 이름. 수이진지우는 신베이시
루이팡구 산 속 '수이난동', '진과스',
'지우펀'을 지칭하는 이름이다.
이 3곳의 공통점은 1920~30년대에
영화를 누렸던 황금도시. 반짝하던 채광
산업이 시들해지면서 사람들은 떠났지만
각기 다른 빛깔로 반짝인다. 기암괴석의
숲, 예류부터 탄광마을의 옛 정취가
남아있는 수이진주의 매력을 느끼려면
천천히 풍경 속으로 걸어 들어가야 한다.

TAIPEI SUBURBS BY AREA 02
예류&수이진지우

YEHLIU&SHUIJINJIU
PREVIEW

타이베이 북동쪽 작은 어촌마을의 끝 예류와
루이팡구 산 속 옛 탄광촌 수이진지우는 버스로 갈 수 있는 타이베이 근교 여행지라
더욱 반갑다. 이른 아침부터 바지런히 돌아보면 하루에 다 볼 수 있다.
단 구불구불한 길을 덜컹이며 달리는 시외버스와 친해져야 한다. 길 위의
시간이 아깝다면 택시투어로 한방에 돌아보기도 좋은 코스다.

SEE

이국적이거나 옛 정취가 흠뻑 느껴지거나, 타이완의 속살을 보여준다. 예류의 여왕머리 바위, 수이난동의 13유적지는 어디에서도 보기 드문 풍광. 옛 황금도시의 흔적이 남아있는 진과스의 볼거리는 황금박물관과 오래된 가옥이다. 지우펀 수치루 계단 위로는 매일 밤 홍등이 물결친다.

ENJOY

수이난동을 제외한 예류, 진과스, 지우펀은 사뿐사뿐 산책을 즐기기 좋은 지역. 예류에서는 낯선 행성을 탐험하듯 거닐고, 진과스에서는 여유로운 산책을, 지우펀에서는 골목을 샅샅이 누비는 재미를 누려보자. 감성지수가 2단계쯤 레벨 업 된다. 단, 수이난동은 산책보다는 트레킹에 가까우니 발품 덜 파는 버스 투어를 즐겨보자.

EAT

진과스 하면 광부도시락, 지우펀 하면 야시장 못지않은 먹자골목 지우펀지산지에가 유명하다. 점심으로 추억 돋는 광부도시락, 오후에는 수치루나 지우펀의 언덕 차관에서 향긋한 차 한 잔, 저녁 무렵 지산지에에서 요거조거 길거리 음식으로 요기를 하면 맛있는 먹방여행이 완성된다.

어떻게 갈까?

대중교통이나 택시 투어를 이용해 예류, 진과스, 수이난동, 지우펀 하루에 돌아볼 수다.

1. 대중교통
타이베이에서 예류

타이베이 기차역 Z3 출구 앞 타이베이서부터미널 台北西站 터미널A에서 진산金山행 1815번 버스로 약 90분. 예류가 종점이 아니므로 잘 확인하고 내려야한다. 예류에서 진과스로 한 번에 가는 버스가 없다. 지룽으로 가 갈아타야 한다. 예류 버스정류장 건너편에서 790번 버스로 지룽역까지(약 30분) 이동, 지룽역 대각선 맞은편 정류장에서 진과스행 버스 788번 탑승(약 50분 이동).

진과스에서 지우펀

진과스에서 지우펀까지는 버스로 15분, 택시로 7분 거리. 진과스 황금박물관 맞은 편 버스 정류장에서 1062번 버스나 택시를 타면 된다. 타이베이에서 진과스, 지우펀 가는 법은 MRT 쭝샤오푸싱 忠孝復興역 1번 출구 앞에서 1062번 버스 타고 약 1시간 30분.

2. 택시 투어

오전 10시 쯤 출발해 약 7시간 동안 예류~진과스~지우펀을 둘러보는 투어. 속칭 예진지 택시 투어라 불린다. 차 한 대 당 3,000~3,500달러가 든다. 인터넷 카페나 한인 민박을 통하거나 전문 택시 투어 기사에게 직접 연락해 예약할 수 있다.

인터넷 카페
타이완 택시 투어 카페 cafe.daum.net/taiwantaxi
한인 민박
타이완 하우스 cafe.naver.com/taiwanhouse
타이베이 나비하우스 cafe.naver.com/taipeinabi

어떻게 다닐까?

예류, 진과스, 지우펀은 산책하듯 걸어서 돌아보기 좋다. 반면, 수이난동은 걷기엔 관광지 간의 간격이 멀어 오렌지색 투어 버스 '수금구낭만호891水金九浪漫號891'를 이용하는 편이 낫다. 891번, 숫자만 기억하자! 진과스 황금박물관 입구에서 출발해 약 50분간 강원도만큼 꼬불꼬불한 길을 한 바퀴 돈다. 하차 역이 어딘지 버스 기사가 미리 알려주니 걱정하지 말자.

891번 버스 타는 법

진과스 황금박물관 정문 앞 버스 정류장에서 오전 10시부터 18시 사이 매 시각 정시에 출발한다(주말에는 30분 간격 운행). 요금은 15달러. 이지카드 사용 가능하며 현금 결제 시 기사에게 바로 내면된다.

TAIPEI SUBURBS BY AREA 02
예류&수이진지우

One Fine Day in
YEHLIU&SHUIJINJIU

여행도 타이밍이 중요하다. 그 장소가 빛을 발하는 시간에 맞춰 가면 즐거움이
배가 된다. 햇살이 따가운 예류는 아침나절에, 도시락 까먹는 재미가 절반인
진과스는 점심에, 붉은 홍등이 물결치는 지우펀은 노을이 질 무렵에 들러보자.
타이완의 정취를 흠뻑 느낄 수 있는 드라마틱한 코스가 완성되다.

신비로운
예류 거닐기

버스 1시간 30분

진과스도 식후경,
광부도시락 맛보기

도보 3분

타이쯔빈관 둘러보며
진과스 산책

도보 5분

2가지색 바다
음양해 바라보기

버스 10분

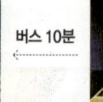

황금폭포 구경하기

버스 10분

황금박물관에서
금괴 만져보기

버스 15분

지우펀지산지에에서
샤오츠 먹기

도보 5분

전망 좋은 찻집에서
쉼표 한잔

도보 5분

수치루에서
기념사진 남기기

Queen's Head

| 예류 |

자연이 빚은 조각들
예류 野柳 | 야류 | Yehliu Geopark

한 발 내딛을 때 마다 신비로운 기암괴석을 만나게 되는 예류. 오래 전 지각운동으로 솟아오른 사암층을 이토록 멋진 조각으로 만든 이는 거센 파도와 바람. 모진 세월을 견뎌낸 바위들은 아이스크림, 촛대, 용머리, 여왕머리, 선녀신발 등 갖가지 모양으로 둔갑해 여행자들을 맞이한다. 샅샅이 보려면 2시간은 걸린다. 깊이를 알 수 없는 푸른 바다도 매력적이다.

Data **Access** 타이베이 서부터미널台北西站 터미널A에서 진산金山행 1815번 버스로 약 90분. 버스정류장에서 길을 따라 직진, 도보 10분 **Add** 新北市 萬里區 野柳里 港東路 167-1號 **Tel** 02-2492-2016 **Open** 08:00~17:00 (5~9월 08:00~18:00) **Cost** 어른 80달러, 어린이 40달러 **Web** www.ylgeopark.org.tw

| 진과스 |

빈티지 골목
치당라오지에 祈堂老街 | 기당노가

진과스에서 가장 번화했던 거리 치당라오지에. 그 많던 사람들은 하나 둘 다 떠나고 골목 안에는 조그만 구멍가게 하나와 카페가 남았다. 홍등이 걸린 고요한 골목은 마치 영화 세트장을 보는 듯하다. 빈티지한 골목 안에 숨어있는 '전신眞心' 카페도 감성을 자극한다. 카페 이름처럼 '진심'이 담긴 커피 한잔을 오래도록 마시고 싶어지는 곳.

Data **Map** 322A **Access** 진과스 입구에서 도보 7분 **Add** 新北市 瑞芳區 金瓜石 祈堂路

황태자의 옛 별장
타이쯔빈관 太子賓館 | 태자빈관

황태자의 호텔이라는 이름처럼 타이쯔빈관은 일본 히로히토 황태자의 방문을 기념해 지은 별장이다. 단 하나의 못도 쓰지 않고 오로지 나무에 홈을 내어 연결해 지어, 타이완에 현존하는 일본식 목조 건물 중 가장 섬세하다는 평을 받는다. 100여년의 시간이 지났지만 잘 보존돼 있다. 고풍스러운 건물과 잘 가꿔놓은 정원이 〈타짜〉의 촬영지 군산 신흥동 가옥을 닮았다. 실내에 들어가 볼 수 없어 아쉽다.

Data **Map** 322A **Access** 진과스 입구에서 도보 5분 **Add** 新北市 瑞芳區 金光路 8號 **Open** 09:00~17:00 **Cost** 무료

TAIPEI SUBURBS BY AREA 02
예류&수이진지우

Writer's Pick!

세계 최대 금괴를 만져봐!
황진보우관 黃金博物館 | 황금박물관 | Gold Museum

진과스 황금기에 어떻게 금을 캤는지 생생하게 보여주는 박물관. 광부들의 사진, 장비와 작업복은 물론 깊은 땅 속에서 채광하는 모습을 미니어처로 전시해 놓았다. 일제강점기에 얼마나 많은 전쟁 포로들이 이곳에 끌려와 황금을 캤는지 옛 사진을 보면 가슴이 먹먹해 지기도 한다. 주인공은 마지막에 나타난다고 했던가. 박물관 모든 전시의 끝에서야 세계에서 가장 큰 금괴가 번쩍이며 등장한다. 무게만 220kg에 달하는 순도 99.9%의 금덩어리. 매일 금괴 앞 전광판으로 시세를 알려준다. 직접 만져봐야 직성이 풀릴 관광객들을 위해 금괴가 담긴 박스 양 옆에 동그란 구멍을 뚫어놓았다. 박물관 관람의 클라이맥스는 금괴를 손으로 쓰다듬어 보는 것. 금괴를 손으로 문지른 후 주머니에 손을 넣으면 부자가 된다는 얘기가 전해와 금괴 앞에 선 사람들의 손이 바빠진다. 아이와 함께라면 50달러 더 내고 탄광 갱도체험도 해보자. 안전모를 쓰고 들어가면 캄캄하고 서늘한 갱도 안에는 옛 광부들이 금을 캐던 모습을 인형으로 재현해 놓았다. 기념품숍에선 광부도시락 통, 보자기, 젓가락을 개별로 살 수 있다.

Data **Map** 322A **Access** 진과스 입구에서 안내 표지판을 따라 도보 10분 **Add** 新北市 瑞芳區 金光路 8號 **Tel** 02-2496-2800 **Open** 평일 09:30~17:00, 주말 09:30~18:00, 매월 첫째주 월요일 휴관 **Cost** 박물관 80달러 **Web** www.gep.ntpc.gov.tw

수이난동

황금빛 바위 위 흰 물결
황진푸부 黃金瀑布 | 황금폭포

수이난동 황금폭포는 13층유적지(구 수이난동 제련소)로 가는 길목에 있다. 황금색 바위 위로 하얀 물살이 우렁차게 쏟아지는 모습이 신비로워 누구나 한번쯤 발길을 멈추게 된다. 눈이 부실 만큼 흰 폭포를 더욱 돋보이게 하는 것은 황금색 바위. 물과 흙 속에 광물이 들어있어 황금빛을 띤다. 폭포와 눈을 맞추는 이는 드문드문 찾아와 기념사진 한 장 찍고 가는 관광객들 뿐 이지만 폭포는 쉬지 않고 흘러내린다. 종종 폭포 앞에 하얀 웨딩드레스를 입은 신부를 목격할 수도 있는데 현지인들에게는 웨딩 촬영장소로도 인기다.

Data Map 321E
Access 진과스 버스 정류장에서 도보 15분. 또는 '수금구낭만호891 水金九浪漫號891' 버스
Add 北北市 瑞芳區 瑞芳黃金瀑布
Cost 무료

폼페이를 닮은 폐허
스싼이청지 十三遺層址 | 십삼유층지

수이난동 곳곳에는 폐허가 된 광업단지가 황량한 모습으로 남아 흥망성쇠를 가늠케 해준다. 그중에서도 13층유적지는 영화 속에서나 볼 법한 공중도시 같은 모습으로 음양해陰陽海를 향해 외로이 서있다. 멀리서도 잘 보이지만, 가까이 다가가 보면 거대한 규모가 압도적이다. 폐허가 된 폼페이 유적지가 이런 모습이 아닐까 싶다. 한때는 금광석으로부터 금을 분리하고, 동을 주조하는 수이난동 제련소로 수많은 사람들의 일터였다. 일제 강점기에 많은 사람들이 강제노역을 하던 건물들이 스산하게 남아 있는 풍경은 아픈 역사를 떠올리게 한다.

Data Map 321E
Access 진과스 버스 정류장에서 도보 20분 또는 '수금구낭만호891 水金九浪漫號891' 버스
Add 北北市 瑞芳區 十三遺層址
Cost 무료

푸른 바다 위 황금빛 물결
인양하이 陰陽海 | 음양해

수이난동 앞으로는 태평양 바다가 시원스럽게 펼쳐진다. 어디서나 볼 수 있는 바다 같지만, 자세히 보면 푸른 바다 위에 노란 선을 두른 듯하다. 대비를 이루는 물빛이 음양의 조화처럼 신비롭다고 하여 음양해라 불린다. 광물이 바다로 흘러가 2가지색 바다가 됐다. 맑은 날 보다 비가 오는 날, 색의 차이가 확연히 드러난다. 단, 진과스 버스정류장에서 걸어가려면 넉넉잡아 30분은 걸린다. 발품 덜 팔고 멋진 전망을 즐기려면 '수금구낭만호891 水金九浪漫號891' 오렌지색 투어 버스를 타고 둘러보길 추천한다.

Data Map 321E
Access 진과스 버스정류장에서 바다 방향으로 도보 30분
Add 新北市 瑞芳區 陰陽海

| 지우편 |

먹거리 가득한 골목길
지산지에 基山街 | 기산가

지우편 여행은 작은 상점들이 끝없이 이어지는 좁은 길, 지산지에부터 시작된다. 골목 가득 음식 냄새가 고여 있어 타이완의 주방 한가운데 들어온 것 같다. 낯선 음식냄새에 약한 사람이라면 빠른 걸음으로, 새로운 음식을 맛보는 재미를 즐기고 싶다면 느린 걸음으로 샤오츠小吃를 맛보며 지나가야한다. 그 자리에서 바로바로 만드는 먹거리가 많아 구경만 해도 시간이 금세 흘러간다. 비 오는 날에는 뜨끈한 위안탕과 몰랑몰랑한 떡을 무더운 날에는 땅콩전병 아이스크림과 얼음이 들어간 토란경단을 추천한다.

Data Map 322B
Access 타이베이 MRT 반난板南선 타고 쭝샤오푸싱忠孝復興역 1번 출구 앞에서 1062번 버스를 타고 '지우다오舊道' 정류장 하차, 세븐일레븐 옆 골목
Add 新北市 瑞芳區 九份 基山街

 홍등이 물결치는 낭만 골목
수치루 竪崎路 | 수기루

지우펀 지산지에를 따라 걷다 작은 사거리가 나오면 오른쪽 아래 계단이 수치루다. 영화 〈비정성시〉의 배경이 되며 세상에 알려졌다. 우리나라에는 드라마 〈온에어〉의 배경으로 주목받기 시작했다. 산기슭을 따라 만들어진 수치루 계단 양 옆으로 지붕이 마주 닿을 듯한 가게와 홍등에서 타이완의 옛 정취가 물씬 묻어난다. 사람들이 수치루로 몰려드는 시간은 처마 끝마다 달린 홍등에 불이 하나둘 켜질 무렵. 홍등이 소곤대는 수치루의 밤은 낮보다 아름답다. 늘 인파로 붐비는 좁은 계단이지만 사랑하는 사람의 손을 꼭 잡고 계단을 오르내리고 싶어지는 로맨틱한 길. 몇 번을 봐도 볼 때 마다 반하게 되는 풍경이다. 여름엔 6시 30분, 겨울엔 5시 30분쯤에는 불을 밝힌다. 드라마틱하게 변하는 지우펀의 야경을 여유롭게 바라보고 싶다면 일찌감치 찻집의 창가 자리를 차지하는 편이 낫다. 일본 애니메이션 〈센과 치히로의 행방불명〉의 모델이 돼서 유명한 '아메이차주관'이 가장 인기다.

Data **Map** 322A **Access** 지우펀 지산지에 입구에서 골목을 따라 도보 6분 **Add** 新北市瑞芳區九份 竪崎竪

EAT

| 진과스 |

뜨끈뜨끈 광부도시락 까먹는 재미!

콩꽁스탕 礦工食堂 | 광공식당 | Golden Impression Cafe

광부도시락 먹으러 진과스 간다는 사람들이 달려가는 바로 그곳! 진과스도 식후경, 도시락부터 먹고 둘러보기 좋게 입구에서도 가깝다. 정원이 있는 목조 건물로 실내도 야외 좌석도 여유롭다. 입구에서 도시락을 주문하면 진과스 지도가 그려진 보자기에 곱게 싸인 스테인리스 도시락을 내준다. 보자기 사이에 나무젓가락까지 꽂아 감성이 모락모락 돋는다. 뚜껑을 열면 손바닥 만 한 돼지갈비에서 훈연향이 솔솔, 우리 입맛에 잘 맞는데다 양도 푸짐하다. 사실, 돼지갈비덮밥은 광부들의 원기 회복을 위한 고칼로리 식단이다. 그들의 고단함을 달래주던 소울푸드가 여행자들의 향수를 자극하는 낭만푸드가 됐다. 먹고 난 후 통은 물론 보자기와 젓가락까지 고스란히 가져갈 수 있어 더욱 인기다. **BAD** 그렇다고 설거지는 안 해준다. 깨끗이 먹고 물로 헹궈 가져가는 수밖에. 젓가락은 가방에 넣어 두고 포크를 받아서 쓰는 것도 방법. **DON'T MISS** 도시락을 가져가는 게 짐스럽다면 통 없이 접시에 담겨 나오는 광부도시락을 주문하면 된다. 가격도 50달러 더 싸다. 보자기, 젓가락, 도시락 통은 기념품숍에서 개별 판매도 한다.

Data Map 322A
Access 진과스 입구에서 길을 따라 직진, 도보 5분
Add 新北市 瑞芳區 金光路 8-1號 **Tel** 02-2496-1820
Open 평일 09:00~17:00, 주말 09:00~18:00
Cost 광부도시락(도시락 포장) 290달러, 광부도시락(도시락 포장 없음) 180달러 **Web** www.funfarm.com.tw

지우펀

60년 전통 어환백자

위안보어자이 漁丸佰仔 | 어환백자

우리나라에 부산오뎅이 있다면 타이완에는 지우펀 위안보어자이가 있다. 신선하고 탱글탱글한 어묵으로 현지인들에게 더 인기 있는 집. 동그란 어묵탕, 위안탕漁丸湯과 소스가 자작한 국수, 깐동펀乾冬粉이 대표 메뉴다. 입구에서 어묵을 바로바로 만들고 있어 더욱 믿음이 간다. 위안탕은 국물맛보다 갓 만들어 말랑한 어묵 맛이 예술! 녹두 분말로 만든 깐동펀은 부산 먹자골목 비빔당면을 닮았다. 소스에서 살짝 매운맛이 나 우리입맛에 잘 맞다. 둘이 하나씩 시켜 나눠먹으면 알맞다. 양이 많은 편은 아니라서 배고플 땐 1명이 각 1그릇도 뚝딱 해치울 수 있는 정도. 뭐든 주문과 동시에 LTE급 속도로 나와 성격 급한 한국인에게 딱이다. BAD 워낙 인기가 많아 합석은 기본. 자리가 없으면 테이크아웃해서 먹어야 할 수도 있다. 가게 안에 앉아서 먹고 싶을 땐 일단 자리부터 잡자. DON'T MISS 유난히 비가 자주 오는 지우펀, 추적추적 비 오는 날 뜨끈한 국물이 생각 날 때 위안탕 한 그릇 뚝딱하면 마음까지 뜨끈해진다.

Data Map 322B
Access 지우펀 지산지에基山街 입구에서 도보 3분 Add 新北市 瑞芳區 基山街 17號
Tel 02-2496-0896
Open 월~금 10:00~19:30
Cost 위안탕 30달러, 깐동펀 30달러

Writer's Pick!
땅콩전병 아이스크림의 원조!

화성지아빙지린 花生加冰淇淋 | 화생가빙기림

지우펀은 물론 타이완 야시장 곳곳에 땅콩전병 아이스크림집이 있지만, 여기가 전국 땅콩전병 아이스크림의 원조다. 대패로 땅콩엿을 얇게 갈아 밀전병 위에 펴 놓고 아이스크림 두 스쿱, 고수를 올린 다음 돌돌 말면 전병 아이스크림 완성! 한입 베어 물면 밀전병의 쫄깃함에 땅콩의 고소함, 아이스크림의 달콤함이 더해져 맛의 앙상블을 이룬다. 아이스크림을 흘리지 않고 먹을 수 있어 더 좋다. DON'T MISS 고수가 싫다면 주문 할 때 '부야오 샹차이不要香菜!'라고 말할 것.

Data Map 322B
Access 지우펀 지산지에 基山街 입구에서 도보 3분
Add 新北市 瑞芳區 基山街 20號
Tel 0935-687-793
Open 09:00~20:00
Cost 땅콩전병 아이스크림 40달러

한국인들이 좋아하는 펑리수

쇼우신팡 手信坊 | 수신방

지아더, 써니힐과 함께 선물용 펑리수로 인기 있는 쇼우신팡의 지우펀점. 수제로 만든 믿을 수 있는 제과가게라는 뜻의 이름처럼 펑리수 외에도 모찌 등 선물용 디저트를 두루 갖추고 있다. 일본에서 모찌 기술력을 전수받은 덕에 현지에서는 모찌 맛도 일품이다. DON'T MISS 타이베이 시내나 공항점보다 할인 행사를 많이 한다. 펑리수 3박스를 사면 1박스를 더 주거나 쿠키 1봉지를 주는 3+1 찬식! BAD 펑리수 4박스 들고 지우펀 골목을 누비려다간 팔 늘어난다. 돌아가는 길에 구입하자.

Data Map 322B
Access 지우펀 지산지에基山街 입구에서 도보 4분
Add 新北市 瑞芳區 基山街 6號
Open 월~금 09:00~19:00, 토~일 08:30~20:00
Tel 02-2406-3817
Cost 펑리수 1박스(10개) 360달러
Web www.3ssf.com.tw

바로 빚어 맛있는 떡

아란 阿蘭 | 아란

제법 큰 규모 매장에서 송편 만들듯 여럿이 둘러앉아 떡 빚는 풍경이 정겨운 가게. 단팥, 녹두, 절인 채소 등 다양한 고명을 넣어 만든 쫄깃쫄깃한 떡을 판다. 여행자들보다 현지인들이 줄 서서 사간다. 낱개로도, 원하는 맛을 골라 박스에 담아서도 살 수도 있다. 맛은 우리나라 쑥떡이랑 비슷하다. 한입 크기라 부담 없는 간식으로도 딱. DON'T MISS 우리 입맛에는 단팥고명 티엔홍또우甜紅豆가 잘 맞는 편. 낱개로 사서 먹어 보고, 입에 맞으면 돌아가는 길에 한 박스 테이크아웃 해보시라.

Data Map 322B
Access 지우펀 지산지에基山街 입구에서 도보 5분
Add 新北市 瑞芳區 基山街 90號
Open 09:00~20:00
Tel 02-2496-7795
Cost 1개 10달러, 1박스(10개) 100달러

맥주를 부르는 구운 소라
카오페이추이뤄 烤翡翠螺 | 고비취라

우디상창 맞은편 소문난 소라 구이집. 즉석에서 구워주는 소라의 먹음직스런 비주얼에 그냥 지나치기 힘들다. 주문하면 소라 껍데기는 벗겨내고 먹기 좋게 잘라 후춧가루와 매운 양념 소스를 뿌려준다. 컵에 담아 테이크아웃해도 되고 가게 안에서 먹어도 된다. DON'T MISS 날씨 좋은 날엔 소라 한 컵에 슈퍼마켓에서 캔맥주 하나 사서 전망 좋은 지우펀 언덕으로 Go! 소박하고 시원한 해방감을 느껴보자.

Data Map 322B
Access 지우펀 지산지에基山街 입구에서 도보 6분
Add 新北市 瑞芳區 基山街 79號
Tel 02-2497-0868
Open 09:00~20:00
Cost 소라 1개 40달러, 한 컵(3개) 100달러

지우펀에서 우디상창 모르면 간첩
우디상창
無敵香腸 | 무적향장

뽀글뽀글 파마머리 가발에 꽃을 꽂은 모습, 개그맨 뺨치는 포즈의 아주머니가 소시지보다 유명한 집. 카메라만 보면 활짝 웃으며 재밌는 포즈를 취해 준다. 사진 한 장 찍어두면 두고두고 추억된다. 다른 곳보다 소시지 종류도 화려하다. BAD 맛은 평범한 편. 맛보다는 퍼포먼스에 강하다.

Data Map 322B Access 지우펀 지산지에基山街 입구에서 도보 6분 Add 新北市 瑞芳區 基山街 85號 Open 09:00~19:30 Cost 1개 35달러, 3개 100달러

전망은 반전, 맛은 완전 하오츠!
Writer's Pick!
아간이위위안
阿柑姨芋圓 | 아감이우원

위위안은 토란을 곱게 갈아 경단 모양으로 반죽해 시럽에 절인 토란경단. 여름에는 얼음을 넣어 빙수처럼 겨울에는 단팥죽처럼 따끈하게 먹는다. 젤리보다 단단하고 떡 만큼 쫄깃하다. DON'T MISS 입구의 주방을 지나 안으로 들어가면 전망 좋은 공간이 나타난다. 단돈 40달러에 끝내주는 전망을 즐기며 위위안을 먹노라면 수치루의 찻집이 부럽지 않다. BAD 늘 줄이 길다.

Data Map 322A Access 지우펀 지산지에基山街와 수치루竪崎路가 만나는 사거리에서 언덕 방향 계단을 올라가서 오른쪽. 도보 8분 Add 新北市 瑞芳區 竪崎路 5號 Tel 02-2497-6505 Open 09:00~21:00 Cost 위위안 40달러

알면 알수록 더 매력적인
지우펀차팡 九份茶坊 | 구분다방

지우펀의 터줏대감. 그림 그리러 왔다가 지우펀에 반해 눌러앉은 아티스트 홍지성洪志勝이 1991년에 문을 열었다. 입구에서 보면 2~3개의 차탁이 전부처럼 보이지만 그 뒤로 티룸, 계단 아래로는 아트갤러리와 도자기 공방이 미로처럼 연결된다. 갤러리에 전시된 다구 하나하나가 예술 작품. BAD 한 컵이 아니라 한 주전자 단위로 주문해야 한다. 차를 주문하면 입차 37.5g과 물을 무한리필해 주고 남은 차는 집에 가져가면 된다. DON'TMISS 아트 갤러리와 공방 구경은 무료, 찻값 부담 없이 구경하고 가자.

Data Map 322A
Access 지우펀 지산지에基山街 입구에서 도보 7분
Add 新北市 瑞芳區 基山街 142號
Tel 02-2496-9056
Open 월~금 9:00~21:00
Cost 동딩우롱차 600달러, 리산우롱차 800달러
Web www.jioufen-teahouse.com.tw

Writer's Pick!
지우펀차팡의 세컨드 티룸
수이신밍차팡 水心月茶坊 | 수심월다방

지우펀에서 보기 드문 빨간 벽돌 건물에서부터 온기가 감돈다. 안이 궁금해지는 이곳은 지우펀차팡에서 운영하는 또 하나의 찻집. 원래는 아티스트 홍지성洪志勝의 작업실이었다. 1층 숍에선 다구 구경은 물론 다양한 차를 시음해 볼 수 있고 지하로 내려가면 차 마시는 티룸이 나온다. 언덕 위에 있어 지하라고 지하가 아닌 신기한 구조. 테라스가 딸린 티룸의 막힘없는 전망이 환상적다. 파노라마처럼 펼쳐지는 바다와 산을 바라보며 항긋한 차향에 취해보자. 차는 주전자 단위로 주문해야한다. 차 마시는 법은 친절하고 세세하게 알려준다. BAD 지산지에나 수치루를 살짝 벗어난 애매한 위치. 지우펀차팡에서 안내 사인을 따라 내려오는 편이 길을 찾기 쉽다.

Data Map 322A
Access 지우펀 지산지에基山街 입구에서 도보 10분
Add 新北市 瑞芳區 輕便路 308號
Tel 02-2496-7767
Open 10:00~20:00
Cost 동팡메이런 800달러, 아리산 우롱 600달러(각각 37.5g)
Web www.jioufen-teahouse.com.tw

수치루 위의 낭만 한잔
아메이차지우관 阿妹茶酒館 | 아매차주관

Data Map 322A
Access 지우펀 지산지에 基山街 입구에서 도보 10분
Add 新北市 瑞芳區 市下巷 20號 **Tel** 02-2496-0833
Open 월~금 08:30~01:30, 토~일 08:30~04:00
Cost 동팡메이런 500달러, 동딩우롱 600달러

지우펀 관광의 하이라이트 수치루 한가운데 자리한 찻집. 일본 애니메이션 〈센과 치히로의 행방불명〉 배경의 모델이 된 곳으로 유명하다. 차를 주문하면 중국차를 우릴 때 가장 많이 쓰는 찻주전자 자사호와 다구 세트, 다식까지 풀 세팅해 준다. 영어와 일어에 능통한 직원들이 차 우리는 법도 매끄럽게 설명해준다. 한국어 메뉴는 없지만 영어 메뉴가 있다. BAD 역시나 만만치 않은 차 값. DON'T MISS 노을이 질 무렵 루프 탑 테라스에서 차를 마셔보자. 바다 위를 황금빛으로 물들이는 석양 바라보니 구름 위에서 차를 마시는 기분!

 Writer's Pick!

전망 좋은 모던찻집
시드 차 SIID CHA

Data Map 322A
Access 지우펀 지산지에基山街 입구에서 도보 10분
Add 新北市 瑞芳區 基山街 166號
Tel 02-2496-9976
Open 12:00~19:00
Cost 루비홍차 200~350달러, 검은콩 곡물차 160달러
Web www.siidcha.com

지우펀의 전통찻집 사이 회색 노출 콘크리트 건물이 도드라져 보이는 모던 찻집, 시드 차. 겉모습은 커피전문점 같지만 타이완 전통 하카 문화를 잇는 곡물차 전문점이다. 우롱차, 홍차, 곡물차를 즐길 수 있는데, 한글 메뉴판이 생겨 주문이 한결 편해졌다. 600달러 이상 하는 전통차가 부담스러울 때 착한 가격에 근사한 전망까지 즐길 수 있는 이곳은 참 괜찮은 대안이다. 1층은 티숍, 2~3층은 티룸. 언덕 위에 있어 3층 테라스와 2층 창가가 전망의 명당자리. 테라스에 앉아 팔을 벌리면 지우펀이 품에 안길 듯 시야에 쏙 들어온다. 통유리로 된 창가자리는 비가 와도 운치 있다. 가족여행자를 위한 유아용 의자도 준비돼있다. DON'T MISS 차를 주문하면 서비스로 주는 볶은 콩과 견과류 한 그릇. 우리 입맛에 잘 맞아 손이 가요. 손이가. BAD 홍등이 켜진 찻집과는 거리가 먼 모던한 인테리어가 흠이라면 흠.

Taipei Suburbs
By Area

03

핑시

平溪

천등과 꽃 그림으로 한껏 꾸민 핑시선 기차를 타고 떠난다. 열차는 타이베이의 동쪽 구불구불한 철로 위를 달려 기찻길 옆 소박한 마을에 선다. 1920년대 석탄 수송을 위해 만든 12.9km의 철로 옆 플랫폼에 기차가 멈춰 설 때 마다 향수에 젖어드는 옛 거리가 펼쳐진다. 기차가 지나간 철로 위로 소원을 담은 천등이 유유히 날아오른다. 두둥실 하늘로 천등을 띄운 사람들의 얼굴에는 미소가 번진다.

TAIPEI SUBURBS BY AREA 03
핑시

PINGXI
PREVIEW

핑시선 기차여행의 낭만은 고양이마을 허우통부터 징통까지 소박한 마을들을 아낌없이 둘러봐야 완성된다. 핑시선의 대표적인 마을은 허우통, 스펀, 핑시, 징통 4곳. 이중 2~3개의 마을을 둘러보려면 반나절로는 부족하다. 타이베이 근교로 한나절, 당일치기 여행을 떠난다는 마음으로 여행 계획을 세워보자.

SEE

허우통의 볼거리는 단연 고양이와 허우통의 과거를 보여주는 석탄선별공장. 스펀에는 천등을 날리는 철길이 메인이지만 폭포와 징안적교도 둘러볼만하다. 스펀보다 한갓진 핑시는 정겨운 골목 산책, 징통은 너른 철길과 탄광촌의 흔적들을 둘러보며 거닐기 좋다.

ENJOY

1m나 되는 대형 천등에 소원을 써서 하늘로 띄우기! 핑시, 스펀, 징통 세 마을에서는 천등 축제 기간이 아니어도 1년 365일 천등을 날릴 수 있다. 소원에 따라 다른 색을 날린다. 한 가지 소원을 강력히 비는 단색 천등은 150달러, 4가지 소원을 빌 수 있는 4색 천등은 200달러. 꽃할배도 다녀간 스펀은 오밀조밀한 가게 사이 좁은 철로 위에서 천등을 날리는 재미가 있다. 널찍한 철로 위에서 호젓하게 날리고 싶다면 징통, 영화 <그 시절 우리가 좋아했던 소녀>의 주인공처럼 강이 흐르는 다리 위에서도 날리고 싶다면 핑시가 답이다.

EAT

소박한 시골 마을 라오지에의 독특한 간식도 빼놓을 수 없는 재미. 세월의 흔적이 켜켜이 쌓인 옛 거리 마다 오래된 가게들이 숨어있다. 허우통은 고양이 모양 펑리수가, 스펀은 닭날개볶음밥, 핑시는 생마늘이 들어간 소시지가 여행자의 입을 즐겁게 해준다.

꽃할배가 다녀간 후 인기가 천둥보다 높이 치솟은 핑시선. 남들보다 조금 더 여유롭게 다니려면 종점 징퉁에서 시작해 핑시, 스펀, 허우퉁 순으로 돌아오는 코스를 선택하자. 징퉁으로 가는 길엔 뒤쪽, 오는 길엔 앞쪽에 열차에 타면 뻥 뚫린 풍경을 볼 수 있다.

 어떻게 갈까?
기차로 가기
타이베이 기차역에서 루이팡瑞芳역이나 빠두八堵역까지 기차를 타고 가 핑시선으로 환승하면 된다. 말로는 간단하지만 루이팡, 빠두역 종착이 아니라 화롄花蓮행 열차를 타야한다는 데서 어려움이 시작된다. 아래 내용을 잘 숙지하고 떠나자. 게다가 핑시선은 지하철처럼 양쪽이 마주보는 비지정석. 최근에는 앉아서 가기 위해 루이팡역 3정거장 앞 빠두역에서 환승하는 사람들이 늘고 있다.

루이팡행 티켓 사는 법
루이팡으로 가는 열차는 쯔창하오自强號, 쥐광하오莒光號, 취지엔처區間車 3가지. 각각 약 45분, 55분, 1시간이 걸리며 평균 30분 간격으로 운행한다. 가격은 각각 76, 59, 49달러며 이지카드로도 탑승 가능하다. 하지만 이지카드나 무인자판기에서 구입한 티켓은 좌석 지정이 안 돼 서서갈 확률이 높다. 앉아서 가려면 창구에서 티켓을 사자. 루이팡행 티켓은 타이베이 기차역 1층과 지하 창구 두 곳에서 구입 가능하다.

루이팡행 기차 타는 법
타이베이 기차역 지하 4번 플랫폼에서 탄다. 같은 플랫폼에 지룽基隆 등 행선지가 다른 열차가 수시로 선다. 반드시 출발 시간과 종착역을 확인하고 탈 것. 중국어에 약할수록 정신 바짝!

버스로 가기
MRT를 타고 무짜木柵역에서 내려 1076번 버스를 타고 징퉁까지 이동(약 40분 소요)해 징퉁에서 핑시선을 타는 방법도 있다.

어떻게 다닐까?
2곳 이상 갈 경우 '핑시선 1일권'이 경제적이다. 루이팡에서 징퉁까지 9개역을 무제한타고 내릴 수 있는 1일권은 80달러(루이팡→ 허우퉁→ 싼따오링→ 따화→ 스펀→ 왕구→ 링자오→ 핑시→ 징퉁). 구간별로 구매 시 루이팡↔스펀 20달러, 루이팡↔핑시 27달러, 루이팡↔징퉁 29달러. 스펀만 들릴 경우 구간 티켓이 더 싸다. 1일권은 타이베이역 12번 창구, 루이팡역, 빠두역 등에서 판다. 1일권을 산 후엔 시간표부터 챙기자. 시기, 요일에 따라 운행시간이 달라진다. 열차를 놓치면 한 시간 이상 지체될 수 있다. 시간 확인은 필수! 핑시선에 올라탄 후엔 어디부터 둘러보면 좋을까. 허우퉁, 스펀, 핑시, 징퉁 순으로 보거나 징퉁까지 한 번에 가서 루이팡으로 돌아와도 된다. 루이팡에서 출발한 열차에 사람이 많을 땐 징퉁부터 역순으로 보는 편이 덜 붐빌 수 있다.

TAIPEI SUBURBS BY AREA 03
핑시

One Fine Day in
PINGXI

하늘 높이 소원을 담은 천등을 날리러 가는 길. 남들보다 조금 여유롭게 즐기고 싶다면 핑시선의 종착역 징통부터 시작해 핑시, 스펀, 허우통 순으로 돌아오며 둘러보는 코스를 추천한다. 천등은 붐비기는 해도 선로를 따라 오밀조밀 모여 있는 가게가 예쁜 스펀에서 날려보자. 꽃할배들이 그랬듯이.

타이베이 기차역에서 루이팡역으로 출발

기차 약 1시간 →

루이팡역에서 핑시선 탑승

기차 약 50분 →

징통라오지에 구경하기

도보 3분 →

징통 탄창카페에서 망중한

기차 5분 ↓

고양이처럼 허우통 느리게 걷기

기차 약 20분 ←

소원을 담은 천등 날리기

도보 5분 ←

오밀조밀 스펀라오지에 거닐기

기차 약 15분 ←

핑시 골목 산책

핑시 平溪

- 오펀산 五分山
- 싼따오링 기차역 三貂嶺火車站
- 왕구산 望古山
- 메이즈뚜산 美子頭山
- 스펀 대폭포 十分大瀑布
- 스펀라오지에 十分老街
- 따화 기차역 大華火車站
- 정안적교 靜安吊橋
- 스펀 기차역 十分火車站
- 핑시춘가오량탄카오샹창 平溪純高粱碳烤香腸
- 링자오 기차역 嶺腳火車站
- 왕구 기차역 望古火車站
- 탄창카페이 碳場咖啡
- 징통 기차역 菁桐火車站
- 핑시 기차역 平溪火車站
- 징통라오지에 菁桐老街
- 핑시라오지에 平溪老街

0   1km
1:100,000

|Theme|
핑시 천등 축제와 천등 날리기

등燈계의 월드스타, 천등은 언제부터 소원기원의 아이콘이 됐을까? 1년에 단 한번 열리는 핑시천등축제는 어떻게 가야하는지, 천등의 색상, 원리, 날리는 법 등 알수록 재미있는 핑시 천등의 뒷이야기를 지금부터 낱낱이 공개한다.

핑시 천등의 기원

핑시선 기차가 다니기 전에는 산간 마을 간에 소식을 전하기 위해 천등을 띄웠다. 시간이 흘러 천등이 정월대보름 경축 의식에 사용되며 소원을 담아 하늘로 날리게 됐다. 여기에 디스커버리채널에서 '핑시 천등 축제'를 세계 최고의 축제 중 하나로 꼽으며 널리 알려졌다.

핑시 천등 축제 관람 Tip

매년 정월대보름 앞뒤로 '핑시 천등 축제'가 핑시, 스펀, 징통에서 열린다. 수많은 사람들이 동시에 캄캄한 밤하늘로 천등을 띄우는 광경이 압권이다. 이날도 핑시선 열차는 정상적으로 운행하지만, 수십만 명이 몰려와 인산인해를 이뤄 기차보다 셔틀버스가 효율적이다. 축제 기간에는 루이팡 기차역과 MRT 무짜역에서 행사장까지 셔틀버스를 운행한다. 행사장은 각 마을 라오지에와는 떨어진 학교 운동장 등 넓은 장소. 보통 저녁 6시부터 3시간가량 순차적으로 천등을 날리는데 시작할 때 사람이 제일 많이 몰린다. 그 시간에 기차를 타고 갔다가는 역에서 축제장까지 걸어가는데 1시간은 걸린다. 기차여행과 축제를 함께 즐기려면 일찌감치 도착할 것. 또, 축제 시작 전 무대 가까이에 자리를 잡아야 멋진 사진을 찍을 수 있다. 핑시는 워낙 비가 많은 지역이라 일기예보가 비올 확률이 조금이라도 있다면 우비를 꼭 준비하자.

천등의 색이 품은 의미

소원에 따라 4면의 색을 선택할 수 있다. 한 가지 소원을 간절히 빌고 싶을 땐 단색을, 여러 가지 소원을 함께 기원할 땐 4가지 색을 고르면 된다. 단색 천등은 150달러, 4가지 색 천등은 200달러. 분홍색 행복운, 빨간색 건강과 평안운, 주황색 애정과 결혼운, 다홍색 이성운, 파란색 일과 직업운, 보라색 학업과 시험운, 노란색 재물과 금전운, 하얀색 광명운, 초록색 길운.

천등의 원리

철사나 대나무 밑 틀 위에 종이로 된 대형 등을 붙여 밑은 좁고 위는 넓다. 밑 틀 중간에 놓인 기름종이에 불을 붙이면 등이 떠오른다. 공중 부양한 천등이 하늘을 나는 시간은 약 15분.

천등 날리는 법

상점에서 천등을 고르면 옷걸이 같은 곳에 집게로 고정시켜 준다. 붓으로 한 면씩 4면에 소원을 쓴 후 등을 날린다. 불을 붙이기 전 4면을 돌려가며 찍는 기념사진도 빠뜨릴 수 없는 재미. 대부분 상점직원들이 불을 붙인 후 천등을 날리는 모습까지 알아서 찍어준다.

| 징통 |

느리게 걷기 좋은

징통라오지에 菁桐老街 | 청동노가 | Jingtong Old Street

핑시선의 종착역 징통菁桐에서는 한갓지게 천등을 날릴 수 있다. 다른 곳보다 철로가 넓어 핑시선 열차를 배경으로 사진 찍기도, 영화 〈그 시절 우리가 사랑했던 소녀〉의 주인공들이 거닐던 철로 위에서 추억을 남기기도 좋다. 핑시지역 최대의 탄광지대였던 터라 화려했던 과거의 흔적도 많이 남아있다. 역 밖 징통라오지에로 나서면 징통철도이야기관菁桐鐵道故事館, 징통광업생활관菁桐鑛業生活館 등 볼거리가 이어진다. 철도이야기관 앞에 놓인 스탬프도 찍고 나무엽서에 소원을 적어 앤틱한 빨간 우체통에 넣어 보자. 대나무에 소원을 적어 대롱대롱 매달기도 징통에서 꼭 해야 할 일 중 하나. 기차역 건너편 언덕에는 옛 석탄공장을 개조한 탄창카페이碳場咖啡도 들러볼만 하다. 멋진 전망은 핑시선 기차여행에 방점을 찍어준다.

Data Map 338
Access 징통菁桐역 하차, 도보 2분
Add 新北市 平溪區 菁桐老街

오래된 기차역의 아우라

징통훠처짠 菁桐火車站 | 청동화차참 | Old Jingtong Station

징통역에서 내려 밖으로 나갈 때 지나치게 되는 옛 기차역. 일제강점기 1929년에 지어져 한때 타이완에서 가장 석탄을 많이 운송하던 역이었다. 지금은 타이완에 남아있는 4대 목조기차역으로 꼽힌다. 85년이 넘는 세월이 무색할 만큼 내부가 잘 보존돼 있다. 하얀 목조 간이역에 풍기는 빈티지한 분위기가 기차여행 낭만을 더한다. 역 안 나무 의자에 잠시 쉬어가기도 좋다.

Data Map 338
Access 징통菁桐역 하차, 플랫폼에서 바로 연결
Add 新北市 平溪區 菁桐火車站

| 핑시 |

영화 〈그 시절 우리가 좋아했던 소녀〉 속 골목길

핑시라오지에 平溪老街 | 펑게노가 | Pinxi Old Street

핑시역에서 나와 언덕을 따라 아래로 이어지는 소담스러운 골목이 핑시라오지에다. 핑시선이 지나는 동네 중 가장 큰 마을이지만, 골목 안 모습은 1930년대 돌아간 듯 소박하고 조용하다. 스펀 만큼 천등가게가 몰려있지 않고 철로 주변과 골목 안에 흩어져 있다. 타이완 영화 〈그 시절 우리가 좋아했던 소녀〉 주인공들의 첫 데이트 장소로도 유명하다. 영화 속 주인공들처럼 마을 사이로 흐르는 강 위 다리에서 천등을 날릴 수도 있고, 스펀보다 좁은 철길에서도 날릴 수도 있다. 어디서 날리든 스펀보다 한결 여유롭다. 핑시를 한 바퀴 둘러보려면 라오지에를 따라 내려와 삼항계곡철교三坑溪鐵橋를 건너 산 중턱의 관음암觀音廳까지 이어지는 루트가 좋다. 언덕 위 핑시 우체국 앞의 녹색 빈티지 우체통도 현지인들에겐 인기다. 지나는 길에 놓치지 말고 들러보자.

Data Map 338 Access 핑시平溪역 하차, 도보 2분 Add 新北市 平溪區 平溪老街

스펀

꽃할배도 천등을 날리고 간
스펀라오지에 十分老街 | 십분노가 | Shihfen Old Street

Data Map 338
Access 스펀十分역 하차, 도보 2분
Add 新北市 瑞芳區 十分老街

스펀역에서 내리면 바로 라오지에다. 철로를 사이에 두고 오래된 가옥들이 마주선 모습이 독특하다. 철로 위에 마을이 놓여있는 듯하다. 기찻길 옆 오막살이라는 노래가 떠오를 만큼 소박한 마을의 정취가 짙다. 라오지에 초입부터 천등 공예품, 하카 꽃무늬 옷가게와 식당을 지나면 곧 오밀조밀 모여 있는 천등가게들이 나타난다. 세계 각지에서 온 여행자들은 열차가 지나지 않는 틈을 타 철로 위에서 천등을 날리느라 여념이 없다. 꽃할배도 여기서 천등을 날렸다. 기찻길 위에 모여 있던 사람들이 열차가 지나갈 땐 비켜섰다 우르르 다시 모이는 풍경도 스펀라오지에만의 볼거리.

지롱 강 위 흔들다리
징안댜오차오 靜安吊橋 | 정안적교

스펀역에서 라오지에 가는 길 오른쪽에 놓인 흔들다리. 원래 석탄운송을 설치된 다리였는데, 폐광 후 행인과 자전거가 통행하는 현수교로 변했다. 다리 아래에 흐르는 지롱 강의 풍경이 근사해 사진 촬영 장소로 인기다. 바람이 불면 흔들흔들 짜릿한 스릴도 배가 된다. 고소공포증만 없다면 꼭 한번 들러보자.

Data Map 338 Access 스펀十分역에서 스펀라오지에 방향으로 도보 3분

핑시 1일권 속 그 폭포
스펀 따푸부
十分 大瀑布 | 십분대폭포 | Shifen Waterfall

핑시 1일권에 등장할 정도로 스펀의 자랑거리, 스펀대폭포. 타이완 나이아가라폭포라는 별명에 솔깃해 찾아갔다가 실망할 수도 있다. 규모가 아니라 모양이 나이아가라폭포를 닮아 붙여진 별명이란다. 그래도 12m 높이에서 세차게 떨어지는 물줄기가 시원스럽다. 단, 라오지에 끝에서 30분을 걸어야 폭포가 나타난다. 여름에는 걷다가 땀범벅이 되기 십상.

Data Map 338 Access 스펀라오지에 끝에서 도보 30분 Add 新北市 平溪區 南山里 乾坑路 10號 Tel 02-2495-8531 Open 하계 08:00~19:00, 동계 08:00~18:00 Cost 80달러

허우통

야옹~ 아기자기한 고양이마을

허우통 마오춘 侯硐描村 | 후동묘촌 | Houtong

핑시선의 첫 정차역, 허우통은 고양이와 사람이 공존하는 평화로운 마을. 탄광사업이 쇠락하며 사람들이 떠난 빈자리를 떠돌이 고양이들이 채웠다. 하나둘 마을로 찾아온 고양이들을 따뜻이 대해준 주민들 덕분에 이제는 100여 마리가 사는 고양이천국이 됐다. 대만의 한 블로그를 통해 입소문이 나 한국, 일본 관광객들에게도 인기 상승 중. 마을 곳곳에 아기자기한 고양이 캐릭터와 그림이 고개를 내민다. 고양이들은 마을을 오르는 계단이며 난간은 물론 의자, 길 한가운데까지 눈길 닿는 곳 마다 기재기를 켜거나 단잠에 빠져있다. 쓰다듬어도 가만히 있을 정도로 사람을 경계하지는 않는다. 여기선 고양이의 시간표에 맞춰 느릿느릿 흘러가는 시간을 즐겨보자. 고양이에게 사료로가 아닌 음식물을 주거나 플래시를 터트리는 행동은 금물! 아무리 고양이가 예뻐도 집안을 불쑥 들여다보거나 대문 안까지 들어가는 일은 자제 하자.

Data **Access** 허우통候硐역 하차 후 역에서 마을로 연결된 구름다리를 따라 도보 3분 **Add** 新北市 瑞芳區 猴硐貓村

고양이 마니아라면 반할만한 가게
싼마오샤오푸 三猫小舖 | 삼묘소포

지붕 위의 거대한 고양이 모형이 눈길을 끄는 이곳은 아기자기한 고양이 소품 숍이다. 철길이 한눈에 내려다보이는 전망 좋은 자리에 있어 허우통을 찾는 여행자들이라면 누구나 한번쯤은 들르게 되는 곳. 한국가요를 좋아하는 주인장은 엽서, 수첩, 나무 인형, 양말 등 고양이와 관련된 온갖 아이템을 판매한다. 지우펀에도 같은 가게가 있지만 고양이마을과 더 잘 어울린다. 타이완 디자이너들의 재기발랄한 고양이 엽서 한 장 사서 보고 싶은 이에게 써 보는 어떨까.

Data
Access 허우통허우둥역에서 구름다리 건너 마을을 바라보고 왼편, 역에서 도보 3분
Add 新北市 瑞芳區 柴寮路 265號
Tel 09-8611-6690
Open 10:00~17:30

허우통의 옛 모습
메이쾅보우원취

煤礦博物園區 | 매광박물원구 | Vision hall

허우통역 맞은편 잔디 공원에는 한때 석탄산업으로 흥했던 허우통의 과거를 전시해 놓은 석탄박물관 매광박물원구가 있다. 박물관 안에는 관광안내소와 전망 좋은 캣 빌리지 Cat Village 카페도 있어 커피 한 잔 하며 쉬어가기 좋다. 우측에는 폐석탄공장도 남아 있다. 지붕마저 사라진 거대한 옛 공장 꼭대기에서 내려다보는 허우통의 풍경이 압권이다. 세월에 녹이 슨 철골 구조 뒤로 세월에도 변치 않는 푸른 강물이 흐른다.

Data
Access 허우통허우둥역에서 고양이마을 반대 방향으로 나와 직진, 도보 3분
Add 新北市 瑞芳區 柴寮路 44號
Tel 매광박물원구 02-2497-4143, 캣 빌리지 09-3379-9541
Open 08:00~18:00
Cost 매광박물원구 무료

EAT

| 징통 |

징통 최고의 전망!

탄창카페이 | 碳場咖啡 | 탄장가배 | Coal Cafe

옛 석탄공장을 그대로 개조한 카페. 징통역 건너편 언덕에 있어 전망이 근사하다. 창문이 액자가 되고 창 밖 열차가 서는 징통역과 마을 풍경은 한 폭의 그림이 된다. 커피 한 잔 손에 그러쥐고 느긋한 시간을 보내기에 좋다. 카페 안 벽화를 배경으로 사진놀이 삼매경에 빠져도 즐겁다. DON'T MISS 아이스로 마시면 더 맛있는 바다소금커피, 하이엔카페이 海鹽咖啡. 소금이 들어가 달콤 짭짤하니 풍미가 더 좋다. BAD 천장이 높은 넓은 공간에 책걸상이 놓여있어 빈 교실처럼 휑한 느낌. 계속 보다 보면 정겹다. 미소가 푸근한 주인장처럼.

Data Map 338
Access 징통菁桐역에서 도보 5분. 역에서 올려다보면 바로 보인다. 철길을 건너 언덕을 바라보고 왼쪽에 보이는 Coal Cafe 표지판을 따라 올라갈 것.
Add 新北市 菁桐區 菁桐里 菁桐街 50號
Tel 09-2495-2513
Open 월~금 10:00~20:00, 토~일 09:00~20:00
Cost 하이엔카페 150달러, 아메리카노 140달러

| 핑시 |

20년 전통 소시지

핑시춘가오량탄카오샹창

平溪純高粱碳烤香腸 | 평계순고양탄고향장

핑시라오지에에 들어서 보이는 첫 다리를 건너면 소시지가게 2곳이 마주보고 있다. 20년 역사 탓인지 노란 간판에 이름이 긴 집이 더 인기. DON'T MISS 직화로 잘 구운 소시지에 칼집을 내고 안에 생마늘과 고수를 숭숭 끼워 먹는 소시지. 취향에 따라 마늘, 바질, 파슬리, 와사비, 오이, 겨자소스 등 갖은 양념을 듬뿍 올려 먹을 수 있다. 닭가슴살로 만든 샹지파이 香鷄排도 맛있다. BAD 역사만큼 줄도 길다. 5~10분 줄 서서 기다리는 건 기본.

Data Map 338
Access 핑시역에서 라오지에로 난 길을 따라 직진 다리 건너 사거리 모퉁이 집, 도보 3분
Add 新北市 平溪區 平溪老街 18號
Open 10:00~19:00
Cost 소시지 1개 35달러, 3개 100달러. 찹쌀소시지 50달러

스펀

Data
Access 스펀十分역에서 스펀라오지에十分老街로 가는 왼쪽 방향, 도보 2분
Add 新北市 平溪區 十分街 52號
Tel 02-2495-8200
Cost 닭날개볶음밥 60달러, 김치취두부볶음밥 60달러

닭날개 안에 볶음밥이 들었어요!
리우거가오지취바오판 溜哥烤鸡翅包饭 | 유가고계시포반

한국 여행자들이 꼽는 스펀의 명물, 뼈 없는 닭날개볶음밥. 언뜻 보면 흔한 닭날개구이 같은데, 닭날개 안에 볶음밥이 들었다는 게 알찬 반전이다! 볶음밥은 베이컨, 채소, 달걀이 들어간 볶음밥과 김치볶음밥에 취두부가 들어간 김치취두부볶음밥 2가지. 핑시선 여행 중 이색적이고 가벼운 점심으로 먹을 만하다. <u>DON'T MISS</u> 매운 정도를 조절할 수 있다. '라' 라고 하면 매운맛으로 준비해 준다. <u>BAD</u> 닭날개향 너머로 솔솔 나는 취두부 냄새.

Data
Access 스펀라오지에十分老街 오른편에 위치, 스펀十分역에서 도보 8분
Add 新北市 平溪區 十分街 114號
Tel 09-2089-9054
Open 10:00~18:00
Cost 리무네 20달러

리무네 한 병의 추억
라오스더뎬 老師的店 | 노사적점

만화에서 튀어 나온 듯 캐릭터 있는 아저씨가 운영하는 작은 가게. 가게 앞 좌판에는 사이다 같은 탄산음료 리무네가, 낡은 가게 안에는 올망졸망한 애니메이션 피규어와 장난감이 가득하다. 타이완판 인사동의 '토토로의 오래된 물건'라 할 만한 복고풍. 리무네를 사면 아저씨가 함께 소품을 들고 사진도 찍어준다. <u>BAD</u> 구경은 자유지만 허락 없이는 촬영 불가. 밖에서 멋모르고 카메라 셔터를 눌러도 주인장이 버럭 한다. <u>DON'T MISS</u> 단돈 20달러에 청량음료도 마시고 재미있는 사진 한 장 남긴다는 열린 마음으로 들러보자.

70년 전통 수제 전병 가게
저우완전빙뎬 周萬珍餅店 | 주만진병점

1941년에 오픈한 전통 전병가게. 스펀이 광산업으로 잘나가던 시절, 광부들의 간식으로 인기를 끌던 전병가게가 많았는데 다 문을 닫고 여기만 남았다. 여전히 전통적인 수제 방식으로 매일 매일 소량만 만든다. 그래서 지역주민들에게 더 인기다. 페이스트리처럼 겹겹이 결이 있는 빵 안에 단팥, 녹두, 카레 등이 들었다. BAD 방부제가 들어있지 않아 4일 내에 먹어야 한다. 선물용으로는 부적합하다. DON'T MISS 주인장 추천 메뉴 카레맛 전병. 카레 고로케를 좋아하는 사람이라면 만족스러워할 맛.

Data
Access 스펀라오지에十分老街 끝자락 오른편에 위치. 스펀역에서 도보 10분
Add 新北市 平溪區 十分老街 120號
Tel 02-2495-8255
Open 07:30~20:00
Cost 전병 1개 20달러

허우통

고양이 모양 펑리수
메이즈샹 煤之郷 | 매지향

고양이마을 허우통이 일자 80년이 넘은 홍귤가게를 접고 앙증맞은 고양이 모양 펑리수를 허우통에서 처음 선보인 집. 모양은 고양이 얼굴과 전신 2가지. 파인애플 외에도 딸기, 크렌베리 등 맛도 다양하다. 12개 들이 선물용 박스는 물론 낱개로 살 수 있다. 귀여운 모양 덕분에 2012년 신베이시 지정 특색있는 선물로 선정되기도 했다. BAD 맛보다는 모양. 환상적인 맛을 기대했다간 실망한다. DON'T MISS 고양이 사료도 판다. 고양이들에게 먹이를 주고 싶다면 여기서 미리 준비하자.

Data
Access 허우통候硐역에서 석탄박물관으로 가는 길 왼편. 허우통역에서 도보 2분
Add 新北市 瑞芳區 柴寮路 48號
Tel 02-2497-1240
Open 10:00~18:00
Cost 고양이 펑리수 1박스(12개) 360달러, 1개 30달러, 고양이 사료 20달러

01 타이중&르웨탄
02 이란, 화롄&타이루거, 타이동
03 가오슝
04 타이난

SPECIAL IN
TAIWAN

타이완 도시 여행

Special In Taiwan

01

타이중&
르웨탄

台中&日月潭

헤어진 첫사랑처럼 그리운 도시가
바로 타이중. 고요하고 아기자기한
도시의 분위기는 추억을 불러일으킨다.
르웨탄은 비밀스럽다. 자욱한 안개가
뒤덮인 에메랄드빛 호수는 좀처럼 속내를
드러내지 않는다. 그래도 자꾸만 끌리는
곳, 타이완 중부의 매력에 빠져보자.

SPECIAL IN TAIWAN 01
타이중&르웨탄

TAICHUNG&SUN MOON LAKE
PREVIEW

타이베이와 가오슝을 잇는 타이완 3대 도시이자 타이완 중부에서 가장 큰 도시. 타이베이와 타이난의 중간에 있다고 해서 타이중이라 이름을 얻었을 만큼 교통의 요지다. 교통만큼 음식 문화도 발달했다. 타이중에 짐을 풀고 르웨탄, 장화, 지지 등 근교 여행을 다녀와 타이중 펑지아 야시장과 궁원안과에서 식도락을 즐기면 오감만족 여행이 완성된다.

SEE

타이중에는 국립타이완미술관과 미술원길, 징밍이제, 타이중공원 등 산책하기 좋은 거리와 공원이 여럿 있다. 기차로 약 15분이면 도착하는 장화선형차고나 얼수이에서 처청까지 이어지는 지지선 기차여행은 아는 사람들만 아는 타이중 여행의 묘미. 산중 호수 르웨탄 역시 타이중이 관문이다. 오로지 르웨탄에 가기 위해 타이베이에서 고속철도를 타고 타이중으로 오는 사람들이 있을 정도로 인기다.

EAT

타이중하면 궁원안과 일출의 펑리수와 치즈케이크를 올려먹는 와플 아이스크림이 절대 빠질 수 없다. 쩐주나이차의 고향인 춘수이탕 본점도 인증샷 남기기에 제격. 돌아서면 또 생각나는 훙루이젠의 샌드위치도 꼭 먹어봐야 할 메뉴다. 레몬케이크 닝멍빙과 타이양빙은 타이중하면 떠오르는 명물 과자이니 놓치지 말자. 야시장뿐만 아니라 낮 시장도 구경하기 좋으니 아침부터 밤까지 부지런을 떨어야 한다.

BUY

타이베이에 지아더가 있다면 타이중에는 일출이다. 어여쁜 패키지로 무장해제 시킬 만발의 준비를 갖췄다. 펑리수부터 모찌, 타이양빙 등 쓸어 담고 싶을 정도로 다양한 아이템을 갖춘 보천식품 역시 두 손 가득 선물 살 확률이 높다.

SLEEP

타이중 기차역 주변에는 저렴한 호텔이, 시내에는 럭셔리한 호텔이 포진해 있다. 아침 일찍 르웨탄 등 근교 여행을 떠나려면 기차역 주변 숙소가 교통이 편리하다. 근교보다는 타이중의 맛집, 야시장 등 도심의 분위기를 즐기려면 소고백화점 근처 숙소가 낫다. 타이베이보다 저렴한 가격에 고급 호텔에 머무를 수 있어 더 좋다. 여행 루트에 맞춰 위치와 가격을 꼼꼼히 따져 보고 결정하자.

어떻게 갈까?

인천-타이중 노선을 이용하면 타이중까지 약 2시간 50분 만에 갈 수 있다. 만다린 항공이 주 5회, 에바 항공이 주 2회(월, 목) 운항 중이다. 타이베이 기차역에서 고속철도 가오톄高鐵로 타이중 고속철도역까지 50분이면 도착한다. 요금은 765달러. 하지만 고속철도역은 시내와 멀고 고속철도역에서 신우르新烏日역으로 걸어서 이동 후 다시 열차를 타고 타이중역으로 가야 한다. 신우르역에서 타이중 기차역까지는 열차로 10분. 타이베이 기차역에서 타이중 기차역까지 쯔창하오自强號 기차나 고속버스 U-bus로는 2시간 30분이 걸린다. 가오슝 쭤잉역(가오슝 고속철도역)에서 타이중 고속철도까지 까오톄로 50분, 가오슝 기차역에서 타이중 기차역까지 쯔창하오 2시간 30분이 걸린다. 고속버스 U-bus나 시외버스 궈광커윈國光客運으로는 3시간 소요.

어떻게 다닐까?

타이중
MRT가 없는 타이중의 대중교통 수단은 버스와 택시. 시내, 시외버스와 기차에서 사용 가능한 이지카드EasyCard가 유용하다. 거리비례요금제라 버스를 타고 내릴 때 이지카드를 단말기에 대면 된다. 게다가 이지카드로 타면 8km 이내는 무료다. 버스로 이동 시에는 구글맵 강추! 온통 중국어로 된 버스 노선을 못 읽어도 목적지만 입력하면 몇 번 버스를 어디서 타라고 알려준다. 버스로 가기 애매한 곳은 택시가 낫다. 단, 기본요금이 85달러로 타이베이보다 비싸다. 중국어에 자신 없다면 목적지를 중국어로 반드시 큼직하게 써서 기사에게 보여줄 것. 레스토랑이나 호텔에서는 택시를 불러달라고 요청하면 편리하다.

타이중~르웨탄 타이완 하오싱 버스를 운행하는 난터우커윈南投客運이 대세다. 난터우커윈 사무소에서 '르웨탄패스'를 팔기 때문. 당일로 다녀오려면 왕복 버스 요금이 포함된 르웨탄패스를 사면 더 저렴하다. 버스가 포함된 르웨탄패스는 720(버스+르웨탄패스), 1,060(버스+르웨탄패스+구족문화촌)달러 2가지. 타이완 하오싱 버스는 난터우커윈사무실을 출발해 타이중 기차역과 고속철도역을 거쳐 르웨탄 수이셔 광광안내센터까지 간다. 오전 7시 25분부터 오후 10시 25분까지 평균 30분~1시간 간격으로 운행하며 소요 시간은 약 1시간 30분. 주말에는 11대를 증편 운행한다. 버스요금은 왕복 390달러.

SPECIAL IN TAIWAN 01
타이중&르웨탄

Two Fine Day in
TAICHUNG&SUN MOON LAKE

타이중 시내보다는 근교에 볼거리가 많다. 하루는 지지선을 타고 추억 속으로 떠나는 기차여행, 또 하루는 산중 호수 르웨탄으로 떠나보자.

1일

타이중 기차역

기차 15분 + 도보 10분 →

장화선형차고 둘러보기

기차 80분 →

처청역 주변 산책 및 목통밥 맛보기

↓ 기차 15분

평지아 야시장 구경하기

← 택시 20분

춘수이탕 본점에서 쩐주나이차 맛보기

← 기차 65분 + 도보 15분

지지역에서 자전거 타기

2일

타이중에서 르웨탄 가기

버스 1시간 30분 →

수이셔 부두에서 유람선 타기

유람선 20분 + 도보 10분 →

현장사&현광사 구경하기

↓ 순환버스 10분

수이셔에서 타이중으로 이동

유람선 30분 →

이사다오에서 판판지 맛보기

도보 5분 →

이사다오 산책로 거닐기

도보 15분 →

케이블카 타고 르웨탄 내려다보기

TalkBox
르웨탄 한 바퀴, 어떻게 돌아볼까?

타이루거, 아리산과 함께 타이완 3대 비경으로 손꼽히는 르웨탄은 해발 760m, 타이완 최대의 고산 호수다. 케이블카, 유람선, 자전거 등 각기 다른 눈높이에서 입체적인 여행을 즐길 수 있어 더욱 흥미롭다. 뭐니 뭐니 해도 호수 여행의 묘미는 유람선. 버스나 자전거보다 단시간에 이동할 수 있다는 것도 장점이다. 유람선은 수이셔, 현광사, 이다사오 부두를 오전 9시부터 오후 4시 30분까지 15~30분 간격으로 운항한다. 수이셔에서 현광사와 이다사오는 유람선으로 이동한 후 이다사오에서 르웨탄 로프웨이까지 호숫가 산책로를 거닐어 보자. 그 다음은 호수가 한눈에 보이는 케이블카를 즐길 차례. 르웨탄 로프웨이에서 수이셔로 돌아오는 길은 버스가 빠르다. 르웨탄패스 1장만 있으면 유람선, 케이블카, 순환버스, 자전거 대여 등을 이용할 수 있다. 가격은 390, 720, 1,060달러. 르웨탄 내에서는 390달러 패스면 충분하다. 나머지는 타이중-르웨탄 간 왕복 버스 요금이 포함된 패스. 수이셔 관광안내센터 앞 매표소와 타이중 난터우커윈南投客運 사무실에서 구입 가능하다.

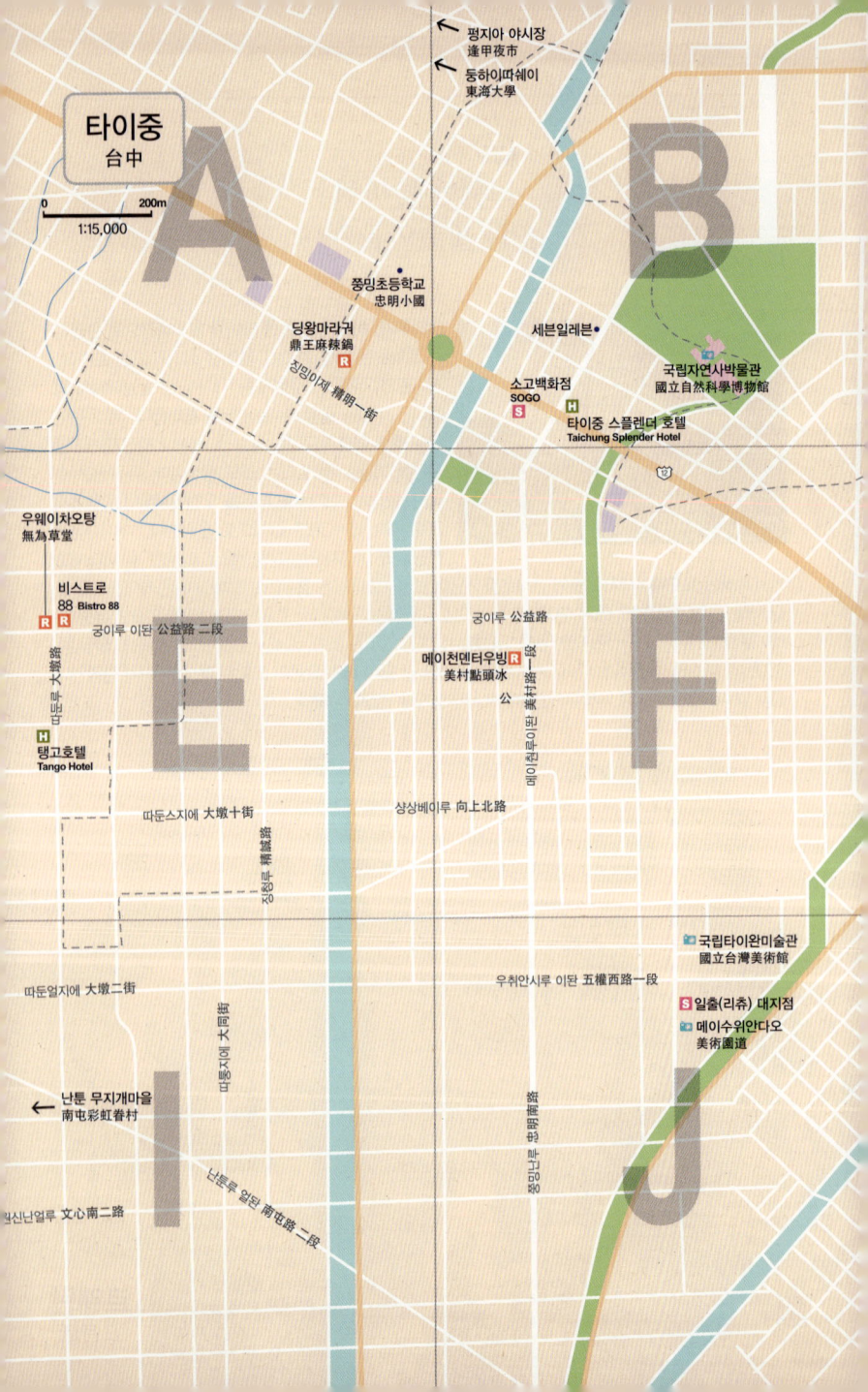

SEE

| 타이중 |

Writer's Pick!

타이중의 선물, 열린 미술관
궈리타이완메이수관 國立台灣美術館 |
국립대만미술관 | National Taiwan Museum of Fine Arts

타이중에서 무료로 누릴 수 있는 호사 중 하나 국립타이완미술관. 명, 청 시대부터 현대미술까지 전시의 폭이 넓다. 800평 규모의 너른 미술관에서 꼬리에 꼬리를 무는 전시관을 따라 물 흐르듯 관람하다 보면 문화 갈증이 채워지는 느낌. 미술관 내 춘수이탕春水堂에서 쩐주나이차 한 잔을 먹고 야외 공원 산책까지 마치면 풀코스로 미술관을 맛본 셈. 미술관 앞 미술원길도 거닐어 보자.

Data Map 356J
Access 타이중 기차역台中火車站에서 23, 30, 40, 51, 56, 71, 75, 89번 버스 타고 궈리타이완메이수관國立台灣美術館 정류장 하차
Add 台中市 西區 五權西路 一段 2號
Tel 04-2372-3552
Open 화~금 09:00~17:00, 토~일 09:00~18:00, 월 휴무
Cost 무료
Web www.ntmofa.gov.tw

움직이는 공룡 보러 가볼까
궈리커쉐보우관
國立自然科學博物館 | 국립자연사박물관 |
National Museum of Natural Science

고궁박물원, 타이베이동물원에 이어 사랑받는 박물관이다. 특히 움직이는 공룡이 전시돼 있어 공룡을 사랑하는 아이와 함께라면 가볼만 한 곳. 그 밖에도 과학센터, 생명과학관, 아이맥스 극장 등 6개의 복합관으로 짜임새있게 구성돼 있다.

Data Map 356B **Access** 타이중 기차역台中火車站에서 71, 83, 88번 버스를 타고 커쉐보우관 정류장 하차 **Add** 台中市 北區 館前路 1號 **Tel** 04-2322-6940 **Open** 화~일 09:00~17:00 **Cost** 100달러

예술과 카페의 거리
메이수위안다오 美術園道 | 미술원길

국립타이완미술관 정면에서 시작하는 미술원길美術園道은 양쪽에 카페와 태국, 이탈리아, 스페인 등 세계 각국 레스토랑이 즐비한 대로다. 일직선 대로 가운데 잔디밭과 조형작품이 아티스틱한 분위기를 더한다. 알록달록한 거리 풍경이 예뻐 국립타이완미술관을 둘러본 후 짧은 산책을 즐기기 더할 나위 없다.

Data Map 356J
Access 국립타이완미술관 길 건너 편. 도보 1분
Add 台中市 西區 五權西三街, 五權西四街

중부 여행의 중심
타이중기차역 台中火車站 | 대중화차참 | Taichung Train Station

아름다운 역을 마주하는 설렘은 타이완 여행의 소소한 행복이다. 타이중역도 1847년에 르네상스 풍 바로크 양식으로 지은 고풍스러운 역으로 손꼽힌다. 장화, 지지 등 근교 기차여행은 물론 버스 여행을 떠날 때도 타이중역이 기점이 된다. 역 앞 로터리를 중심으로 궈광커윈國光客運, U-bus, 런유커윈仁有客運, 난터우커윈南投客運 등이 총집합해 있다. 기차역 매표소 옆 안내센터에서는 지지集集선 타임테이블을, 관광안내센터에는 타이중 지도와 버스여행 가이드북을 받아두면 요긴하다.

Data Map 357L
Access 타이중기차역台中火車站에서 75번 버스 타고 궈리타이완메이수관 정류장 하차 **Add** 台中市 中區 建國路 172號
Tel 04-2222-7236
Web www.railway.gov.tw/taichung

한낮의 풍류, 연못가 뱃놀이
타이중궁위안 台中公園 | 대중공원 | Taichung Park

멀리서 보면 연못과 정자라는 뻔한 레퍼토리의 공원. 가까이 다가갈수록 아름다움이 보인다. '호수 가운에 지은 정자'라는 뜻의 후신팅湖心亭은 시간의 결을 나무에 아로새긴 채 물가를 지키고, 사람들은 연못에서 유유자적 뱃놀이를 즐긴다. 오리도 함께 노닌다. 피크닉 놀이를 해도 좋을 만큼 잔디밭도 넉넉하다. 오후의 잔잔한 여유에 물들고 싶다면 타이중공원에서 쉬어가 보자.

Data Map 357H
Access 타이중기차역台中火車站에서 301, 303, 304, 307, 308번 버스를 타고 타이중공위안台中公園 정류장 하차 **Add** 台中市 中區 雙十路 一段 65號
Tel 04-2222-4174
Open 24시간 **Cost** 무료

타이완 최대의 미륵불이 있는
바오줴쓰 寶覺寺 | 보각사 | PaoChueh Temple

타이완과 일본 건축 양식이 묘한 조화를 이루는 아담한 사찰이다. 규모는 작아도 거대한 미륵불을 품고 있다. 일본식 정전 옆으로 들어서면 높이 28.6m의 거대한 미륵불이 방문객들을 인자한 미소로 반긴다. 그 미소에 마음까지 밝아지는 기분이랄까. 미륵불의 별명까지 듣고 나면 절로 웃음이 난다. 불상의 코 아래 새가 둥지를 틀고 있어 '코딱지 대불大佛'이란 애칭으로도 불린다. 미륵 앞에 아담하게 꾸며놓은 일본식 정원, '동심공원同心公園'의 연못에는 잉어가 노닌다. 잠시 연못가에 앉아 쉬어가기에도 그만이다. 정전의 왼편에는 우애종루라는 이름의 거대한 종과 납골당도 있다.

Data Map 357D Access 타이중 기차역台中火車站에서 12번 버스를 타고 신민고중新民高中 정류장 하차 후 도보 2분 Add 台中市 北區 健行路 140號 Tel 04-2233-5179 Open 09:00~17:00 Cost 무료

송나라풍 사당
타이중 쿵쯔먀오 台中 孔子廟 |
대중 공자묘 | Taichung Confucius Temple

타이중 공자묘는 송나라 시대의 사방형 궁전양식을 본 따 지었다. 부러 찾기엔 매력이 부족하지만 타이중공원 가는 길에 들러볼만 하다. 다른 세계로 건너가듯 작은 연못 위 다리를 건너 입장한다. 이중 처마가 위엄 있는 본당을 둘러본 후엔 공자님께 소원을 빌어보자. 본당 옆 관광안내센터에서 종이를 받아와 소원을 쓴 후 벽에 걸면 된다.

Data Map 357H Access 타이중 기차역台中火車站에서 50번 버스 타고 체육대학운동장體育學院體育場 하차, 도보 3분 Add 台中市 雙十路 二段 30號 Tel 04-2233-2264 Open 09:00~17:00 Cost 무료 Web www.confucius.taichung.gov.tw

---

술 공장에 스며든 예술
타이중원화촹이찬예원취
台中文化創意產業園區 | 대중문화창의산업원구 |
Taichung Creative and Cultural Park

옛 술 공장에 예술가들의 감성을 불어 넣어 문화공간으로 재탄생했다. 타이베이의 송산문화원구와 가오슝의 뽀얼예술특구를 반반 믹스해 놓은 분위기. 다양한 전시와 야외 설치 작품으로 작은 공간을 알차게 채웠다. 애주가라면 주류박물관도 반갑다.

Data Map 357K Access 타이중 기차역台中火車站에서 도보 15분 Add 台中市 南區 復興路 三段 362號 Tel 04-2229-3079 Open 실내 10:00~17:00 Web tccip.boch.gov.tw

낭만 캠퍼스 산책
둥하이따쉐이 東海大學 | 동해대학 | Tunghai University

Data Map 356B
Access 타이중기차역台中火車站에서 300~308번 버스 탑승 후 동해대학東海大學 정류장 하차 (약 20분 소요) **Add** 台中市 西屯區 台灣大道 四段 1727號
Tel 04-2359-0121
Web www.thu.edu.tw

1955년 설립한 동해대학은 수식어가 참 많다. 타이완 최초의 사립대학, 타이완에서 두 번째로 큰 대학, 캠퍼스가 아름다운 대학 등. 아름다운 캠퍼스 안에서도 중앙 잔디밭에 우뚝 솟은 황금빛 루스 교회당은 동해대학의 랜드마크다. 두 손을 모아 기도하는 듯한 모습의 건물은 기둥 하나 없이 벽과 천장만으로 이뤄져 있다. 루브르박물관의 유리 피라미드를 설계한 건축가 이오 밍페이와 중국 예술가 천치콴이 함께 디자인한 작품. 교회당에서 중앙도서관으로 이어지는 웨농로約農路는 우거진 가로수가 아름다워 드라마의 배경으로 자주 등장했다. 드넓은 캠퍼스에는 실습용 목장도 있다. 목장에서 만든 신선한 유제품은 동해 유품소진乳品小棧에서 판매한다. 순수한 우유로 만든 아이스크림이나 진한 우유는 동해대학에서 꼭 맛봐야 할 별미다.

알록달록한 벽화가 가득
난툰 무지개마을 南屯彩虹眷村 | Rainbow Village

Data Map 356I
Access 타이중기차역台中火車站에서 30, 40번 버스를 타고 링둥커지따쉐이嶺東科技大學 정류장 하차 후 남쪽으로 직진, 약 도보 7분
Add 台中市 南屯區 春安路 56港

난툰구南屯區에 있는 무지개마을 골목은 형형색색의 벽화로 가득하다. 그런데, 딱 한사람이 그린 솜씨. 2008년 황용푸黃永阜라는 노인이 자신의 집 담벼락에 벽화를 그리자, 마을 사람들이 너도나도 그려달라고 하며 지금의 벽화마을이 됐다. 알록달록 벽화마을로 변신한 덕분에 마을은 철거 위기도 모면했다고. 입소문이 나고 페이스북으로 소통을 시작하며 관광객도 부쩍 늘었다. 아무리 더운 날에도 가면을 쓰고 기타를 치며 여행자를 반기는 아이언맨은 마을의 마스코트. 셀피를 찍는 여행객에게 직접 사진을 찍어주겠다고 나설 만큼 친절하다. 마을 한쪽에서는 벽화 엽서, 티셔츠 등 기념품도 판다. 정오부터 오후 2시까지는 마을 어르신들의 낮잠 타임이니 발소리를 줄일 것.

| 르웨탄 |

호숫가 낭만 유람
수이셔마터우 水社碼頭 | 수사부두 | Shueishe Pier

산중 호수, 르웨탄 여행의 출발점. 르웨탄행 타이완 하오싱 버스는 수이셔 관광안내센터 앞에 정차한다. 르웨탄 순환버스나 유람선도 수이셔에서 출발한다. 버스, 케이블카, 배를 이용할 수 있는 르웨탄패스도 수이셔 버스정류장 옆 매표소에서 판매한다. 관광안내센터에서 저녁 5시까지 짐도 무료로 보관해 준다. 관광안내센터에서 나와 오른편 길을 따라 선착장으로 내려가면 햇살에 반짝이는 호수 위의 유람선, 배가 오갈 때 마다 넘실대는 물결이 어우러져 그림 같은 풍경이 펼쳐진다. 유람선은 모양도 운행시간도 제각각. 마음에 드는 유람선 매표소로 가 르웨탄패스에 있는 유람선 교환권을 배 티켓으로 바꾸면 된다. 첫 승선 시 티켓을 보여주면 손등에 도장을 찍어준다. 이 도장 하나면 무제한으로 배를 탈 수 있다. 낯선 풍경 앞에서 커피 생각이 난다면 익숙해서 더 반가운 스타벅스를 추천한다. 테라스에 앉아 호수를 바라보며 마시는 커피 맛이 유독 달콤하게 느껴지는 건 찬란한 전망 덕분. 수이셔마터우 가는 길, 델라고DelLago호텔 1층에 스타벅스가 있다.

Data **Map** 355A **Access** 타이중 고속철도역 또는 난터우커윈南投客運 앞에서 타이완 하오싱 버스를 타고 수이셔 관광안내센터 정거장 하차 **Add** 南投縣 魚池鄉 中山路 163號 **Tel** 수이셔 관광안내센터 0800-855595 **Open** 09:00~17:00 **Web** www.sunmoonlake.gov.tw

르웨탄 한가운데 섬
라루다오 拉魯島 | 랍로도 | Lalu Island

Data Map 355A
Access 일반인 입장 금지.
유람선을 타고 둘러 볼 수 있음
Add 南投縣 魚池鄉 拉魯島

오래전부터 르웨탄이 삶의 터전이었던 사오족의 정령이 깃들어 있다고 전해 오는 섬. '라루'라는 이름도 사오족의 언어로 조상의 영혼을 모시는 조령祖靈지를 뜻한다. 르웨탄 한가운데 떠 있어 수이셔마터우에서 유람선을 타고 현장사로 갈 때 스치듯 만나게 된다. 현광사玄光寺나 현장사 玄奘寺에서 그 모습을 또렷이 볼 수 있다.

유람선의 첫 도착지
쉬안광쓰 玄光寺 | 현광사

수이셔에서 유람선을 타면 가장 먼저 도착하는 곳. 소풍 나온 아이들처럼 왁자지껄한 관광객들로 선착장은 늘 들뜬 분위기. 유람선이 줄줄이 도착하는 선착장과 늘 문전성시 이루는 간장달걀, 차예딴茶葉蛋가게(2개 25달러)를 지나 돌계단을 오르면 현광사가 나타난다. 1955년 건립된 현광사는 현장사를 짓기 전 현장법사의 사리를 모셨던 곳. 여기서도 라루다오가 제법 잘 보인다.

Data Map 355A Access 수이셔마터우 水社碼頭에서 유람선으로 20분 Add 南投縣 魚池鄉 日月村 中正路 388號 Tel 04-9285-0325 Open 09:00~17:00 Cost 무료

Writer's Pick! 그곳에 오르면 해와 달이 보인다
쉬안장쓰 玄奘寺 | 현장사

남들 다 보는 현광사에서 발길을 돌리면 하수, 현장사까지 순례자의 길을 올라야 여행의 고수다. 현장사에서 내려다 봐야 비로소 라루다오를 경계로 한쪽은 해, 한쪽은 초승달 모양의 르웨탄이 제대로 보인다. 녹음이 우거진 순례자의 길을 걷노라면 머리는 비워내고 마음은 채워지는 기분. 오르락 내리락 30여분의 트레킹 끝에 현장사 앞 전망대에 오르면 가슴이 뻥 뚫린다. 편히 앉아 호수를 바라보고 싶을 땐 현장사 안 하얀 벤치가 특등석! 여기에 시원한 음료수와 간식거리까지 있다면 금상첨화.

Data Map 355A Access 현장사玄奘寺에서 순례자의 길 표지판을 따라 도보 30분. 또는 르웨탄 순환버스 타고 현장사玄奘寺 정류장 하차 Add 南投縣 魚池鄉 日月村 中正路 389號 Tel 04-9285-0220 Open 09:00~17:000 Cost 무료

SPECIAL IN TAIWAN 01
타이중&르웨탄

Writer's Pick! 우리 함께 걸어요. 이 길을!
이다사오 伊達邵 | 이달소

Data Map 355B
Access 현장사玄奘寺에서 유람선으로 30분. 또는 현광사玄光寺에서 버스로 ??분
Add 南投縣 魚池鄉 日月潭畔
Tel 04-9285-5668
Open 이다사오 산책로 09:00~17:00

사오족이 모여 살던 마을. 원주민 수공예품숍과 간단히 요기할만한 식당이 제법 있다. 그중에 스펀의 닭날개볶음밥과 비슷한 판판지츠飯雞翅와 스터우르石頭日의 소시지가 한국인 입맛에 잘 맞다. 이 마을의 백미는 이다사오와 르웨탄 로프웨이를 연결하는 나무 데크 산책로. 15분 남짓 거리로 어느 쪽에서 걸어도 초록 호수가 청량하게 찰랑인다. 걷기만 해도 여운이 오래 남는다. 두고두고 떠올릴 추억 하나 만들고 싶다면 마을의 끝, 이다사오 산책로가 시작되는 길의 스터우르에서 소시지와 마라선馬拉桑 맥주로 낮술 한잔 즐겨보길. 천국이라는 표현은 아껴뒀다 이럴 때 쓰는 거다 싶다. 게다가 맥주 맛 좀 아는 사람이라면 오묘한 마라선 맥주 맛에 반할 거다.

Writer's Pick! 호수 위를 날아올라
르웨탄란처짠
日月潭纜車站 | 일원담람차참 | SunMoon Lake Ropeway

Data Map 355B
Access 르웨탄 순환버스를 타고 르웨탄란차짠日月潭纜車站 정류장 하차. 이다사오伊達邵에서 도보 15분
Add 南投縣 魚池鄉 日月村 中正路 102號
Tel 04-9285-0666
Open 평일 10:00~16:00, 휴일 10:00~16:30, 매월 두번째 수요일은 정기보수로 운행 중지
Cost 300달러
Web ropeway.com.tw

르웨탄과 구족문화촌을 잇는 총길이 1.87km의 케이블카를 타는 곳. 르웨탄 로프웨이에서 르웨탄패스만 보여주면 바로 탑승. 케이블카를 타면 산에 둘러싸인 푸른 호수가 오롯이 내려다보인다. 순식간에 숙 상승하는가 하면 다시 하강하며 약 7분간 산 하나를 넘어간다. 가장 높은 곳이 해발 1,044m. 케이블카 안에는 커다란 곰 인형이 하나 놓여있는데, 요 녀석 고소공포증이 있는 사람들에겐 은근 의지가 된다. 구족문화촌을 구경할 생각이 없다면 케이블카를 그대로 타고 다시 내려오면 된다. 봄날엔 벚꽃나무 위로 두둥 날아오른다.

알고 보면 놀이동산
지우쭈원화춘 九族文化村 | 구족문화촌
| Formosa Aboriginal Culuture Village

루카이족 바이완족 등 9부족의 민속촌과 놀이동산이 결합된 타이완 중서부 최대의 테마파크. 관광객들은 공연을 보기 위해, 현지인들은 놀이기구를 타려고 온다. 부족들의 공연은 주중 오후부터, 주말에는 오전부터 열리니 미리 홈페이지에서 확인할 것. 봄에는 벚꽃이 여름에는 라벤더가 절정이다. 꽃만큼 꽃구경 오는 사람들도 많다.

Data Map 355B Access 르웨탄 로프트웨이日月潭纜車站에서 케이블카를 타고 지우쭈원화춘 하차 Add 南投縣 魚池鄉 大林村金天巷 45號 Tel 049-289-5361 Open 09:00~17:00 Cost 성인 780달러, 어린이 580달러 Web www.nine.com.tw

366계단 위
원오먀오 文武廟 | 문무묘 | Wenwo Temple

문文의 대명사인 공자와 무武의 대명사 관우를 함께 모시는 사찰. 르웨탄 둘레의 사당 중 가장 웅장하고 화려하다. 호수가 내려다 보이는 전망도 압권이다. 하이라이트는 해 질 녘! 황금빛 지붕 너머로 붉게 물드는 호수는 황홀함 그 자체다. 호숫가 트레킹 코스로 오면 366개의 계단을 올라야 하지만, 르웨탄 순환 버스를 타면 문무묘 바로 앞에 내려준다.

Data Map 355B Access 수이셔 관광안내센터에서 르웨탄 순환버스 타고 5분 Add 南投縣 魚池鄉 中正路 63號 Tel 04-9285-5122 Open 05:00~21:00 Cost 무료

르웨탄의 뜨는 명소
샹산싱정지커윈쭝신 向山行政暨遊客中心 | 향산여객센터

여기가 안내센터야 미술관이야? 멀리서 보면 호수와 산을 배경으로 한 점 작품이 서 있는 것 같다. 새로운 관광명소로 떠오르고 있는 이 거대한 콘크리트 건물은 일본 건축가 단노리히코가 설계했다. 지형과의 융합을 주제로 해 지붕 위 잔디밭과 건물 옆 잔디밭이 곡선으로 연결되는 미학을 보여준다. 르웨탄에서 가장 아름다운 자전거 도로가 수이셔 부두와 샹산 관광안내센터를 잇는다. 바람을 가르고 호수가를 달려가면 더 멋진 풍경이 달려드니, 어찌 달려가지 않을 수 있을까. 샹산 관광안내센터 안에는 커피숍, 기념품숍 등이 있다.

Data Map 355B Access 수이셔마터우에서 자전거로 30분 Add 南投縣 魚池鄉 水社村 中山路 599號 Tel 04-9285-5668 Open 09:00~17:00

SPECIAL IN TAIWAN 01
타이중&르웨탄

|Theme|
장화~지지선 기차여행

타이베이에 핑시선이 있다면 타이중에는 지지선이 있다. 남국의 정서가 물씬 풍기는 열대우림분지에 놓여있어 '녹색철로'라고도 불린다. 알록달록한 완행열차가 멈춰서는 산촌마을에서 한가로운 시간을 보내기 좋은 코스다. 지지선은 얼수이역~처청역 구간이지만 타이중과 장화에서도 탈 수 있다. 타이중에서 출발해 장화, 지지, 처청까지 다녀오려면 한나절, 장화와 지지만 둘러보면 반나절이면 충분하다. 기차를 좋아하는 아이와 함께라면 장화의 선형차고는 꼭 한번 들러보자.

토마스와 친구들 여기다 모였네!

장화산싱처쿠

彰化扇形車庫 | 창화선형차고

타이완 유일의 선형기관차고! 일제강점기에 타이베이, 장화, 가오슝 등 6개 도시에 기관차고가 있었는데 다 사라지고 여기만 남았다. 12칸의 차고에 기차들이 늘어선 모습이 꼭 '토마스와 친구들'을 닮았다. 기차가 말을 걸어 올 것 같은 기분. 10~12번 차고는 오래된 기관차 전용. 그 안에서 쉬고 있는 CK101, CK124는 지지선에서 르웨탄으로 가는 목재를 운반하던 증기기관차다. 자그마치 87살 먹은 증기기관차의 자태는 또 얼마나 늠름한지. 차고 앞에는 회전대가 있어 그 위에 기차를 올려 차고에 입고시키는 광경도 볼 수 있다. 물 만난 물고기 마냥 차고 앞을 뛰노는 아이들에겐 여기가 놀이동산보다 재미있는 놀이터. 어른들도 어느새 은하철도999를 좋아하던 동심으로 돌아간다. 장화 기차역에서 걸어가는 길이 다소 난해하다. 장화 기차역 안 관광안내센터에 가면 장화산싱처쿠 전용 약도를 보여주니 먼저 확인하고 찾아가자. 선형차고 입구에서 이름과 연락처를 쓰고 들어가면 된다. 방문객들을 위한 벤치와 전망대 화장실도 갖춰져 있다.

Data **Access** 타이중 기차역台中火車站에 장화 기차역彰化火車站까지 쯔창하오로 13분. 장화 기차역에서 왼쪽 싼민루三民路 따라 걷다 민성루民生路에서 좌회전 후 직진해서 보이는 지하도를 건너 왼편으로 도보 10분 **Add** 彰化市 彰美路 一段 1號 **Open** 화~금 13:00~16:00, 토~일 10:00~16:00, 월요일 휴무 **Tel** 04-724-4537

바나나 마을, 낭만 간이역
지지훠처짠
集集火車站 | 집집화차참 | Jiji Train Station

빨간 머리 앤이 매튜아저씨를 기다리고 있을 것 같은 빈티지한 기차역. 편백나무로 지은 나무 건물에 살포시 얹은 기와지붕이 고아하다. 한적한 플랫폼부터 작고 아담한 대합실, 증기기관차 모형까지 사진 놀이를 하기 좋은 배경이 줄줄이 이어진다. 역 앞에는 자전거 대여소와 바나나 아이스크림, 바나나 에그롤, 바나나튀김 가게가 조르르 모여 있다. 작지만 향이 진한 바나나가 많이 나기로 유명한 지지에서 맛봐야할 명물 먹거리다. 자전거를 빌려 명신서원까지 한 바퀴 돌아 본 후 천연 바나나 아이스크림으로 달달하게 지지여행을 마무리 해보길 추천한다. 명신서원은 1882년에 지은 옛 학당으로 소박하지만 멋스럽다.

Data **Access** 타이중台中, 장화彰化, 얼수이二水 기차역에서 지지선을 타고 지지集集역 하차. 얼수이역에서 기차로 28분 **Add** 集集鎮 民生路 75號 **Tel** 049-276-2546.

깊은 산 속 호숫가 마을
처청처짠
車埕車站 | 차정차참 | Checheng Train Station

지지선의 종착역 처청은 산과 강으로 둘러싸인 목가적인 마을이다. 한때는 수많은 나무를 수이리 강에 띄워 운송할 정도로 임업으로 이름을 날렸다. 그 시절은 강물 따라 흘러가고 지금은 임업을 테마로 한 체험, 문화마을로 변모했다. 통나무로 지은 기차역을 지나면 야트막한 언덕을 따라 목업전시관木業展示館과 초록 호숫가 통나무집들이 모습을 드러낸다. 아담한 호숫가의 산책로와 티하우스가 운치 있다. 그 옆 린치팡木茶房에서 꼭 맛봐야할 메뉴는 목통도시락(390달러). 동그란 나무 도시락통은 가져갈 수 있다. 호숫가의 기중기만이 증기기관차가 처청을 오가던 시절 기관차에 물을 공급하던 흔적으로 남아있다.

Data **Access** 타이중台中, 장화彰化, 얼수이二水 기차역에서 지지선을 타고 처청역 하차. 얼수이역에서 기차로 43분. 또는 르웨탄 수이셔 관광안내센터에서 타이완하오싱 버스를 타고 30분 **Add** 集集鎮 民生路 75號 **Tel** 049-277-4749

타이중

Data Map 357L
Access 타이중 기차역에서 쭝산루 中山路를 따라 직진, 도보 5분 Add 台中市 中區 中山路 20號
Tel 04-2227-1927
Open 10:00~22:00
Cost 아이스크림 1스쿱 90달러, 2스쿱 160달러, 와플 추가 20달러
Web miyahara.com.tw

Writer's Pick!

타이중에서 가장 핫한
궁위안옌커 宮原眼科 | 궁원안과

타이중에 왔다면 반드시 들려야 할 필수코스! 일제시대 안과였던 곳을 리모델링해 1층은 아이스크림과 펑리수를 판매하고, 2층은 레스토랑으로 운영한다. 각 공간을 채우는 독특한 사운드는 과거로 회귀한 듯 특별하고 구석구석 돋보이는 멋스러움에 눈길이 머문다. DON'T MISS 너도 나도 인증샷 찍기 바쁜 아이스크림. 60가지의 아이스크림 중 먹고 싶은 맛을 고르면 된다. 와플은 옵션. 치즈케이크, 펑리수 등 원하는 토핑을 고르면 세상에서 단 하나뿐인 아이스크림을 완성할 수 있다. 근사한 분위기에서 식사를 하고 싶다면 2층으로 올라가자. 프렌치 스타일이 가미된 퓨전 타이완 요리를 선보인다. 생 파인애플을 갈아 만든 파인애플 주스는 꼭 주문할 것. 통 창 너머 보이는 전망, 화장실까지 고급스럽다. 음식가격은 다소 비싸지만 오감이 충족되는 기분이라 아깝지 않다.

여기가 바로 진짜 본점
춘수이탕 春水堂 | 춘수당

 Writer's Pick!

꽃할배도 마시고 간 쩐주나이차의 시작이 타이중 춘수이탕春水堂에서부터라는 건 익히 알려진 사실. 허나 진짜 본점은 징밍이제精明一街 지점으로 잘못 알려져 있다. 타이중 기차역 앞에서 15분이면 걸어갈 수 있으니 택시타고 먼 길 가지 말자. 이제부터 타이중에서는 진짜 본점에서 쩐주나이차를 마셔보는 걸로! DON'T MISS 각 지점마다 판매하는 메뉴에 차이가 있다. 본점에서는 직접 빵을 만드는 점이 독특하다. 오전 8시 반부터 10시 반까지만 진행하는 블랙퍼스트 메뉴도 눈에 띈다. 토스트와 차를 주문하면 햄, 달걀, 토스트가 무료 제공되니 아침 일찍 일어나는 얼리버드 타입이라면 도전해볼 것. 이후에는 버터크림토스트로 출출함을 달래보는 것도 좋겠다. 음료 사이즈는 샤오小와 쫑中 두 가지. 쫑中 사이즈 음료는 월요일부터 금요일까지 15% 할인해준다.

Data Map 357K
Access 타이중 기차역 앞에서 좌회전 후 따동초등학교 大同國小 방향으로 직진, 학교 앞에서 민성루民生路 따라 우회전 후 직진, 다시 루와멘바오羅娃麵包를 마주보고 우회전 후 도보 3분
Add 台中市 西區 四維街 30號
Tel 04-2229-7991
Open 08:00~22:00
Cost 버터크림토스트 65달러, 홍차&나이차 50달러 (아침만 가능)
Web chunshuitang.com.tw

> **Tip** 생각보다 외관이 아담한 편인데다 여느 춘수이탕과 다른 모습에 코앞에서 헤매게 될지도. 파란색 기와가 드리워진 1층이 보인다면 맞게 잘 찾은 것. 실내는 특유의 중후한 기운이 가득하고 지난 세월만큼 가구는 낡았지만 고풍스럽다. 가게 제일 안쪽에서 춘수이탕 역사에 관한 전시도 볼 수 있다.

SPECIAL IN TAIWAN 01
타이중&르웨탄

Data Map 356F
Access 타이중 기차역 앞 버스 정류장에서 27번 버스를 타고 궁이중메이지에커우公益中美街口 정류장 하차. 궁이루公益路를 따라 걸은 후 메이천루美村路에서 우회전, 도보 10분
Add 台中市 西區 美村路 一段 176號
Tel 04-2301-2526
Open 12:00~23:00
Cost 덴터우빙 80달러, 망고요나이빙 80달러

콧대 높은 빙수가게
메이천덴터우빙 美村點頭冰 | 미촌점두빙

맛을 보면 저절로 고개가 끄덕여 질만큼 맛있는 빙수라는 뜻에서 덴터우빙點頭冰이라는 이름을 지었다. 타이중에서 처음 망고빙수를 팔기 시작했다는데 믿거나 말거나. 타이중 빙수 대회에서 1등 했다는 소문도 들린다. 푸짐한 양과 저렴한 가격도 빠질 수 없는 매력 포인트. DON'TMISS 우유얼음에 쌀로 만든 시미루西米露가 토핑된 덴터우빙이 대표메뉴지만 망고우유빙수인 망고요나이빙芒果牛奶冰의 맛도 대단하다. BAD 학교처럼 겨울방학 휴무가 있다. 보통 11월부터 3월까지 쉰다.

맛도 모양도 최고
이푸탕 一福堂 | 일복당

1964년 최초로 레몬케이크를 만든 이후 비슷한 포장과 이름으로 따라 만드는 곳이 생겨났을 정도. 전국에서 택배 주문이 밀려들 정도로 그 인기는 변함없다. DON'TMISS 타이완에서 결혼식 피로연 때 먹는 후식 중 하나가 바로 레몬케이크 닝명빙檸檬餠. 타이완 사람이라면 어릴 때 한번쯤 먹어봤을 정도로 대중적인 디저트다. 레몬의 상큼함과 폭신한 빵은 맛도 좋고 모양도 예쁘다. 시식은 없고 낱개 혹은 세트로 구입 가능.

Data Map 357K **Access** 타이중 기차역에서 쭝산루中山路를 따라 직진, 도보 5분 **Add** 台中市 中區 中山路 67號 **Tel** 04-2222-2643 **Open** 09:00~22:00 **Cost** 1개 35달러, 1상자(12개) 360달러 **Web** www.ifood.com.tw

타이중을 대표하는
웨이칭하이타이양빙라오덴
魏清海太陽餅老店 | 위청해태양병노점

복잡한 이야기가 얽혀있으나 타이양빙太陽餅을 처음 만든 창시자의 가게라는 사실만은 틀림없다. 타이중의 대표 명물 과자로 겹겹의 얇은 과자 피에 맥아麥芽맛과 꿀맛 두 가지의 소가 들었다. BAD 펑리수鳳梨酥에 비해 우리나라 사람들이 좋아할만 한 맛은 아니다. 달지 않은 담백한 맛을 좋아하는 어르신 선물용으로 추천.

Data Map 357L **Access** 타이중 기차역에서 쭝펑루中正路를 따라 직진, 도보 8분 **Add** 台中市 中區 台灣大道 一段 145號 **Tel** 04-2229-5559 **Open** 08:00~21:00 **Cost** 1개 25달러, 1상자(12개) 300달러, 1상자(20개) 500달러 **Web** www.sunnycake.tw

젊음의 거리
이쫑지에상취엔 一中街商圈 | 일중가상권

Data **Map** 357H
Access 타이중 기차역 앞 버스정류장에서 12, 35, 55, 58, 73, 86번 버스 타고 쫑요우바이허中友百貨 정류장 하차 후 도보 1분 **Add** 台中市 北區 一中街 **Open** 11:00~24:00 **Cost** 이쫑하오따 지파이 50달러

대학과 중고등학교 앞에 크고 작은 가게들이 생기면서 저렴하게 먹고 쇼핑하기 좋은 골목으로 거듭났다. 밤이 되면 인파가 북적대는 야시장으로 활기가 넘치지만 한가로운 낮에도 충분히 그 매력을 느낄 수 있는 곳. DON'T MISS 깨끗한 기름으로 튀겨 청순한 지파이를 맛볼 수 있는 이쫑하오따지파이一中豪大雞排. 후춧가루가 뿌려진 순수한 맛의 지파이로 포장 1순위 아이템이다. 얼굴만큼 큰 크기도 놀라움을 선사한다.

Writer's Pick! **특색 있는 먹거리 천국**
펑지아 야시장
逢甲夜市 | 봉갑야시 | Feng Chia Night Market

대학가라는 지리적 특성 때문에 양 많고 저렴한 음식이 가득하다. 전국 야시장의 유행 아이템을 선도한다고 해도 과언이 아닐 정도로 이곳에서 시작한 독특한 음식이 많다. 해가지면 야시장으로 출동하자. DON'T MISS 차멘멘빠오炒麵麵包는 아직은 펑지아 야시장에서만 먹을 수 있는 레어템. 핫도그 빵에 각종 누들을 넣어먹어 이색적이다. 태국, 이탈리아, 일본식 누들을 포함 6가지 맛 중 선택 가능.

Data **Map** 356B **Access** 타이완 기차역 앞 버스 정류장에서 25, 33, 35번 버스 타고 펑지아따쉐逢甲大學 정류장 하차. 맥도날드에서 좌회전 **Add** 台中市 西屯區 文華路 **Open** 12:00~02:00(가게마다 상이) **Cost** 1개 50달러(이탈리안 파스타는 화~목만 가능)

야시장 대신 가기 좋은 낮 시장
타이중스디이얼스창
台中市第二市場 | 대중시제이시장

몇 번이고 없어질 위기에 처했지만 결국 100년 넘은 전통시장을 살려내고 그 명맥을 유지하고 있다. 각종 생필품, 꽃, 과일뿐만 아니라 타이중 유명 전통 먹거리는 이 시장 안에 다 숨어 있다고 말할 수 있을 정도. DON'T MISS 무떡 뤄보까오蘿蔔糕, 소시지 샹창香腸, 비빔면 깐이멘乾意麵를 파는 유명 맛집은 꽃집 근처에 주르륵. 다 팔리고 나면 문을 닫아버리니 해떨어지기 전에 서두를 것!

Data **Map** 357K **Access** 타이중 기차역에서 쫑샨루中山路를 따라 직진, 도보 10분 **Add** 台中市 中區 三民路 二段 87號 **Open** 07:00~18:00 **Cost** 뤄보까오+샹창 60달러, 깐이멘 50달러

SPECIAL IN TAIWAN 01
타이중&르웨탄

배고픈 영혼을 달래던 추억의 음식
잉차이따멘겅 英才大麵焿 | 영재대면경

따멘겅大麵焿이라 불리는 이 국수는 분식집에서 먹던 떡볶이 같은 존재다. 큼직하게 썬 초록색 파가 곱게 얹어진 국수의 담음새는 곱창국수로 잘 알려진 아종멘셴阿宗麵線를 닮았다. 단, 굵은 면발과 국물의 맛은 전혀 다르다. 큰 기대는 금물. DON'T MISS 돼지고기튀김 샤오러우燒肉, 두부튀김 짜또푸炸豆腐, 새우말이 샤쥐엔蝦卷이 국수보다 더 입맛을 당긴다.

Data Map 357C **Access** 타이중 기차역 앞 버스 정류장에서 115, 154번 버스 타고 타이중이중台中二中 정류장 하차, 따야루大雅路를 따라 직진 후 두싱초등학교篤行國小 방면으로 좌회전 **Add** 台中市 北區 英才路 215號 **Tel** 04-2201-1718 **Open** 09:00~18:00 **Cost** 따멘겅 25달러, 샤오러우 35달러, 짜또푸 20달러, 샤쥐엔 40달러

타이중에서는 특별한 빙수
이종펑런빙 一中豐仁冰 | 일중풍인빙

인근 학생들의 참새 방앗간 같은 추억의 맛집. 1946년부터 빙수 하나로 지금까지 건재하다. 현지인의 입맛에 맞춘 전형적인 빙수. BAD 독창적인 전통빙수로 자두 맛이 나는 얼음 위에 큰 팥인 화또花荳와 녹두 아이스크림이 올라간 단순한 조합. 문제는 얼음에서 짠맛이 난다는 것. 단맛을 중화시키기 위해서라는데 짜도 너무 짜 한 그릇 다 먹기가 힘들다.

Data Map 357H **Access** 타이중 기차역 앞 버스 정류장에서 50번 버스 타고 타이중이중台中一中 정류장 하차 후 직진, 타이중이중台中一中 대각선 맞은편 **Add** 台中市 北區 育才街 3巷 4-6號 **Tel** 04-2223-0522 **Open** 10:00~22:00 **Cost** 빙수 30~35달러

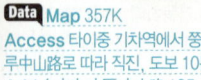

꼭 먹어봐야 할 소소한 별식
Writer's Pick! 홍루이젼 洪瑞珍 | 홍서진

Data Map 357K **Access** 타이중 기차역에서 쫑산루中山路로 따라 직진, 도보 10분 **Add** 台中市 中區 中山路 125-2號 **Tel** 04-2226-8127 **Open** 09:00~22:00, 단, 일요일 10:00~22:00 **Cost** 위엔웨이 23달러, 쯔시 26달러 **Web** www.22268127.com

가게 외관만 보면 시골에 있는 보석상 같은데 타이완 전통 빵을 파는 베이커리다. 갖가지 종류의 친근한 빵과 과자가 진열대를 장식하고 있어 반갑다. DON'T MISS 무엇보다 샌드위치 맛은 꼭 봐야한다. 총 7가지 맛이 있는데 오리지널인 위엔웨이原味와 치즈맛 쯔시芝士를 고른다면 후회 없다. 한 입 맛보면 박스 채 사가는 사람들의 심정이 이해가 된다.

알고는 갑시다
딩왕마라궈 鼎王麻辣鍋 | 정왕마랄과

뷔페식보다 만족감 100배. BAD 여타 훠궈집과는 다르게 분위기, 서비스, 맛까지 품격 있다. 마음속 1등으로 점찍어뒀는데 천연 재료로 만든 육수가 아니라고 여기저기 대서특필. 치킨스톡으로 육수 맛을 냈다고 순순히 인정. DON'T MISS 그럼에도 불구하고 수제로 만든 어묵 수공어묵 쯔시위안伯製魚丸은 추천 메뉴. 요우타이油條로 불리는 빵도 국물에 적셔먹으면 야들한 촉감이 기름지지 않고 산뜻하다.

Data Map 356A Access 타이중 기차역 앞 버스 정류장에서 106번 버스를 타고 쭝밍궈샤오忠明國小 정류장 하차, 우측 횡단보도를 건넌 후 직진 Add 台中市 西屯區 精誠路 12號 Tel 04-2329-6828 Open 11:00~03:00 Cost 마라탕 150달러, 쯔시위안 288달러, 요우타이 100달러 Web www.tripodking.com.tw

치맥이 그리운 당신에게
지광샹샹지 繼光香香雞 | 계광향향계
Writer's Pick!

1973년 타이중에서 첫 선을 보인 치킨가게로 이곳이 본점. 치킨 마니아라면 꼭 한번 들려야 할 성지 같은 곳이랄까. 타이중 기차역에서 가까우니 일단 치킨 한 봉지 사들고 타이중 시내를 돌아봐도 좋을 듯하다. DON'T MISS 뭐니 뭐니 해도 치킨인 샹샹지香香雞, 버섯튀김인 자싱바오구炸杏鮑菇도 맥주와 곁들여 먹으면 제 맛이다.

Data Map 357L Access 타이중 기차역에서 쭝쩡루中正路를 따라 도보 5분 Add 台中市 中區 繼光街 91號 Tel 04-2226-7919 Open 11:00~22:00 Cost 샹샹지 小 60달러, 大 110달러, 자싱바오구 50달러 Web www.jgssg.com

작은 가게에 손님이 바글바글
뤄와멘바오 羅娃麵包 | 라왜면포 | Roi Pain Maison Artisan

타이완 빵 맛있는 건 알았지만 알고 보니 세계 대회에서 상 받은 사람들도 많다. 2012년 세계 제빵 대회에서 3등을 수상했다. 동네 유명빵집인 것은 당연지사. 꼬마 손님들까지 줄을 잇는다. 춘수이탕 본점과 가까우니 지나다 들리는 코스로 동선을 맞추면 훌륭하다. DON'T MISS 치즈가 들어간 빵이라면 다 맛있다. 그중에서 부코Buko를 맛보자. 다음 날까지 말랑한 식감에 감동받을지어다.

Data Map 357K Access 타이중 기차역 앞에서 좌회전 후 따동궈샤오大同國小 방향으로 직진, 학교 앞에서 민성루民生路를 따라 우회전 후 직진, 빵방원지八方雲集 대각선 맞은편 Add 台中市 北區 梅亭街 307號 Tel 04-2206-6889 Open 10:00~24:00 Cost 부코 45달러, 빵 10~300달러 내외

색다른 맛이 궁금한 날
비스트로 88 Bistro 88

프렌치&이탈리안 비스트로. 통 창에 햇살이 드리워져 분위기가 근사하다. 멋스러운 테이블 세팅과 아기자기한 소품도 많다. DON'T MISS 주사위 모양의 두부를 토핑으로 올린 피자 마포또푸麻婆豆腐는 두부, 고기, 빵, 치즈의 4중주가 입 안에서 울려 퍼지는 듯하다. 시금치 리조토에 바삭한 멸치가 들어있어 고소하고 풍성한 맛의 동베이여안인위뿌차이뚜판東北沿岸銀魚菠菜燉飯도 여자들이 딱 좋아할만한 맛!

Data Map 356E Access 타이중 기차역 앞 버스 정류장에서 27번 버스 타고 궁위따둔루커우公益大墩路口 정류장 하차 후 도보 1분 Add 台中市 南屯區 公益路 二段 88號 Tel 04-2320-9977 Open 11:00~15:00, 17:30~24:00, 티타임 운영 14:20~16:30 Cost 마포또푸 380달러, 동베이여안인위뿌차이뚜판(부가세 10% 별도)

타이중의 숨은 보석
Writer's Pick!
우웨이차오탕 無為草堂 | 무위초당

멋들어진 고택에 자리한 찻집. 잉어가 노니는 연못 둘레에 앉아 차를 마시노라면 현실과는 다른 세계가 펼쳐지는 듯하다. 이름에 힌트가 숨어있듯 노자의 자연사상을 계승한 찻집. 2층 건물 구석구석 아름답다. 불이 켜진 저녁에는 연못가 정자에서 음악 공연도 열린다. DON'T MISS 어떤 차를 주문해도 정갈하게 차려오는 찻상. 차 우리는 법 시연을 잘 보고 따라해 보자.

Data Map 356E Access 타이중 기차역 앞 버스 정류장에서 27번 버스를 타고 궁위따둔루커우公益大墩路口 정류장 하차 후 도보 2분 Add 台中市 南屯區 公益路 二段 106號 Tel 04-2329-6707 Open 10:30~23:30 Cost 우롱차 1인 220달러~, 아리산 고산차 2인 세트 420달러~ Web www.wuwei.com.tw

Data Map 357L Access 타이완 기차역에서 쭝산루中山路를 따라 직진, 도보 6분 Add 台中市 中區 中山路 72號 Tel 04-2227-1966 Open 10:00~22:00 Cost 와플 아이스크림 1스쿱 90달러, 와플 추가 20달러 Web www.dawncake.com.tw

타임머신을 탄 듯
타이중시디쓰신용허쭈셔 台中市第四信用合作社 | 대중시제사신용합작사

우리말로 풀면 타이중 시티 제4신용 협동사. 그 이름 한번 길고 요상하다. 알고 보니 과거 은행이었던 건물을 카페로 바꾼 터라 옛 이름을 그대로 쓰고 있단다. 1~3층의 내부에도 금고 등 과거의 흔적이 가득하다. DON'T MISS 호기심에 문을 열고 들어오는 사람들이 태반. 1층에서 와플 아이스크림을 사서 3층까지 구경만 해도 좋다. 과거, 현재, 미래를 헷갈릴 만큼 요란법석한 분위기가 포인트!

BUY

깍~ 소리 나게 예쁜 선물
리츄 日出糕餅 | 일출

Data 궁원안과宮原眼科점
Map 357L
Access 타이중 기차역에서 쭝산루中山路를 따라 직진, 도보 5분
Add 台中市 中區 中山路 20號
Tel 04-2227-1927
Open 10:00~22:00
Cost 17번 펑리수 15개 1상자 360달러, 선물 가격 99~500달러 내외
Web www.dawncake.com.tw

'여자'를 위한 선물은 무조건 이곳에서! 센스 있다는 인상을 주기에 '딱'인데다 맛까지 좋아 플러스 점수가 쑥쑥 오를 듯하다. 외국 도서관을 콘셉트로 꾸며진 실내는 높은 천장에 화려하고 우아한 분위기. 판매하는 모든 제품의 패키지가 책처럼 만들어진 이유도 그 때문이다. 시내 곳곳에 개성 넘치는 지점이 몇 있지만 이곳 궁원안과점과 국립타이완미술관이 있는 미술원길의 일출대지점을 추천한다. 특히 일출대지점은 싱그러운 외관에 한적한 분위기라 여유롭게 선물쇼핑하기 좋다. DON'T MISS 펑리수는 물론이고 브랜드를 대표하는 치즈케이크를 비롯해 홍차, 녹차, 누가, 초콜릿 등 선물하기 좋은 아이템이 가득하다.

타이중 유명 과자가 한 자리에
바오취엔스핀 寶泉食品 | 보천식품

Data Map 357L
Access 타이중 기차역에서 쭝산中山로를 따라 직진, 쯔여우自由로에서 우회전
Add 台中市 中區 自由路 二段 36號
Tel 04-2222-2257
Open 9:30~21:30
Cost 투펑리수 1상자(6개) 192달러, 선물세트 200~400달러 내외
Web www.chenyunpaochuan.com.tw

선물 살 시간이 충분하지 않다면 이곳으로 오자. 타이중에서 유명한 타이양빙太陽餅, 레몬케이크는 물론이고 펑리수까지 두루 갖추고 있다. 모든 아이템의 맛이 평균이상이다. 3대째 운영하고 있는 노하우를 무시할 수 없는 법. 현지인들이 수시로 방문하는 모습을 보면 안심이 된다. DON'T MISS 선물용 기본 아이템 투펑리수土鳳梨酥는 맛도 합격점인데다 패키지도 신경 쓴 티가 난다. 월병과 일본식 모찌는 현지인들의 완소 아이템. 일본에서 배워온 기술로 격이 다르다는 후문이다.

SLEEP

고급지게 누리고 싶은 날
타이중 스플렌더 호텔 Taichung Splender Hotel

친절함과 럭셔리함을 겸비한 호텔. 12층 로비부터 블링블링하게 손님을 맞이한다. 친절한 리셉션 데스크, 널찍하고 정갈한 룸은 기본. 뷔페식 조식은 기대 이상이다. 웬만한 국내 호텔 뷔페가 부럽지 않다. 더운 날엔 야외 수영장, 쌀쌀한 날엔 사우나를 즐겨보자. 위치도 참 편리하다. 호텔 아래는 쇼핑몰로 연결돼 그 안에 춘수이탕, 스타벅스, 샤샤, 청핀수뎬 등을 이용할 수 있다. 길 하나 건너면 소고백화점이다. 국립자연사박물관, 펑지아 야시장과도 가깝다.

Data Map 356B Access 타이중 기차역台中火車站에서 88번 버스 타고 소고백화점 정류장 하차 Add 台中市 西區 健行路 1049號 Tel 04-2328-8000 Cost 슈페리어룸 3,500달러~ 디럭스룸 4,500달러~ Web www.splendor-taichung.com.tw

식도락가를 위한 위치
탱고호텔 柯旅天閣 | Tango Hotel

타이베이 쭝산에 있는 부티크 호텔을 타이중에서도 만날 수 있다. 타이베이보다 가격이 저렴하지만 다른 호텔들에 비해서는 비싼 편. 하지만 미식가들에게 추천하고 싶을 만큼 위치가 좋다. 딩왕마라궈, 우웨이차오탕, 비스트로 88 등 주변에 핫한 레스토랑들에 걸어갈 수 있을 정도로 가깝다. 비즈니스센터와 피트니스센터도 갖추고 있다.

Data Map 356E Access 타이중 기차역台中火車站에서 27번 버스 타고 궁위따둔루커우公益大墩路口 정류장 하차 후 도보 5분 Add 台中市 大墩路 525號 Tel 080-675-0881 Cost 디럭스 더블룸 3,200달러~, 주니어스튜디오(킹사이즈침대1개) 3,500달러~ Web tango-hotels.com

위치도 분위기도 굿!
53호텔 台中寶島53行館 | 53Hotel

타이중의 잇플레이스 궁원안과에서 엎어지면 코 닿을 거리에 있는 4성급 호텔. 타이중 기차역도 도보 3분 거리. 기차역 뒤편이 아니라 앞쪽이라 다양한 시외버스 버스터미널과도 가깝다. 타이중을 기점으로 근교 여행을 하기에 이보다 좋을 수 없는 위치. 여기에 분위기까지 좋다. 100여년 세월의 흔적이 느껴지는 붉은 벽돌 건물 안에 모던하고 아늑한 객실이 자리하고 있다.

Data Map 357L Access 타이중 기차역台中火車站 정문에서 쭝산루中山路를 따라 직진, 도보 5분 Add 台中市 中區 中山路 27號 Tel 04-2220-5355 Cost 스탠다드룸 2,500달러~ Web www.53hotel.com.tw

공원이 내려다 보이는
포르테 오렌지 호텔 福泰桔子商務旅館 | Forte Orange Hotel-Taichung Park

여행을 계획할 때 숙박비보다 근교 여행과 식비에 비용을 투자하는 여행자들에게 추천하고픈 호텔. 같은 포르테 오렌지 타이베이 쭝샨점보다 저렴하다. 타이중역에서는 13분 정도 걸어야 하지만 난터우커윈 정류장이 가까워 아침 일찍 르웨탄으로 떠나기엔 더 편리한 위치. 타이중공원이 바로 앞이라 산책을 즐기기도 좋다.

Data Map 357L Access 타이중 기차역台中火車站에서 도보 13분. 또는 50, 55, 86번 버스 타고 간셩뎬干城站 정류장 하차 Add 台中市 中區 公園路 17號 Tel 04-2226-2323 Cost 스탠다드 트윈룸 2,000달러~ 디럭스 더블룸 2,500~ Web forte-hotel.net

작지만 깔끔해
시티인호텔 Cityinn Taichung

타이베이에서의 인기를 힘입어 2013년 타이중 기차역 뒤편에 오픈했다. 새 호텔답게 흠 잡을 데 없이 깔끔하다. 심플하고 유머러스한 디자인 로비의 무료 커피, 인터넷 등 소소한 서비스가 알차다. 지하지만 세련된 분위기의 조식 레스토랑도 하루를 기분 좋게 열어준다. 헌데 방이 좀 작다. 딱 일본의 비즈니스호텔 사이즈. 답답한 방에서 안 친한 친구랑 묵었다간 정말 친해지거나 멀어지거나 할 수도 있겠다.

Data Map 357L Access 타이중 기차台中火車站역 우측 지하도를 지나 역 뒤 방향으로 나가 도보 5분 Add 台中市 東區 復興路 4段 133號 Tel 4-2223-2333 Cost 이코노미 더블룸 2,000달러~, 스탠다드 더블룸 2,2000달러~, 엘리트 트윈룸 2,500달러~ Web www.cityinn.com.tw

아담하고 아늑한
호텔 미까사 米卡沙旅店 | Hotel Micasa

타이중 기차역 바로 뒤, 작지만 정원이 있는 호텔. 아침 일찍 기차역으로 터미널로 뛰어나가기 딱 좋은 위치. 방은 자그마하지만 깔끔해 가격 대비 만족할 만하다. 날씨 좋은 날엔 정원에 앉아 수다타임을 즐기기도 좋다. 잠 못 이루는 여행지의 밤을 도란도란 정겹게 보내고픈 여자 친구들에게 강력 추천.

Data Map 357L Access 타이중 기차台中火車站역 우측 지하도를 지나 역 뒤 방향으로 나가 도보 3분 Add 台中市 復興路 四段 149巷 5弄 8號 Tel 04-2229-5252 Cost 디럭스룸 1,800달러~, 스탠다드룸(싱글베드2) 1,900달러~ Web www.mi-casa.com.tw

Special In Taiwan

02

이란,
화롄&타이루거,
타이동

宜蘭, 花蓮&太魯閣, 台東

대자연의 품으로 돌아가고플 땐
타이완의 동쪽으로 가야한다. 타이완의
뒤뜰이라 불리는 동부는 긴 해안선을
따라 이란, 화롄, 타이동을 아우르며
태평양 바다와 웅장한 대리석 협곡
타이루거를 품고 있다. 협곡과 바다가
그려낸 경이로운 풍경 앞에 숨을 멈추고,
예술작품이라 읊조리게 될 것이다.

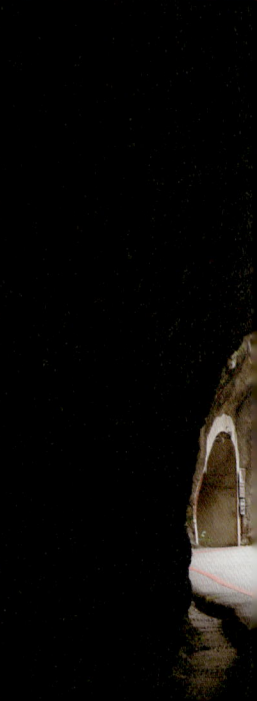

YILAN, HUALIAN & TAROKO, TAITUNG
PREVIEW

타이베이에서 당일 택시투어로 타이루거만 다녀오기에는 깊은 매력을 품고 있는 동부. 타이완의 속살을 속속들이 보고 싶다면 화롄행 기차에 몸을 실어보자. 어깨 너머로 에메랄드 빛 바다가 찰랑인다. 잠시 이란역에 내려 아기자기한 소도시 산책을 즐겨도 좋다. 화롄에서부터 택시투어로 타이루거의 비경을 감상한 후엔 동부 해안을 따라 타이동으로 떠나보자. 어디를 가도 당신의 마음을 빼앗아갈 풍경이 기다릴 테니.

SEE

동부 제일의 볼거리는 꽃할배도 감탄한 타이루거 협곡. 타이루거부터 톈샹까지 20km 구간에 도도하게 이어지는 대리석 계곡은 절경의 연속이다. 화롄 가는 길에 잠시 들르기 좋은 이란에는 지미광창, 띠우띠우땅썬린 등 감성이 폴폴 묻어나는 소소한 볼거리가 있다. 화롄에서 더 남쪽으로 내려가면 만나게 되는 타이동의 하이라이트는 바다 위의 작은 섬과 아치형 다리가 한 폭의 그림 같은 싼셴타이, 자전거로 달릴 수 있는 해안 길과 숲길이다.

EAT

이란에 간다고 하면 현지인들이 더 반색하며 루동 야시장에 가라고 호들갑이다. 파가 유명한 동네답게 저마다의 이름을 단 파빵 노점이 여럿이고, 보양식 양고기탕까지 먹어볼 리스트가 한두 가지가 아니다. 화롄에 간다면 불야성을 이루는 샤오롱바오를, 타이동에서는 대표과일 스지터우와 취두부 맛을 보자. 안 먹고 돌아서면 그저 아쉬울 따름. 푸강항구에서 싱싱한 해산물로 마무리하면 이보다 더 행복한 먹방이 또 있으리오.

SLEEP

화롄은 역 주변 호텔을, 타이동은 시내의 호텔을 추천한다. 화롄역에서 택시투어로 타이루거 관광을 하기에는 화롄역 주변 호텔이 편리하다. 타이동역은 시내와 떨어져 있어 시내 호텔에 묵고 타이완 하오싱 버스로 이동하는 편이 낫다. 다른 지역에 비해 호텔 가격도 저렴한 편이다.

어떻게 갈까?

타이베이에서 화롄 약 30편의 열차가 운행된다. 종류에 따라 2시간에서 3시간 반이 걸린다. 요금은 기차 등급에 따라 편도 350~440달러, 왕복 700~880 달러 선. 주말 표는 미리 인터넷 사이트(www.railway.gov.tw)에서 예매해야 안전하다. 특히 타이베이로 돌아오는 기차표가 빨리 마감된다. 예매한 표는 타이베이 기차역 1층 매표소에서 받으면 된다.

타이베이에서 이란 타이베이 기차역에서 화롄행 쯔창하오自强號 타고 이란역에 내리면 된다. 소요시간은 약 1시간 30분, 요금은 220달러 선.

이란에서 화롄 이란 기차역에서 화롄행 쯔창하오로 약 1시간 20분 소요. 요금은 223달러 선.

화롄에서 타이동 화롄행 기차역에서 타이동 기차역까지 19편의 열차가 운행된다. 쯔창하오로 2시간 30분, 쥐광하오莒光號로는 약 3시간~3시간 20분이 걸린다.

어떻게 다닐까?

이란 볼거리가 이란역에서 도보 15분 내에 집중돼 있어 슬렁슬렁 걸어서 둘러보기 좋다. 단, 루동 야시장은 기차로 루동역까지 가서 20분 정도 걷거나 택시를 타야한다.

타이루거 화롄역 앞에서 출발하는 택시나 버스를 이용하면 된다. 4인 이상이면 택시투어가 훨씬 편하고 저렴하다. 택시투어는 평균 5시간 기준 2,000달러 선. 요일이나 코스에 따라 1,700~2,500달러로 달라진다. 화롄역 앞에 서 있는 택시를 골라 타거나 호텔에서 신청 할 수 있다. 단, 가격과 코스를 꼼꼼히 협상하는 것이 좋다.

타이동 관광지가 동부해안을 따라 띄엄띄엄 있어 자유여행자들을 위한 타이완 하오싱 버스는 필수! 1일권(250달러)을 사 원하는 곳에서 타고 내리면 된다. 티켓은 버스 기사에게 직접 구매가능. 시내 관광센터에서 싼셴타이로 가는 버스는 7시 20분부터 14시 50분 까지 5회, 싼셴타이에서 돌아오는 버스는 10시부터 17시 30분까지 5회 운행한다. 배차 간격이 넓으니 관광안내센터에서 미리 시간표를 받아 잘 확인하고 이동하자.

화롄 사실 화롄에서 타이루거 관광은 역 주변을 떠날 일이 없다. 식사를 하려면 맛집들이 밀집한 쭝샨로나 쭝정로까지 이동해야하는데 택시가 가장 편리하다. 버스는 운행간격이 넓어 비추천. 기차역에서 시내까지는 150달러 안팎. 화롄의 호텔에 묵고 있다면 호텔에서 빌려주는 자전거를 타고 시내구경에 나서도 좋다.

SPECIAL IN TAIWAN 02
이란, 화롄&타이루거, 타이둥

Two Fine Days in
YILAN, HUALIAN & TAROKO, TAITUNG

타이루거와 타이둥은 아찔한 협곡의 비경과 신비로운 바다 두 마리 토끼를 잡은 여행코스다. 타이베이에서 출발해 이 코스를 소화하려면 일찍 일어나 바지런히 움직이는 수밖에. 화롄 1박, 타이둥 1박 또는 타이둥 1박을 기준으로 동선을 잡아보자.

1일

화롄 기차역 앞에서
타이루거 택시투어 시작

→ 택시 30분

타이루거협곡
입구에서 기념 촬영

→ 택시 15분

옌즈커우 감상하기

→ 택시 15분

안전모 쓰고
지우취둥 거닐기

↓ 택시 20분

치싱탄 해변 산책

← 택시 30분

장춘츠 둘러보기

← 택시 40분

톈샹에서 휴식

← 도보 10분

협곡 위의 다리
츠무차오 건너기

2일

싼셴타이 바다 위
다리 거닐기

→ 버스 53분

두란설탕공장 구경하기

→ 버스 15분

푸강항에서 맛있는
점심식사

↓ 버스 2분

삼림공원에서
해빈공원까지 자전거 타기
*타이완 하오싱 버스 기준

→ 버스 12분

샤오예류 기암괴석 감상

이란

놀이동산 같은 기차역
이란휘처짠 宜蘭火車站 | 의난화거참 | Yilan Train Station

Data Map 383B
Add 宜蘭縣 宜蘭市 光復路 1號

이란 여행의 시작은 귀여운 이란 기차역을 배경으로 사진 한 장 남긴 후에! 오래된 기차역에 그림 하나 그렸을 뿐인데 테마파크 같은 분위기가 물씬 난다. 이란 탐방에 나설 땐 역 앞 인포메이션센터부터 들르자. 한국어 지도는 아직 없지만 영어 지도와 예쁜 스탬프가 비치돼 있다. 노트북이나 핸드폰 충전장소도 따로 마련해 놓았을 정도로 서비스가 세심하다. 단, 110V만 가능.

그림책 속으로
지미광창 幾米廣場 | 지미광장

타이완 국민 일러스트레이터인 지미를 주제로 한 광장. 기차역 근처 자투리 공간을 지미의 작품들로 조각공원같이 오밀조밀하게 꾸며 놓았다. 〈오른쪽으로 가는 남자, 왼쪽으로 가는 여자〉, 〈지하철〉, 〈별이 빛나는 밤에〉 등 가까이 다가가면 그림책 속 한 페이지로 걸어 들어가는 듯하다. 작품을 배경으로 사진 찍는 재미에 한번 빠지면 쉽게 헤어날 수 없다.

Data Map 383B Access 이란 기차역宜蘭火車站에서 도보 3분 Add 宜蘭縣 宜蘭市 宜興路 一段 Tel 03-931-2152

초록 나무와 빨간 벽돌집
뚜뚜땅썬린 丟丟噹森林 | 주주당삼임

이란 기차역을 빠져나오면 거대한 초록 나무가 시선을 끈다. 14m 높이의 철제나무 9그루와 실제나무가 어우러져 있다. 이란 출신 건축가 황성원의 작품으로 이란현의 울창한 삼림을 상징한다. 과일나무가 있는 빨간 벽돌집을 의미하는 '바이궈수홍좐 우百果樹紅磚屋' 역시 황성원의 작품. 커피 한 잔 하기 좋은 카페다.

Data Map 383B Access 이란 기차역에서 도보 1분 Add 宜蘭縣 宜蘭市 光復路 13號 Tel 03-932-0840 Open 바이궈수홍좐우 화~일 10:00~20:00, 월 휴무

정원이 아름다운 고택
이란서쯔지녠관 宜蘭設治紀念館 | 이란설치기념관 |
Memorial Hall of Founding of Yilan Administration

이란을 이해하려면 저우청縣城 남쪽 광장에 위치한 설치기념관으로 가야한다. 일제강점기 이래 이란 역대 수장들이 관저로 쓰여 온 오래된 건물을 기념관으로 재정비했다. 타이핑 산 최고의 회목으로 지은 건물로, 일본과 서양고전 건축양식을 결합한 건축공법도 연구 가치가 높다. 내부에는 청나라부터 일제강점기와 2차 세계대전을 거쳐 현재까지 3세기에 걸친 이란지역의 역사자료와 문물들이 전시돼 있다. 100년이 넘은 아름드리 고목이 우거진 뒤뜰은 여행 중 쉼표가 되어준다. 기념관 옆에 문학관도 함께 둘러보기 좋다.

Data Map 383A
Access 이란 기차역宜蘭火車站에서 광푸루光復路를 따라 직진, 주청난루舊城南路와 교차로에서 좌회전 후 직진. 도보 15분
Add 宜蘭縣 宜蘭市 舊城南路 3巷 3號 **Tel** 03-932-6664
Open 화~일요일 09:00~17:00, 월, 매월 마지막 일 휴관
Cost 30달러
Web memorial.e-land.gov.tw

커피 향 가득한 문학관
이란원쉐이관 宜蘭文學館 | 이란문학관 |

걸출한 문인들을 배출한 이란은 기념관 옆 100년이 넘은 고택을 문학관으로 꾸몄다. 이란 출신 작가들의 작품을 널리 알리겠다는 의도다. 자그마한 일본식 고택으로 들어가는 마당에서부터 전시가 시작된다. 예쁜 풍경과 마주하면 커피 생각부터 나는 여행자들에겐 문학관 안 카페가 더 반갑다. 다다미방에 앉아 차 한 잔의 여유를 누리며 전시물을 감상할 수 있는 고즈넉한 카페다. 오직 중국어 메뉴 밖에 없어 한눈에 파악하긴 힘들지만 커피부터 전통차까지 메뉴도 꽤 다양하다.

Data Map 383A
Access 이란 기차역宜蘭火車站에서 광푸루光復路를 따라 직진, 주청난루舊城南路와 교차로에서 좌회전 후 직진. 도보 15분
Add 宜蘭縣 宜蘭市 舊城南路 1巷 9號 **Tel** 03-932-4349
Open 화~일 10:00~12:00, 13:00~17:00
Cost 아메리카노 100달러, 아이스 아메리카노 150달러
Web ilccb.gov.tw

화롄&타이루거

지역색 짙은 기차역

화롄훠처짠 花蓮火車站 | 화연화차참

화롄과 타이루거 여행의 시작점. 타이루거로 가는 타이완 하오싱 버스나 택시투어가 대부분 화롄역 앞에서 출발한다. 대리석의 도시답게 역 앞 도보 블록과 벤치도 온통 대리석이다. 화롄 기차역에서 시내 중심까지는 5km 정도 떨어져 있어 식사를 하려면 버스나 택시로 이동해야한다. 호텔은 대부분 역 앞에 밀집해 있다.

Data Map 383A Add 花蓮市 國聯一路 100號 服務 電話 Tel 03-835-5941 Open 06:00~24:00

여기가 타이루거협곡 입구

타이루거거샤루커우

太魯閣峽谷入口 | 태로각협곡입구

타이루거협곡으로 들어가는 관문에는 붉은색 웅장한 문이 세워져있다. 자전거를 타고 유유히 입구를 지나는 여행자들과 들뜬 표정으로 사진 찍기에 여념이 없는 관광객들이 늘 교차한다. 택시투어를 하면 여기서 기념사진 한 장 찍고 본격적인 타이루거 관광을 시작한다. 문을 지나면 두 갈래 길이 나오는데 오른쪽이 타이루거협곡으로 가는 길이다.

Data Map 387 Add 花蓮縣 秀林鄉 太魯閣 入口

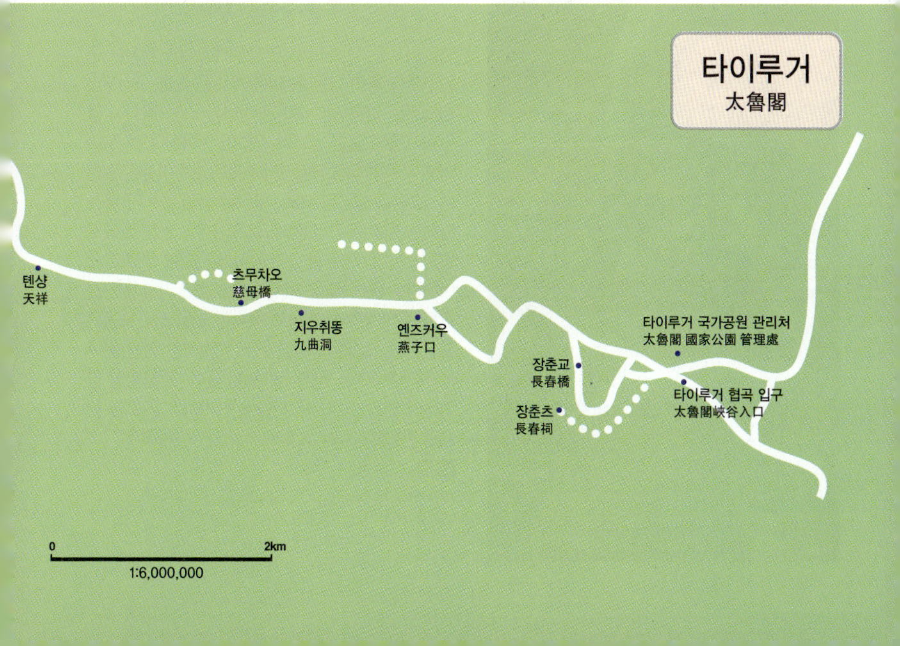

타이루거 太魯閣

- 톈샹 天祥
- 츠무차오 慈母橋
- 지우취둥 九曲洞
- 옌즈커우 燕子口
- 장춘교 長春橋
- 장춘츠 長春祠
- 타이루거 국가공원 관리처 太魯閣 國家公園 管理處
- 타이루거 협곡 입구 太魯閣峽谷入口

0 2km
1:6,000,000

제비가 둥지를 튼 절벽
옌즈커우 燕子口 | 연자구 | Swallow Grotto Trail

타이루거협곡에서 가장 좁디좁은 곳. 수직으로 솟아오른 절벽의 간격이 고작 16m다. 발아래 아찔한 협곡 사이로는 물이 흐른다. 눈이 부시도록 하얀 절벽에는 여기저기 구멍이 나 있다. 침식 작용으로 자연스럽게 생겨난 구멍이라는 점이 신통방통. 자연이 뚫어놓은 구멍을 내 집처럼 드나드는 새가 있었으니, 바로 제비다. 봄이면 제비들이 날아와 집을 짓고 산다 해서 '제비집'이라는 뜻의 옌즈커우라 불린다. 고로, 옌즈커우의 감상 포인트는 제비들의 보금자리.

Data Map 387
Access 타이루거협곡 입구 太魯閣峽谷入口에서 택시로 15분
Add 花蓮縣 秀林鄉 燕子口 景觀步道

타이루거 협곡의 하이라이트
지우취똥 九曲洞 | 구곡동 | Tunnel of Nine Turns

옌즈커우를 지나면 대자연의 위대함에 느껴지는 구간 지우취똥이 나온다. 이름의 뜻은 아홉 구비지만 실제로는 아흔아홉 구비가 아닌가 하는 착각이 들 만큼 꼬불꼬불한 터널이 끝없이 이어진다. 지질이 약해 사람이 직접 낭떠러지에 뚫어놓은 아찔한 길이다. 그만큼 험난한 코스. 낙석이 심해 날씨가 궂은 날에는 일부 구간이 봉쇄되기도 한다. 맑은 날에도 안전모는 필수. 위험 구간 앞에 안전모를 무료로 대여해주는 곳이 있다. 택시투어를 하면 기사가 안전모를 준비해준다. 거칠고 투박한 터널에서 노동의 고단함이 고스란히 전해온다. 내벽에는 이런 문구가 새겨져 있다. '창자처럼 빙빙 돌아, 강물같이 굽이돌아 인간은 마침내 하늘을 능가하는 기묘한 형세를 만들었다如腸之迴, 如河之曲, 人定勝天, 開此奇局'

Data Map 387
Access 타이루거협곡 입구 太魯閣峽谷入口에서 택시로 25분 **Add** 花蓮縣 秀林鄉 九曲洞隧道

백색 대리석 협곡 위 붉은 다리
츠무차오 慈母橋 | 자모교 | Cihmu Bridge

지우취똥을 지나면 절벽은 은빛으로 반짝인다. 백색 대리석이 유난히 많은 지역이다. 여기에 백색 대리석과 붉은 색이 강렬한 대비를 이루는 흰 대리석 다리 츠무차오가 츠무팅慈母亭이라는 정자와 함께 그림처럼 놓여 있다. 삼라만상을 빨아들일 듯 아찔한 협곡과 그 오묘한 풍경 속에 들어앉은 정자는 이 세계가 아닌 다른 세계의 풍경처럼 다가온다. '자애로운 어머니의 정자'라는 뜻의 정자는 장제스가 어머니를 위해 지었다는 설도 있고, 한 어머니가 도시로 떠난 아들을 매일 이곳에서 기다렸다는 이야기도 전해온다. 츠무차오를 건너기 전 반드시 뒤를 돌아보길. 구불구불한 협곡 사이로 지나는 노란 택시, 끝없이 펼쳐질 듯한 협곡의 풍광이 감탄을 자아낸다. 츠무차오를 건너 대리석 정자 츠무팅에 오르면 협곡에서 불어오는 바람이 어깨를 감싼다.

Data Map 387
Access 타이루거협곡 입구 太魯閣峽谷入口에서 택시로 40분
Add 花蓮縣 新城鄉 綠水東側約一公里處

천상의 휴식처
톈샹 天祥 | 천상

타이루거협곡의 마지막 지점 톈샹天祥. 타이완 하오싱 버스도 여기서 되돌아간다. 송나라 정치가 위엔톈샹元天祥을 기념하기 위해 톈샹이라 이름 지었다. 따샤 강과 타츠 지리 강이 이곳에서 만나 리우 강이 되어 흘러간다. 그 위로 오래된 사찰, 샹더쓰祥德寺와 7층탑 톈펑타天峰塔가 자리하고 있다. 겨울이면 매화정원에 매화가 활짝 펴 샹더쓰까지 꽃 대궐을 이룬다. 주차장 앞에는 식당, 기념품가게 등이 모여 있어 쉬어가기 좋다.

Data Map 387 Access 타이루거협곡 입구太魯閣峽谷入口에서 택시로 50분 Add 花蓮縣 秀林鄉 天祥

순직한 이들의 넋을 기리는
장춘츠 長春祠 | 장준사 | Eternal Spring Shrine

1958년 타이루거 터널 공사 중 순직한 이들을 추모하기 위해 지은 사당이다. 타이완 동부고속도로 건설을 위해 매일 5천명이 넘는 인부들이 암벽등반가처럼 끈 하나에 매달려 곡괭이로 대리석을 뚫었다. 결국 모두가 불가능이라 했던 공사를 4년 안에 이루어냈지만 212명이 사망했고, 702명이 다쳤다. 깎아지른 절벽에 세워진 사당 아래로는 희생자들의 혼을 위로하듯 창춘폭포가 흘러내린다. 아득하게.

Data Map 387 Access 타이루거협곡 입구太魯閣峽谷入口에서 택시로 7분 Add 花蓮縣 秀林鄉 長春祠 Tel 03-862-1100

북두칠성이 보이는 초승달 바다
치싱탄 七星潭 | 칠성담 | Chihsingtan Beach

얼마나 북두칠성이 잘 보이는지, 청나라 때부터 '북두칠성이 잘 보이는 물가'라는 뜻의 치싱탄이라 불린다. 초승달 모양을 닮은 자갈해변은 거제도 몽돌해변을 닮았다. 주머니에 쏙 담아오고 싶을 정도로 예쁜 자갈이 지천이다. 파도가 밀려올 때 마다 '자갈자갈 쏴'하는 소리에 머리가 맑아진다. 맑은 날에도, 폭풍전야처럼 흐린 날에도 바다색은 늘 한결같다. 이 멋진 곳을 대중교통으로 오가기 불편해 안타깝다. 편히 가려면 타이루거 택시투어 마지막 코스로 들르는 게 답이다.

Data Access 타이루거협곡 입구 太魯閣峽谷入口에서 택시로 25분 Add 花蓮縣 新城鄉 北埔村 七星潭風景區 Tel 03-822-1592

타이동

바다 위를 거닐다

싼셴타이 三仙台 | 삼선대 | Sansiantai

타이동 여행의 하이라이트 싼셴타이는 해안에서 떨어진 작은 섬을 말한다. 섬 이름은 중국의 8대 선인 중 뤼동빈呂洞賓, 허셴구何仙故, 리톄과이李鐵拐 3명이 머물다 갔다는데서 삼선대라는 이름이 유래됐다. 섬과 육지 사이에는 에메랄드빛 바다를 가로지르는 아치형 다리가 하나 놓여있다. 어디가 바다이고 어디가 하늘인지 구분이 안될 만큼 아름다운 바다와 하늘의 경계를 다리가 지어준다. 오르락내리락 아치형 다리를 건너는 일은 심장이 쫄깃해질 만큼 스릴있다. 상상력을 조금 더 펼치면, 용을 타고 바다 위를 건너는 듯하다. 다리 위에서 내려다보는 바다도 장관! 부채처럼 펼쳐지는 하얀 파도가 시원스럽다. 섬 안에는 3개의 거석과 등대가 있다. 등대까지 난 트레킹 코스를 다 돌아보려면 2시간은 걸린다. 해식 동굴, 해식 오목절벽 등 독특한 지질형태를 살펴볼 수 있다. 다리 앞 자갈 해변은 마냥 머무르기 좋다. 해변에 앉으면 파도와 자갈 돌이 내는 경쾌한 소리에 귀가 상쾌해진다. 파도가 어루만져 주고 간 자갈처럼 마음이 반질반질 해지는 기분. 해변에서 맞이하는 노을도 환상적이다. 아쉽게도 타이완 하오싱 버스 여행자는 노을과 눈을 맞추기엔 시간이 부족하다. 싼셴타이에서 타이동으로 돌아오는 마지막 차 시간이 저녁 5시 30분. 언제가 될지 모를 다음을 기약하는 수밖에.

Data Map 384F
Access 타이완 하오싱 버스 타고 싼셴타이드仙台 정류장 하차 **Add** 台東縣 成功鎮基彎路 74號
Tel 08-985-4097
Open 24시간
Cost 무료
Web www.eastcoast-nsa.gov.tw

SPECIAL IN TAIWAN 02
이란, 화렌&타이루거, 타이둥

설탕 공장에서 감성 놀이터로
두란탕창 都蘭糖廠 | 지난당창

겉모습은 그저 오래된 공장 같은데, 안에는 대만 최대 원주민 아메이阿美族 의 감성이 묻어나는 공방과 카페들이 속속 숨어 있다. 1960년대에 지어진 옛 신둥제당공장을 2002년 예술가들의 작업실과 카페로 개조한 덕분이다. 나무의 색과 결이 살아있는 가구를 전시 판매하는 실키 공방, 아기자기한 수공예품 전문점 하오더바이好的擺 등이 구경할만하다. 가게마다 그려놓은 개성 있는 벽화는 화보 같은 여행 사진의 배경이 돼준다. 볼 랑스인 남편과 타이완인 아내가 운영하는 카페 라 본부프La Bonne Bouffe와 일본식 식당 텐커우산민스주田口山民食酒이 나무 테이블, 나무 그네와 대나무 해먹이 있는 목가적인 공간을 사이에 두고 사이좋게 운영한다.

Data Map 384F
Access 타이완 하오싱 버스 타고 두란탕창都蘭糖廠 정류장 하차
Add 台東縣東河鄉 都蘭村 61號
Open 11:00~21:00 (가게에 따라 다름)

작은 예류, 큰 풍광
샤오예류 小野柳 | 소야류 | Xiaoyeliu

예류의 축소판이라고 해 작은 예류라는 뜻의 샤오예류라고 불린다. 예류처 럼 오랜 세월 바람과 파도를 견뎌낸 사암층이 독특한 모양의 암석으로 변했 다. 예류에 비하면 신기한 모양의 바위가 적지만 암석 위를 거니는 기분만은 흥미롭다. 두부, 산호, 버섯, 벌집바위 등이 바다를 향해 쭉 늘어서 있다. 맑은 날엔 32m 거리의 섬, 뤼다오綠島가 선명하게 보인다. 석양이 질 무렵 하늘, 바다, 암석 그리고 뤼다오가 어우러진 풍경을 바라보고 있노라면 무아지경에 빠져든다. 그냥 이대 로 머물고 싶은 여행자들을 위해 캠핑장도 있다. 바비큐, 피크닉 테이블, 화장실, 샤워시설 등이 갖춰져 있어 현지 캠핑족들이 부러워진다. 예류와 달리 입장료가 없다는 점도 장점이다.

Data Map 384F
Access 타이완 하오싱 버스 타고 샤오예류小野柳 정류장 하차
Add 台東縣 台東市 松江路 一段 500號
Tel 예류 캠핑장 089-280093
Open 24시간, 방문자 센터 09:00~17:00
Cost 무료
Web www.eastcoast-nsa.gov.tw

아침이 활기찬 항구
푸강유강 富岡漁港 | 부강어항 | Fugang Fish Port

Data Map 384F
Access 타이완 하오싱 버스 타고 푸강유강富岡漁港 하차
Add 台東縣 台東市 富岡街
Open 05:00~18:00

타이동에서 스쿠버다이빙의 명소, 뤼다오를 가려면 꼭 들려야 하는 항구. 하루 3번 푸강항에서 배를 타고 나가 하얀 파도 위로 뛰어오르는 고래를 관람하는 프로그램도 있다. 현지인들의 생생한 삶의 현장을 엿보고 싶다면 아침 일찍 항구로 가보자. 8시부터 9시까지 어부들이 갓 잡아온 자연산 생선들을 바닥에 주르륵 늘어놓고 경매를 연다. 상어, 다랑어, 갈치 등 커다란 물고기들에 입이 딱 벌어진다. 항구 주변 식당 주인들은 그날 쓸 생선을 고르느라 여념이 없다. 고맙게도 항구 바로 앞에 타이완 하오싱 버스가 선다. 샤오예류 바로 전 정거장. 도보로 약 15분 거리인 샤오예류와 함께 둘러보기도 좋다.

자전거로 누비는 바다와 숲
하이빈궁위안~썬린궁위안
海濱公園~森林公園 | 해빈공원~삼림공원

Data Map 384E, 384B, D
Access 해빈공원: 옛 타이동역 앞 쫑산루로 따라 걷다 타퉁루와 교차하는 길에서 우회전 후 직진하면 맞은편, 삼림공원: 타이완 하오싱 버스 타고 썬린궁위안森林公園 정류장 하차
Add 해빈공원 台東縣 台東市 大同路 海濱公園, 삼림공원 台東縣 台東市 中正路 森林公園
Tel 해빈공원 08-932-5301, 삼림공원 08-936-2025
Open 06:00~19:00
Cost 무료

타이완에서 가장 자전거 타기 좋은 동네 타이동. 자전거 도로 21km가 시내를 빙 두른다. 그중에서도 가장 아름다운 길은 해빈공원에서 삼림공원까지 이어지는 자전거 도로. 해빈공원에서 시작해 삼림공원을 달린 후 다시 해빈공원으로 돌아오는 코스를 강력 추천한다. 꺅 소리가 절로 나는 해안 도로를 지나 삼림공원으로 들어서면 나무 사이를 달리는 기분이 상쾌하다. 소나무의 일종인 카수아리나Casuarina가 늘어선 풍경이 이국적이다. 그저 달리는 것만으로 행복하다고 느낄 쯤 그림 같은 호수가 나타나 발길을 멈추게 한다. 해빈공원과 삼림공원 앞에 자전거 대여소가 몇 곳 있다. 3~4시간에 150달러 선. 시간을 넉넉하게 빌려 낭만적인 자전거 길을 만끽해보자. 이름과 전화번호만 적으면 바로 빌려준다.

SPECIAL IN TAIWAN 02
이란, 화롄&타이루거, 타이동

| 이란 |

현지인들이 더 좋아하는
뤄동 야시장 羅東夜市 | 라동야시

현지인들이 재미있다고 강력하게 추천하는 야시장 중 하나가 바로 뤄동 야시장. 크지 않은 규모에 비하면 음식점이 많기는 하다. 앉아서 먹을 수 있도록 테이블이 있는 노점이 많은 것도 특징이다. 번화가에 자리 잡아 생필품, 신발, 옷 같은 아이템을 두루 갖추고 있어 뤄동 현지인들은 마트처럼 드나드는 곳. 파가 유명한 이란과 가까워 파로 만든 음식이 많고, 양고기탕 같은 보양식도 인기가 있다. DON'T MISS 축제를 즐기는 듯 흥겨움을 더하는 명물은 입구에 자리 잡은 디제이 덕분. 싸이의 강남 스타일도 들리니 더욱 반갑다. BAD 타이베이나 화롄에서 당일로 다녀오려면 돌아오는 기차 시간을 반드시 확인하고 움직이자. 신데렐라처럼 돌아갈 시간을 정해놓고 둘러보려니 긴 줄을 무작정 기다릴 수 없어 아쉬움이 남는다.

Data Map 383B
Access 뤄동 기차역 앞 궁정公正로에서 직진 후 경찰서 지나 좌측으로 맥도날드가 보이면 좌회전 할 것. 도보 15~20분 정도 소요. 택시 타면 120달러 기본요금으로 충분하다.
Add 宜蘭縣 羅東鎮 民生路
Open 16:00~24:00

화롄

24시간이 모자라~
궁정바오쯔뎬 公正包子店 | 공정포자점

탑처럼 쌓아올린 대나무 찜통만 봐도 맛집 포스가 줄줄 흐른다. 먹고 갈 요량이라면 빈자리부터 사수하자. 그 후 주문서를 받고 메뉴를 정한 후 다시 직원에게 주문서를 건네야 비로소 주문 완료! DON'T MISS 찐빵처럼 두툼한 피에 달콤한 고기소가 든 샤오롱바오가 주특기! 24시간 영업을 하는 이유도 샤오롱바오를 먹기 위해 찾는 사람들이 많아서란다. 물만두인 수이쟈오水餃도 인기 메뉴.

Data Map 383B Access 화롄 기차역에서 택시 이용(요금은 130달러 선) Add 花蓮市 中山路 199之 2號 Tel 03-834-2933 Open 24시간 Cost 샤오롱바오 1개 5달러, 수이쟈오 1개 3달러

맛이 궁금해지는
라이천파이꾸몐 來成排骨麵 | 내성배골면

돼지갈비 튀김인 파이꾸가 면 위에 올라가 이색적인 국수. 국물이 들어간 탕湯과 비벼먹는 깐乾 중 선택 가능. DON'T MISS 황진딴黃金蛋. 따로 주문해 먹어도 좋을 정도로 고소한 일품이다. BAD 현지인들이 자주 찾는 이유는 느끼하지 않은 국물맛과 부드러운 돼지갈비 튀김 때문이라는데 생각보다 덜 느끼한 편일뿐 아주 깔끔하고 담백한 맛은 아니다.

Data Map 383B Access 화롄 기차역 앞 버스 정류장에서 1123번 버스 타고 타이완취인台灣企銀 정류장 하차 후 도보 2분 Add 花蓮市 中正路 544號 Tel 03-832-3121 Open 10:30~21:30 Cost 파이꾸몐 60달러, 황진딴 2개 20달러 Web www.laichen.com.tw

타이루거

Data Access 톈샹 天祥 주차장 바로 앞 Add 花蓮縣 秀林鄉 富世村天祥13號 Tel 03-869-1268 Open 07:00~18:00 Cost 죽통밥 60달러, 돼지고기덮밥 150달러, 양배추볶음 150달러

타이루거의 휴게소
찐화샤오츠 金華小吃 | 금화소흘

타이루거에서의 식사는 선택의 여지가 없다. 톈샹天祥에 있는 4개의 가게 중 한 곳을 선택할 수밖에. 모든 가게에서 타이루거 원주민 음식을 판매하며 한국인 여행자를 배려해 한글 주문서를 갖추고 있다. 이곳은 이미 다녀간 한국인 여행자들 사이에서 맛있다는 입소문이 났다. DON'T MISS 요리 2~3개를 주문해 밥과 같이 먹는 것이 제일 무난하다. 나눠먹기 어색한 사이라면 죽통밥에 반찬 하나를 추가하거나 돼지고기덮밥처럼 반찬이 필요 없는 식사를 주문하면 된다.

타이동

매일 잡은 해산물이 가득
푸강유강훠활찬 富岡漁港活海產 | 부강어항활해산

푸강항구 근처 해산물 가게들은 저마다의 단골을 확보하고 있다. 뜨내기 관광객들이나 어느 집을 가야할지 헤맬 뿐이다. 항구 근처 어느 곳을 가든 매일 아침 경매에서 가져온 싱싱한 해산물을 먹을 수 있기 때문에 우열을 가리는 것은 별 의미가 없다. 이 가게는 해산물의 종류와 메뉴가 다양해서 고르는 맛이 좋다. 해산물 훠궈나 탕은 겨울에 특히 인기 절정! DON'T MISS 주꾸미를 닮은 작은 오징어를 바삭하게 튀긴 옌쑤샤오쥐엔鹽酥小卷을 먹어보자. 내장까지 씹어 먹는 고소한 맛이 만선한 배를 만난 듯 즐겁다. 찐 새우 천탕샤쯔川燙蝦子, 사시미生魚片까지 골고루 한 접시씩 먹어도 우리 돈으로 2만원이 채 안되니 한 턱 내기 만만하다. BAD 암호 해독하듯 중국어 주문서를 읽고 주문해야 한다. 영어 주문이 가능해서 그나마 다행.

Data Map 384F
Access 타이완 하오싱 버스 타고 푸강유강富岡漁港 정류장 하차 후 도보 5분
Add 台東市 富岡街 270號
Tel 08-928-0283
Open 09:00~21:00
Cost 옌쑤샤오쥐엔 200달러, 천탕샤쯔 200달러, 사시미 150달러, 맥주 60달러

Writer's Pick! **낮과 다른 화려한 변신**
타이동 관광 야시장 台東觀光夜市 | 태동관광야시

낮에는 동네 시장. 해가 지면 야시장으로 변신한다. 과일시장으로 불릴 만큼 과일가게도 많은 편이지만 생필품이나 잡화를 판매하는 곳도 있다. 특이하게도 시장 안에 까르푸Carrefour가 있어 필요한 물건을 한 자리에서 다 살 수 있는 것도 장점. DON'T MISS 석가모니의 머리를 닮았다고 해서 이름 붙은 스지터우釋迦頭는 타이동 대표 과일. 스지터우만 파는 가게도 있다. 가격은 개당 80~200달러 사이로 계절 따라 천차만별. 또 스지터우 케이크, 과자도 눈에 띄니 부담 없는 선물로 그만이다. 야시장에 불이 밝혀지면 타코야키와 같은 짱유따완쯔章魚大丸子를 먹어보자. 아직은 여기에서만 볼 수 있어 희소성이 있는데다 브로콜리, 단호박, 오징어에 새우 한마리가 통째로 들어가 감동적이다. BAD 야시장은 일주일에 단 세 번만 반짝 열어 아쉽다. 목, 금, 토요일에만 오픈하니 잘 기억할 것.

Data Map 384C
Access 옛 타이동 기차역 舊台東站에서 쭝산中山로를 따라 직진하다 세븐일레븐이 보이면 좌회전. 도보 15분
Add 台東市 正氣路
Open 목, 금, 토 17:00~24:00
Cost 스지터우 80~200달러, 스지터우 과자 70달러, 짱유따완쯔 50달러

돌아서면 또 먹고 싶네

리지아초또푸
林家臭豆腐 | 임가취두부

타이둥 맛집거리인 정치루正氣路에서도 알아주는 가게. 단일 메뉴로 초또푸臭豆腐만 판매한다. 현지인들은 대짜로 1인 1초또푸 하는 분위기. DON'T MISS 고약한 냄새를 풍기는 초또푸에 대한 편견을 말끔히 씻어준다. 부담 없이 도전가능! 바삭한 두부는 과자처럼 씹히고 양배추 김치와 새콤한 간장 소스의 조화는 홍어삼합 못지않다. 토렴하듯 두부에 소스를 묻히는 방법 또한 눈길을 끄는 재미.

Data **Map** 384E **Access** 옛 타이둥 기차역舊台東站에서 쭝산中山루를 따라 직진, 세븐일레븐이 보이면 우회전. 도보 10분 **Add** 台東市 正氣路 130號 **Tel** 08-933-4637 **Open** 14:00~21:30 **Cost** 초또푸 小 50달러, 大 100달러

야시장 가기 전 한방차 한 잔
라오둥팡 老東芳 | 노둥방 | Health Herbal Tea

타이둥 관광 야시장 내에서 1953년 문을 열었고 맛집거리 정치루正氣路에 지점까지 냈다. 원래는 한약재를 파는 곳이었는데 타이완 전역에 음료 가게가 많아지면서 한방차를 끓여 팔기 시작했다. 옛 방식을 고수해 몸에 좋은 음료를 판다는 자부심이 넘친다. 음료 종류별로 시음까지 기분 좋게 O.K. DON'T MISS 칭차오차青草茶는 대표메뉴이자 추천메뉴. 페퍼민트맛 껌을 씹는 듯 시원하고 상쾌한 맛. 여름에 특히 핫한 음료!

Data **Map** 384E **Access** 옛 타이둥 기차역舊台東站에서 쭝산中山루를 따라 직진, 세븐일레븐이 보이면 우회전. 도보 10분. 라오둥타이미타이무 바로 옆 **Add** 台東市 正氣路 298巷 1號 **Tel** 08-931-8753 **Open** 08:00~22:30 **Cost** 칭차오차 25달러

타이완식 쌀국수
라오둥타이미타이무 老東台米苔目 | 노동태미태목

3대째 운영하는 노포老鋪지만 가게를 채우는 음악소리 덕에 산뜻한 분위기. DON'T MISS 강원도 올챙이국수처럼 후다닥 만들기 쉬워 새참으로 즐겨먹던 미타이무米苔目는 타이완식 쌀국수라 부르면 꼭 어울린다. 우동처럼 통통한 쌀면이라 씹는 맛이 살아있다. 파, 숙주, 고기, 가다랑어포를 넣고 비벼먹는 깐미타이무乾米苔目은 탕湯보다 맛있다. 탄력 있게 쫄깃한 돼지껍질 쭈피豬皮를 곁들이는 것도 별미.

Data **Map** 384E **Access** 옛 타이둥 기차역舊台東站에서 쭝화中華루를 따라 직진, 85도씨 카페에서 우회전 후 패밀리마트 지나 도보 5분 **Add** 台東市 大同路 151號 **Tel** 08-934-8952 **Open** 11:00~22:00 **Cost** 미타이무 45달러, 쭈피 50달러

SLEEP

| 이란 |

겉은 고풍 속은 모던
그랜드 보스 호텔
伯斯飯店 | Grand Boss Hotel

동먼 야시장 입구에 자리한 호텔. 멀리서 봐도 유럽풍 외관이 눈에 들어온다. 겉모습과 달리 룸은 모던하고 심플하다. 이란 기차역과 가까워 근교로 여행하기에 편리한 위치가 강점이다. 도보나 자전거로 돌아보기 쉬운 이란 여행을 위해 자전거 대여를 무료로 해준다.

Data Map 383B Access 이란 기차역에서 도보 7분 Add 宜蘭市 宜興路 一段 366號 Tel 03-9312-999 Cost 스탠다드룸 2,000달러~, 트윈룸 2,500달러~ Web www.boss-hotel.com.tw

| 화렌 |

청춘들의 아지트
블랙 베어 호스텔
黑熊國際背包客棧 | Black bear hostel

장기 여행 중인 배낭 여행자에게 추천 하고픈 호스텔. 기차역에서 도보 5분 거리, 저렴한 가격, 곰돌이가 놓인 2층 침대로 가득한 도미토리까지 딱 청춘들을 위한 숙소다. 인터넷, 자전거 대여, 세탁 등 서비스도 알차다. 세계 각국에서 온 외국인들과 어울려 시끌벅적하게 여행의 추억을 만들기 좋은 분위기. 호스텔닷컴, 아고다 등 온라인 사이트에서 예약 가능하다.

Data Map 383A Access 화렌 기차역에서 도보 5분 Add 花蓮市 國民十二街 32之 1號 Tel 919-138-049 Cost 혼성 도미토리 350~900 달러 Web www.facebook.com/blackbearhostel

화렌역 앞 알찬 숙소
클래식 호텔 시티 리조트
經典飯店 | Classic Hotel City Resort

화렌 기차역 앞 깔끔한 호텔 중 하나. 대리석으로 꾸민 로비, 넉넉한 룸, 모던하게 꾸민 인테리어가 가격 대비 만족스럽다. 리셉션에서 타이루거 택시 투어 예약도 해준다. 호텔직원들과 영어로 의사소통이 원활하지는 않지만 뭐든 친절히 도와준다. 조식도 알찬 편. 조식 레스토랑 옆 라운지는 아침식사 시간부터 밤 10시까지 투숙객이라면 누구나 이용가능하다. 라운지에서는 셀프로 커피와 차도 마음껏 마실 수 있다. 자전거 무료 대여 서비스도 시내를 둘러볼 땐 유용하다.

Data Map 383A Access 화렌 기차역에서 도보 6분 Add 花蓮市 國聯五路 139號 Tel 03-835-9966 Cost 스탠다드 더블룸 2,600달러~, 트리플룸 2,900달러~ Web www.classichotel.com.tw

SPECIAL IN TAIWAN 03
가오슝

KAOHSIUNG
PREVIEW

1년 중 겨울이 두 달 밖에 없는 가오슝은 타이완 남부의 따사로운 항구도시. 도심 사이로 사랑의 강, 아이허가 흐르고 강줄기를 따라 내려가면 항구의 아름다움을 품고 있는 시즈완과 치친을 만나게 된다. 나무에 나이테가 새겨지듯 세월의 흔적이 켜켜이 남아있어 더욱 정겹다. 타이완의 다른 도시에서 보기 힘든 스케일 큰 불교 유적지도 볼거리다. 무엇보다 타이베이보다 화창한 하늘을 자주 볼 수 있어 여행의 즐거움이 배가 된다.

SEE

크게 가오슝 시내와 쮀잉역 근교 유적지로 나뉜다. 시즈완, 옌쳰, 아이허, 싼둬 등 시내의 관광지는 항구를 따라 구도심에 집중돼 있다. 시즈완에서 페리를 타고 가는 치친섬도 빼놓고는 가오슝을 보았노라 할 수 없다. 근교에는 블록버스터급 불교 유적지 불광산불타기념관과 렌츠탄이 포진해 있다.

EAT

가오슝 하면 해산물! 치친해산물거리에서는 당일 공수해오는 가지각색 해산물을 맛볼 수 있다. 치친의 망고빙수와 시즈완의 과일빙수도 빠뜨리면 섭섭하다. 뜨거운 날씨 덕에 달콤함이 남다르다. 해가 지면 메리다오역 근처 류허 야시장으로 출동, 파파야우유 마시고 샤오츠 하나 둘씩 먹다보면 어느 새 배가 빵빵!

BUY

그동안 선물은 펑리수만 떠올렸다면 가오슝에서는 다른 선물로 눈길을 돌려볼까. 가오슝시에서 추천하는 마리스핀의 케이크는 맛과 모양이 차별화돼 선물용 아이템으로 손색없다. 타이완 곳곳에서 익숙하게 보아온 신동양에서는 육포, 우롱차, 와인 등 색다른 아이템을 사기에 그만이다.

SLEEP

타이베이보다 물가가 싸 같은 호텔도 저렴한 가격에 묵을 수 있다. 아이허 강변의 앰배서더, 옌쳰의 풀론호텔 등이 대표 호텔. 가오슝의 대표관광지와 근교 여행을 고려하면 옌쳰이 여러모로 편리하다. 한화로 하룻밤 5만원에서 10만원대 초반까지 다양하니 여행 예산에 맞춰 호텔을 선택해 보자.

어떻게 갈까?

부산에서 김해공항에서 에어부산이 수, 목, 토, 일 주 4회 직항으로 취항한다. 부산 오전 10시 40분에 출발해 가오슝 오후 12시 40분 도착, 가오슝 오후 1시 35분 출발, 부산에 오후 5시 5분에 도착하는 스케줄이다. 인천에서 중화항공의 자회사 만다린항공이 직항으로 매일 1회 운항한다. 인천발 가오슝행 출발 시간은 오후 8시 45분으로 3시간이 걸린다. 가오슝발 인천행은 오후 4시 10분으로 비행시간 약 2시간 35분.

타이베이에서 가오슝으로 가는 가장 빠른 방법은 고속열차, 가오테高鐵다. 타이베이 기차역에서 쭤잉左營역까지 가오테로 1시간 30분~2시간이 걸린다. 타이베이 기차역에서 가오슝 기차역까지 쯔창하오自强號로 4시간 50분. U-bus나 궈광커윈國光客運은 약 5시간 소요.

어떻게 다닐까?

항구도시 가오슝의 주요 교통수단은 MRT, 버스, 페리 3가지. MRT는 오렌지라인과 레드라인 2개 노선. 시내 관광지는 대부분 MRT로 이동할 수 있다. 각 역 마다 고유번호가 메겨져 있어 중국어를 몰라도 역을 찾기 편하다. 단, 가오슝에서는 아이패스ipass카드를 사용해야 한다. 이지카드처럼 카드를 구입해서 충전하는 시스템. 이지카드는 사용할 수 없다. 근교 여행지인 연지담과 불광산불타기념관은 쭤잉역에서 8501번 버스를 타면 한 번에 간다. 치친섬과 시즈완 사이를 오가는 페리는 여행의 재미를 더해준다. 치친과 옌첸에서는 자전거 타기도 쉽다. 치친섬이나 뽀얼예술특구 등이 있는 옌첸 일대에서는 바람을 가르며 자전거 여행을 누려보자.

One Fine Day in
KAOHSIUNG

바다를 사이에 두고 마주 보고 있는 치친과 시즈완, 시즈완 옆 옌첸에는 볼거리도 먹거리도 많다. 페리 타는 재미에 찾아간 치친, 걸어서 돌아보다가는 쉽게 지친다. 자전거를 빌려 한바퀴 돌아보자. 그 다음은 해산물과 망고빙수를 제대로 즐길 차례다. 시즈완으로 나오면 따거우영국영사관은 걸어서 갈 수 있는 거리. 뽀얼예술특구, 아이허까지도 MRT로 금방이니 여유롭게 둘러보자. 마무리는 단연 가오슝 대표 류허 야시장에서 먹방!

 → 페리 10분 +도보 15분 →  → 도보 15분 →

페리 타고 치친 가기 / 치후등대에 올라 전망 즐기기 / 치친해산물거리에서 점심식사

↓ 도보 5분

 ← 페리 10분 +도보 10분 ←  ← 도보 10분 ←

시즈완&따거우 영국영사관 구경하기 / 여우젠빙푸 생망고빙수로 디저트 / 치친해수욕장 산책

↙ 도보 15분

 → MRT 3분 + 도보 5분 →  → 도보 20분 →  → MRT 10분 →

출출하면 산신루웨이 맛보기 / 뽀얼예술특구에서 감성 사진 남기기 / 불빛이 반짝이는 아이허 산책 / 류허 야시장에서 야식 먹방

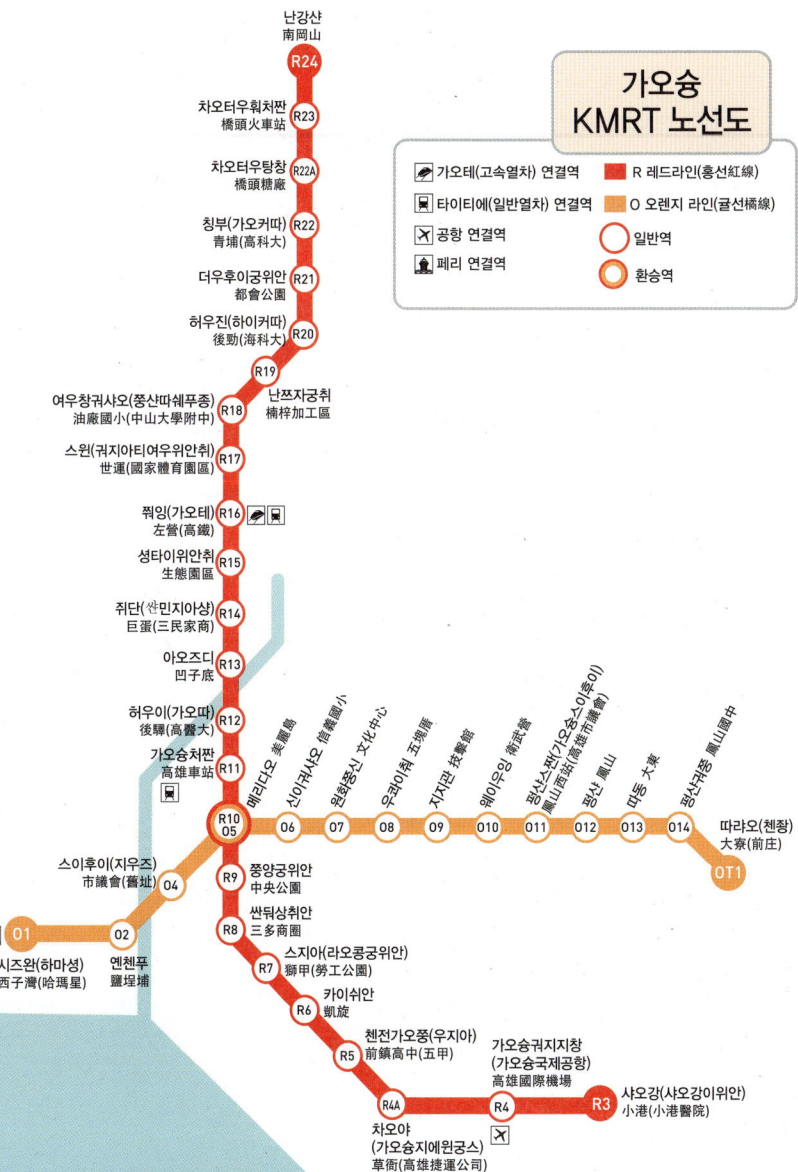

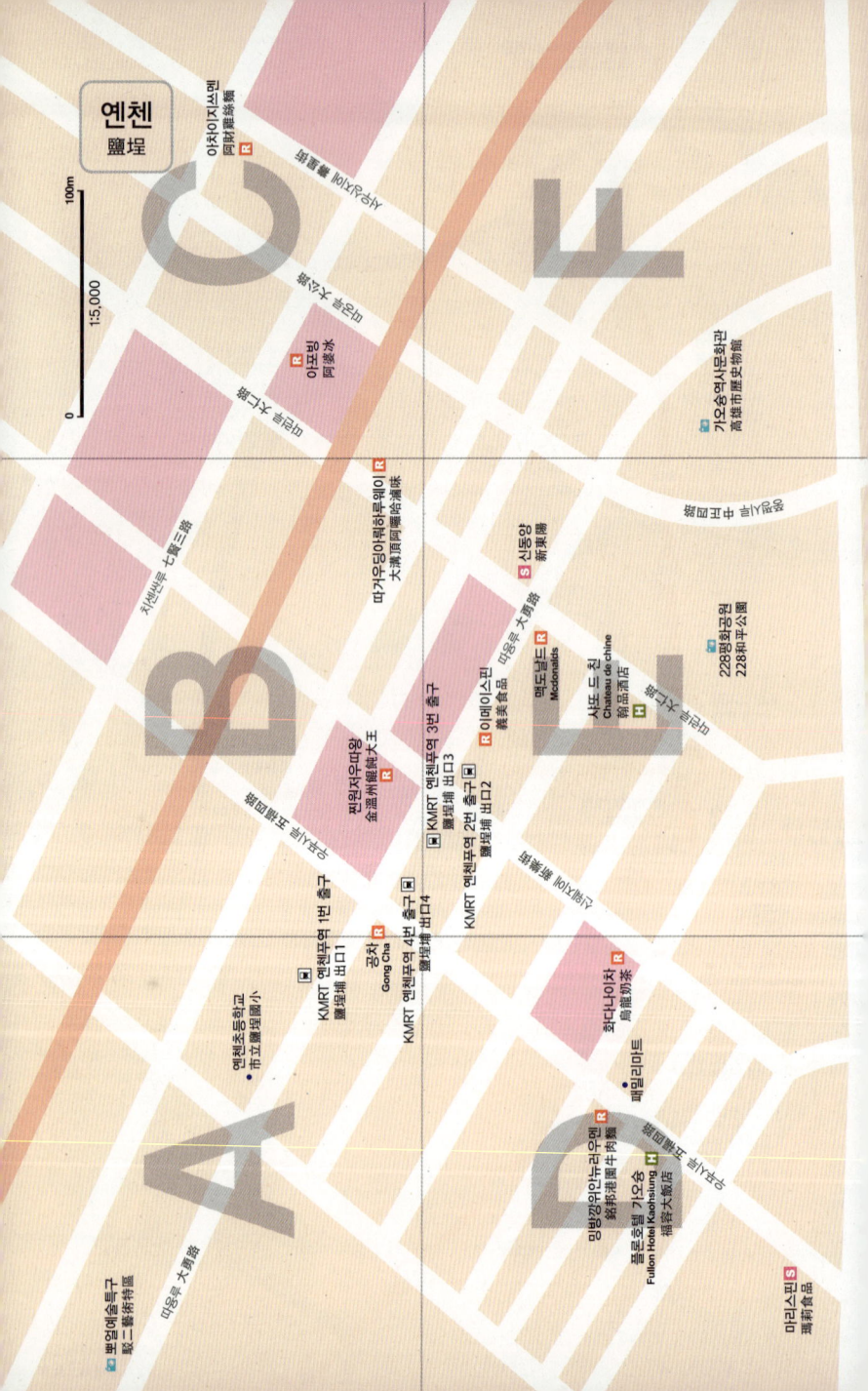

SEE

Writer's Pick!

낮보다 밤이 아름다워
아이허 愛河 | 애하 | Love River

'사랑의 강'이라는 뜻의 아이허는 가오슝 시내를 가로지른다. 언뜻 들으면 청춘남녀의 애틋한 사랑 이야기가 떠오르지만, 오염됐던 강을 살려낸 가오슝 시민들의 자연 사랑이 깃든 이름이라고. 매일 밤 강 위를 유유히 떠다니는 배 이름도 아이즈촨愛之船, 일명 사랑의 유람선이다. 게다가 태양광 전지로 움직이는 에코 유람선. 아이허가 매력을 발산하는 시간은 저녁 5~6시 이후 강 옆 빌딩들이 불을 밝힐 때다. 그즈음 관광버스가 하나둘 선착장에 관광객들을 쏟아놓는다. 유람선 선착장은 앰배서더호텔 앞 궈빈관마터우國賓館碼頭와 쩐아이마터우真愛碼頭 2곳, 항해 시간은 20분 남짓. 쭝쩡챠오中正橋에서 출발해 쩐아이마터우로 다시 돌아온다. 12km의 강 옆으로 자전거 도로와 산책로가 잘 조성돼 있어 그저 강변을 거니는 것만으로도 여유롭다. 강 주변 노천카페나 바Bar에서는 라이브 공연도 펼쳐진다. 산책 후엔 강변의 100위안 가게에서 요리에 시원한 맥주 한 잔 들이켜도 흥겹다. 단, 홍콩이나 싱가폴 같은 야경을 기대했다가는 실망할 가능성이 높다. 소박하지만 볼수록 정겨운 풍경이다. 매년 2월 가오슝 등불축제가 열릴 때 아이허 야경의 방점을 찍는다. 강변 양쪽 도로는 등불축제의 주 무대로 변신하고 주말이면 짧고 굵은 불꽃놀이도 열린다. 요란하게 팡팡!

Data Map 406F
Access MRT O2 옌첸푸鹽埕埔역 2번 출구에서 쭝쩡시루中正西路방향으로 도보 5분. 허동루河東路와 허시루河西路 두 곳이 강변길
Add 高雄市 前金區 河東路 與民生二路 交叉口
Tel 아이허 인포메이션 센터 07-221-0768
Open 유람선 16:00~23:00
Cost 유람선 성인 150달러, 노약자 40달러

SPECIAL IN TAIWAN 03
가오슝

시원달콤한 전망
칭런관징타이 | 情人觀景台 | 정인관경대 | LOVE Observation Deck

Data Map 406F
Access MRT 01 시즈완西子灣역에서 도보 20분 또는 택시 5분
Add 高雄市 鼓山區 忠義路 32號
Open 24시간
Cost 무료

그 이름도 달콤한 연인들의 칭런전망대情人觀景台, LOVE Observation Deck는 사랑하는 이의 손을 꼭 잡고 머물고픈 핫스폿이다. 쇼산皷山 위에 있어 도심과 항구가 한눈에 쏙 들어오는 전망이 시원스러운데다 사람 크기만 한 'LOVE' 조형물과 전망대가 함께 있어 커플들의 데이트 명소가 됐다. 아담한 전망대에 32개 국어로 쓰인 '사랑'이란 말도 달달하다. LOVE를 배경으로 사진을 남기는 법도 무궁무진. 대중교통으로 가기 다소 불편하다는 점이 옥의 티. 편히 가려면 택시로 쇼산쭝례츠皷山忠烈祠 앞에 내리면 된다.

Writer's Pick!
자전거 타고 달리는 기분이 예술
뽀얼이수터취 | 駁二藝術特區 | 박이예술특구 | The Pier-2 Art Center

부둣가 창고에서 발랄한 문화예술 공간으로 환골탈퇴한 뽀얼예술특구. 컬러풀한 벽화와 조형물이 많아 어디를 배경으로 사진을 찍어도 사진이 예술이다. 이곳을 즐기는 또 다른 방법은 자전거. 옌첸푸역 1번 출구에서 대여가능. 일반이냐 전동 자전거냐 따라 대여료는 100~200달러 선. 자전거를 빌리면 짐도 맡아 준다.

Data Map 406F Access MRT 02 옌첸푸鹽埕埔역 1번 출구에서 우회전, 따용로大勇路 끝까지 도보 5분 Add 高雄市 鹽埕區 大勇路 1號 Tel 07-521-4899 Open 월~목 10:00~18:00, 금~일 10:00~20:00 Cost 전시마다 다름 Web pier-2.khcc.gov.tw

폐철도의 서정적 변신
따거우티에다오구시관
打狗鐵道故事館 | 타구철도고사관 | Takao Railway Museum

뽀얼예술특구 언저리 플레이스, 따거우철도박물관. 옛 철로 위를 잔디로 덮고 야외 박물관 겸 조각공원으로 꾸몄다. 한때 가오슝을 누비던 증기기관차와 버스들이 여기 모여있다. 거대한 여행 가방이나 나팔 등 재기발랄한 조각품 구경도 즐겁다. 주말엔 자전거를 타거나 연을 날리는 사람들이 공원에 생기를 더한다.

Data Map 406F Access MRT 01 시즈완西子灣역 2번 출구에서 도보 1분 Add 高雄市 鼓山區 鼓山一路 32號 Tel 07-531-6209 Open 화~일 실내 10:00~18:00, 야외 24시간 Cost 무료 Web takao.railway.tw

바다 옆 유럽의 향기

Writer's Pick! **따거우잉궈링스관** 打狗英國領事館官邸

타구영국영사저 | The British Consulate At Takao

단수이에 홍마오청이 있다면 가오슝에는 따거우영국영사관이 있다. 1860년 아편전쟁에 패한 중국이 타이완의 4개 항구를 개방한 후 타이완 최초로 지어진 서양식 건물이다. 언덕 위에 있어 이곳을 둘러싼 풍광이 치치 등대부터 시즈완, 중산대학이 파노라마처럼 펼쳐진다. 단, 숨차도록 之자 모양 계단을 올라야 빨간 벽돌 건물이 우아한 자태를 드러낸다. 유럽풍 건축도 아름답지만 워낙 전망이 좋아 아침부터 저녁까지 늘 붐빈다. 건물 안에는 옛 영국영사관의 모습을 보여주는 전시공간과 영국식 애프터눈티를 즐길 수 있는 카페가 있다.

Data Map 406F
Access MRT 01 시즈완西子灣역 하차 후 빙수거리를 지나 구산페리터미널에서 99번 버스 타고 시즈완풍경구西子灣風景區 정류장 하차
Add 高雄市 鼓山區 蓮海路 20號
Tel 07-525-0100
Open 09:00~21:00 (20:30 입장 마감), 매월 셋째주 월 휴무
Cost 66달러
Web superspace.moc.gov.tw

노을과 바다를 그대 품안에

시즈완펑징취 西子灣風景區 | 서자만풍경구 | Sizihwan

석양이 아름다운 시즈완풍경구는 항구 도시의 낭만을 선사한다. 따거우영국영사관 아래 공원에서부터 중산대학과 시즈완해수욕장까지 해안을 따라 이어지는 풍경구가 꽤 넓다. 관광객들이 주로 찾는 따거우영국영사관 앞 공원은 그림 같은 풍광이 번져온다. 등대 옆으로 해는 뉘엿뉘엿 지고 화물수송선은 바다 위를 유유히 떠간다. 노을을 맞이하기 전 야자수 아래 리조트 놀이로 시간을 보내고 싶다면 시즈완해수욕장을 추천한다. 입장료 70달러를 내면 선 베드와 인공 모래사장을 쓸 수 있다. 단, 규모가 크지 않고 검은 모래 해변은 맨발로 거닐기는 힘들다.

Data Map 406F
Access MRT 01 시즈완西子灣역 하차 후 빙수거리를 지나 구산페리터미널에서 99번 버스 타고 시즈완풍경구西子灣風景區 정류장 하차
Add 高雄市 鼓山區 西子灣風景區
Tel 시즈완풍경구 07-215-5100, 해수욕장 07-525-0005
Open 시즈완해수욕장 화~금 14:00~18:00, 토~일 09:30~18:00
Cost 시즈완해수욕장 70달러

SPECIAL IN TAIWAN 03
가오슝

 Writer's Pick!

구석구석 즐거운 섬
치친펑징취 旗津風景區 | 치진풍경구

사면이 바다로 둘러싸인 작은 치친풍경구는 가오슝에서 제일 먼저 발달된 곳. 지금은 발전에서 한발 물러나 있지만 볼거리와 먹거리에 사람들의 발길이 끊이지 않는다. 치친 여행은 치후등대, 치친해수욕장, 풍차공원 등을 돌아 본 후 라오지에에서 신선한 해산물을 즐기는 맛이 주된 매력이다. 시즈완역 앞 구산페리터미널 鼓山輪渡站에서 페리를 타면 강화도에서 석모도 가듯 10분이면 치진페리선착장 旗津輪渡站 도착. 페리에서 내리면 고풍스러운 선착장이 방문객들을 반긴다. 바나나처럼 긴 섬을 걸어서 다 돌아보기는 무리. 멀리까지 가려면 자전거를 빌리거나 버스를 타야한다. 꼭 가볼만한 곳은 걸어갈 만한 거리에 있는 치후등대 旗後燈塔. 등대 앞에 서면 시즈완부터 85빌딩까지 가오슝의 전망이 열두 폭 병풍처럼 펼쳐진다. 하얗고 아담한 등대로 사진을 찍어도 멋스럽다. 처음엔 붉은 벽돌 사각형 구조로 세워졌지만, 일제강점기에 지금의 바로크풍의 팔각형 구조로 바뀌었다고. 치친해수욕장 가는 길 온갖 해산물이 가득한 라오지에는 걸을 맛이 난다. 풍차공원까지 구석구석 돌아보려면 자전거가 답이다.

Data Map 406J
Access 구산페리터미널 鼓山輪渡站에서 페리 타고 치친페리선착장 旗津輪渡站 하차
Add 高雄市 旗津區 海岸路 10號
Tel 07-571-7442
Cost 페리 요금 15달러, 가오슝 아이패스카드 사용 가능

Tip 바다도 하늘도 짙은 파란색으로 물들어가는 저녁, 시즈완에서 불빛을 반짝이는 치친 풍경이 아름답다. 풍경을 물끄러미 바라보며 커피 한 잔의 여유를 만끽 할 수 있는 곳이 시즈완 스타벅스. 어느 도시에나 있는 스타벅스지만 이곳의 감성은 남다르다. 항구를 콘셉트로 꾸민 인테리어와 바다가 내려다 보이는 통유리창. 어느 자리에 앉아도 바다 위에 떠 있는 기분이 황홀할 지경.

싼 맛에 보는 야경
85따러우관징타이
85大樓觀景台 | 85대루관경대 | 85 Sky Tower observation deck

마천루를 찾기 힘든 타이완에서 85빌딩전망대는 타이베이101에 이어 2번째로 높은 고층빌딩. 74층에는 전망대가 있다. 그런데 타이베이101전망대와 격차가 크다. 안내 직원도 달랑 2명. 살가운 서비스를 기대하긴 힘들다. 75층까지 엘리베이터로 올라간 후 다시 한층 계단으로 내려가면 전망대가 나온다. 통유리도 아닌데 시설도 휑하다. 그래도 가오슝항부터 아이허, 싼둬상권, 드림몰까지 사방이 내려다보인다. 단, 야경이 그다지 화려하지 않다는 게 함정. 타이베이101의 약 1/3가격이니 싼 맛에 찾아볼 만하다.

Data Map 407K Access MRT R8 싼둬상취안三多商圈역 하차, 1번 출구에서 도보 5분 Add 高雄市 苓雅區 東帝士85國際廣場 Tel 07-566-8000 Open 10:00~22:00 Cost 180달러 Web www.85sky-tower.com

첫눈에 반할만한 지하철역
메리다오 美麗島 | 미려도 |
Formosa Boulevard Station

미국 CNN 선정 '세계에서 가장 아름다운 지하철역 2위를 차지한 메리다오역 안, 빛의 돔 앞은 늘 카메라를 든 사람들로 붐빈다. 빛의 돔은 강철기둥이 유리 천장을 받치고 있는 양식. 세계 유명건축가들이 설계하고, 독일에서 공수해 온 6만개의 유리조각을 모아 하나의 작품으로 탄생시켰다. MRT 오렌지선과 레드선의 환승역이라 한번쯤 지나치게 되는 위치.

Data Map 407G Access MRT R10, O5 메리다오 美麗島역 Add 高雄市 新興區 中正三路 Tel 07-793-8888

가오슝의 센트럴파크
쭝양궁위안
中央公園 | 중앙공원 | Central Park

사방으로 탁 트인 쭝양궁위안을 나오면 가오슝의 센트럴파크 중앙공원이 등장한다. 정면으로는 시원스럽게 물줄기를 뿜어내는 분수 뒤로 야자수길이 나 있고, 왼쪽에는 85빌딩과 그랜드 하이라이 호텔이 보여 도심 속 공원 분위기를 물씬 풍긴다. 세계에서 4번째로 아름다운 역에 선정된 지하철역도 명소. 영국 건축가 리차드 조지 로저스가 설계했다.

Data Map 407G Access MRT R9 타고 쭝양궁위안中央公園역 하차 1번 출구에서 바로 연결 Add 高雄市 前金區 中央公園

호숫가 따라 유적 탐방

렌츠탄 蓮池潭 | 연지담 | Lotus Lake

가오테가 도착하는 쮜잉左營역 근처 볼거리로 손꼽히는 렌츠탄. 연꽃호수라는 이름의 인공호수를 따라 쿵쯔먀오孔子廟, 춘추거春秋閣, 치밍탕啟明堂, 룽허타龍虎塔 등 볼거리가 늘어서있다. 렌츠탄의 간판스타는 용의 입으로 들어가서 호랑이의 입으로 나오면 행운이 찾아온다는 룽허타(용호탑). 뱅글뱅글 나선형 계단을 따라 룽허타 위에 오르면 호수 가운데 중국 궁전식 누각 춘추거가 잘 보인다. 용으로 들어갈 때 한 번, 호랑이 입으로 나올 때 한 번 인증샷 찍는 재미도 빠뜨리면 아쉽다. 춘추거까지 아슬아슬 호수 위로 난 다리를 걷는 기분도 짜릿하다. 송나라 시대의 건축양식으로 지어 위엄 있는 쿵쯔먀오는 타이완에서 가장 큰 유교사원이다. 호숫가가 제법 넓어 룽허타에서 시작해 춘추거, 쿵쯔먀오 순으로 돌아보면 수월하다.

Data Map 407B
Access MRT R16 쮜잉左營역 2번 출구 앞에서 R51 셔틀버스 탑승
Add 高雄市 左營區 蓮潭路 9號
Tel 07-581-0146
Open 24시간
Cost 무료

장엄한 성불대로가 절경
포광산포터지녠관 佛光山佛陀紀念館
불광산부처기념관 | Fo Guang Shan Budda Memorial Center

불교 인구가 많은 가오슝 근교 대표 유적지 포광산부처기념관. 한국 여행자들 사이에서는 불광산으로 불리지만 이곳의 메인은 산이나 사찰이 아니라 부처의 사리를 공양하기 위한 기념관. 기념관까지 이르는 성불대로 좌우로 늘어선 거대한 4개의 거대한 탑이 장관을 이룬다. 중정기념당보다 스케일이 크다. 공사만 무려 9년이 걸렸다고. 탑 하나하나 안에 들어가 볼 수 있다. 부처기념관 내 전시도 웬만한 박물관 못지않다. 기념관 위에는 다가갈수록 거대함에 압도되는 50m 규모의 불상과 4개의 탑이 있다. 편의시설도 훌륭한 편.

Data Map 407C
Access MRT R16 쮜잉左營역 2번 출구 앞에서 8501번 버스를 타고 종점 포투어지니엔관佛陀紀念館 정류장 하차
Add 高雄市 大樹區 統嶺里 統嶺路 1號
Tel 07-656-3033#4002
Open 평일 09:00~19:00, 휴일 08:00~20:00
Cost 무료
Web www.fgsbmc.org.tw

EAT

| 치진 |

싱싱한 바다가 입 속으로
하이셴훠하이찬
海味鮮活海產 | 해미선활해산

규모는 작지만 밤낮을 가리지 않고 손님들이 꽉 차 실속 있는 가게다. 해산물거리가 시작되는 초입에 있다. 가게 입구의 해산물 진열대에서 재료를 고르고 조리법을 선택하면 주문 완료! 볶음은 차오炒, 튀김 자炸, 구이 카오烤, 찜 칭정淸蒸이니 꼭 기억해두자. 암호 같은 주문이 한결 수월해진다. DON'T MISS 바다의 맛을 제대로 느끼려면 역시 굴이다. 신선한 생굴에 생와사비가 더해지니 부러울 것이 없다. BAD 100달러짜리 저렴한 메뉴가 다양하지만 중국어를 못하면 무슨 요리가 나올지 복불복. 조개볶음 차오하이과즈炒海瓜子는 쫄깃한 조개의 속살과 간장양념이 잘 어우러진 맛인데 입 다물고 있는 조개가 많아 속상하다.

Data **Map** 406J **Access** 구산페리터미널鼓山輪渡站에서 배를 타고 치친선착장 하차 후 치친해수욕장 방면으로 도보 8분 내외. 터키아이스크림 바로 옆 가게 **Add** 高雄市 旗津區 廟前路 75號 **Tel** 07-571-1861 **Open** 10:00~24:00 **Cost** 굴 150달러, 조개볶음 200달러, 새우마요네즈 300달러, 맥주 50달러

Writer's Pick! 치친섬에서 꼭 먹어야 할
여우젠빙푸 有間冰鋪 | 유간빙포

망고 맛있기로 유명한 타이난臺南과 핑동屛東에서 공수해오는 생망고를 사계절 내내 먹을 수 있는 기특한 가게. 유명해지지 않았으면 하는 바람으로 혼자만 알고 있을까 생각도 했다. 지금까지 보던 망고빙수는 다 잊어도 좋을 만큼 큼직한 생망고를 뚝뚝 잘라 빙수 위에 턱 하니 올려준다. 큰 사이즈는 둘이서 나눠 먹기 좋고, 작은 사이즈는 혼자서 먹으면 딱! 책처럼 만들어진 메뉴판에는 사진이 있어 주문은 어렵지 않다. DON'T MISS 빙수 얼음 맛을 선택할 수 있는 점이 독특하다. 망고 맛, 우유 맛, 초코 맛 3가지 중 골라먹자. 망고 맛 얼음에는 망고 과육이 알알이 박혀있어 씹는 맛이 좋다.

Data **Map** 406J **Access** 구산페리터미널鼓山輪渡站에서 배를 타고 치친선착장 하차 후 허우궁지后宮사원 입구 골목으로 들어와 대각선 맞은편 **Add** 高雄市 旗津區 廟前路 103巷 4號 **Tel** 07-571-1630 **Open** 10:00~21:00 **Cost** 망고빙수 小 120달러, 大 150달러

Tip 치친해산물거리
치친해수욕장이 가까워질수록 길 양옆으로 크고 작은 해산물 가게들이 눈에 쏙쏙 들어온다. 그 지점부터 해산물거리의 시작. 새우, 조개, 오징어, 생선, 바닷 가재, 전복 등 싱싱한 해산물이 가득하다. 시기에 따라 종류와 가격이 달라진다. 보통 한 접시에 100달러부터 시작하지만 조리법에 따라 가격이 조정된다. 1인당 예상 가격은 200~300달러. 보통 가게마다 밥은 무료로 제공되고 과일을 후식으로 제공하는 경우도 있다.

SPECIAL IN TAIWAN 03
가오슝

보고, 먹고, 걷고~
치친라오지에 旗津老街 | 기진로가

허우궁天后宮사원을 기준으로 치친해수욕장까지 양 옆으로 노점과 가게들이 줄지어져 있는데 이곳이 바로 치친라오지에. 바닷가답게 수영복, 반바지 등 비치 용품을 판매하는 가게와 각종 해산물, 과일주스, 오징어튀김을 파는 노점까지 활기가 넘친다. DON'T MISS 많고 많은 샤오츠小吃 중 무엇을 먹어야 할지 고민된다면 메추리알구이 지엔나우단 煎鳥蛋을 먹어보자. 한 봉지 손에 들고 치친해수욕장까지 걸으면 어느새 바다가 눈에 보인다.

Data Map 406J Access 구산페리터미널鼓山輪渡站에서 배를 타고 치친선착장 하차 후 도보 5분 Add 高雄市旗津區 Open 10:00~22:00 Cost 지엔나우단 1봉지 30달러

바삭한 새우과자와 달콤한 누가가 한자리에
안핑샤이푸 安平小舖 | 안평소포

타이난에서 시작한 새우과자 셴바오샤이빙鮮爆蝦餅. 기름에 튀기지 않은 새우과자를 처음 만들어 유명세를 탔다. 바삭하고 고소한 맛이 맥주 안주로 제격이다. 새우맛, 미역맛, 후추맛, 매운맛 등 원하는 맛을 직접 먹어보고 구입할 수 있다. DON'T MISS 미역에서 추출한 설탕으로 만든 수제 누가는 시식하면 지갑을 열게 하는 마성의 맛! 이에 붙지 않는 말랑한 맛이 으뜸.

Data Map 406J Access 구산페리터미널鼓山輪渡站에서 배를 타고 치친선착장 하차 후 도보 5분 Add 高雄市旗津區 廟前路 100號 Tel 07-571-9661 Open 월~금 10:00~20:00, 토~일 9:00~21:00 Cost 셴바오샤빙 1봉지 80달러, 누가 1봉지 250달러

Writer's Pick! 군침 도는 별미
슈펑헤이룬바보빙 秀鳳黑輪八寶冰 | 수봉흑륜팔보빙

Data Map 406J Access 구산페리터미널에서 배를 타고 치친선착장 하차 후 도보 5분 Add 高雄市 旗津區 廟前路 89號 Tel 07-571-1046 Open 11:00~21:00 Cost 판체체판 50달러

원래는 따끈한 어묵을 파는 가게지만 빙수를 같이 팔면서 지금은 생과일까지 맛볼 수 있다. 치친해수욕장 가는 길목에 있어 빈 테이블을 찾기 힘들다. 타이완 FTV 등 매스컴의 취재도 잦다. DON'T MISS 가오슝에서 먹어야 할 음식을 추천해달라고하면 빠지지 않는 것이 바로 판체체판番茄切盤. 잘 익은 생 토마토를 설탕과 생강이 든 간장소스에 찍어먹는데 이것이 별미다.

시즈완

소문난 빙수

Writer's Pick!
도우츠안토하이즈빙
渡船頭海之冰 | 도선두해지빙 | Dock's Sea Ice

Data Map 406F
Access MRT O1 시즈완西子灣역 1번 출구에서 빙수거리 방향
Add 高雄市 鼓山區 濱海一路 76號
Tel 07-551-3773
Open 화~일 11:00~23:30
Cost 과일빙수 60달러, 위미지단요나이빙 65달러

빙수 종류만 무려 150여 가지. 사진이 있는 영어 메뉴판에는 대표적인 16가지의 빙수를 고를 수 있다. 사이즈도 다양한데 1인분은 물론이고 20인분까지 주문가능하다. 세숫대야 냉면은 그릇 크기에 원 없이 담겨 나온다. DON'T MISS 옥수수 토핑에 달걀노른자가 올라간 빙수 위미지단요나이빙玉米鷄蛋牛奶冰도 있다. 달걀노른자와 빙수라니 요상한 조합이다 싶지만 온갖 부드러운 재료의 하모니가 색다르다.

> **Tip** 시즈완 빙수거리
> 구산페리선착장 앞에는 7~8개의 빙수 가게가 옹기종기 모여 있어 빙수거리라 불린다. 대학가라는 특성상 가격은 저렴하고 양은 푸짐하다. 각 가게마다 20인용 빙수를 파는 것도 이 때문. 이곳에서는 굳이 망고빙수만 찾을 필요가 없다. 과일 맛 좋은 지역 특성상 과일빙수는 다 맛있다. 초코얼음에 바나나가 들어간 초코 바나나 빙수도 달콤함의 극치!

라볶이처럼 먹는 타이완 간식
샨신루웨이 神仙滷味 | 신선로미

Data Map 406F
Access MRT O1 시즈완西子灣역 1번 출구에서 빙수거리 방향
Add 高雄市 鼓山區 濱海一路 83號
Tel 07-531-6350
Open 16:30~01:00
Cost 라면사리 15달러, 치즈어묵 5달러, 소시지 20달러, 양배추 20달러

어묵, 채소, 두부, 고기 등을 데쳐 간장양념에 끓여먹는 타이완식 라볶이가 바로 루웨이! 시즈완 빙수거리에 들어서자마자 인근의 대학생과 중고등학생의 사랑방 역할을 톡톡히 하고 있다. 바구니에 먹고 싶은 재료를 담고 번호표를 받아 차례를 기다리면 된다. 40여 종의 한약으로 8시간을 끓여 만든 국물이 맛의 비밀! 자극적이지 않고 담백하다. 어묵, 소시지, 버섯 등은 냉장 보관해 신선함을 유지한다. 재료를 조리하는 시간은 정확히 1분. 개별 재료 가격이 정해져 있고 골고루 담은 한 접시가 보통 130~170달러 사이. DON'T MISS 루웨이에 면사리가 빠지면 섭섭하다. 쌀국수, 우동 면 등 종류가 다양하지만 꼬들꼬들한 라면 사리가 만족감이 크다. 양배추도 함께 곁들이면 달콤한 맛이 배가 된다.

| 옌첸 |

Data Map 408E
Access MRT O2 옌첸푸 鹽埕埔역 2번 출구로 나와 오른쪽 방향으로 도보 3분
Add 高雄市 鹽埕區大勇路108號
Tel 07-551-3377
Open 08:00~22:00
Cost 아이스크림 25달러, 이메이 샤오파우프 30달러
Web www.imeifoods.com.tw

추억의 과자회사
이메이스핀 義美食品 | 의미식품

과자와 식품 회사로 유명한 이메이스핀. 타이완 사람이라면 어릴 때 이메이 과자 하나씩은 먹고 자란 추억이 있다. 목장을 운영하는 회사답게 아이스크림도 꼭 맛보아야 할 필수 아이템. 우유맛과 초코맛 중 선택하면 된다. 한번쯤 먹어보고 싶은 과자도 진열대에 가득해 동심으로 돌아간 듯 행복해진다. 파인애플 모양의 펑리수도 판매하니 선물용으로 그만이다. DON'T MISS 이메이 샤오파우프義美小泡芙라 불리는 퍼프과자는 바삭한 과자 속에 달콤하고 부드러운 크림이 들어가 있는데 하나둘씩 집어먹다보면 어느새 바닥을 보인다.

비벼먹는 우육면
Writer's Pick!
밍방깡위안뉴러우멘
銘邦港園牛肉麵 | 명방항원우육면

일 년의 두 달을 제외하고 늘상 여름인 가오슝에서는 국물 있는 뉴러우멘牛肉麵보다는 비벼먹는 뉴러우반멘牛肉拌麵을 더 선호한다. 3대를 이어 오는 손맛은 여전히 변함없고 문턱을 넘나드는 손님들도 한결같다. 손자며느리가 새롭게 연 가게에도 어느새 단골이 생겼을 정도. DON'T MISS 이곳에서는 족발이 올라간 반멘拌麵보다는 소고기나 죽순이 올라간 반멘을 먹는 것이 정답!

Data Map 408D **Access** MRT O2 옌첸푸역 4번 출구에서 아이허 방면으로 도보 10분 **Add** 高雄市 鹽埕區五福四路53號 **Tel** 07-561-8999 **Open** 10:30~21:00 **Cost** 빤미엔 모두 110달러, 족발 60달러

향긋함이 남다른
화다나이차 樺達奶茶 | 오롱내다

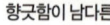

나이차奶茶 한 잔 마시기 위해 오토바이를 타고 달려오는 곳. 차도茶道를 배운 창립자 덕에 질 좋은 찻잎으로 우려낸 차에 우유를 넣어 만든 나이차를 맛볼 수 있다. 최상의 향기와 맛을 유지하기 위해 매일 아침마다 홍차, 우롱차 등을 우려낸다. 모든 나이차에 쩐주를 추가할 수 있으며 가격은 5달러. BAD 음료의 당도를 조절할 수 없다. 단맛이 나지 않는 나이차를 마시고 싶다면 우롱나이차烏龍奶茶를 주문하자. 차와 우유만 섞인 정직한 맛이다.

Data Map 408D **Access** MRT O2 옌첸푸역 2번 출구로 나와 아이허 방면으로 도보 5분 **Add** 高雄市 鹽埕區新樂街 99號 **Tel** 07-551-2151 **Open** 09:30~21:00 **Cost** 우롱나이차 55달러

대대손손 이어온 빙수의 맛
Writer's Pick!
아포빙 阿婆冰 | 아파빙

빙수 하나로 이름을 떨치고 있는 이곳은 1935년부터 시작한 유서 깊은 가게. 동생도 뒤질세라 가게를 오픈했지만 현지인들이 제 발로 찾아오는 곳은 이곳. 아침마다 과일을 사기 때문에 그 날 못 산 과일빙수는 먹을 수 없다. 빙수 대신 디저트 먹듯 생과일만 주문 가능. DON'T MISS 두리안빙수가 이색적. 큼큼한 향기와 시원한 빙수의 조합이 나쁘지 않다. 가게 추천 메뉴는 8가지 과일이 골고루 들어간 빠보빙八寶冰. 사실 무엇을 골라먹든 후회가 없다.

Data Map 408C Access MRT O2 엔쳰푸鹽埕埔역 2번 출구에서 신동양新東陽 방면으로 직진. 도보 15분 내외 Add 高雄市 鹽埕區 七賢三路 150號 Tel 07-551-3180 Open 09:30~24:00 Cost 두리안빙수 90달러, 빠보빙 85달러

숨은 골목 맛집
찐원저우따왕
金溫州餛飩大王 | 금온주훈돈대왕

훈툰탕餛飩湯과 샤오롱바오小籠包 전문점으로 이름 좀 날렸다. 테이블마다 빠짐없이 올라가 있는 것도 이 두가지. 두툼한 피에 고기소가 들어간 스타일로 집집마다 특색 있는 만두맛을 보는 것도 또 다른 재미일 터. DON'T MISS 다른 곳에 비해 훈툰탕餛飩의 훈툰이 큰 편으로 조미료 맛이 느껴지지 않는 순수함이 자랑거리. BAD 야들한 피에 육즙 가득한 샤오롱바오에 익숙한 사람들에게는 비추천.

Data Map 408B Access MRT O2 엔쳰푸鹽埕埔역 2번 출구 맞은 편 골목. 도보 5분 Add 高雄市 鹽埕區 新樂街 163巷 1號 Tel 07-551-1378 Open 평일 14:00~21:00, 주말 11:30~21:00 Cost 샤오롱바오 75달러, 훈툰탕 60달러

Data Map 408C Access MRT O2 엔쳰푸鹽埕埔역 2번 출구에서 가오슝 역사문화관 지나 도보 10분 Add 高雄市 鹽埕區 壽星街 11號 Tel 07-521-5151 Open 14:30~23:00 (일 휴무) Cost 지쓰멘 40달러, 지쓰깐멘 50달러, 꽁완탕 20달러

현지인들의 사랑을 듬뿍
아차이지쓰멘 阿財雞絲麵 | 아재계사면

엔쳰鹽埕 사람들에게 물어보면 열에 아홉은 다 아는 가게. 입구부터 잘 되는 가게 특유의 포스가 흘러넘친다. 주문하자마자 재빠르게 음식이 나오는 것도 만족스럽다. DON'T MISS 대표 메뉴는 잘게 찢은 닭고기가 고명으로 올라간 지쓰멘雞絲麵. 담백한 국물도 좋지만 가늘고 얇은 면의 독특한 식감이 먹을수록 매력 있다. 국물이 없는 닭고기면인 지쓰깐멘雞絲乾麵을 꽁완탕貢丸湯과 함께 먹어도 굿!

Data Map 408D
Access MRT O2 옌첸푸뤌 埋埔역 2번 출구로 나와 오른쪽 직진 후 맥도날드에서 신둥양 방면으로 직진. 편의점 세븐일 레븐 대각선 맞은편. 도보 10분
Add 高雄市 鹽埕區 大仁路 154號 **Tel** 07-561-6611
Open 12:00~24:00
Cost 접시 당 100~130달러

순대 곱창파들 모여라
따거우딩아뤄하루웨이 大溝頂阿囉哈滷味 | 대구정아라합로미

두부, 메추리알, 어묵, 돼지심장, 닭날개, 닭목 등을 간장에 졸인 루웨이滷味를 파는 곳. 현지인들이 유독 좋아한다. 비법 간장의 향긋함이 남다르단다. 시어머니의 손맛을 물려받은 며느리가 옆집에 나란히 같은 가게를 열었는데도 손님들은 이곳으로만 몰린다. DON'T MISS 대표 메뉴는 오리 내장. 순대 곱창파들이라면 거부감 없이 먹을 수 있는 난이도니 도전해보자. BAD 두부, 메추리알, 채소 같은 무난한 재료도 있지만 대체로 낯선 부위들이 많다. 주인 할머니가 건네주는 시식용 루웨이를 먹어보고 결정해도 늦지 않다.

가오슝

방방곡곡 인기만점
딩타이펑 鼎泰豐 | 정태풍

테이블 간격이 넓은 편이라 손님이 북적여도 탁 트인 느낌이다. 친절한 서비스도 백점 만점에 백점! DON'T MISS 샤오롱바오는 이제 두말하면 잔소리! 새로운 메뉴에 도전해보고 싶다면 훙요차오샤오紅油抄手를 먹어보자. 고추기름 소스에 돼지고기 소를 넣어 빚은 만두로 매콤한 맛이 한국인의 입에 잘 맞는다.

Data Map 407C **Access** MRT R14 쥐단트蛋역 5번 출구로 나와 한신아레나 지하 1층 **Add** 高雄市 左營區 博愛二路 777號 B1樓 **Tel** 07-553-3312 **Open** 평일 11:00~21:30, 주말 10:30~21:30 **Cost** 샤오롱바오 10개 210달러, 홍요차요샤오 180달러 **Web** www.dintaifung.com.tw

줄을 서시오
우바오춘 베이커리 吳寶春麥方店

오보춘면방점 | Wu Pao Chun Bakery

언제나 문전성시를 이룬다. 경쟁하듯 빵을 사는 모습조차 재미난 볼거리. 과일잼, 녹차 등 타이베이 지점에서 볼 수 없는 아이템도 있다. DON'T MISS 쫄깃하고 말랑한 식감에 상큼한 망고향이 그득한 망고베이글! BAD 관광지처럼 입장도, 계산도 줄을 서야한다. 대회에서 1등한 로즈 앤 리치빵荔枝玫瑰 麵包은 순식간에 품절.

Data Map 407H **Access** MRT R8 싼둬상취안三多 商圈역 5번 출구로 나와 시청 방면으로 도보 15분 **Add** 高雄市 苓雅區 四維三路 19號 **Tel** 07-335-9593 **Open** 10:00~21:30 **Cost** 로즈 앤 리치빵 350달러, 망고베이글 45달러 **Web** www.wupaochun.com

현지인들이 즐겨가는
루이펑 야시장 瑞豐夜市 | 서풍야시

사실 현지인들은 루이펑 야시장을 간다. 좁은 골목에 빼곡히 들어찬 노점 사이를 지나다니는 것이 진짜 야시장을 만나는 법! 이때 샤오츠까지 손에 들면 완벽하다. 골목은 총 18개로 바닥의 숫자에 따라 구획이 나뉜다. 1부터 10까지는 옷과 잡화, 11에서 15는 미식 골목, 16부터 끝까지는 좌석 있는 노점 식당가다. DON'T MISS 1번 골목 출구 앞에 있는 오징어밥 짜단우째이샤오炸彈烏賊燒가 제일 인기 있다. 타르타르, 스위트 칠리 등 소스도 선택 가능하다.

Data Map 407C Access MRT R14 쥐단역 1번 출구에서 도보 1분 Add 高雄市 鼓山區 裕誠路 1128號 Open 17:00~24:00, 월, 수 휴무 Cost 짜단우째이샤오 70달러

가오슝에서 제일 큰
찐쭈안 야시장 金鑽觀光夜市 |
금찬관광야시 | Jin Juan Night Market

가오슝에 새로 생긴 야시장으로 노점만 무려 1,000여 개에 달한다. 금요일부터 일요일까지는 노점이 모두 문을 열어 시끌벅적하다. 의류, 잡화는 물론이고 야시장 칵테일, 파충류 전시장 등 다른 야시장에서 볼 수 없는 볼거리를 찾기에 그만이다. DON'T MISS 채소 효소에 발효시킨 초또푸臭豆腐는 고약한 냄새에 대한 편견을 잊게 해주는 맛. 야시장 입구 첫번째 골목 초입에 있다. BAD 사람도, 가게도 많아도 너무 많다.

Data Map 407L Access MRT R6 카이쉔凱旋역 2번 출구로 나와 찐쭈안 야시장행 셔틀버스 탑승. 셔틀 버스운영 시간은 17:30~22:30 Add 高雄市 前鎮區 凱旋四路 788號 Open 17:00~24:00, 월, 수 휴무 Cost 초또푸 50달러

Writer's Pick! 야시장 초보자들에게 추천
류허 야시장 六合夜市 | 육합야시

가오슝 3대 야시장 중 하나. MRT역과 바로 연결되어 접근성이 좋고 골목 사이를 지나다닐 필요가 없어 둘러보기도 편하다. 해산물을 비롯해 다채로운 먹거리 아이템이 많은 것이 특징 DON'T MISS 총통도 마시고 갔다는 파파야우유木瓜牛奶는 류허 야시장의 명물 중 명물! 인증샷 남기기에도 그만이다. 여러 가지 해산물을 맛보는 것도 굿 초이스!

Data Map 407G Access MRT R10, O5 메리다오美麗島역 11번 출구에서 도보 1분 Add 高雄市 新興區 六合二路 Open 17:00~01:00 Cost 파파야우유 50달러

고향의 맛이라 불리는
샤오난완꽈 小南碗粿 | 소남완과

단오에 먹는 전통음식 쫑쯔粽子를 타이완 남부식으로 맛볼 수 있는 곳. 쫑쯔란 찹쌀에 견과류, 밤, 콩 등을 넣고 대나무잎에 싸서 찐 일종의 찹쌀밥이다. 고소한 땅콩가루를 곁들여 찍어먹는 남부식 쫑쯔는 화성쫑花生粽이라고 불리는데 이곳만의 특제 간장 소스가 추가된다. DON'T MISS 타이완 사람이라면 어릴 때부터 먹는 음식 완꽈碗粿를 추천한다. 쌀을 갈아 즙을 낸 후 버섯, 고기, 달걀 등을 섞어 쪄서 먹는데 달걀찜처럼 생겼지만 맛은 다르다.

Data Map 407G Access MRT O4 스이후이市議會역 하차, 2번 출구에서 도보 8분 Add 高雄市 前金區 自強二路 89號 Tel 07-282-8354 Open 8:00~20:00 Cost 화생쫑 35달러, 완꽈 35달러

고급스러운 해산물 요리
하이텐샤 海天下 | 해천하

비싸지만 제대로 된 해산물 요리를 먹고 싶다면 하이텐샤로 가자. 해산물의 퀄리티를 보장한다. 크랩 튀김 옌쑤쉰鹽酥蟳은 살이 꽉 차 올라 먹기 좋고, 오징어볶음 산베이샤오쥐안三杯小卷은 통통하게 살이 오른 오징어가 뽀독뽀독 씹힌다. 조개볶음 차오하이과쯔炒海瓜子 역시 물 좋은 조개로 제대로 볶아내 흐뭇하다. BAD 메뉴판은 중국어와 영어가 병기되어 있지만 의사소통은 오직 중국어로만 가능.

Data Map 407G Access MRT R9 쭝양궁위안中央公園역 2번 출구에서 도보 10분 Add 高雄市 新興區 林森二路 188號 Tel 07-281-0651 Open 11:30~14:00, 17:00~21:00 Cost 산베이샤오쥐안 380달러, 차오하이과쯔 220달러, 옌쑤쉰 1,200달러(시가 따라 가격 변동)

야경을 안주삼아 맥주 한 잔
동찐주우창 東京酒場 | 동경주장

Data Map 406F Access MRT O2 옌첸푸鹽埕埔역 2번 출구에서 쭝쩡시루中正西路 방향으로 도보 5분 Add 高雄市 前金區 五福三路 152號 Tel 07-282-0818 Open 17:00~05:00 Cost 더우쑤센허 180달러, 생맥주 500ml 70달러

1차로 아이허 강변을 걸으며 야경을 감상했다면 2차로 시원한 맥주 한 잔 마셔보자. 위치는 아이허 바로 앞으로 2층까지 있어 좌석도 넉넉한 편. 한글 메뉴판이 있어 메뉴 고르는데 망설일 필요가 없다. DON'T MISS 18일 내에 마셔야 한다는 타이완 생맥주와 굴찜 더우쑤센허豆酥鮮蚵는 맛있게 먹을 수 있는 추천 메뉴. BAD 100달러짜리 안주는 6개 밖에 없고 메뉴판에 있더라도 재료가 없으면 주문 불가! 맛이 대체로 고만고만하다.

BUY

Data Map 408D
Access MRT 02 옌첸푸鹽埕埔역 2번 출구에서 좌회전 후 직진, 플로호텔을 지나 도보 5분
Add 高雄市 鹽埕區 五福四路 25號
Tel 07-561-4475
Open 월~토 9:00~21:30, 일 12:00~18:00
Cost 무몐수 1개 30달러, 아이허리지사오 1개 40달러, 펑리수 1개 30달러, 종합선물세트 300달러 내외

가오슝시가 추천하는
마리스핀 瑪莉食品 | 마리식품

1963년 개업해 가오슝 시민들에게 한결같은 사랑을 받고 있는 전통 베이커리. 아이허와 가까워 관광객들의 발길도 끊이질 않는다. 2008년에는 시 대표 기념품으로도 추천받았다. 언제나 인기 만점 펑리수를 비롯해 가오슝시를 대표하는 케이크 종류도 다채롭다. 선물 세트도 구성과 가격이 다양해 고르기만 하면 된다. <u>DON'T MISS</u> 대표 아이템인 목화빵 무몐수木棉酥. 가오슝의 시화를 상징한 케이크로 소에 따라 멜론, 크랜베리 등 총 4가지 맛으로 나뉜다. 한입 베어 물면 진한 향이 입 안 가득 퍼진다. 아이허 밤빵 아이허리지사오愛河栗子燒는 귀여운 핑크색 패키지가 눈길을 먼저 사로잡는다. 달달한 밤이 쏙쏙 박혀 맛도 최고! 치친과 꿍산의 지역 이름을 한 글자씩 따서 이름 붙은 치꿍수旗鼓餅는 현지인들이 특히 좋아하는 맛이다.

Data Map 408E
Access MRT 02 옌첸푸鹽埕埔역 2번 출구에서 오른쪽으로 직진, 맥도날드 맞은편 도보 1분
Add 高雄市 鹽埕區 大仁路 80號
Tel 07-561-5811
Open 09:00~22:00
Cost 육포 1봉지 100달러, 펑리수 12개 세트 338달러, 우롱차 1개 500달러

선물하면 신동양
신동양 新東陽 | 신동양

한국인들 사이에서는 파인애플 케이크인 펑리수 파는 가게로만 알려져 있지만 사실 현지인들에게는 선물하면 신동양이다. 전국의 휴게소를 비롯해 공항에서도 쉽게 볼 수 있다. 우롱차, 누가, 과자, 소시지, 어란뿐만 아니라 와인, 화장품 등 각양각색의 선물용 아이템이 즐비하다. <u>DON'T MISS</u> 가게 한편에서 즉석해서 구워 파는 육포가 제일 유명하다. 두툼한 고기에 양념을 발라 굽는 뤄간肉乾과 과자처럼 얇게 잘라 구운 뤄즈肉紙 2가지 종류가 있다. 특히 뤄즈는 맥주 안주로 훌륭하다.

SLEEP

아이허 옆 가오슝의 랜드마크
앰버서더호텔 가오슝
國賓大飯店 |
The Ambassador Hotel Kaohsiung

아이허 강변에 있어 가오슝 야경 사진에 늘 주연으로 출연하는 호텔이다. 앰배서더호텔 모르는 택시 기사가 없을 정도. 바로 앞이 아이허라 아침, 저녁으로 강변을 산책하기 딱 좋다. MRT역은 다소 멀지만 가오슝 기차역은 가까운 편. 로비와 레스토랑 등 호텔 곳곳이 고급스럽다. 룸은 약간 오래된 느낌이 있지만 넉넉하다. 방 위치에 따라 차이가 있으며 방에서도 아이허의 야경이 보인다. 리셉션 데스크 직원보다 컨시어지가 친절하다. 짐 보관 서비스는 물론 주변 관광지 안내도 척척. 지하 피트니스는 작지만 쾌적하다. 반면, 야외 수영장은 강가를 지나가는 사람들도 훤히 보이는 위치라 프라이빗한 맛은 없다.

Data Map 406F Access MRT R10, 05 타고 스이후이市議會역 하차, 도보 13분 Add 高雄市 前金區 民生二路 202號 Tel 07-211-5211 Cost 슈페리어 싱글&트윈룸 4,500달러~, 트윈룸 5,000달러~ Web www.ambassadorhotel.com.tw

화려한 호텔이 이 좋은 위치에
샤또 드 친
翰品酒店 | Chateau de chine

관광객보다 현지인들이 즐겨 찾는 샤또 드 신. 우선 MRT 옌첸푸역 도보 2분, 아이허에서 5분으로 교통이 기가 막히게 좋다. 아이허에서 시즈완까지 가오슝을 여행하기 절묘한 위치다. 로비부터 조식 레스토랑까지 전체적으로 과하다 싶을 만큼 화려해 파티장에 온 듯하다. 그래도 룸은 여느 호텔보다 깔끔하고 세련미 있다. 현지 입맛에 맞춘 조식 메뉴도 다양하고 풍성하다. 투숙객이 호텔 내 레스토랑을 이용하면 5~10% 할인도 해준다. 피트니스와 세탁시설도 갖추고 있다. 호텔 가까이에 신동양 매장이 있어 펑리수나 육포 등을 사기도 편하다.

Data Map 408E Access MRT O2 타고 옌첸푸鹽埕埔역 2번 출구에서 아이허 방면으로 도보 2분 Add 高雄市 鹽埕區 大仁路 43號 Tel 07-521-7388 Cost 디럭스 싱글룸 3,000달러~, 디럭스 트윈룸 3,200달러~ Web kaohsiung.chateaudechine.com

싼 맛에 묵게 되는
지아스 인 러브 리버
佳適旅店 | Jia's inn Love River

주머니가 가벼운 여행자들에게 반가운 호텔. 외관과 로비가 모던하며, 룸은 좁지만 깔끔한 모텔급. 특히 방음이 약하다. 옆방에 목소리 큰 사람이 묵으면 잠을 설칠 수도 있다. 특이하게 꼭대기 층에 식당이 있는데, 전망이 좋아 하루를 산뜻하게 시작하게 해준다. 무료 세탁시설도 갖추고 있다. MRT와 제법 멀지만 아이허 따라 난 길을 산책 삼아 걷기는 좋다.

Data Map 406F Access MRT O11 타고 펑산스짠鳳山西站역 하차, 1번 출구에서 아이허 강 방면으로 도보 15분 Add 高雄市 278號 Tel 07-551-9292 Cost 비즈니스룸(더블침대) 1,200달러~, 패밀리룸(더블침대 2개) 2,000달러~ Web www.jiasinn.com.tw

친절하고 편안한 호텔
플론호텔 福容大飯店 | Fullon Hotel

옌첸역과 10분, 아이허 5분 거리. MRT역 바로 앞은 아니지만 아이허에서 시즈완까지 여행을 하기 좋은 위치. 아이허 쩐아이마터우와 가깝다. 다른 풀론호텔에 비해 규모는 작은 편이지만 리셉션 직원들과 도어맨들이 친절하다. 룸도 앰배서더호텔에 비해 모던하고 깔끔하다. 수영장, 피트니스, 세탁실 등 편의시설도 훌륭한 편. 바로 옆에 비빔뉴러멘으로 유명한 밍방깡위안 뉴러우멘 銘邦港園牛肉麵이 있다는 것도 장점.

Data Map 408D Access MRT 02 타고 옌첸푸鹽埕埔역 하차, 4번 출구에서 아이허 방면으로 도보 8분 Add 高雄市 鹽埕區 五福四路 45號 Tel 07-551-1188 Cost 슈페리어룸 4,000달러~, 디럭스룸 4,800달러~ Web kaohsiung.fullon-hotels.com.tw

가오슝 최고의 야경
85 스카이 타워 호텔 85 Sky Tower Hotel

85빌딩 46층부터 70층까지 585개의 룸을 갖춘 대형 호텔. 널찍한 룸과 넓은 유리창 너머로 펼쳐지는 야경이 예술이다. 85빌딩 전망대에 따로 갈 필요가 없다. 타이완 전통요리, 테판야키 등 전망 좋은 레스토랑도 8곳이나 된다. 1층에서 로비까지 엘리베이터를 타고 올라가 체크인 후 다시 다른 엘리베이터를 타고 이동해야 한다는 점이 다소 번거롭다. 엘리베이터 안은 늘 중국단체관광객들로 붐빈다.

Data Map 407K Access MRT R8 타고 싼둬상취안三多商圈역 하차, 1번 출구에서 도보 5분 Add 高雄市 旗津區 自強三路 1號 37~85樓(新光路口) Tel 07-566-8000 Cost 디럭스 더블룸&트윈룸 3,500달러~ Web www.85skytower.com

SPECIAL IN TAIWAN 03
가오슝

> | Theme |
> ## 타이완의 땅끝 마을, 컨딩
>
> 타이완의 최남단에 위치한 컨딩墾丁은 에메랄드빛 바다와 하얀 모래사장이 아름다워 타이완의 하와이라 불리는 휴양지다. 가오슝에서 컨딩콰이셴을 타고 2시간이면 남국의 정취를 물씬 풍기는 해변을 만나게 된다. 컨딩 일대가 국립공원으로 지정돼 있을 만큼 때묻지 않은 자연을 그대로 간직하고 있다.

소담한 해변
샤오완 小灣 | 소만

컨딩의 중심에 자리한 해변. '어머, 이게 다야?' 할 만큼 규모는 작지만 숲으로 둘러싸여 아늑하다. 나른한 오후 파도소리에 귀 기울이며 호젓한 휴식을 즐기기 좋은 분위기. 시저 파크 호텔에서 운영하는 노천바가 해변의 운치를 더한다. 테라스에 앉아 맥주 한 잔 홀짝이다 고개를 젖히면 별을 품은 하늘이 양팔 가득 쏙 안길 듯 달려든다. 저녁엔 라이브 밴드 공연이 열려 로맨틱한 분위기가 한층 무르익는다. 모래사장에 앉아 캔 맥주를 홀짝이는 청춘들도 많다. 단, 밤엔 어두우니 수영을 삼가도록 하자.

Data Map 427B **Access** 컨딩루墾丁路 시저 파크 호텔 맞은편 계단 아래로 내려가면 해변 **Add** 屛東縣恆春鎭 墾丁路 小灣海水浴場 **Tel** 컨딩 샤오완 인포메이션센터 08-886-1321 **Open** 24시간 **Cost** 무료

매일 밤 야시장으로 변신!
컨딩따지에 墾丁大街 | 간정대가

컨딩의 번화가다. 가오슝에서 컨딩 콰이셴의 정차지이자 대부분의 숙소가 여기 모여 있다. 컨딩따지에는 낮보다 밤이 화려하다. 호텔, 레스토랑, 서핑용품 기념품 가게가 즐비한 거리는 해가 저물고 나면 야시장으로 둔갑하기 때문. 기분 좋은 북적임을 느끼고 싶다면, 컨딩따지에로 나가기만 하면 된다. 기념품이나 액세서리를 늘어놓은 좌판이 서고, 아이스크림, 각종 샤오츠를 파는 노점이 문을 연다. 다른 지역 야시장과 달리, 자동차를 개조한 바Bar가 유독 많다. 이럴 땐 맘에 드는 곳에서 맥주 한잔 마시는 게 예의 아닐까. 컨딩 특유의 자유로운 분위기를 맘껏 즐겨보자.

Data Map 427B **Access** 가오슝에서 컨딩 콰이셴墾丁快線을 타고 컨딩따지에 墾丁大街 하차 **Add** 屛東縣恆春鎭 墾丁大路

일출의 명소
촨판스 船帆石 | 선범석

촨판스는 '바다 위를 항해하는 배'라는 뜻의 기암(기이하게 생긴 바위)이다. 과학적으로 얘기하면 바다에서 융기한 50m 높이의 산호초 바위. 샤오완과 샤다오 사이에 있는데, 보는 각도에 따라 인상이 달라진다. 선박처럼도 보이고, 코가 길어지기 전 피노키오의 얼굴처럼도 보인다. 아침잠이 없는 여행자라면 촨판스 뒤로 떠오르는 아침 해를 마주해보자. 촨판스는 컨딩 최고의 일출 명소로 꼽힌다. 해돋이를 본 후 느긋하게 해변 산책을 즐겨도 좋겠다.

Data **Map** 427B **Access** 컨팅지에처墾丁街車 어롼비鵝鑾鼻행을 타고 촨판스船帆石에 하차 또는 타이완판비台灣觀巴 오전 투어 이용 **Add** 屛東縣恆春鎭船帆路 600號 **Tel** 092-175-8222

타이완 8경으로 꼽히는 최남단 등대!
어룬비 鵝鑾鼻 | 아만비 | Eluanbi Lighthouse

타이완의 최남단 컨딩에 왔으니 '땅끝'을 보아야 할 터. 하늘과 바다 사이 그림처럼 서 있는 하얀 등대, 어룬비가 있는 곳이 바로 타이완의 최남단이다. 130년이 넘게 같은 자리를 지키고 있는 등대는 청나라 시절에 세워져 2차 대전 후 재건했다. 지금도 등대 역할을 톡톡히 하고 있다고. 등대로 가는 길, 초록융단 같은 잔디 옆으로 키 큰 야자수가 늘어서 있다. 등대와 컨딩의 파란 하늘이 어우러지면 순수한 매력이 배가된다. 등대 주변을 한 바퀴 빙 돌고나면, 과연 타이완 8경 중 하나구나 싶다. 등대에서 바라보는 바다 풍경도 푸르다. 시간 여유가 있다면 해안을 따라 산책로도 거닐어보자. 검은 석회암 바위와 푸른 바다, 초록의 열대 식물이 아름다운 조화를 이룬다. 길을 따라 걷다 마주치는 '키스바위'도 놓치지 말자. 닿을락 말락한 두 바위의 모습이 연인을 꼭 닮았다. 단, 등대부터 해안로까지 둘러보려면 1시간 반 이상 걸린다.

Data Map 427B
Access 컨딩지에서 어룬비행을 타고 어룬비 鵝鑾鼻 하차 또는 타이완꽌바 台灣觀巴 오전 투어 이용
Add 鵝鑾里 鵝鑾路 301號 or 屏東縣 恆春鎮 燈塔路 90號 **Tel** 08-885-1321
Open 1~3월, 11~12월 07:00~17:30, 4~10월 06:30~18:3 **Cost** 40달러

아찔한 출렁다리가 놓인
강커우 港口 | 항구

컨딩에서 헝춘으로 흘러가는 강줄기가 시작되는 곳이다. 여행객들의 발길을 끄는 것은 강커우 위에 놓인 출렁다리. 겁 없는 여행자들은 다리 위의 점프샷에 도전하기도 하는데, 다리를 건너는 것만으로도 아찔하다. 다리를 건너면 코코넛 농장이 나온다. 강커우의 출렁다리 뒤로 뉘엿뉘엿 넘어가는 붉은 노을이 백미. 단, 대중교통인 컨딩지에스로 가기 어렵다. 택시를 타거나, 타이안 꽌바 투어에 참여하는 방법이 있다. 투어로 갈 경우 투어에 입장료까지 포함돼 있어 편하다.

Data Map 427B
Access 타이완꽌바 台灣觀巴 오전 투어 이용 **Add** 屏東縣 滿州鄉 滿州村 43號
Open 07:30~18:00
Cost 10달러~

눈이 부시게 푸른 해안
룽판궁위안 龍磐公園 | 용반공원 | Longpan Park

이름은 공원이지만 태평양을 마주 보고 있는 초원에 가깝다. 해안절벽이 거친 바람과 거센 파도에 의해 초원이 됐다. 물감을 풀어놓은 듯한 짙은 바다색과 초록 잔디가 어우러져 절경을 이룬다. 파도와 바람에 의해 생겨난 독특한 암초도 군데군데 보인다. 거제도 바람의 언덕이나 제주도 애월에서 바람 좀 맞아본 여행자라면 이 바람이 친근하게 느껴질 수도. 터프한 태평양 바람에 치마가 펄럭이고 모자가 날아갈 수 있으니 주의할 것.

Data Map 427B
Access 타이완꽌바台灣觀巴 오전 투어 이용
Add 鵝鑾里 鵝鑾路 301號 or 屏東縣 恆春鎮 燈塔路 90號

 | Talk

| 이동 법 |

1. 가오슝에서 컨딩 가기

버스 가오슝 쮜잉역에서 컨딩을 오가는 익스프레스버스 컨딩콰이셴墾丁快線을 타면 약 2시간 20분 만에 도착한다. 오전 9시부터 저녁 5시까지 15~30분 간격으로 운행하며, 언제든 쮜잉역 2번 출구 앞에서 티켓을 살 수 있다. 단, 종점이 아니라 컨딩따지에 정류장에 내려야 하니 주의할 것. 가격은 편도 418달러, 왕복 650달러.

택시 가오슝에서 컨딩까지 택시로 약 1시간 거리다. 요금은 약 2,000달러. 여럿이 함께 여행 한다면 1일 택시투어를 이용하는 것도 방법이다.

2. 컨딩 돌아보기

타이완꽌바 台灣觀巴 일종의 투어버스로 컨딩을 돌아보는 가장 편리한 방법이다. 숙소에서를 통해 예약하면 숙소로 픽업을 온다. 가이드가 동행하며 일부 관광지는 입장료도 내준다.

컨딩지에처墾丁街車 컨딩 시내버스로 쥐셴, 뤼셴, 란셴 3가지 노선이 있다. 쥐셴이 주요 관광지를 오간다. 주중과 주말은 운행코스가 다르니 확인하고 탈 것

Tip 컨딩콰이셴 티켓을 살 때, 컨딩지에처 무제한 탑승이 포함된 800달러 티켓을 사면 컨딩내에서 이동할 수 있다.

Special In Taiwan
04
타이난
台南

타이난은 네덜란드 점령기, 명나라, 정성공의 탈환과 청나라를 거치며 19세기까지 타이완의 정치, 경제, 문화의 중심지였다. 유서 깊은 도시라 고색창연한 유적들도 오롯하다. 타이완의 경주라 불리는 이유도 그 때문. 타이난에서 시작된 음식의 역사 또한 화려하다. 위대한 유산도 위胃대大해지는 먹거리도 많은 타이난을 맛보려면 열린 마음과 텅 빈 속은 필수.

SPECIAL IN TAIWAN 04
타이난

TAINAN
PREVIEW

'정성공의 도시', '천묘의 성', '타이완의 옛 수도' 타이완에서 가장 오래된 도시 타이난은 긴 역사만큼이나 애칭도 많다. 고적과 사원 주변에는 도시의 역사와 함께한 맛집이 포진해 있다. 오래된 거리 안 갤러리, 오래된 건물 안 카페 등 반전 매력을 뿜어내는 핫플레이스도 숨어있다. 타이난을 보고 느끼고 맛보려면 반나절로는 부족하다. 아침부터 밤까지 야금야금 타이난의 매력에 빠져보자.

SEE

과거와 현재가 공존하는 타이난의 볼거리는 타이완 하오싱 버스 노선처럼 안핑에서부터 시내로 이어진다. 안핑에는 네델란드 점령기의 고적 안핑수우, 안펑구바오, 시내에는 츠칸루, 대천후궁, 공자묘 등 놓치면 아까운 고적이 많다. 옛 건물에 다소 지루해 질쯤엔 감성 가득한 빈티지 거리들이 여행의 활기를 불어넣는다. 타이난의 '핫한 동네 션농지에, 하이안루, 푸종지에는 옛 건물의 틀은 그대로 살리면서 그 안을 저 마다의 개성으로 채운 가게들이 오래된 도시의 미래를 보여준다.

BUY

낯선 여행지에서 마음에 쏙 드는 물건을 발견했을 때! 타이난에서 그런 행운을 만나고 싶다면 공자묘 맞은편 푸종지에로 가자. 두고두고 타이난을 기억할 기념품이나 마음을 담은 선물을 마련하려면 잡화점 아이라이프를, 멋스러우면서도 실용적인 여행가방 하나 장만하고 싶다면 핸드메이드 핸드백숍 라유를 추천한다.

EAT

현지인들에게 가장 맛있는 도시를 묻는다면 약속이나 한 듯 타이난을 꼽는다. 타지에서 놀러와 극기훈련하듯 맛집 투어를 하는 곳, 야시장의 위엄을 제대로 뽐내는 화위엔 야시장은 필수 코스로 빼놓지 말자. 안핑에서는 새우말이를 먹고 안핑또화로 마무리하면 완벽하고, 목마를 땐 동과차를 마시는 것이 탁월한 선택. 타이난의 명물 관차이반도 그냥 지나치기엔 섭섭하다. 멜론빙수도 잊지 말자! 숨차게 얘기했는데 아직도 맛볼 것이 남았으니 맛의 도시로 인정!

Yummy!

어떻게 갈까?

가오슝에서 기차로 30분이면 갈 수 있는 거리라 당일 여행지로 부담이 없다. 가오슝 기차역에서 타이난 기차역까지 우리나라 새마을호와 비슷한 쯔창하오自强號로 30분, 쥐광하오莒光號로는 약 1시간 걸린다. 주말에는 표가 매진인 경우도 있으니 출발할 때 왕복 티켓으로 미리 구입할 것. 가오슝 쭤잉역에서 고속열차로 갈 경우 시간은 13분밖에 안 걸리지만, 타이난 고속철도역과 타이난 기차역 거리가 멀어 오히려 이동이 불편하다.

타이베이에서 330Km 거리에 있는 타이난은 타이베이에서 고속열차 가오톄高鐵로 약 1시간 30분, 고속버스 U-bus로 4시간 15분 걸린다.

어떻게 다닐까?

지하철이 없는 타이난을 여행할 때 최고의 교통수단은 타이완 하오싱台灣好行 버스다. '88안핑노선'과 '99타이장노선' 2가지가 기차역에서부터 주요관광지를 연결한다. 88안핑노선은 타이난공원에서 출발해 공자묘, 션농지에를 거쳐 안핑수우, 관석전망대까지, 99타이장노선은 타이난공원부터 츠칸루, 안핑구바오, 타이완소금박물관을 거쳐 소금산까지 운행한다. 별도로 티켓 구입할 필요 없이 현금이나 이지카드로 탑승 가능하다. 대인 18달러, 소인 9달러. 단, 운행 간격이 1시간인데다 주말과 주중은 아예 운행 시간이 다르니 미리 확인하고 타자. 홈페이지(www.taiwantrip.com.tw) 참조.

SPECIAL IN TAIWAN 04
타이난

One Fine Day in
TAINAN

타이완의 역사가 시작된 안핑에서부터 타이난 시내 유적과 주변 맛집까지 1일 타이난 탐방에 나서보자. 오전에는 안핑수우와 안핑구바오를 둘러 본 후 안핑의 명물 안핑또화와 새우말이를 맛보고, 오후에는 타이난 시내로 들어오는 알찬 코스. 여기에 타이난의 명물 새우말이, 단짜이멘, 멜론빙수로 속이 꽉 찬 코스가 완성된다.

타이난 기차역에서 안핑수우 가기

→ 타이완 하오싱 버스 50분

안핑수우와 더지양행 구경하기

→ 도보 5분

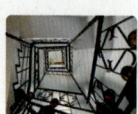
전망 좋은 안핑구바오에서 타이난 역사공부

↓ 도보 10분

츠칸루 둘러보기

→ 도보 15분

공자묘&공자묘 앞거리 산책

← 타이완 하오싱 버스 40분

맛 골목, 안핑라오지에서 점심식사

↙ 도보 5분

후루룩 홍위터우단짜이멘 한 그릇!

→ 도보 7분

타이청수이거우뎬 멜론빙수 맛보기

→ 도보 5분

하이안루 벽화거리에서 사진놀이

→ 도보 5분

션농지에 산책하기

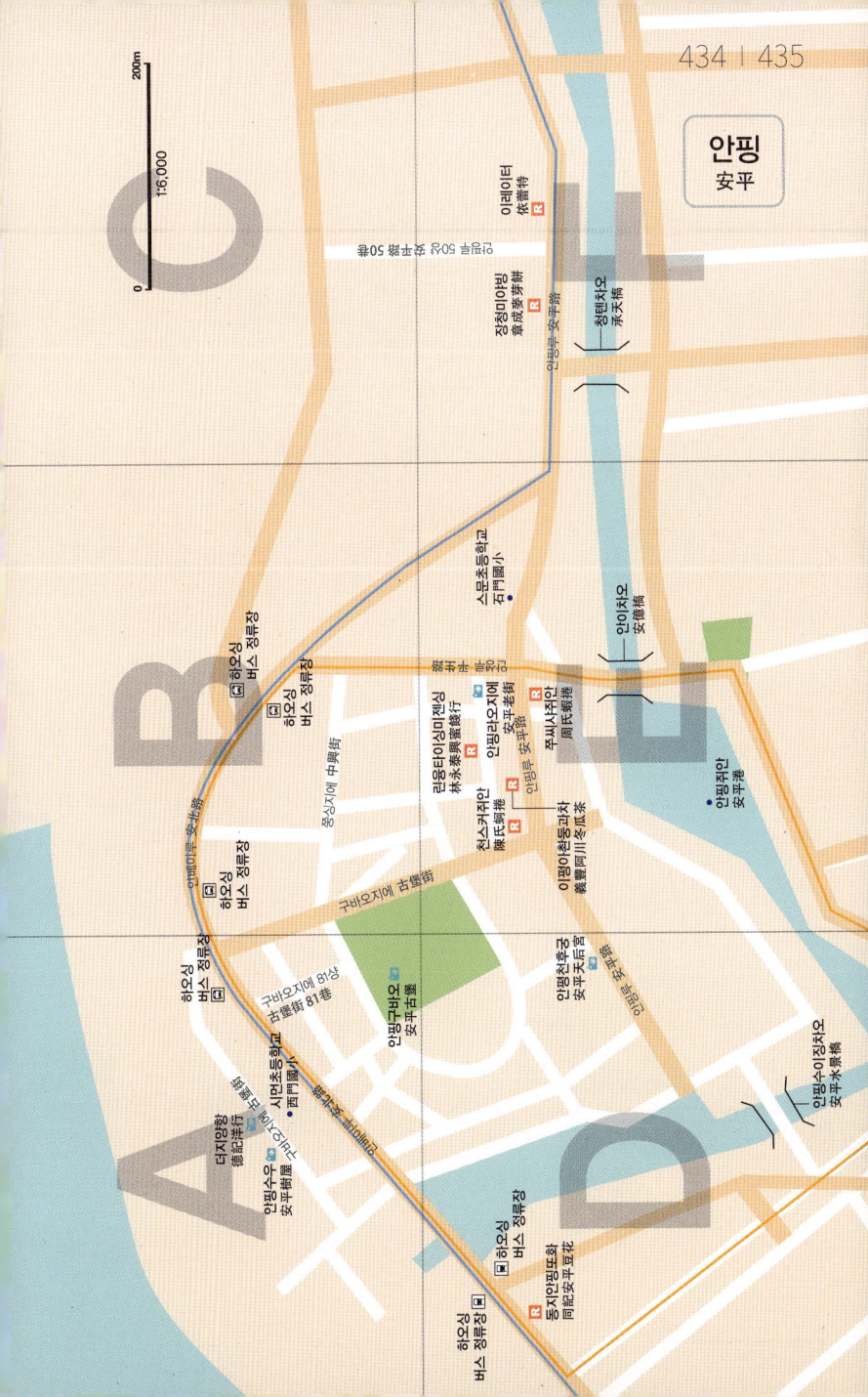

SPECIAL IN TAIWAN 04
타이난

| 안핑 |

Writer's Pick!

나무와 집이 빚은 기묘한 풍경
안핑수우 安平樹屋 | 안핑수옥 | Anping Tree House

Data Map 435A
Access 타이완 하오싱
버스 88안핑노선을 타고
안핑수우安平樹屋 정류장 하차
Add 台南市 安平區
古堡街 108號
Tel 06-391-3901
Open 08:30~17:30
Cost 성인 50달러

안핑 트리 하우스? 이름만 봐서는 도통 감이 안 오는 이곳은 안핑수우安平樹屋, 더지양항德記洋行, 주주잉구우朱玖瑩古屋 세 곳의 각기 다른 유적지가 모여 있는 안핑 대표 관광지다. 안핑수우는 원래 1867년 영국무역상이 설립한 무역사무소 더지양항의 창고였다. 일제강점기에 일본소금회사의 창고로 쓰이다 2차 대전 후 안핑의 염전이 쇠퇴하며 한동안 방치됐었다. 아무도 찾지 않는 빈 공간에 반얀나무Banyantree가 홀로 자라 집안 곳곳을 휘감아 기묘한 분위기를 자아낸다. 벽과 뒤엉킨 나무는 건물을 꼭 끌어안은 연인 같기도, 모든 것을 집어 삼키려는 괴물 같기도 하다. 지붕 위에 올라갈 수도 있다. 지붕에서 연결되는 길을 쭉 따라가면 물레방아, 자오타수이차腳踏水車와 전망대, 관징핑타이觀景平台가 나온다. 뒷마당의 소담한 전원풍 카페는 온전히 쉬어가기 좋다. 안핑수우 옆 더지양항 안은 타이완개척사료밀랍관台灣開拓史料蠟像館으로 꾸며 안핑의 옛 생활상을 보여준다. 더지양항 옆 주주잉구우朱玖瑩古屋 타이완 소금총장을 역임했던 서예가 주주잉의 옛집으로 곳곳에 서예 작품이 전시돼 있다. 그중 1층의 돌 위에 물로 붓글씨를 써보는 체험코너가 흥미롭다.

Tip **안핑수우&더지양항**
어디가 더지양항이고 안핑수우야 두리번두리번 할 필요 없다. 티켓 하나(50달러)로 둘 다 관람하면 된다.

세월 앞에 성벽 없다
안핑구바오 安平古堡 | 안평고보 | Anping Old Fort

타이완에서 가장 오래된 요새. 17세기 중엽 타이완을 점령한 네덜란드인들이 10여 년을 공들여 지었다. 당시에는 성곽을 3중으로 도도하게 쌓아올리고 젤란디아 Zeelandia 성으로 이름도 붙였다. 네덜란드는 정성공에 함락 당하기 전까지 여기서 37년 간 타이완을 통치했다. 공든 성은 세월 앞에 무너지고 지금은 빨간 벽돌 장벽과 대포만 남았다. 옛 감시탑은 안핑구바오의 아이콘, 하얀 전망대로 변신했다. 나선형 계단을 따라 전망대에 오르면 360°로 안핑을 둘러 볼 수 있다. 먼 바다까지 아련히 내려다보이니 여기가 안핑 최고의 전망 맞다. 전망대 안 나선형 계단 벽에는 안핑구바오의 연대기를 그림으로 그려놓아 순서대로 보기만 해도 역사가 한눈에 읽힌다. 성곽 안의 러란저청熱蘭遮城박물관도 낯선 타이완 역사 공부에 도움이 된다. 전시물 중 지금 봐도 디자인이 멋진 네덜란드 동인도 회사 마크와 옛 건축의 축소모형이 등이 눈길을 끈다. 안핑구바오를 나서기 전 네덜란드를 물리친 타이완의 영웅, 정성공의 동상과 기념촬영, 스템프 찍기도 잊지 말자. 스템프는 입구 겸 출구에 비치돼 있다.

Data Map 435A
Access 타이완 하오싱 버스 88안핑노선을 타고 안핑구바오安平古堡 정류장 하차, 도보 3분
Add 台南市 安平區 國勝路 82號
Tel 06-226-7348
Open 08:30~17:30
Cost 50달러

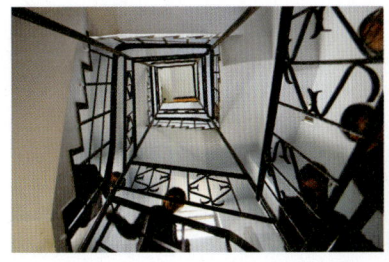

바다의 여신이여
안핑텐허우궁 安平天后宮 | 안평천후궁

Data Map 435D
Access 타이완 하오싱 버스 88안핑노선을 타고 안핑구바오安平古堡 정류장 하차, 도보 1분
Add 台南市 安平區 國勝路 33號
Tel 06-223-8695
Open 04:30~22:00
Web www.anping-matsu.org.tw

바다를 관장하는 여신 마조媽祖를 모시는 사원. 300여년의 세월이 흐르는 동안 안핑 사람들의 안녕과 평화를 기원하는 장소가 됐다. 입구에 걸린 방문객의 소망을 써 놓은 나무 조각이 생생한 증거. 안에는 마조 외에도 재물, 자식, 장수를 기리는 3명의 신을 모시고 있다. 천리 밖을 내다볼 수 있는 눈과 바람이 소리를 알아들을 수 있는 귀를 가졌다는 마조에 얽힌 전설도 흥미롭다. 이 눈과 귀는 한때 악령들이었으나 마조의 가르침에 감화를 받아 자신들의 능력을 마조가 선행을 베푸는 것을 돕는데 쓰게 됐다고. 악령들의 개인기를 재능기부를 받은 마조의 영험함이 안핑을 지키고 있다는 훈훈한 얘기다.

타이난

짝을 찾는 청춘남녀라면
따톈허우궁 大天后宮 | 대천후궁

Data Map 436B
Access 타이완 하오싱 88안핑노선 또는 99타이장노선 타고 츠칸루赤崁樓 정류장 하차 후 도보 5분
Add 台南市 永福路 二段 227巷 18號
Tel 06-221-1178
Open 05:30-21:00

타이완 최초로 천후, 바다의 여신 마조媽祖를 위해 1684년에 세운 사원. 그런데 마조보다 인기 절정의 신이 있었으니 바로 월하노인月下老人. 달빛 아래 그에게 기도하면 빨간 실로 인연을 맺어준다는 신묘한 이야기에 수많은 청춘남녀들이 이곳을 찾는다. 특히, 마음에 둔 상대가 있을 때 더 잘 이루어진다고. 여느 사당처럼 반달모양 나무 조각, 쨔오笅을 바닥에 따닥따닥 던져 점을 쳐보는 월하노인과의 1문1답도 인기다. 소원을 써 걸어둔 하트종이와 커플들의 사진도 다른 사원에선 볼 수 없는 진풍경. 골목 안에 있어 입구가 헷갈릴 땐 주변에 물어보자. 아무나 잡고 물어봐도 바로 알려준다.

Writer's Pick! 역사의 흔적을 찾아서

츠칸루 赤嵌樓 | 적감루

타이난에서 가장 오래된 고적. 주황색 지붕과 빛바랜 하늘색 벽이 조화로운 2층 건물은 그 자체로 파란만장한 역사의 흔적이다. 1653년 네덜란드인들이 프로방시아성이라는 이름의 요새로 지었다. 1662년 정성공이 네덜란드를 물리치며 여기에 민남식 건축물인 해신묘海神廟와, 문창각文昌閣을 세워 청나라 사령부로 썼다. 고사考試의 신을 모신 원창거는 시험을 앞둔 학생들이 찾아오기로 유명하다. 원창거 옆 잉어가 노니는 연못가에는 비석을 업고 있는 돌 거북 9마리가 있는데 반란 진압을 기념으로 청나라 건륭제가 하사한 비석이다. 본디 10개였는데 비석을 실은 배 하나가 사라지는 바람에 9개 밖에 없다고. 역사를 잘 몰라도 동그란 문, 하늘을 향해 물을 뿜는 용마루 등 섬세한 면면이 볼수록 마음을 끈다. 특히, 어루만지고 싶을 정도로 선이 고운 도자기 모양 문이 고혹적이다. 네델란드식 요새는 19세기 중반에 지진으로 무너져 뒷마당 한쪽에 일부만 남았다. 옛 모습은 츠칸루 안 전시물로 밖에 볼 수 없다. 228평화기념일 등 특별한 날 밤에는 츠칸루 앞마당에서 음악회도 열린다.

Data Map 436B
Access 타이완 하우싱 버스 88안핑노선 또는 99타이장노선 타고 츠칸루赤崁樓 하차. 또는 타이난 기차역台南火車站에서 도보 15분
Add 台南市 中西區 民族路 二段
Tel 06-220-5647
Open 08:30~21:00
Cost 50달러

홍대앞을 닮은 벽화 거리

하이안루 海安路 | 해안로

Data Map 436B
Access 타이완 하오싱 버스 88안핑노선 또는 99타이장노선 타고 션농지에神農街 정류장 하차
Add 台南市 中西區 海安路
Web www.streetart.org.tw

운하가 흐르던 자리를 메운 하이안루. 해안을 드나들던 상선들은 시간의 뒤안길로 사라지고 오래된 건물 벽을 캔버스 삼아 그린 벽화들이 넘실댄다. 타이난 화랑계의 큰손 두자오시안杜昭賢이 '아름다운 거리 만들기'를 시청에 제안하고, 예술가들을 초청해 거리미술관을 만들었다. 벽화 앞은 늘 카메라를 든 사람들로 북적북적. 여행자들은 물론 건축학도나 미대생들이 순례하듯 찾는 '핫스폿'이 됐다. 특히 점프샷을 하면 하늘을 나는 듯한 사진을 찍을 수 있는 '하이안이 밝아오르다海安亮起來'는 인기절정. 번잡한 하이안루에 파란 하늘을 그려놓고 싶었다는 작가는 구름 위에 앉은 전구맨, 덩파오런燈泡人은 왜 사람들이 좀 더 여유롭게 살지 않을까 생각 중이라고. 션농지에 입구에 옛 생활상을 그린 '용촨따자오永川大轎', 벽에 1980년대 타이난 나무집을 입체적으로 재현해 관람객들이 마루에 앉을 수 있게한 '라이쮀쭤坐' 등도 인기다. 벽화에 불이 켜지는 밤, 벽화 주변의 노천식당, 바Bar들도 하나둘 불을 밝혀 거리는 한층 활기를 띈다.

감각을 깨워주는 빈티지 거리
션농지에 神農街 | 신농가 | Shennong Street

타이난에서 가장 빈티지하고 핫한 골목으로, 하이안루에서 연결된다. 4m 너비의 거리에 문구점, 카페, 레스토랑, 일반 가정집과 점집이 빼곡히 들어찼다. 무작정 노크하고 싶어지는 문, 살짝 들여다보고 싶은 창문… 빈티지한 이 거리의 매력에 홀린 듯 걷다 보면 시간 가는 줄 모른다. 골목을 서성이다 다리가 아파올 땐 카페놀이를 하기도 좋다. 타이쿠 카페가 2곳 있는데, 션농지에 거리 안에 자리한 타이쿠는 맥주와 칵테일 전용, 거리의 끝 모퉁이의 타이쿠는 커피 전용 카페다. 테라스에서 시원한 칵테일 한 잔하기 좋은 여름에는 전자를, 따뜻한 커피를 그러쥐고 온기를 느끼고 싶어지는 겨울에는 후자를 추천한다.

Data **Map** 436B
Access 타이완 하오싱 버스 88안핑노선 또는 99타이장노선 타고 션농지에神農街 정류장 하차
Add 台南市 中西區 神農街

타이난

빈티지와 모던 사이
비비아트 B.B.ART

하이안루 거리에 벽화로 색을 입힌 주인공 두자오시안杜昭賢이 운영하는 갤러리. 겉보기엔 그저 오래된 건물인데, 유리문을 열고 들어서면 여기가 뉴욕의 소호인가 착각이 든다. 타이난 번화가의 백화점이었던 3층 건물을 2012년 갤러리 겸 카페로 재탄생시켰다(1, 3층은 갤러리, 2층은 카페). 건물의 배관 파이프마저 컬러풀한 예술작품으로 둔갑했다. 1층 갤러리에는 타이완은 물론 이탈리아, 프랑스 등 동서양을 아우르는 현대미술을 선보인다. 위트 있고 재기발랄한 작품이 대부분. 가운데 중정이 있는 ㅁ자형 건물은 하늘과 전시를 동시에 볼 수 있어 이색적이다. 2층 카페 인테리어도 공을 들였다. 커피 향 가득한 에스프레소바와 긴 테이블 그리고 각기 다른 디자인의 빈티지 가구들은 작품이 따로 없다. 뒤뜰 방향으로 난 테라스도 탐나는 자리. 3층으로 올라가면 또 다른 전시 공간이 펼쳐진다. 햇살이 비치는 창가에 옆 소파에 앉아 작품을 둘러보노라면 아티스트의 스튜디오에 초대받은 기분.

Data Map 437C
Access 타이난 기차역台南火車站에서 쭝산루中山路 방향으로 직진 후 우회전 도보 12분
Add 台南市 中西區 民權路 二段 48號
Tel 06-223-3538
Open 11:30~21:00
Cost 아메리카노 120달러, 카푸치노 160달러

타이완 최초의 공자묘
타이난 쿵쯔먀오 台南孔子廟 | 대남 공자묘 | Tainan Confucius Temple

1655년에 정성공의 아들이 건립한 타이완 최초 공자 사원이자 학교. 붉은 문을 들어서면 초록 마당과 15개의 건축물이 펼쳐진다. 왼편에 '명륜당'이 오른편에 '대성전'이 있다. 타이완 최고의 학문이라는 뜻의 전대수학全臺首學이라 불리는 명륜당에 들어서면 어디선가 유생들의 글 읽는 소리가 들리는 듯하다. 아쉽게도 공자와 72인의 제자의 위패를 모시고 있는 대성전은 입장료를 내야 입장 가능. 다른 곳은 자유롭게 둘러보면 된다. 전체적으로 다른 도시의 공자묘에 비해 소박하고 단정하면서도 학구적인 분위기가 감돈다. 색다른 시각에서 공자묘를 보고 싶다면 명륜당 뒤 고사考試의 신을 모신 3층 탑, 원창거文昌閣에 올라보자. 위에서 내려다 본 빨간 지붕의 선과 색이 곱디곱다.

Data Map 437G
Access 타이완 하오싱 버스 88안핑노선 타고 쿵먀오孔子廟 정류장 하차
Add 台南市 南門路 2號
Tel 06-221-4647
Open 08:30~17:00
Cost 대성전 50달러

Writer's Pick! 주말엔 이 길을 걸어요
푸쭝지에 府中街 | 부중가

사실, 공자묘 맞은편 푸쭝지에가 공자묘보다 재미있다는 사람들이 많다. 특히 주말에는 온 거리에 활기찬 분위기가 흘러넘친다. 여자들의 눈길을 끄는 볼거리가 많아 앞으로 전진하기 힘들 정도. 길 양 옆으로 아기자기한 카페와 식당이 오밀조밀 모여 있고 그 앞에는 비누, 액세서리, 노트 등 소소한 수공예품을 파는 노점이 늘어서 있어 지루할 틈이 없다. 어머, 어머 예뻐라 하다 보면 지갑을 열고 있는 나를 발견할 수도. 마치 프랜차이즈가 차지하기 전의 삼청동을 보는 듯하다. 느리지만 경쾌한 리듬으로 살랑살랑 걷다가 출출해지면 타이난헤이런2위안台南黑輪2元, 커린타이바오克林台包등 맛집에 들러 샤오츠를 맛보는 재미도 놓치지 말자.

Data Map 437G
Access 타이완 하오싱 버스 88안핑노선을 타고 공자묘孔子廟 하차, 공자묘 맞은편 거리
Add 台南市 中一區 府中街

공자묘 옆 문학관
타이완원쉐이관
台灣文學館 | 타이완문학관 | National Museum of Taiwanese Literature

수려한 유럽풍 건물이 눈길을 끄는 타이완문학관. 일제강점기에는 타이난 주 청사였다가 2003년 문학관으로 문을 열었다. 넓고 쾌적한 건물 안에 다양한 기획전이 열리고, 이 동네에 살면 좋겠다 싶을 정도로 탐나는 도서관과 갤러리 같은 카페를 두루 갖추고 있다. 여기에 야외 테라스까지 더해져 오래된 도시 타이난의 인상을 한결 산뜻하게 해준다. 타이완 문학을 잘 모르는 여행자 입장에서 이곳만 찾아가기는 애매하지만, 공자묘와 가까워 함께 둘러보기 나쁘지 않다. 간 김에 타이완문학관을 배경으로 멋스러운 여행사진 한 장 남겨보자.

Data Map 437C
Access 타이완 하오싱 버스 88안핑노선 타고 공자묘孔子廟 하차, 로터리 방향으로 도보 3분
Add 台南市 中正路 1號
Tel 06-221-7201
Open 화~일 09:00~21:00
Cost 무료
Web www.nmtl.gov.tw

전설의 영웅, 정성공 사당
옌핑쥔왕츠 延平群王祠 | 연평군완사 | Koxinga Shrine

타이완을 개척한 정성공鄭成功과 명나라 애국지사를 기리는 사당. 정성공은 만주족에 의해 멸망한 명나라를 일으키기 위해 1661년 2만여 명의 군사를 이끌고 타이완에 상륙, 네덜란드를 함락시키며 개산성왕開山聖王이라는 호칭을 얻었다. 비록 본토 수복은 실패하고 이듬해 33세의 젊은 나이에 세상을 떠났지만 한족들 사이에서는 열렬한 지지를 받은 영웅. 한편 그의 뒤를 이어 아들 정경이 청나라에 대항했으나 1681년 청나라에 의해 정복되고 말았다. 타이완을 중국령이 되게 한 그에게 청 조정도 관용을 베풀어 타이난에 그의 사당을 세우게 했다. 사원은 2개로 나뉜다. 정성공이 타이완으로 가져온 1,000년이 넘은 상像을 소장하고 있는 마주媽祖사원과 타이완에서 가장 뛰어난 예술가들에 의해 복잡하게 지어진 성모聖母사원이다.

Data Map 437G
Access 타이완 하오싱 버스 88안핑노선을 타고 옌핑전왕츠延平群王祠 정류장 하차, 도보 1분
Add 台南市 中西區 開山路 152號
Tel 06-213-5518
Open 08:30~17:30
Cost 무료

BUY

Data Map 437G
Access 타이완 하오싱 버스 88안핑노선을 타고 공자묘孔子廟 정류장 하차, 횡단보도 건너 푸종지에府中街 오른편, 도보 3분
Add 台南市 中一區 府中街 136號
Tel 06-221-8702
Open 11:30~19:00
Web www.ilife.com.tw

아이디어 돋는 잡화점
아이라이프 iLife

산뜻한 인테리어로 푸종지에 초입에서부터 눈길을 끄는 라이프스타일 소품가게. 2006년부터 8년째 같은 자리를 지키고 있는 푸종지에의 감성 분위기 메이커다. 자연친화적이면서도 디자인이 독특한 문구, 식기, 컵받침 등 다양한 생활용품이 예쁘게 진열돼 있다. 특히 타이완 전통과자 펑빙膨餅 모양 쿠션이나 사당에서 바닥에 던져 점을 치는 쟈오쯧 모양 지우개가 눈길을 끈다. 점도 보고 지우개로도 쓸 수 있는 아이디어 상품. 타이완 학생들은 시험을 볼 때 이 지우개를 던져 답을 쓰기도 한다고. 2층에는 카페도 있다.

Data Map 437G
Access 타이완 하오싱 버스 88안핑노선 공자묘 정류장 하차, 횡단보도 건너 푸종지에府中街 안 왼쪽 골목 안내 표지판을 따라 도보 5분
Add 台南市 中西區 開山路 122巷 36弄
Tel 06-221-5937
Open 12:00~18:00
Web www.layoobag.com

스토리가 있는 핸드백
라유 來喲 | 래약 | layoo

영화감독 출신 남편과 디자이너 아내가 '내 가족을 위한 가방'을 만든다는 철학으로 한 땀 한 땀 만드는 핸드메이드 핸드백숍. 여행자들의 로망을 마구 자극하는 재기발랄한 디자인이 가득하다. 공자묘 지붕의 곡선을 손잡이에 옮겨온 공자묘孔子廟백, 샤오롱바오처럼 주름을 잡아 만든 샤오롱바오小籠包 백 등 가방에 타이완의 문화를 담았다. 여권, 스마트폰, 돈, 신용카드를 규모 있게 담을 수 있는 샤오루이씽小旅行 백이나 3일 이상 여행자를 위한 백팩도 여행자들에겐 유용하다. 가게도 핸드백만큼 아기자기. 디자이너의 작업실처럼 꾸며 놓은 2층은 구경만 해도 기분이 말랑해진다.

EAT

| 안핑 |

타이완 최초의 거리
안핑라오지에
安平老街 | 안평노가

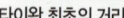

300여 년 전 타이완을 점령했던 네데란드 사람들이 조성한 타이완 최초의 거리. 그래서 타이완 거리 혹은 제1타이완 거리라고도 불린다. 당시 제일 넓은 길로 무역의 중심지이기도 했던 터라 크고 작은 상점들이 자연스레 생겨났다. 지금은 타이완 전통과자나 음식, 토속기념품 등을 파는 가게로 바뀌어 예전 분위기를 크게 느낄 수 없지만 역사적인 의미가 있는 만큼 한 번쯤 찾아볼만 하다. 안핑구바오安平古堡 다음 코스로 가면 시간을 절약해주는 동선. DON'T MISS 터줏대감 린용타이싱미젠싱林永泰興蜜餞行은 과일절임을 파는 곳으로 구경만 하더라도 꼭 들려야 한다. 안핑 곳곳에서 볼 수 있는 새우과자를 최초로 만든 안핑샤오푸安平小舖도 이곳에 있다. 라오지에 입구에서 도보 5분이면 도착. BAD 평일과 주말의 분위기가 180° 다르다. 평일이라면 오후 1시 이후에 방문하는 편이 낫다. 너무 이른 아침에는 분위기도 썰렁할뿐더러 문 연 가게도 별로 없기 때문. 반대로 주말에는 언제나 활기가 넘친다.

Data Map 435E Access 타이완 하오싱 버스 88안핑노선 타고 안핑구바오安平古堡 정류장 하차 후 도보 3분 Add 台南市 安平區 延平街

과일절임의 초고수
Writer's Pick! 린용타이싱미젠싱
林永泰興蜜餞行 | 임영태흥밀전행

입구에서부터 공력이 느껴지는 과일절임가게. 130여 년 전을 거슬러 올라가야 가게의 역사를 논할 수 있다. 입맛 까다로운 아들을 위해 간식으로 만들어 주기 시작했던 아빠의 손맛이 대대손손 물려져 지금까지 이어진다. 같은 레시피로 만들어 먹은 세월은 300년을 훌쩍 넘는다. 40여 가지의 과일절임은 인공색소 등을 배제하고 몇 년에 걸쳐 공을 들인 결과물. 깨물어 안 아픈 손가락 없듯 골고루 애착을 가지고 있는지라 모든 상품이 공동 1등이란다. 자신이 좋아하는 과일을 선택하는 것이 최선. DON'T MISS 여러 가지 맛을 직접 먹어본 바, 색이 옅을수록, 본연의 색에 가까울수록 거부감이 줄어든다. 망고나 파인애플 절임 정도 기념으로 사면 무난하다. BAD 한국인에게 익숙하지 않은 특유의 향 때문에 극명하게 호오가 갈릴 맛. 시식이 없어 애가 탄다.

Data Map 435E Access 타이완 하오싱 버스 88 안핑노선 타고 안핑구바오安平古堡 정류장 하차, 안핑라오지에安平老街 진입 후 도보 10분 Add 台南市 安平區 安平路 542號 Tel 06-228-9271 Open 11:00~19:00(목요일 휴무) Cost 망고절임 50달러, 파인애플절임 50달러

매일 2,000 그릇 넘게 팔리는

Writer's Pick! 동지안핑또화
同記安平豆花 | 동기안평두화

1년 365일 인산인해. 또화豆花 팔리는 속도가 만드는 속도를 따라갈 수 없어 차가운 렁冷또화는 하루 전날 만들어 둘 정도. DON'T MISS 영화 〈브로큰백 마운틴〉이안 감독이 고향에 올 때마다 빼먹지 않고 이곳에서 또화를 먹고 간다고. 달지 않은 팥이 올라간 홍또화紅豆花를 먹어보자. 초보자라면 따뜻한 러熱또화 대신 차가운 렁또화를 권한다. BAD 특유의 콩 냄새.

Data Map 435D Access 타이완 하오싱 버스 88안핑노선 버스 타고 더지양항德記洋行 정류장 하차, 도보 3분 Add 台南市 安平區 安北路 433號 Tel 06-391-5385 Open 09:00~23:00 Cost 홍또화 30달러 Web www.tongji.com.tw

현지인 추천 새우말이

천스커쥐안 陳氏蚵捲 | 진씨가권

안핑에서 빠질 수 없는 굴 요리 전문점. DON'T MISS 당일 배송되는 싱싱한 굴로 만든 굴요리가 주특기. 굴말이튀김인 커쥐안蚵捲은 가게이름으로 쓰일 정도로 핵심 메뉴라 할 수 있는데 이를 어쩌나! 새우말이 샤쥐안蝦捲이 더 맛있다. 속이 꽉 차 씹는 맛이 일품. 타이난에서 친근한 국수 단짜이몐擔仔麵과 같이 먹으면 식사로 구색이 맞다.

Data Map 435E Access 타이완 하오싱 버스 88안핑노선 타고 엔핑째延平街 정류장 하차, 안핑라오지에 安平老街 방향으로 도보 10분 Add 台南市 安平路 786號 Tel 06-222-9661 Open 10:00~21:00 Cost 커쥐안 50달러, 샤쥐안 50달러, 단짜이몐 50달러 Web www.cjkj.com.tw

바삭! 소리마저 맛있는

쭈씨샤쥐안 周氏蝦捲 | 주씨하권

1965년에 시작한 새우말이 전문점. BAD 창업자 쭈진건周進根의 여러 요리 중 불티나게 팔린 것이 새우말이 샤쥐안蝦捲이었다는데 이제는 영혼이 사라진 느낌. DON'T MISS 새우말이를 성과 붙여 간판으로 내걸었대도 해산물튀김인 황찐하이신파이黃金海鮮派를 주문하자. 고로케가 연상되는 맛과 비주얼은 씹는 소리마저 경쾌하다. 돼지고기를 올린 루러우판滷肉飯에 채소볶음 콩신차이燙青菜를 같이 먹으면 한식 같은 상차림 완성!

Data Map 435E
Access 타이완 하오싱 버스 88 안핑노선 타고 안핑구바오安平古堡 정류장 하차, 도보 3분
Add 台南市 安區 安平路 125號
Tel 06-229-2618
Open 08:00~19:30 (토,일은 20:00까지) Cost 샤쥐안 55달러, 황찐하이신이 55달러, 루러우판 20달러, 콩신차이 40달러
Web www.chous.com.tw

아빠가 만든 건강한 푸딩
이레이터 依蕾特 | 의뢰특

타이완에서는 전부터 즐겨먹던 간식으로 푸딩 좀 먹어본 현지인들은 부러 그 먼 길을 찾아온다. DON'T MISS 우유푸딩인 신나이부딩鮮奶布丁에 한 표! 수험생 딸을 위해 만든 아빠표 푸딩으로 질 좋은 우유, 달걀, 바닐라시럽만 들어간 알짜. BAD 좌석 없는 테이크아웃 전문점이라 다들 서서 먹는 분위기. 슬쩍 합류해도 괜찮다.

Data Map 435F Access 타이완 하오싱 버스 88안핑노선 타고, 안핑구바오安平古堡 정류장 하차, 도보 20분 Add 台南市 安平區 安平路 422號 Tel 06-226-0919 Open 10:30~21:30, 토·일 10:00~21:30 Cost 신나이푸딩 35달러, 망고푸딩 35달러

전통 과자 집합소
장청미야빙 章成麥芽餠 | 장성맥아병

과일절임, 과자 등 타이완 전통 디저트를 판다. 노점을 모던하게 해석한 인테리어가 구경거리. DON'T MISS 명절 때 가족들과 차를 마시면서 나눠 먹던 전통과자 중 하나인 미야빙麥芽餠. 짭짤한 과자 사이에 달콤하고 쫀득한 맥아麥芽가 자리 잡고 있다. BAD 안핑 중심에서 안핑초등학교安平國中 방향으로 15분쯤 걸어 나와야 한다. 튼튼한 두 다리가 필수.

Data Map 435F Access 타이완 하오싱 버스 88안핑노선 타고, 안핑구바오安平古堡 정류장 하차, 도보 15분 Add 台南市 安平區 安平路 518號 Tel 06-595-6688 Open 10:00~21:00 Cost 미야빙 1통 110달러 Web www.zhang-cheng.com.tw

사계절 건강음료
Writer's Pick! 이펑아찬둥과차 義豊阿川冬瓜茶 | 의풍아천동과차

맛의 고장 타이난답게 먹어봐야 할 것도 끝이 없다. 둥과차冬瓜茶도 그중 하나. 1911년부터 시작해 100년이 넘은 음료로 달콤하고 구수하다. 타이난 곳곳에 지점이 있는데 안핑安平점과 따톈허우궁大天后宮 옆의 융푸永福점이 접근하기 좋다. DON'T MISS 약장수도 아닌데 자꾸만 효능을 늘어놓고 싶어지는 둥과차. 피부 미용에도 좋고 노폐물 배출에도 탁월한 효과를 갖고 있단다. 마실수록 살이 빠지는 차라고도 하는데 믿거나 말거나. 무엇보다 갈증을 한방에 해소하는 점만큼은 확실하다.

Data 융푸永福점
Map 435E
Access 타이완 하오씽 88안핑노선 또는 99타이장노선 타고 츠칸루赤崁樓 정류장 하차 후 도보 5분
Add 台南市 中西區 永福路 二段 216號
Tel 06-259-5957
Open 09:00~20:00
(월요일 휴무)

타이난

Data Map 436B
Access 타이난 하우싱 88번 버스를 타고 츠칸루赤崁樓 정류장 하차, 도보 5분
Add 台南市 中西區 西門路 二段 273號
Tel 06-225-3505
Open 10:00~22:00
Cost 단짜이멘 小 45달러, 달걀 추가 10달러, 새우말이 55달러
Web www.hongs1895.com

원조보다 더 맛있는
홍위터우단짜이멘 洪芋頭擔仔麵 | 홍우두담자면

단짜이멘擔仔麵하면 두샤오웨度小月, 두샤오웨하면 타이난이 당연한 공식처럼 떠오른다. 그런데 여기에 숨겨진 이야기가 있다는 사실. 단짜이멘을 최초로 만든 사람은 홍위터우洪芋頭. 지게를 짊어지고 국수를 팔던 1대. 그 밑으로 아들이 둘 있었는데 첫째 아들이 운영하는 가게가 바로 이곳이다. 그런데 왜 두샤오웨라는 이름을 쓰지 않느냐하니 형제끼리 이름으로 분쟁을 하기 싫어 동생에게 모두 양보했다는 것. DON'T MISS 단언컨대 타이난에서 맛있는 단짜이멘을 맛보려면 여기가 답이다. 비빔인 깐乾과 국물이 있는 탕湯 중 골라야 하는데 일단 깐으로 주문하자. 면을 먹고 나면 무료로 제공하는 국물과 고기 라우짜오肉燥를 꼭 추가할 것. 새우살로만 만든 새우말이 샤쥐안蝦捲의 맛도 환상적이다. 가격까지 저렴해 이것저것 시켜도 걱정 없다.

두샤오웨의 본점
두샤오웨 度小月 | 도소월 | Tainan Tu Hsiao Yueh

타이베이에도 지점을 두고 있는 두샤오웨의 본점이 바로 타이난에 있는 이곳. 대기 번호를 받아야 할 정도로 문전성시를 이룬다. 기념사진 찍는 사람들이 많아 가게 앞에는 포토존이 따로 마련되어 있을 정도. DON'T MISS 튀긴 두부를 간장 소스와 곁들여 먹는 푸룽자또푸芙蓉炸豆腐는 누가 먹어도 만족할만한 맛. BAD 사람이 많으니 음식 맛이 들쑥날쑥. 본점의 깊은 맛을 기대하고 갔다가는 실망하고 돌아올 수도 있다.

Data Map 437C
Access 타이완 하우싱 버스 88안핑노선 타고 톈탄天壇 정류장 하차, 도보 5분
Add 台南市 中西區 中正路 16號
Tel 06-223-1744
Open 11:00~23:30
Cost 푸룽자또푸 120, 단짜이멘 50달러, 계란 추가 15달러

2달러의 행복, 노천 어묵가게
타이난헤이런2위안 台南黑輪2元 | 대남흑륜 2원

허름한 외관에 작은 규모의 가게가 사람들의 발길을 멈추게 만드는 이유는 단 하나, 저렴한 가격 때문이다. 지금은 외관도 공간도 업그레이드 된 상태. 일행이 있다면 테이블을 맡아놓는 역할과 어묵을 담는 역할을 나누어 움직이자. 계산은 먹고 난 후 꼬치 개수에 따라 지불하면 된다. 일단 접시를 들고 먹고 싶은 어묵을 담자. 꼬치 끝에 빨간 띠가 둘러진 것은 5달러. 나머지는 모두 2달러다. DON'T MISS 불에 구워 파는 어묵은 국물에 담긴 어묵보다 더 쫀득하다. BAD 김치 대신 먹는 타이완식 오이김치는 아삭하지도 개운하지도 않다.

Data Map 437G Access 타이난 공자묘 맞은편 푸종지에府中街 골목 끝, 도보 5분 Add 台南市 中西區 開山路 74號 Tel 06-221-7258 Open 11:00~20:00 (화, 수 휴무) Cost 어묵 1꼬치 2달러, 빨간 꼬치 5달러, 타이완식 오이김치 30달러

쿵먀오 가기 전 필수코스
커린타이바오 克林台包 | 극림태포

겉에서 보기에는 그냥 만두가게인 줄 알았는데 들어 가보니 펑빙膨餅같은 전통과자와 빵을 함께 판다. 현지인들만큼 관광객들의 발걸음도 잦은 편이라 간단한 한국어로 인사를 건네는 등 여러모로 살갑다. DON'T MISS 만두 먹고 공자묘를 가는 코스를 현지인들도 즐긴다. 돼지고기 소가 든 바바오러우바오八寶肉包는 피가 도톰해 먹고 나면 속이 든든해진다.

Data Map 437G Access 타이완 하오씽버스 버스 88안핑노선 타고 쿵먀오孔廟 정류장 하차, 도보 3분 Add 台南市 中西區 府前路 一段 218號 Tel 06-222-2257 Open 08:00~22:00 Cost 바바오러우바오 28달러, 펑빙 25달러

자꾸만 눈길이 가는 아이스크림
펑황인시앙 鳳凰印象 | 봉황인상

만두가게 커린타이바오克林台包 옆 테이크아웃 카페. 커피, 홍차, 아이스크림 중 골라 먹기 좋다. DON'T MISS 옆 가게 인기 메뉴 펑빙膨餅이 잘 팔리자 아이디어를 냈다. 아이스크림과 펑빙을 동시에 먹을 수 있는 방법을 고안해 낸 것. 펑빙을 그릇삼아 땅콩맛과 흑임자맛 아이스크림을 맛볼 수 있다. 맛도 맛이지만 독특한 모양에 더 높은 점수를!

Data Map 437G Access 타이난 하오싱 버스 88안핑노선 타고 쿵먀오孔廟 정류장 하차, 도보 3분 Add 台南市 中西區 南門路 83號 Tel 0973-154-582 Open 10:00~19:00(화요일 휴무) Cost 카페라테 M 50달러, 홍차 L 30달러, 펑빙 아이스크림 70달러

소소한 재미가 있는
따동 야시장 大東夜市 | 대동야시

유독 빵을 파는 노점이 많다. 마음 내킬 때만 나온다는 고슴도치빵부터 에그타르트를 쌓아놓고 파는 곳까지 빵 좋아하는 사람이라면 눈이 휘둥그레해질 법하다. 크게 음식, 오락, 패션 잡화 구역으로 나눌 수 있는데 규모나 분위기는 아기자기. 솜털제거 노점도 눈에 띄어 이색적인 풍경을 연출한다. DON'TMISS 화위안 야시장花園夜市에서 치열한 경쟁이 필요한 먹거리 아이템을 비교적 여유롭게 맛볼 수 있다. 소시지인 샹창, 치킨 지파이를 주목하자. BAD 월요일, 화요일, 금요일 세 번만 열린다.

Data Map 437H Access 타이완 하오싱 버스 88을 타고 청핀수뎬誠品書店 정류장 하차, 도보 5분 Add 台南市 東區 林森路 二段 與崇善路 路口 Open 18:00~24:00(월, 화, 금만 오픈) Cost 지파이 50달러, 상창 50달러

Writer's Pick! 맛이 모여 있는
화위안 야시장 花園夜市 | 화원야시 | Tainan Flowers Night Market

400여 개의 노점이 있는 큰 규모의 야시장. 션농지에神農街 근처라 일정을 맞춰 짜면 편리하다. DON'TMISS 무엇을 먹어야 할지 모를 정도로 맛있는 음식이 많다. 사람들이 많이 몰리는 인기 순으로 보자면 양념치킨 지파이가 단연 1위. 오이, 쌴차이酸菜 같은 채소와 곁들여 먹는 소시지, 샹창香腸도 한참을 줄서서 먹어야 한다. BAD 오픈 요일은 목, 토, 일. 단 3일뿐.

Data Map 436A Access 타이난 기차역 앞 버스 정류장에서 3번 버스 타고 티리우特力屋 정류장 하차, 허웨이和緯로를 따라 도보 10분 Add 台南市 北區 海安路 三段 Open 18:00~1:00(목, 토, 일만 오픈) Cost 지파이 50달러, 상창 50달러

Data Map 436F Access 타이완 하오싱 버스 88안핑노선 타고 신광싼웨新光三越백화점 정류장 하차, 도보 10분 Add 台南市 中西區 海安路 一段 107號 Tel 06-226-3929 Open 09:30~20:00 Cost 샤런판 45원

영양가득 내공있는 새우밥
지핀자이런판 集品蝦仁飯 | 집품하인반

항구가 가까웠던 지리적 특성상 찾는 손님들이 대부분 뱃일하는 어부들. 그들에게 영양가 높은 식사를 제공하기 위해 고심했던 메뉴가 지금까지 이어진다. DON'TMISS 약속한 듯 새우밥인 샤런판蝦仁飯만 먹고 포장해간다. 우리식 간장달걀밥에 달걀 대신 새우만 자리를 바꿔 앉은 듯 익숙한 맛. BAD 밥 한 그릇 먹자고 찾아가려니 위치가 애매하다. 새우 마니아라면 꼭 한번 가보시라.

SPECIAL IN TAIWAN 04
타이난

과일가게에서 먹는 멜론빙수
타이청수이거우뎬 泰成水果店 | 태성수과점

Data Map 436B
Access 타이완 하오싱 버스 88안핑노선 타고 션농지에神農街 정류장 하차, 하이안루海安路에서 도보 5분
Add 台南市 中西區 正興街 80號
Tel 06-228-1794
Open 14:30~23:00
토 13:30~23:00,
일 13:30~22:00
Cost 하미과과빙 220달러

타이베이와 달리 타이난에서 전통 있는 과일집이라면 모름지기 과일주스와 과일빙수를 같이 팔아야 한다. 각양각색의 과일을 뽐내듯 전시해 놓은 것도 신선한 과일을 판다는 자부심 때문. 과일가게로 70년이 넘었다는 사실에 무한 신뢰가 팍팍! 딸기, 포도, 망고 등 여러 종류가 있지만 제철 과일로만 만들어 계절에 따라 못 먹는 빙수도 있다. DONTMISS 사진발 좀 받는 멜론빙수 하미과과빙哈密瓜瓜冰. 반으로 자른 멜론 위에 멜론과 참외 과육이 살포시 담겨 나온다. 용기까지 다 먹을 수 있어 과일빙수의 정점을 찍는다.

불티나게 팔리는 아이스크림
찬웨이지아간웨이츄
蜷尾家甘味處 | 권미가감미처

오래된 가옥을 개조해 만든 아이스크림 가게. 오픈 전부터 줄을 서는데다 아이스크림이 동나면 영업 끝! DONTMISS 현미, 두유, 흑설탕, 녹차, 소금땅콩 5가지 맛이 기본이다. 현지인들이 가장 좋아하는 맛은 녹차지만 호기심이 생기는 건 소금땅콩. 혀에 닿아 번져나가는 깊고 진한 아이스크림 맛에 반하는 건 시간문제. BAD 갈 길 바쁜 여행자들이 마냥 기다리고 있기엔 대기 시간이 너무 길다.

Data Map 436B **Access** 타이완 하오씽 버스 88안핑노선 타고 션농지에神農街 정류장 하차, 하이안루海安路에서 도보 5분 **Add** 台南市 中西區 正興路 92號 **Open** 14:00~21:00, 토~일 11:00~21:00(화, 수 휴무) **Cost** 녹차맛 70달러, 소금땅콩 70달러

고소한 아몬드 치즈를 톡~
이핀탕 一品塘 | 일품당

환한 미소로 맞아주니 훈훈해진 마음으로 시원한 빙수 맛을 만끽할 수 있다. 빈티지거리 션농지에神農街 초입에 위치. DONTMISS 이 가게에서 가장 흥하는 수제아몬드치즈 수공싱런나이라오手工杏仁奶酪. 모든 빙수에 추가 가능. BAD 3월부터 11월까지만 먹을 수 있는 망고빙수! 겨울 여행자에게는 마냥 아쉽다. 대신 그린망고 우유빙수인 칭런궈요나이빙情人果牛奶冰도 있다는 사실. 새콤함에 수시로 윙크를 날려야하지만 허전한 마음은 달랠 수 있다.

Data Map 436B **Access** 타이완 하오싱 버스 88안핑노선 타고 션농지에神農街 정류장 하차, 도보 1 **Add** 台南市 中西區 海安路 二段 193號 **Tel** 06-220-1767 **Open** 11:00~23:00 **Cost** 망고빙수 80달러, 칭런궈요나이빙 55달러, 수공싱런나이라오 추가 25달러

건강하게 만드는 기막힌 빵맛
지아레단가오시빙미안바오
家樂蛋糕喜餅麵包 | 가악단고희병면포

겉만 보고 30년 내공의 베이커리를 몰라봤다. 타이난 현지인들이 애정을 갖고 있는 곳으로 하루 200개 이상의 빵을 생산해내며 당일 판매 원칙을 철저히 고수한다. 빵이라면 자다가도 벌떡 일어나는 마니아라면 놓치지 말고 들러볼 것. DONTMISS 시식용 빵이 얼마나 푸짐한지 먹다 보면 배부르다. 기본이 되는 토스트부터 타이완 전통 빵까지 부족한 맛이라곤 없다. 그중에서도 기름과 설탕을 쓰지 않고 만든 뤄마이 수이궈裸麥水果는 촉촉하고 쫄깃한 결이 살아 있어 강력추천! 토스트는 낱개 포장된다.

Data Map 436B
Access 타이완 하오싱 버스 88 안핑노선 타고 츠칸루赤崁樓 정류장 하차, 도보 8분
Add 台南市 中西區 民權路 二段 278號 **Tel** 06-221-9933
Open 07:00~22:00
Cost 뤄마이수궈 50달러, 토스트 40달러

타이난의 명물
츠칸스탕 赤崁食堂 | 적감식당

아버지에게 요리 솜씨를 물려받은 아들이 2대째 운영하고 있다. 타이난에서 시작한 꼭 한번 먹어봐야 할 샤오츠로 꼽힌다. 현지인들뿐만 아니라 관광객들도 끊임없이 찾아온다. 타이난 전통시장인 캉러스 창樂市場 내에 있는 가게로 학창시절 단골 삼던 분식집 같은 분위기. 시장 내 비슷한 여러 가게가 있으니 간판을 잘 확인하자. 입구에서 주문과 계산을 먼저 한 후 자리에 앉으면 된다. 가게 입구에 츠칸스탕赤崁食堂 방문 기념 스탬프가 있으니 '타이완 여행 기념 스탬프 찍기'도 빼먹지 말 것. DONTMISS 관차이반棺材板은 물론이고 새콤달콤한 간장소스와 어우러진 장어 볶음면 성차오산위生炒鱔魚 도 맛보자.

Data Map 436B
Access 타이완 하오싱 버스 88 안핑노선 타고 선농지에神農街 정류장 하차, 도보 10분
Add 台南市 中西區 康樂市場 180號 **Tel** 06-224-0014
Open 10:30~22:00
Cost 관차이반 60달러, 성차오산위 80달러 **Web** www.guan-tsai-ban.com.tw

여행준비 컨설팅

여행은 계획을 세우는 순간부터 시작된다. 여행이 주는 설렘의 순간이 길어지는 것은 당연지사. 온 몸으로 충분히 즐길 것. 낯선 여행지에 대한 두려움은 꼼꼼한 계획으로 떨쳐버리자. 비행기에 오르는 그 날을 위해 즐거운 마음으로 미션을 해치울 것.

D-50

MISSION 1 여행 유형을 파악하자

모든 여행에서 가장 우선시 되는 것은 항공권 확보지만 그보다 먼저 결정되어야 하는 것이 여행 유형을 선택하는 것이다. 다음 3가지 유형을 확인한 후 자신에 맞는 여행을 준비 해 나가면 된다.

1. 여행 유형

① 자유여행
말 그대로 모든 여행 일정을 스스로 계획하고 결정해서 움직인다. 항공권, 숙소 예약도 직접 해야 한다. 여행 전 세세하게 챙겨야 할 부분이 많지만 여행하는 모든 일정과 시간을 자유롭게 쓸 수 있는 것이 최대 장점이다. 계획을 어떻게 짜는지에 따라 여행 경비도 조절할 수 있다.

② 단체 패키지여행
전체 여행 일정이 시간과 날짜별로 정해져 있는 단체 여행이다. 가이드를 따라 다니면 되기 때문에 개별적으로 신경 써야 할 부분이 거의 없다. 항공권, 숙소, 식사, 교통비 등이 포함되는 것이 대부분이라 선물 구입 같은 개인 지출 외에는 추가 비용이 들지 않는 편이다. 대신 다른 여행객들과 일정을 같이 하고 개인 시간이 부족한 것이 단체 패키지여행의 특징.

③ 에어텔
현지 일정을 마음대로 정할 수 있다는 점은 자유여행과 유사하나 항공권과 숙박이 포함되어 있는 점이 다르다. 숙소 예약 등이 번거롭다 생각될 경우 이용하면 편리한 상품 중 하나. 단, 자유여행보다 항공권과 숙박 예약 시 비용이 대체로 비싼 편이다.

2. 여행 기간

보통 타이베이와 근교 여행을 계획한다면 3박 4일이 적당하고 조금 더 느긋하게 둘러보려면 4박 5일도 좋다. 타이베이뿐만 아니라 타이완 지방 도시까지 포함해 여행하려면 각 도시별로 하루나 이틀쯤 추가하면 제격이다. 참고로 고속철도 가오톄를 타면 타이베이에서 타이중까지 약 60분, 가오슝까지는 약 90분이 소요된다.

D-48

MISSION 2 항공권을 확보하자

여행에서 무엇보다 중요한 것이 항공권 확보! 깨알같이 세워놓은 여행 일정도 비행기 티켓이 없다면 무용지물! 특히 타이완의 경우 최소 3~4개월 전에 구매해야 안전하다. 날이 갈수록 타이완 여행의 인기가 높아져 비성수기에도 항공권 예매가 쉽지 않다.

1. 어디서 살까?

① 할인 항공
일명 땡처리라 이름 붙은 티켓 일수록 가격이 저렴하다. 땡처리란 출발 시간이 임박한 항공권을 저렴하게 판매하는 것. 대신 취소가 불가하고 출발 일정 등이 확정되어 있는 경우가 많기 때문에 반드시 티켓 조건을 체크해야 한다. 그 밖에 항공권을 취급하는 사이트에 수시로 접속해 원하는 날짜에 맞춰 항공권을 구매하면 된다.

땡처리닷컴 www.072.com
와이페이모어 www.whypaymore.co.kr
투어캐빈 www.tourcabin.com
인터파크 투어 tour.interpark.com
여행박사 www.tourbaksa.com
지마켓여행 tour.gmarket.co.kr

② 각종 소셜커머스 사이트
타이완 여행의 경우 소셜 사이트에서도 패키지 및 자유여행 상품이 자주 올라온다. 공동 구매 형식으로 판매되기 때문에 시중보다 저렴한 편. 단, 출발 날짜와 비행시간 등 여행 상품 정보를 꼼꼼히 확인하자.

쿠팡 www.coupang.com
티몬 www.ticketmonster.co.kr
위메프 www.wemakeprice.com

③ 항공사 홈페이지
티웨이 같은 저가 항공사를 비롯해 대한항공, 아시아나, 중화항공 같은 항공사에 메일링을 신청해두자. 추후 자체 프로모션 등이 있을 때 메일 안내를 받아 재빠르게 참여할 수 있다. 특히 티웨이항공은 얼리버드 같은 특가 이벤트가 자주 있는 편으로 저렴하게 이용 가능하다.

저가항공
티웨이항공 www.twayair.com
이스타항공 www.eastarjet.com
스쿠트항공 www.flyscoot.com
에어부산 www.airbusan.com

항공사
대한항공 kr.koreanair.com
아시아나항공 www.flyasiana.com
케세이퍼시픽항공 www.cathaypacific.com/kr
중화항공 www.china-airlines.co.kr
에바항공 www.evaair.com
타이항공 www.thaiair.co.kr

2. 저렴한 항공권 구매 노하우

① 손품을 많이 팔자
오프라인보다는 온라인에서 판매하는 상품의 할인율이 높은 편. 몇 개의 할인항공권 사이트를 정해두고 수시로 접속해 가격을 확인하자. 클릭의 횟수가 많아질수록 저렴한 항공권을 찾을 확률도 높아진다.

② 날짜에 맞추는 것이 답
땡처리 티켓처럼 날짜가 정해져 있거나 변경 불가 조건이 많아지면 항공권 가격이 저렴해질 수밖에 없다. 시간적 여유가 있고 저렴한 티켓 구매를 원한다

면 날짜에 모든 일정을 맞추는 것이 요령.

3. 주의할 점

① 텍스를 확인하자
사이트에 명시되어 있는 항공권 가격에 택스가 추가된다는 사실. 유류할증료, 출국세, 공항세 등 모든 택스를 포함한 최종 항공권 티켓이 얼마인지 확인하는 것이 중요하다.

② 티켓 조건을 확인하자
항공권의 유효기간, 취소 가능 여부, 일자 변경 가능 등에 대한 조건도 사전 확인 요소. 저렴하게 나온 항공권일수록 변경 불가 조건이 많거나 높은 수수료를 낼 수 있다.

③ 발권 및 좌석 확정을 확인하자
예약을 끝냈다면 기간 내에 결제 해 발권까지 마무리하자. 좌석 확정까지 확인해야 구매 완료!

④ 항공권에 기재된 이름을 확인하자
여권 상 기재된 이름과 항공권 이름은 반드시 일치해야 한다. 잘못 입력했을 경우 출국이 불가할 수 있으니 해당 항공사에 연락해 이름 변경을 꼭 하자.

MISSION 3 여행 정보 수집

1. 책을 펴자
먼저 타이완 홀리데이를 찬찬히 읽자. 여행지에 대한 큰 틀을 잡는데 도움이 된다. 이때 관심 있는 분야의 키워드를 정리해두면 추후 일정을 잡거나 더 자세한 정보를 찾을 때 유용하게 쓰인다.

2. 인터넷, 정보의 바다 속에 빠져보자
다수의 여행정보를 실시간으로 확인할 수 있다. 관심 분야의 키워드를 검색해 원하는 정보를 찾아보자. 또한 여행 정보를 얻을 수 있는 인터넷 카페에 가입해도 좋다.

유용한 정보 사이트
타이완 관광청 서울 사무소
www.tourtaiwan.or.kr
즐거운 대만여행 카페
cafe.naver.com/taiwantour
아름다운 섬 대만 포모사 카페
cafe.naver.com/fomosa
타이베이 트래블넷(한국어 지원)
www.taipeitravel.net

3. 영화를 보고 음악을 듣자
타이완을 배경으로 한 영화를 보고나면 여행지에서의 감동이 배가 될 것이다. 영화 〈그 시절 우리가 좋아했던 소녀〉, 〈말할 수 없는 비밀〉을 본 후 주제곡을 저장해 현지에서 들어보자. 영화 속 장면이 눈앞에 펼쳐지면서 오감만족 여행을 즐길 수 있다.

4. 어플을 다운받자
구글번역앱
단어나 문장 등의 번역이 필요할 때 사용해보자. 메뉴 주문이나 기본적인 의사소통이 필요할 때 의외로 쓸모 있다.
구글 맵스 엔진 Google Maps Engine
현지 위치를 파악하거나 길 찾기에 도움을 받을 수

있다. 단, 영어나 중국어로 검색해야 한다.
타이베이 루트 맵 Taipei Route Map
타이베이 MRT 노선도를 바로 확인할 수 있다.

5. 타이완 관광청을 방문해보자
여행 전 타이완 관광청에 들러보자. 타이완 여행에 필요한 다양한 자료를 소장하고 있으며 지도, 여행 정보 리플렛 등을 무료 비치, 배부한다.

Data Add 서울시 중구 삼각동 115 경기빌딩 902호 **Tel** 02-732-2357 **Open** 월~금 09:00~18:00(점심시간 13:00~14:00) **Web** www.tourtaiwan.or.kr

MISSION 4 숙소 예약

1. 숙소 위치 정하기
여행지에 대한 정보를 수집하고 나면 지도 혹은 MRT 노선도를 펴고 숙소의 위치를 정하자. 타이베이나 가오슝처럼 MRT가 있는 도시의 경우 MRT역과 가까울수록 이동 시간을 절약할 수 있어 편리하다.

2. 숙소 종류
럭셔리 호텔부터 디자인 호텔 같은 3~5등급 호텔까지 가격대나 시설별로 등급이 다양하다. 호스텔은 세계 각국에서 온 여행자들이 머무는 저렴한 숙소로 여럿이 공동침실을 쓰는 도미토리 형태가 많다. 또 한국인이 직접 운영하는 한인 민박도 있으니 언어 소통 등에 자신 없다면 고려해보자.

3. 숙소 예약
① 호텔
호텔 사이트에서 직접 예약할 수 있으나 예약 전문 사이트를 통하면 대부분 할인 혜택을 더 많이 받을 수 있다. 일정 변경, 취소할 경우 수수료가 부가될 수 있다.

호텔스닷컴 kr.hotels.com
익스피디아 www.expedia.co.kr
아고다 www.agoda.com/ko-kr
부킹닷컴 www.booking.com
호텔엔조이 www.hotelnjoy.com
호텔패스 www.hotelpass.com

Tip 호텔 가격 비교 사이트
호텔스 컴바인 www.hotelscombined.co.kr
트립 어드바이저 www.tripadvisor.co.kr

② 호스텔
예약 전문 사이트에서 예약 가능하나 예외적으로 자체 홈페이지나 이메일을 통해서만 예약 가능한 경우도 있다. 대부분 보증금을 결제하고 현지 호스텔에 가서 현금으로 나머지 금액을 지불한다.

호스텔월드 www.korean.hostelworld.com
호스텔닷컴 www.hostels.com/ko

③ 한인 민박
자체 홈페이지나 인터넷 카페를 통해서만 예약할 수 있다. 자세한 정보는 각 민박 사이트의 숙소 예약법을 확인하자. '타이완 한인 민박'을 키워드로 검색하면 관련 사이트 정보가 나온다.

MISSION 5 여권 만들기

1. 여권 유효 기간 확인
여권 유효 기간은 최소 6개월 이상 남아 있어야 한다. 유효 기간이 충분하지 않은 경우 탑승이 거절되거나 출입국에 제재를 받을 수 있다.

2. 여권 만들기
① 어떻게 만들까?
여권 발급 준비물
여권 발급 신청서 1부(해당 기관에 구비)
여권용 사진 1매(6개월 이내에 여권용으로 촬영한 것)
신분증(주민등록증, 운전면허증 등)
발급 수수료(단수여권 2만원, 복수여권 5년 4만 5천원, 복수여권 10년 5만 3천원)

타인의 대리 신청 불가
2008년 8월 25일부터 전자여권으로 전면 발급되며 발급 대행이나 타인 신청이 불가능하다.

② 어디에서 만들까?
서울시청을 제외한 전국 시청, 구청, 도청, 군청에서 발급 가능하다. 더 자세한 검색은 외교통상부 여권안내 홈페이지(www.passport.go.kr) 내 접수처에서 확인 할 수 있다.

3. 타이완 여행 시 비자는?
중국과 달리 최대 90일까지 무비자로 머물 수 있다.

Tip 빠르게 통과한다! 자동 출입국 심사 신청하기
우리나라 출입국 시 심사관 대신 무인자동 시스템을 통과해 출입국 하는 서비스로 약 12초 내에 출입국 심사를 마칠 수 있다. 신청방법은 유효기간이 만료되지 않은 복수 여권을 가지고 자동출입국 심사 등록 센터를 방문하면 된다. 사진 촬영과 지문 등록을 통해 본인 인증을 받으면 끝. 인천공항, 김포공항, 김해공항, 대구공항, 제주공항에 자동출입국 심사 등록 센터가 있다. 자동출입국 심사서비스 홈페이지(www.ses.go.kr) 참조.

MISSION 6 여행자 보험 가입하기

여행지에서 일어날 만약의 사고, 도난 및 분실에 대비해 여행자 보험을 가입해 두는 편이 안전하다. 보상 금액과 범위에 따라 보험비가 달라지니 보상 내역을 꼼꼼히 살펴보자. 요즘은 환전을 하거나 여행 상품을 구매할 경우 여행자 보험을 무료로 가입시켜 주는 경우가 많다. 단, 보험 혜택과 범위 등은 확인해볼 것. 여행자 보험 가입 사이트나 여행사를 통해 미리 신청하거나 공항에서 직접 가입할 수도 있다.

MISSION 7 세부 일정 및 여행 경비

1. 세부 일정을 짜면 경비가 보인다

앞서 수집한 정보로 세부 일정을 짜보자. 어디를 방문할지, 식사는 어디서 할지, 동선 간 이동 수단은 어떻게 할지 등을 디테일하게 계획하면 알찬 여행이 될 뿐만 아니라 대략의 여행 경비도 예측할 수 있다.

2. 여행 경비

개인차는 있지만 1박당 우리 돈으로 5~7만 원 정도 예상하면 된다. 물론 입장료가 있는 관광지에 간다거나 택시 투어를 할 경우 비용이 더 든다.

① 식비
우리나라에 비해 저렴한 편으로 한 끼에 4~8천 원 정도. 야시장에서도 비슷한 가격으로 간식을 먹을 수 있다. 하지만 딘타이펑 같은 레스토랑에 갈 경우 1인 평균 1만 5천원 내외. 물론 식사나 간식에 집중하는 여행일 경우 식비 증감은 당연지사.

② 입장료
타이베이101이나 고궁박물원 등을 제외하고 입장료가 있는 관광지는 몇 안 되는 편이다. 두 곳을 제외한 나머지는 보통 타이완 달러로 50달러 내외.

③ 교통
대중 교통비도 비교적 저렴하다. 지역에 따라 차이는 있지만 충전식 교통 카드를 사용하면 편리하다. 타이베이, 타이베이 근교, 타이중의 경우 이지카드를, 가오슝에서는 아이패스를 쓴다. 첫 구매 시 보증금 혹은 구매비 등이 필요하며 100달러 단위로 충전하면 된다.

④ 선물 구입비
주로 펑리수를 구매한다. 브랜드에 따라 가격에 차이가 있으며 낱개는 평균 15달러 내외, 1박스는 200~500달러 선이다. 미리 구입할 개수를 정하면 경비 예측이 수월해진다.

⑤ 비상금
만약의 사태에 대비해 비상금도 필요하다. 총 경비의 10% 정도면 적당한 편. 그 밖에 신용 카드나 현금 카드도 준비해두면 좋다.

⑥ 숙소
호텔 등급에 따라 가격은 천차만별. 보통 4성급 호텔인 경우 1박 10만원 내외. 호스텔은 4~6인실 도미토리 룸을 이용할 시 대략 2~3만 원 선.

⑦ 항공권
성수기냐 비성수기냐에 따른 변동은 물론, 매일 항공권 가격도 시시각각 변한다. 비성수기에는 약 30만원~40만 원 대. 성수기에는 50~60만원을 웃돌기도 한다.

MISSION 8 환전하기

현금

우리나라에서 환전해 가거나 현지 환전소를 이용하는 방법이 있다. 인터넷에서 각 은행별 환전 우대 쿠폰을 검색하면 60~90%까지 환전 우대를 받을 수 있다. 또한 인터넷 뱅킹으로 인터넷 환전 서비스를 미리 신청하면 출국 당일 공항에서 수령 가능하다. 인천공항 환전소를 이용해도 좋지만 수수료가 비싼 편. 현지에서는 타이베이 타오위안공항, 송산공항, 가오슝국제공항에 환전소가 있으니 참고하자. 단, 현지에서 바로 사용할 수 있는 금액은 한국에서 미리 환전해 가는 것이 편리하다.

신용카드

현금보다 부피가 작아 휴대하기 편리하다. 적재적소에 신용카드를 쓰면 환전해둔 현금을 융통성 있게 맞춰 쓰기 좋다. 타이완 현지에서는 신용카드를 사용할 수 있는 곳이 제한적인 편이다. 보통 편의점, 레스토랑, 기차표 예매는 신용카드 사용이 가능하다. 펑리수를 판매하는 상점에서도 대부분 신용카드 결제가 허용된다. 대신 사용한 금액만큼 각 은행에서 정해둔 카드 사용 수수료가 부과된다는 점을 주의하자. 또 카드 사용 당일의 현지 환율에 따라 금액이 청구된다. 해외에서 사용할 수 있는 비자Visa, 마스터Master 카드 등이 있다.

현금카드

은행 ATM에서 현금 카드로 돈을 인출하듯 현지에서도 내 통장에 있는 현금을 현지 화폐로 바로 인출할 수 있다. 현지 은행 ATM에서 필요한 만큼 바로 인출할 수 있기 때문에 환전을 미리 하지 않아도 된다는 장점이 있다. 카드 앞, 뒤에 cirrus 또는 plus 글자가 있는지, 해외 인출을 가능하도록 설정해두었는지 미리 확인하자. 단, 인출 시 수수료가 부과된다. 뿐만 아니라 ATM을 발견하지 못하면 현금을 찾을 수 없는 경우도 발생할 수 있으니 염두해 둘 것. 한국에서 발급받은 시티은행 국제 현금 카드를 타이완에서 사용하면 인출 수수료는 미화 1달러, 네트워크 수수료는 인출 금액의 0.2%가 부과된다. 타이완 달러를 확보하고 있지 않은 서울 외 지역에서는 환전하기 위해 서울까지 와야 하는 번거로움을 줄일 수 있다. 분실 등의 이유로 2개까지 발급 가능하다.

> **Tip** 주요도시 시티은행 ATM 위치
> 타이베이 MRT 단수이淡水선 쫑산中山역 3번 출구 근처, MRT 반난板南선 시먼西門역 4번 출구 근처 등
> 가오슝 MRT R14 쥐단巨蛋역 4번 출구 근처, MRT R9 쭝앙꽁위엔中央公園역 2번 출구 근처 등
> 그 외 위치는 www.findmyciti.com/tw 에서 확인하자.

공항환전소

D-1

MISSION 9 완벽하게 짐 꾸리기

꼭 가져가야 하는 준비물

여권	출국부터 반드시 필요한 필수품. 분실을 대비해 여권 복사본과 여권용 사진을 준비하자. 휴대폰에 여권 사진을 저장해두는 것도 비상시 요긴하다.
항공권	예약 후 이메일 등을 통해 받은 전자티켓(e-ticket)을 출력해두자.
여행경비	현금, 신용카드, 카드 등을 꼼꼼히 챙길 것. 환전한 현금이 많을 경우 분산해서 보관할 것.
각종 증명서	여행자 보험이나 주민등록증 같은 신분증. 현지 휴대폰 개통 시 꼭 필요하다.
의류	계절과 상관없이 반팔, 긴팔은 기본으로 준비하자. 여기에 봄, 가을에는 얇은 외투를, 겨울에는 얇은 패딩이나 두꺼운 외투를 챙기면 딱! 계절마다 일교차가 큰 편이므로 한 여름을 제외하고는 여러 개의 옷을 겹겹이 입고 기온에 따라 가감하는 것이 가장 현명하다.
신발	걷기 편한 운동화나 신발은 필수. 그 밖에 계절에 따라 슬리퍼나 샌들 등을 준비하면 좋다.
가방	여권, 지갑, 카메라, 가이드북 등을 넣어 다닐 수 있는 가벼운 가방이 좋다. 사용 빈도가 높은 지갑 등은 별도의 크로스백을 이용하면 편리하다.
우산과 우비	비가 자주 오는 날씨에 대비해 3단 접이식 우산이나 부피가 작은 우비를 챙기자.
세면도구	호스텔을 이용할 경우 수건, 칫솔, 치약 등을 가져갈 것.
화장품	강렬한 햇빛을 막아 줄 자외선 차단제는 필수.
비상약품	감기약, 진통제, 소화제, 반창고, 연고 등과 평소 복용하는 약이 있다면 빠뜨리지 말고 준비하자.
어댑터	110V 어댑터를 잊지 말자. 숙소에 따라 제공하는 경우도 있지만 복불복.
휴대전화	현지에서 3G 유심칩을 구입 후 데이터 무제한 요금제에 가입하면 기간 내에 데이터를 마음껏 사용할 수 있다. 알람으로도 사용할 수 있어 편리하다.
카메라	충전기와 메모리 카드를 모두 챙겨 가자.
가이드북	타이완 여행 길잡이가 되어 줄 〈타이완 홀리데이〉를 꼭 챙기자.

가져가면 편리한 준비물

다이어리 혹은 노트	여행지마다 유독 스탬프가 많은 나라다보니 인증용 기념 스탬프를 찍을만한 다이어리나 노트를 가져가면 좋다.
선글라스와 모자	햇빛 차단용 혹은 패션 소품용으로 두루 쓰일 수 있다.
보조가방	각종 기념품, 선물 등이 트렁크에 넘쳐날 때 유용하게 사용 가능.
물티슈	더운 날씨 때문에 그냥 티슈보다 사용 빈도가 높은 편.

D-day

MISSION 10 타이완으로 입국하자

1. 공항 도착
도착 전 기내에서 나눠 준 입국 카드를 꼼꼼히 기록해두자. 공항에 비행기가 도착하면 개인 소지품 등을 잘 챙겨서 내린다.

2. 입국심사
입국 심사를 위해서는 외국인Non-Citizen이라고 적힌 곳에 줄을 설 것. 입국 심사대에서 여권을 제시해야 한다. 여권 사진과 다를 경우 안경이나 모자를 벗어 달라는 요구를 받을 수 있다. 이 때 친절하게 응할 것. 이후 카메라를 보며 사진을 찍고 지문을 스캔한다. 모든 심사가 끝난 후 여권을 돌려준다.

3. 수하물 찾기
탑승했던 항공편이 표시된 레일로 이동해 짐을 찾는다. 다른 짐과 구분할 수 있는 네임택 등을 달아놓으면 찾기 쉽다. 수하물이 분실됐다면 해당 항공사에 분실신고를 하면 된다. 이때 인적정보와 현지 주소, 연락처 등을 기입해야 하니 사전에 알아두자.

4. 세관
가축, 농산품 등 신고할 것이 없으면 녹색 라인 Nothing to declare으로 나가면 된다.

MISSION 11 공항에서 도심으로 이동하기

타이완의 어느 도시에 도착하느냐에 따라 차이점은 있지만 기본적인 이동 수단은 버스, 택시, 지하철인 MRT를 이용한다. 자세한 정보는 p.052를 참고할 것.

버스
타이베이의 타오위안공항에 도착했을 경우 시외고속버스를 이용해 시내로 들어올 수 있다. 소요시간 약 40분~1시간. 배차 간격 15~20분

택시
짐이 많은 경우 택시를 이용하는 것도 편리하다. 특히 타이베이의 송산공항은 시내와 가까워 비용 부담이 적은 편이다.

MRT
타이베이 송산공항과 가오슝국제공항은 공항과 MRT역이 바로 연결된다. MRT역으로 내려와 역사 내 안내 센터에서 충전식 교통카드를 구입 후 MRT에 탑승하자. 하차 할 목적지 역은 미리 꼭 확인해둘 것.

꼭 알아야 할 타이완 필수 정보

타이완은 위 아래로 길쭉한 지형으로 담뱃잎 혹은 나뭇잎을 닮은 섬나라이다. 총면적은 3만6천㎢로 수도는 타이베이. 역사를 거슬러 올라가보면 외부인의 유입 및 외부 침략으로 여러 문화가 흡수되고 남아 있다. 무엇보다 타이완의 자랑거리로 꼽히는 것 중 하나는 친절한 사람들이다. 길을 묻거나 도움을 청하면 진심어린 호의를 베푸는 경우가 많다. 사람이 추억되는 나라가 바로 타이완이다.

시차는 우리나라보다 1시간 늦다. 한국 시간-1시간=타이완 시간.

거리는 인천에서 타이베이까지 대략 2시간 30분 정도, 인천에서 가오슝까지는 약 3시간 정도 소요.

언어는 표준중국어인 만다린어, 객가어, 원주민 방어 등을 사용. 지방으로 갈수록 영어 소통은 어렵다.

기후는 북부지역은 아열대 기후, 남부지역은 열대 기후. 연평균 기온은 각각 22℃, 24℃이나 습도가 높아 체감 온도는 더 높게 느껴진다. 한 여름인 7~8월에는 태풍 등의 영향으로 기후 변동이 잦은 편. 타이베이를 비롯한 북부 지역에는 겨울인 12월~2월 사이에 비가 자주 내린다.

통화는 화폐단위는 뉴타이완달러. 표기할 때는 NT$ 또는 元으로 표기한다. 읽을 때는 위안元이라 부르면 된다.

비자는 여권 유효 기간이 6개월 이상 남아 있을 경우 90일 무비자 방문 가능.

전압은 110V를 쓰기 때문에 220V 전용제품의 경우 일명 돼지코라 불리는 어댑터를 끼워 사용해야 한다. 대부분의 호텔이나 숙소에서 어댑터를 제공하거나 대여해주지만 챙겨가는 편이 낫다.

전화는 로밍을 하거나 스마트폰의 경우 요금제에 가입한 현지 유심을 사서 끼운 후 바로 사용 가능하다.

긴급번호는
현지 범죄신고 110, 화재신고 119.
주 타이베이 한국대표부 영사과(여권 분실 시 임시여권 신청) 02-2758-8320~5.
외교통상부 영사 콜센터(24시간) 011-800-2100-0404(무료).

주소 읽는 법은
우리나라와 마찬가지로 큰 단위부터 작은 단위 순서로 나열된다. 크게 스市(시)→취區(구)→루路(로)→하오號(호)로 나뉜다. 대로를 뜻하는 루路와 호수를 뜻하는 하오號 사이에는 골목의 넓이에 따라 딴段(구역) > 샹巷(골목) > 눙弄(샛길)으로 세분화된다. 큰 도로가 아니면 루路 대신에 딴段, 샹巷, 눙弄으로 주소 단위가 추가 변경될 수 있다. 층에 해당하는 러우樓는 마지막에 표기된다. 숫자와 각 단위별로 표기된 안내표지판을 참고하면 길 찾기가 한결 수월하다.

INDEX

SEE

228평화공원	234
85빌딩전망대	413
강커우	428
고궁박물원	082, 282
구족문화촌	365
국립국부기념관	100, 210
국립대만미술관	358
국립자연사박물관	358
국립중정기념당	079, 235
국립타이완대학	252
난툰 무지개마을	361
담강고등학교	310
대천후궁	440
동취	212
동해대학	361
두란탕창	392
디화지에	276
따거우영국영사관	411
따거우철도박물관	410
따다오청마터우	276
따룽지에	279
듀듀땅썬린	385
띠러구	301
라루다오	363
롄츠탄	414
롱나이탕	307
룽산쓰(용산사)	080, 232
룽판궁위안	429
류싱지쭈티양선후이관	107
르웨탄	076, 355
르웨탄 로프웨이	364
매광박물원구	344
메리다오	413
메이리화바이러위안(미려화백락원)	281
문무묘	365
미술원길	358
바오안궁	279
베이터우문물관	304
베이터우시립도서관	302
베이터우온천박물관	303
보각사	360
보피랴오리스지에	089, 232
불광산부처기념관	414
비비아트	444
비탄	253
빠리	311
뽀얼이수터취	410
뽀얼이에슈터취(박이예술특구)	097
사대 야시장	251
삼림공원	393
샤오예류	392
샤오완	426
샤하이청황먀오	276
상산 관광안내센터	365
상산부다오	099
션농지에	443
소백궁	311
송산문화원구	095, 212
수도온천	306
수미온천	307
수이난동	086
수이셔마터우	362
수치루	327
스린 야시장	280
스타벅스타이베이101점	101
스펀 대폭포	342
스펀라오지에	342
시먼딩	232
시먼홍러우	233
시즈완펑징취	411
신베이터우	103
신이	209
십삼유층지(13유적지)	325
싼마오샤오푸	344
싼사라오지에	092
싼셴타이	391
쓰쓰난춘	100, 209
아리산 산림열차	072
아이허	409
안평천후궁	440
안핑구바오	439
안핑수우	438
양명산온천	104
어룬비	428
예류	077, 323
옌즈커우	388
옌핑쥔왕츠(정성공 사당)	446
용캉지에	250
우라이온천	105
우라이타이처	069
워런마터우	308
음양해	326
이다사오	364
이란문학관	386
이란설치기념관	386
이란훠처짠	385
잉거라오지에	090
장춘츠	390
정안적교	342

중앙공원	413	타이베이 쿵쯔먀오(공자묘)		황금박물관	324
지미광장	385		081, 279	황금폭포	325
지산지에	326	타이베이101	208	황지아빠리	108
지우취동	388	타이베이101전망대	101	황츠원취안(황지온천)	293
지우펀	087	타이베이구스관	278		
지지셴	071	타이베이당다이메이수관		**EAT**	
지지훠처짠(기차역)	367	(대북당대미술관)	275	85℃ 베이커리 카페	
진과스	085	타이베이메이팅	302		125, 241
진리대학	310	타이베이스리메이수관		88티	237
징통라오지에	340	(타이베이시립미술관)	278	8퍼센트 아이스크림	254
징통훠처짠(기차역)	340	타이베이즈지아	275	가오지	137, 259, 284
쩌우자오여우자오	109	타이베이처짠(기차역)	235	광공식당	328
쭝산베이루	275	타이완문학관	446	궁관 야시장	262
쯔라이수이위안취	251	타이중 공자묘	360	궁위안옌커	368
창화선형차고	366	타이중공원	359	궁정바오쯔뎬	395
처청처짠(기차역)	367	타이중기차역	359	궈빠솬솬궈	154, 260
첸리싱	108	타이중원화창이찬예원취	360	뉴둥뉴러멘시팡	291
총통부	234	타이쯔빈관	323	뉴모왕	261
촨탕	293	탕라이	293	능창핀짜스쭝신	262
촨판스	427	텐샹	390	닝샤 야시장	170, 287
충렬사	277	푸강유강	393	다케무라	214
츠무차오	389	푸쭝지에	445	단수이 홍러우	314
츠칸루	441	핑시라오지에	341	단수이라오지에	312
치다라오지에	323	핑시셴	070	더 로비 오브 심플 카파	
치싱탄	390	하이안루	442		175, 215
치진풍경구	412	해빈공원	393	덴수이러우	138, 218
친수노천온천	306	허우통 마오춘	343	도우츠안토하이즈빙	417
칭롼관징타이	410	현광사	363	도조	217
카이다거란원화관	305	현장사	363	동지안핑또화	449
컨딩	426	홍마오청	309	동찐주우창	422
컨딩따지에	426	화롄훠처짠(기차역)	387	두샤오웨	160, 258, 451
타이난 공자묘	445	화산1914문화창의산업구		디이훠궈	286
타이루거	075		096	딩왕마라궈	373
타이루거거샤루커우	387	화산1914원화창위엔취	212		

INDEX

딩지안가오쇼후구멍환셴수지	256	
딩타이펑	136, 213, 256, 420	
따거우딩아뤄하루웨이	420	
따동 야시장	453	
따라이샤오관	161, 259	
따스다이	290	
따이뉴따이따왕	264	
따타이베이핑찌아루웨이	261	
또화장	141, 288	
라 두쇠르 파티서리	259	
라오동뉴러우씨펀멘뎬	288	
라오동타이미타이무	397	
라오동팡	397	
라오스더덴	346	
라오웡구짜오웨이	289	
라오허지에 야시장	167, 214	
라이으아젠	159, 287	
라이천파이꾸멘	395	
란지아거바오	264	
려고자오웨이총딴빙	263	
루이펑 야시장	421	
뤼동 야시장	171, 394	
뤼와멘바오	373	
류허 야시장	172, 421	
리우거가오지취바오판	346	
리지아초또푸	143, 397	
린용타이싱미젠싱	448	
마라딩지마라위엔양훠궈	153, 240	
만라이만라멘	312	
만탄홍	151, 218	
마오시엔왕	238	
메이리화바이러위안 푸드코트	290	
메이즈샹	347	
메이천뎬터우빙	370	
모구	284	
미타 베이커리	285	
민이청	112, 286	
밍떠수스위엔	156, 242	
밍방깡위안뉴러우멘	133, 418	
밍웨탕바오	137	
바오나이나이화즈샤오	142, 315	
바오바오푸	149	
브이 브이 지 띵킹	220	
블랑제리 노가미	122, 291	
비스트로 88	374	
샤오난완파	422	
샤오무우	262	
샤오주	220	
산신루웨이	143, 417	
셴지샬라찬	263	
썅리엔 시장	287	
썅리엔가오지수이자오뎬	286	
썅리엔위안짜이탕	288	
수신방	330	
수이싱밍차팡	332	
수이완	314	
슈펑헤이뮨바보빙	416	
스린 야시장	168	
스린짠총좌빙	291	
스무시	120, 257	
스미스 앤 슈	113, 283	
스얼궈	155, 260	
시드 차	333	
싱예커자이젠	149, 213	
싱파팅	121, 290	
싼숑메이	121, 239	
싼웨이스탕	238	
썬메리 베이커리	258	
씨에왕	237	
아간이위위안	331	
아네스베 카페	283	
아란	330	
아마더싼메이탕	313	
아메이차지우관	333	
아보톄단	313	
아샹냐오딴	312	
아샹사쥐엔	313	
아이스 몬스터	119, 217	
아종멘셴	161, 219, 239	
아차이지쓰멘	419	
아포빙	419	
안핑라오지에	448	
안핑샤이푸	416	
야러우볜	239	
어우머나오쑤라	258	
여우젠빙푸	415	
왕스 베이커리	242	
용캉뉴러우멘	132, 255	
용캉또쇼멘	255	
우디샹창	331	
우바오춘 베이커리	123, 216, 420	
우스란	128	
우웨이차오탕	114, 374	
워지아렁멘	265	
웨이칭하이타이양빙라오뎬		

	370
위런	215
위안보어자이	329
유에유에수뎬	216
유허북	314
이레이터	450
이리파오파오	265
이메이스핀	418
이종펑런빙	372
이지성	125, 242, 283, 289
이쭝지에샹취엔	371
이펑아찬둥과차	450
이푸탕	370
이핀탕	454
잉차이따멘껑	372
장청미아빙	450
저우완전빙뎬	347
지광샹샹지	373
지아레단가오시빙미안바오	455
지우펀차팡	332
지핀자이런판	453
징딩러우	139, 284
쭈씨샤쥐안	449
쯔텅루	113
찐웬저우따왕	419
찐쭈안 야시장	421
찐촌파뉴러우몐	131, 285
찐화샤오츠	395
차이차이스차	219
천스커쥐안	449
천싼딩	128, 263
천웨이라오장뉴러우멘	255
촨몐쯔차관	254
촨웨이지아간웨이츄	454
춘수이탕	127, 243, 369
츠칸스탕	143, 455
치엔꿔쓰양챵쭤수스	
치엔쯔쭈즈찬	157, 257
치친라오지에	416
칭예씨러우안	220
칭전쭝궈뉴러우관	217
카오페이추이뤄	331
카이린샤오티에반	213
카페 솔	215
커린타이바오	452
컴바이	128
코코	128
키키 레스토랑	145, 218
타겟 베이커리	264
타이난헤이런2위안	452
타이둥 관광 야시장	396
타이베이뉴러우따왕	282
타이중스디이얼스창 (타이중 제2시장)	371
타이중시디쓰신용허쭈셔	374
타이청수이거우뎬	454
탄창카페	345
텐런치차취	260
텐스러아이더성훠	315
텐와이텐징즈휘궈	152, 240
텐진총좌빙	141, 257
투 펙	265
펑따카페이	175, 238
펑지아 야시장	172, 371
펑황인시양	452
페이치엔우	282
푸강유강훠활찬	396
푸천타이난메이스	256
플로리다 베이커리	124, 289
핑시춘가오량탄카오샹창	345
하오하오웨이	261
하이센훠하이찬	415
하이텐샤	147, 422
하컨푸	214
항저우샤오롱탕바오	139, 243
해피 레몬	285
홍또샤오관	146
홍루이젠	142, 372
홍스이	148, 241
홍위터우단짜이몐	451
화나나이차	418
화성지아빙지린	142, 329
화시지에 야시장	236
화위안 야시장	173, 453

BUY

0416X1024	292
기차역 기념품숍	185
까르푸	183
라유	447
런라이펑	267
마리스핀	423
마지마지 스퀘어	293
보천식품	375
샤샤	183
샤오싼메이르	183, 221
수이신팡	180
순청	180

INDEX

시먼훙러우	185	암바 타이베이	193
시티 슈퍼	222	앰버서더호텔 가오슝	424
신동양	180, 423	앰비언스호텔	191
아이라이프	447	에어라인 인	193
야완타오팡	266	원산대반점	197
왓슨스	183	유나이티트호텔	195
우바오춘 베이커리	180	저스트 슬립	194
웨이거빙지아	180	지아스 인 러브 리버	425
유잔신	180	체인호텔	191
일출(리쥬)	375	클래식 호텔 시티 리조트	398
창순망차	267	키리하우스	189
청핀수뎬	185	타이동호스텔	399
청핀수뎬 스펙트럼	223	타이베이 모닝 호텔	192
코스메드	183	타이중 스플렌더 호텔	376
타이베이101 푸드코트		탱고호텔	195, 376
펑리수코너	222	터블유호텔	198
테일스	266	포르테 오렌지 호텔	194, 377
하오치우	185, 221	플론호텔	425
		피시호텔	399
		호텔 미까사	377

SLEEP

1983호스텔	188
53호텔	376
85 스카이 타워 호텔	425
H132호스텔	188
그랜드 보스 호텔	398
그랜드 포르모사	197
그랜드 하얏트	198
댄도호텔	192
로맨틱 타이완	189
블랙 베어 호스텔	398
샤또 드 친	424
시티인호텔	377
씨유호스텔	188

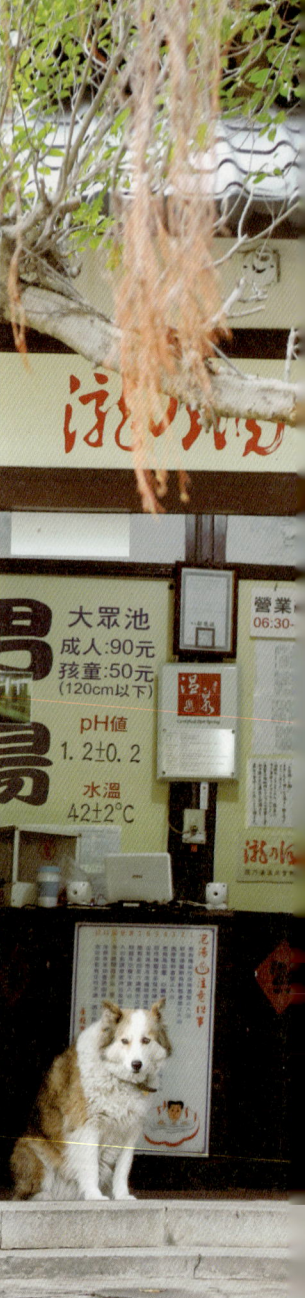

"당신의 여행 컬러는?"

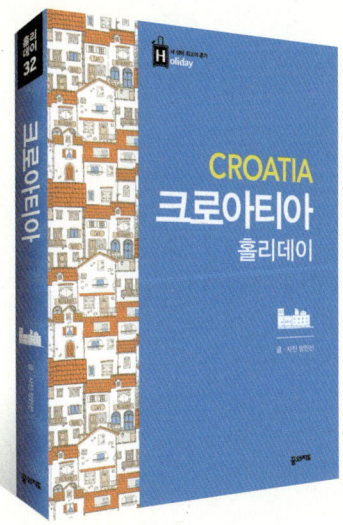